suhrkamp taschenbuch 289

Jean Rudolf von Salis, geboren 1901 in Bern, studierte in Berlin Geschichte. Begegnungen mit Rilke und Thomas Mann hinterlassen tiefe Spuren in seinem Leben. Von 1926 bis 1935 arbeitet er in Paris als Geschichtsforscher und Pressekorrespondent. 1935 beruft ihn die ETH Zürich auf den Lehrstuhl für Allgemeine Geschichte. Im Zweiten Weltkrieg wurde er besonders bekannt durch seine politischen Kommentare im Rundfunksender Beromünster.

Dieser zuerst 1936 erschienene Band über den »späten Rilke« der Schweizer Jahre erscheint zur hundertsten Wiederkehr von Rainer Maria Rilkes Geburtstag. Der Dichter war, von einer literarischen Vereinigung in Zürich eingeladen, im Sommer 1919 in die Schweiz gekommen. Abgesehen von einem längeren Aufenthalt in Paris im Jahre 1925 blieb Rilke bis zu seinem Lebensende in der Schweiz. Von der Literaturgeschichte werden diese Jahre als die Spätzeit des Dichters bezeichnet. Aus dem Zusammentreffen des angehenden Literaturhistorikers von Salis mit Rilke 1924 in Muzot ergab sich in wiederholten Begegnungen und einem Briefwechsel eine Beziehung, die bis zu Rilkes Tod anhielt. In der Diskussion, wie die heute einsetzende Rilke-Renaissance sich mit der Besonderheit, Unverwechselbarkeit, Isoliertheit der Rilkeschen Lyrik auseinandersetzen und wie sie von neuem aufgenommen wird, kann dieser Band einen wertvollen Beitrag leisten.

Jean Rudolf von Salis
Rilkes Schweizer Jahre

*Ein Beitrag
zur Biographie von
Rilkes Spätzeit*

Suhrkamp

suhrkamp taschenbuch 289
Erste Auflage 1975
Copyright Verlag Huber & Co., Frauenfeld, 1952
Alle Rechte, insbesondere das des öffentlichen Vortrags,
der Übertragung durch Rundfunk oder Fernsehen und der
Übersetzung, auch einzelner Teile,
beim Suhrkamp Verlag Frankfurt am Main
Suhrkamp Taschenbuch Verlag
Druck: Nomos Verlagsgesellschaft, Baden-Baden
Printed in Germany
Umschlag nach Entwürfen von Willy
Fleckhaus und Rolf Staudt.

Inhalt

Vorwort

Mein ehemaliger Lehrer, der Germanist Professor Harry Maync, forderte mich Ende der 1920er Jahre auf, für seine Reihe »Die Schweiz im deutschen Geistesleben« eine Darstellung der letzten Lebenszeit Rainer Maria Rilkes zu verfassen. Der Dichter war, von einer literarischen Vereinigung in Zürich eingeladen, im Sommer 1919 in die Schweiz gekommen. Abgesehen von einem längeren Aufenthalt in Paris im Jahre 1925 blieb Rilke bis zu seinem frühen Lebensende in der Schweiz. Von der Literaturgeschichte werden diese Jahre als die Spätzeit des Dichters, sein Werkschaffen im Wohnturm Muzot im Wallis mit dem Sammelbegriff »Der späte Rilke« bezeichnet. Er starb am 29. Dezember 1926.

Von Monique Saint-Hélier, die mit Rilke befreundet war, bei ihm eingeführt, hatte ich ihn im April 1924 in seiner Klause aufgesucht. Aus dem dortigen Zusammentreffen und langen Gesprächen ergab sich zwischen dem berühmten Dichter und dem jungen Studenten eine Beziehung, die in wiederholten Begegnungen und einem Briefwechsel bis zu Rilkes Tode anhielt.

Der Verleger Anton Kippenberg unterstützte meine Arbeit, die auch von zahlreichen andern Menschen, die Rilke nahegestanden hatten, gefördert wurde. Da Rilke kein Tagebuch führte, waren seine Briefe aus der Schweizer Zeit die Hauptquelle, auf die ich mich stützen konnte. Nach Kippenbergs Meinung waren die vier größten und aufschlußreichsten Briefwechsel des Dichters diejenigen mit Lou Andreas-Salomé (seit 1897), mit dem Ehepaar Kippenberg (seit 1906), mit der Fürstin Marie von Thurn und Taxis (seit 1909) und mit Nanny Wunderly-Volkart (seit 1919). Frau Wunderly in Meilen am Zürichsee schenkte die 420 Briefe, die sie von Rilke erhalten hatte, samt anderen nachgelassenen Papieren des Dichters, der Schweizerischen Landesbibliothek in Bern, wo sie den Kern eines Rilke-Archivs bilden. Als ich das vorliegende Buch ausarbeitete, gewährte mir *Nanny Wunderly* in rund 80 an sie gerichtete Briefe Einblick. Auch aus anderen – teilweise heute noch – unveröffentlichten Briefen konnte ich meine Kenntnisse schöpfen.

Rainer Maria Rilkes Schweizer Jahre erschienen zum ersten Mal Ende 1936: zehn Jahre nach dem Todes des Dichters. 1938 folgte die zweite Auflage. Der Verlag Huber & Co., bei dem die von Maync besorgte Schriftenreihe erschien, brachte 1952 eine überarbeitete und ergänzte dritte Auflage heraus, die seit längerer Zeit vergriffen ist. Dank neuen Briefpublikationen des Insel Verlags lagen Aufzeichnungen des Dichters in größerer Fülle vor. Mehr als 200 Bücher und unzählige Abhandlungen über Rilke waren in verschiedenen Sprachen und Ländern in einem Zeitraum von rund zwanzig Jahren erschienen.

Hernach trat im Schrifttum über Rilke ein Rückschlag ein. Sein Ruhm, der groß gewesen war, befand sich in einem Wellental. Katastrophen und in ihrem Gefolge ein anderes Lebensgefühl – daher auch veränderte Ausdrucksformen – übertönten einen lyrischen Laut, einen Flötenklang, der lange »so verführerisch« (Thomas Mann) auf eine oder zwei Generationen gewirkt hatte. Strenge Zensoren meldeten sich zum Wort, die am Menschenbild Rilkes Fehler und Schwächen glaubten nachweisen zu müssen.

Das Entzücken, das wir Früheren empfanden, die liebende Verehrung, die wir Rilke entgegenbrachten, fanden lange kein Verständnis mehr. Wir warteten, bis die Zeit kommen würde, da mit ruhiger Anschauung und geläutertem Verständnis neue Menschen sich dieser Dichtung – über die Robert Musil Endgültiges gesagt hat – wieder aufschließen würden: auf einer anderen Ebene, sozusagen, aus einer neuen Perspektive, vielleicht, aber doch in erster und letzter Linie aus dem unmittelbaren Kontakt mit einer Dichtung, deren Art und Ausdruck weder Vorläufer noch Nachfolger hat.

Es ist also die Frage, wie die bereits einsetzende Rilke-Renaissance sich mit der Besonderheit, Unverwechselbarkeit, Isoliertheit der Rilkeschen Lyrik auseinandersetzen und sie von neuem aufnehmen wird.

Die folgenden Blätter enthalten keine Strukturanalysen und keine formalen Untersuchungen zu Rilkes späten, in der Schweiz entstandenen Werken. Mein Vorhaben war anders: ich trachtete, dem Dichter auf den Wegen zu folgen, die ihn nach dem Ersten Weltkrieg zu einem Neubeginn und einem befreienden Gelingen seines Werkschaffens geführt haben. Zugleich versuchte ich, von diesem »späten« Rilke – der uns damals jugendlich-reif erschienen war – ein Bildnis zu entwerfen, das in meinem Gedächtnis einen tiefen Eindruck hinterlassen hatte. Ich glaube, Bewunderung und Psychologie, Kenntnisse und persönliche Vertrautheit, geistige Einfühlung und kritisches Unterscheidungsvermögen – vor allem aber unmittelbare Anschauung und ein beglücktes Staunen – haben an der Ausarbeitung dieses Dichter-Porträts teilgehabt.

Ich möchte es wenigstens hoffen, denn sonst hätte ich nicht den Mut, ein frühes Buch von neuem vorzulegen. Es erscheint zur hundertsten Wiederkehr von Rainer Maria Rilkes Geburtstag, eines Mannes, der achtundvierzig Jahre alt war, als ich im Gespräch mit ihm denkwürdige Stunden in Muzot verbrachte.

Schloß Brunegg (Aargau) 1975
J. R. von Salis

Rainer Maria Rilke
Greifensee - 1923

Rilkes Schweizer Jahre

Rainer Maria Rilke
in der Schweiz

> Man muß an der Zukunft arbeiten, wie die
> Weber am Hochschaftstuhl an ihren Teppi-
> chen arbeiten: ohne sie zu sehen.
>
> *Anatole France*

Vorspiel

Rainer Maria Rilke, der 1914 in Paris ansässig war und dort eine
kleine Wohnung gemietet hatte, befand sich zufällig in den Tagen
des Kriegsausbruchs in Deutschland. Als einem österreichischen
Untertan, dessen Land mit Frankreich im Kriege stand, war es
ihm nicht möglich, dorthin zurückzukehren. Seine angefangenen
Manuskripte, seine Bücher und Briefschaften sowie einige Fami-
liensachen, hatte er in Paris zurückgelassen. Er siedelte sich im
August provisorisch in München an, und von da an betrachtete er
die ganze Kriegszeit als ein Provisorium in seinem Leben. In stiller Zurückgezogenheit wartete er das Ende der Feindseligkeiten
in München ab, wo er auch die Novemberrevolution 1918 erlebte. Unterbrochen wurde dieses Dasein von Aufenthalten auf dem
Lande, von wiederholten Reisen nach Berlin und von einer Mili-
tärdienstzeit in Wien. Als er sich endlich im Juni 1919 nach der
Schweiz begab, geschah es nicht, um in diesem Lande eine dauernde Heimstätte zu suchen, noch in der Zuversicht, dort die Bedingungen für einen neuen Anfang seines durch Krieg, Einrücken
zum Heeresdienst und inneres Verschüttetsein unterbrochenen
dichterischen Schaffens zu finden. Zunächst bedeutete sein Abschied von München nur Abwendung von einem Ort und einem
Land, wo er unter den Eindrücken des Krieges unsäglich gelitten
hatte. Seine auf Harmonie mit der räumlichen und gegenständlichen Umgebung angewiesene Natur konnte die Stadt München
von den Bedrückungen und Unfreiheiten jener Jahre, von der
Atmosphäre der Kriegspsychose und des nationalen Chauvinismus nicht trennen und daher als Aufenthaltsort nicht länger ertragen.

Es gehört zu Rilkes menschlichem und geistigem Bild, daß er
keine politisch geartete Beziehung zum Krieg und Kriegsgesche-

hen gewinnen konnte. »Alles Sichtbare ist eben wieder einmal in die kochenden Abgründe geworfen, es einzuschmelzen«, schrieb er im November 1914 an seine Freunde Karl und Elisabeth von der Heydt. »Die Vergangenheit bleibt zurück, die Zukunft zögert, die Gegenwart ist ohne Boden, aber die Herzen, sollten die nicht des Schwebens Kräfte besitzen und sich erhalten im großen Gewölk?« Er bekennt, daß ihn in den ersten Augusttagen die Erscheinung des Krieges, der »Kriegsgott«, ergriffen habe; aus dieser Erfahrung waren einige Gedichte entstanden, doch »jetzt ist mir längst der Krieg unsichtbar geworden, ein Geist der Heimsuchung, nicht mehr ein Gott, sondern eines Gottes Entfesselung über den Völkern. Mehr ist auch jetzt nicht zu leisten, als daß die Seele übersteht, und die Not und das Unheil sind vielleicht gar nicht vorhandener als vorher, nur greifbarer, tätiger, sichtlicher. Denn die Not, in der die Menschheit täglich lebt seit Anbeginn, ist ja eigentlich durch keine Umstände zu steigern.«[1] In dieser Haltung eines Unpolitischen, den tiefere Wirklichkeiten bewegen als Krieg und Kriegsgeschrei, der aber von Anbeginn an mit einem gefaßten, tiefsinnigen Wissen über Menschliches auch diesen schrecklichen, entfesselten Vorgängen ins entstellte Antlitz blickte, hat Rilke mit rühmenswerter Geradlinigkeit und Konstanz ausgeharrt bis zum Schluß. Er empfand die Kriegsjahre als einen Bruch und einen Riß in seinem Leben, und an literarische Arbeit war kaum zu denken. Die Verschüttung seines Schaffensdrangs bedrückte ihn weniger an und für sich, als daß er unter den Ursachen dieser seelischen Absonderung von seiner Umgebung litt. Als er sich im Sommer 1919 bereits jenseits der Grenze und in der Schweiz befindet, spricht er zu einem dortigen Bekannten von der Kriegszeit als von »fünf undurchdringlichen, unleistbaren, alles aufrichtige Leben unterbrechenden Jahren«.[2] Rilke hatte die Beziehung zu den Menschen und zur Welt verloren. Vor 1914 hatte sich sein Leben so ganz in bezug auf eine weite, raumerfüllte, grenzenlose Welt entfaltet, er hatte während seiner Reisen und Aufenthalte in fremden Ländern so sehr eine ihm gemäße, aufs Offene gerichtete Beziehung zum Leben hergestellt, daß ihm das unfreiwillige Eingeschlossensein in einem kriegführenden Land, das er nicht in einem höheren Sinne als ein anderes als sein eigenes empfand, wie eine Gefängnishaft erschien: *«cinq ans de prison allemande»*, nannte er rückblickend, kaum hatte er die Schweiz betreten, jenes dortige Erlebnis.[3]

Rilkes Briefe aus der Kriegszeit legen Zeugnis davon ab, daß ihm je länger je mehr das Kriegsgeschehen nur von seiner unfaßlichsten Seite als ein sinnlos Gewalttätiges, Formloses, Unaufrichtiges und Grauenhaftes erschienen ist. Die Aufschwünge seiner Seele, das »Sagen«, das »Rühmen«, das »Aufsingen«, als das ihm sein Dichterberuf erschien, bedurften anderer Verhältnisse, einer menschlich und geistig freien und offenstehenden Umgebung, wie sie die Jahre vor 1914 dem Arglosen – wenigstens vorgetäuscht hatten. Der Fürstin von Thurn und Taxis schrieb er im Jahre 1915 aus München: »War's das? sag ich mir hundert Mal, war's das, was die letzten Jahre als ungeheurer Druck über uns lag, diese ungeheure Zukunft, die nun unsere grausame Gegenwart ausmacht?; ich muß daran denken, wie ich eines Tages zu *Marthe* sagte: *Marthe, il n'y aura devant moi que des désastres, des terreurs, des angoisses indicibles; c'est avec vous que finissent les bontés de ma vie –,* das fuhr mir so aus, als hätts, mitten im Windstillen, ein Sturmstoß aus mir herausgerissen, ich horchte auf, da ich michs sagen hörte, ich dachte nur ans eigene, seltsam einstürzende Schicksal und ahnte nicht, daß die Welt im Großen Untergang hervorbringen würde ... Was auch kommt, das Ärgste ist, daß eine gewisse Unschuld des Lebens, in der wir doch aufgewachsen sind, für keinen von uns je wieder da sein wird. Die Jahre vor uns, soviele es sind, was wird's sein, als, mit zitternden Knieen, ein Abstieg von diesem Schmerz-Gebirg, auf das man uns noch immer weiter hinaufschleppt«.[4] Es klingt später nicht anders, wenn er im April 1918 der Fürstin schreibt: »Ich wenigstens habe, solang Krieg ist, keinen Entschluß Unterbrochenes aufzunehmen, es ist ein Leben *en parenthèses*, erst wenn man die Klammer einmal abschließen kann, wird man den Hauptsatz wieder aufnehmen können, in dem wir unterbrochen worden sind«.[5] Und einige Wochen später: » ... es ist eine Verzauberung, in der ich immer erstarrter drin stehe, Salzsäule oder Stein, ich weiß nicht, was ich noch werden soll«.[6] Daß Rilke sich unter diesen Verhältnissen nicht bewegen ließ, sich öffentlich zu den Ereignissen zu äußern, bedarf kaum der Begründung. Ein unbeirrbares Schweigen diesen Vorgängen gegenüber, die ihn in tiefster Seele verletzten, war die ihm angemessene Art, Würde und Standhaftigkeit zu bewahren, sich von aller dilettantischen Kannegießerei fernzuhalten. Die Dichterin Regina Ullmann, mit der er in München in einem täglichen und engvertrauten Verkehr stand, erzählte, wie ein Zeitungsreporter einmal bei Rilke eingedrungen sei, ohne vorherige Anfrage und ohne sich vorzustellen, den überraschten Dichter nach seiner politischen Meinung zu befragen. Der also Überfallene habe ihm erwidert: »Da kommen Sie vor die falsche Tür, ich treibe keine Politik.« Dieses in seiner Art mutige Verschlossensein gegen die Zudringlichkeit der Tagesgespräche, seine aus Treue gegen sich selbst kommende Ablehnung des rechthaberisch verallgemeinernden und verzerrten Weltbildes, wie es sich im Geiste des im Kriegsstrom schwimmenden Zeitungslesers spiegelt, geht auch aus seinem Bekenntnis hervor, er habe es in München monatelang nicht ertragen, den seit ihren gemeinsamen Duineser Tagen mit ihm befreundeten Rudolf Kaßner zu sehen: »das Gespräch«, schreibt er der Fürstin, »selbst mit ihm, drängt immer wieder zu dem Gegenwärtigen, von dem ich nichts verstehe und wenn man dann plötzlich entdeckt, wie man mit den Ausdrücken der Zeitung (denn, was hat man anderes?) sich unterhält, so ergreift einen Ekel und Grauen vor dem eigenen Munde«.[7]

Rilke war eine im weitesten Sinne mitteleuropäische Erscheinung und selbstverständlich ein im unpolitischen Sinne deutscher Dichter, gleich wie die Österreicher Adalbert Stifter und Grillparzer und die Schweizer Gottfried Keller und Conrad Ferdinand Meyer in einem unpolitischen Verstand deutsche Dichter waren. Aber sein Hinausgestelltsein ins Leben, seine Lösung vom Heimatlichen, hatten bewirkt, daß in seinem verwirrenden und merkwürdigen Itinerar – in dem, was er einmal die »Landkarte meines Lebens« genannt hat – vom Vaterländischen und Volkstumhaften nicht viel, eigentlich gar nicht die Rede war. In dieser Karte waren zwar »Hauptorte« eingezeichnet, denen sein tieferes Einverständnis, ja seine freudige Zustimmung gehörte; aber die Stationen seines Wanderlebens waren zahllos. Die Abwendung des jungen Rilke von seiner Vaterstadt Prag, die in seiner Erinnerung als Schauplatz früher Schrecknisse trüb überlebte, seine Antipathie gegen das Österreichische, von seinen Freundinnen Lou Andreas-Salomé und L. Albert-Lasard in ihren Erinnerungsbüchern mit Recht erwähnt, da sie auch in seinen Gesprächen der letzten Jahre sich wiederholt ausdrückte, seine infolge des Kriegserlebnisses gleichsam zu einer ständig kühlen Temperatur gesunkene (selten und an verborgenen Stellen auch unwirsch aufbrausende) Enfremdung gegenüber dem politisierten und nationalen Deutschen, müssen als Konstanten in dem Lebenslauf dieses durch die Welt wandernden Dichters erwähnt und als dazugehörig verstanden werden. Man wird in Rilkes Briefen und Äußerungen auch vergeblich nach einer Erwähnung des Zusammenbruchs der österreichisch-ungarischen Monarchie suchen, die nach der Niederlage von 1918 in ihre Bestandteile auseinanderfiel. Was bloß Gehäuse, Fassung für das menschliche Kollektiv ist, Staat und Kirche, hat ihn nie angezogen, nicht auf seine freiwillige Unterwerfung und Zustimmung rechnen können. Für ihn weht der Geist, wo er will. Hier wird übrigens einer der Unterschiede zwischen Hofmannsthal und Rilke sichtbar – die man als österreichische Dichter fast gleichen Lebensalters, deren Ruhm bei den Zeitgenossen im ersten Jahrhundertviertel in einer Art Wettbewerbsverhältnis zueinander stand, oft zusammen nannte. Beide hatten sich nicht viel zu sagen, waren höflich und freundlich zueinander, wenn sich ihre Wege irgendwo kreuzten, aber Hofmannsthals Verhaftetsein im bewußt Sozialen und Kulturellen, im historisch Österreichischen, in ästhetischen Konventionen, kurz, in einem traditionell und stilisiert Hiesigen, an das er sein bürgerliches und künstlerisches Herz gehängt hatte, lebte in einer Sphäre, die von der visionär-ungebundenen Weltschau Rilkes durch einen Abgrund getrennt war. Dieser suchte die Verwirklichung seiner Kunst in einer ganz anderen Richtung: in der Richtung auf die Aussage seelischer, rein-innenmenschlicher Inhalte zu. Rilkes in der Schweiz entstandene Spätwerke werden das Zeugnis und Denkmal dieses unbeirrlichen Ausmessens seelischer Innenräume, dessen, was er »Weltinnenraum« nannte, sein. Nicht der äußere, nur der innere Weg des Menschen war ihm wichtig. Aus seinem reif gewordenen künstlerischen Wollen erwuchsen literarische Gebilde persönlichster Prägung, in denen das in seinen vor dem Krieg entstandenen »Neuen Gedichten« gepflegte Gegenständliche, Stoffliche eigentümlich sublimiert erscheint, als Bild und Symbol für das nicht mehr Aussprechliche. Diese Bewegung auf ein ganz Wesenhaftes zu, die in Rilkes Schaffen bereits vor dem Krieg eingesetzt hatte, als er 1912 die beiden ersten Elegien in Duino schrieb und Fragmente anderer in Spanien und in Paris, dieses Ringen mit einer dichterischen Aussage, deren Kunstmittel sich von einer überlieferten und literarisch-gängigen Ästhetik abwandte, ließen ihn den Satz schreiben: »Es ist das Furchtbare an der Kunst, daß sie, je weiter man in ihr kommt, desto mehr zum Äußersten, fast Unmöglichen verpflichtet«.[8]

Wenn man in Rilkes Briefen aus der Kriegszeit seine vielen Klagen liest und die unheimliche Tatsache bedenkt, daß der Krieg den Dichter in ihm zum Verstummen gebracht hatte, dann muß man hinter diese Kriegszeit zurückgehen, um den Ursprung dieser Schwierigkeiten – die durch den Krieg nicht geschaffen, aber unendlich vergrößert worden sind – zu verstehen. Wie eine »große Wasserscheide« erschien ihm in seinem Leben die Vollendung der »Aufzeichnungen des Malte Laurids Brigge« (beendet im Januar 1910). Von dieser Leistung, die schon ein Äußerstes war, zurückzukehren in eine Bereitschaft zu Neuem, ist ihm sehr schwergefallen. »Kunstdinge sind ja immer die Ergebnisse des In-Gefahr-Gewesen-Seins«, schrieb er schon in jüngeren Jahren.[9] Der Dichter war einer Gefahr entronnen, als er sie in der Geschichte des zugrunde gehenden Malte rein und redlich beschrieben und aufgebracht hatte. Was dann folgte, war ein Rückschlag, der sich, wie immer bei ihm, auch körperlich auswirkte, und das beklemmende Gefühl auslöste, wieder Anfänger zu sein – einer, der zum Anfang zurückkehren muß, um ein Neues beginnen zu können. Daß dieser Anfang (und dazu liefert Rilkes Werk, chronologisch betrachtet, ein erstaunliches Anschauungsmaterial) jedesmal auf einer tieferen, schwerer zugänglichen Schicht geschieht, näher am Kern der Dinge, mehr am Rande des künstlerisch Leistbaren, machte ein solches, erfahrenes und fortschreitendes Anfängertum nur um so peinvoller. Dazu kommt als eine außerordentliche Erschwerung seiner Natur, daß Rilke vollständig in die Preisgegebenheit des Lebens, in die Losgelöstheit von irgendeiner sozialen oder beruflichen Verpflichtung gestellt war, was er als unerläßlich betrachtete, um das Werkschaffen, das, was er seine »Arbeit« nannte, ganz und kompromißlos in den Mittelpunkt seiner Existenz rücken zu können. Diese zwanghafte Lösung von allem bedeutete aber eine selbstgewählte, schwer erträgliche Schutzlosigkeit. Es hat vielleicht kein Mensch seiner Generation noch der nachfolgenden so vollständig als Dichter gelebt, wie Rilke, und es ist klar, daß nach 1914 eine derartige, ausschließlich werkgebundene Lebensführung mit neuen Risiken und Gefahren aller Art verknüpft war. Dieter Bassermann, in seinem vortrefflichen Buch »Der späte Rilke«, hat die Besonderheit dieser Gefährdung, wie sie in Rilkes

Leben immer (also unabhängig von Krieg und äußeren Unzukömmlichkeiten) bis zuletzt bestand und an seiner Lebenskraft zehrte, mit folgenden Worten umschrieben: »Das, woran Malte zugrunde geht, wovon Rilke bis zur Selbstaufhebung leidet, ist die Unfähigkeit zur gemäßen Haltung der Umwelt an Menschen und Dingen gegenüber.«[10] Eigentlich ist seine Haltung nie in seinem Leben »gemäß« geworden, nie ganz den gewöhnlichen Erfordernissen angepaßt, das heißt angepaßt den Regeln und Konventionen, die über dem Tun und Lassen der in die gesellschaftliche Umgebung geborenen Menschen stehen. Weshalb denn bei Rilke das Leiden am Leben erst mit dem Leben selbst zu Ende ging.

Klar und konsequent ist dieser Lebensweg nur, wenn man ihn an dem Auftrag mißt, dem dichterischen und künstlerischen Auftrag, dem Rilke immer gehorcht hat – dem allein er gehorchen wollte, und den zeitweise nicht ausführen zu können das einzige tiefe Leid seines Lebens war, das einzige, was ihm wie eine Schuld und Verfehlung vorkam. Und nur von hier aus ist auch das Itinerar durch die Landkarte dieses Lebenslaufs verständlich: auf das Werk zu, in diejenigen Verhältnisse, die die Ausführung des Werkes begünstigen. Im Grunde schwebte ihm als Ziel und Rechtfertigung seines Lebens die tägliche Arbeit in der Künstler-Werkstatt vor. Das ständige Suchen nach denjenigen Umgebungen, die seinen paar Bedürfnissen recht geben würden, damit er wieder der Arbeit Nähe spüre und arbeiten könne, ist fast der einzige Wegweiser auf diesen Wanderwegen eines Dichters durch viele Länder. Klarer hat er es nie gesagt als nach den enttäuschenden Monaten in Venedig und in Spanien in den Jahren 1912 und 1913, da er, nach Paris zurück- und in eine eigene Wohnung eingekehrt, wo das Klavierspiel eines Nachbars die Stille ärgerlich zerriß, der Fürstin Taxis in einem Neujahrsbrief auf 1914 schrieb: »Wenn Gott Einsehen hat, so läßt er mich bald ein paar Räume auf dem Land finden, wo ich ganz nach meiner Art wüthen kann und wo die Elegien aus mir den Mond anheulen dürfen von allen Seiten, wie's ihnen zu Muth ist. Dazu gehört dann die Möglichkeit, weite einsame Wege zu machen und eben der Mensch, der schwesterliche!!! (ach ach) der dann das Haus besorgt und gar keine Liebe hat oder so viel, daß er nichts verlangt, als, wirkend und verhütend, an der Grenze des Unsichtbaren dazusein. Hier der Inbegriff meiner Wünsche für 1914, 15, 16, 17 u. s. f.«[11] Man glaubt mit Händen zu greifen, welcher Einsturz die hier aufgezählten Jahre – die Jahre des Weltkrieges – in Rilkes Existenz bedeutet haben.

Rilke hat während des ganzen Krieges nicht arbeiten können, mit Ausnahme einiger Übersetzungen (Michelangelo) und – im November 1915 – der Vierten Elegie, ferner des Requiems auf den Tod eines Knaben und einiger kleinerer Gedichte, was ihn an seinen Verleger schreiben ließ, er befinde sich »in einem rapiden Arbeitsanstieg«. In diesem Augenblick erreichte ihn der Stellungsbefehl, und so mußte der Vierzigjährige als Landsturmsoldat Anfang Januar 1916 in Wien einrücken. Es waren fünfundzwanzig Jahre vergangen, seitdem der Knabe René Rilke nach fünfjähriger Kadettenhauszeit in St. Pölten der Freiheit zurückgegeben worden war. Seither hatte der körperlich nicht kräftige Mann keinen Militärdienst geleistet. Was aber die Jahre in der Militärschule für Rilke zeitlebens bedeutet haben, hat er oft und oft in Briefen und Gesprächen erzählt – eine »Fibel des Entsetzens« hat er es einmal genannt, und noch von der Schweiz aus hat er einem ehemaligen Lehrer jener Anstalt zwar in den gefaßtesten, aber bittersten Ausdrücken auseinandergesetzt, wie er bei seinem Austritt aus der Militär-Oberrealschule in St. Pölten »als ein Erschöpfter, körperlich und geistig Mißbrauchter, verspätet, sechzehnjährig, vor den ungeheuren Aufgaben meines Lebens stand, betrogen um den arglosesten Teil meiner Kraft und zugleich um jene, nie wieder nachzuholende Vorbereitung, die mir reinliche Stufen gebaut haben würde zu einem Anstieg, den ich nun, geschwächt und geschädigt, vor den steilsten Wänden meiner Zukunft beginnen sollte«.[12] Daß Rilke, jetzt ein ältlicher, ungeschickter Rekrut, als er in einem Kasernenhof in Wien von einem Unteroffizier gedrillt und schikaniert wurde und Gewehrgriffe üben mußte, sich zurückversetzt fühlte in die Schrecknisse einer überwunden geglaubten Knabenzeit, empfand er wie eine Vergewaltigung seiner Natur; ihm werde etwa das zugefügt, was ein Baum durchzumachen hätte, den man umkehren und mit der Krone nach unten in die Erde vergraben würde, aus der er vor einem Baumalter ans Licht gewachsen war. Nach kurzer Zeit und dank der Intervention einflußreicher Freunde wurde Rilke, in einen grauen Infanteristenrock gekleidet, in die bequemeren und besseren Verhältnisse einer Schreibstube im sogenannten Kriegsarchiv versetzt, wo seiner die ihm unmögliche Verpflichtung wartete, seine Feder in den Dienst patriotischer und kriegsverherrlichender Schriftstellerei zu stellen. Er nannte dies einen »schiefen und unverantwortlichen Mißbrauch schriftlicher Betätigung« – seine österreichischen Militär- und Schreibkameraden nannten es mit Galgenhumor »das Heldenfrisieren« –, neben dem ihm nun die Ausschaltung alles Geistigen in der Kaserne beneidenswert vorkam.[13] Seit jenen Monaten, die er gezwungenermaßen in Wien zubringen mußte, ist Rilke nie mehr dorthin zurückgekehrt. Daß es jedoch in Wien auch freundlichere Stunden gab, nebst den in stiller Zurückgezogenheit in seinem Hietzinger Hotelzimmer verbrachten Abendstunden, solche des Zusammenseins mit seinen Freunden Thurn und Taxis und ihrem Kreis, viele auch mit dem Maler Kokoschka, dessen Persönlichkeit ihn außerordentlich fesselte; daß er dort zum erstenmal Musik von Arnold Schönberg hörte, auch die berühmte »Fackel« und ihren Herausgeber, Karl Kraus, kennenlernte, von dem er anerkennend sagte: »Er produziert ein sehr reines Gift«; daß man ihn gelegentlich im Theater sah und daß er eine Zeitlang in der Nachbarschaft Hugo von Hofmannsthals in Rodaun wohnte, bis die endgültige Lösung seiner dienstlichen Verpflichtungen ihm den Rückweg nach München freigab, soll ebenfalls erwähnt sein.[13a]

Einen Verlust, den Rilke übrigens mit der größten Gelassenheit vernahm, fügte er sich den gegenwärtigeren Bedrückungen doch nur wie von ferne an, bedeutete die Versteigerung seines ganzen Hausrates in Paris, samt seinen Büchern, die er bei Kriegsausbruch in seiner Wohnung in der rue Campagne-Première zurückgelassen hatte. Mobiliar und Garderobe gingen dabei ebenfalls verloren, da der Hausbesitzer, der um den Zins des im feindlichen Ausland abwesenden Mieters bangte, alles unter den Hammer gebracht und dafür ganze 538 Francs gelöst hatte! Die näheren Umstände dieser unschönen und unnötigen Verschleuderung von Rilkes Habe sind durch ein Tagebuch von Romain Rolland bekanntgeworden, der einige Schritte von Rilkes ehemaligem Domizil in Montparnasse wohnte. Stefan Zweig hatte in den ersten Tagen 1916 von Wien aus an Romain Rolland geschrieben, um ihn auf diese unglückliche Angelegenheit aufmerksam zu machen; Romain Rolland alarmierte seinerseits Jacques Copeau, der ihm durch André Gide, mit dem Rilke freundschaftlich verbunden war, antworten ließ. Die Schritte, die Gide zur Rettung von Rilkes Büchern und persönlichen Gegenständen unternahm, hatten keinen Erfolg, alles war bereits in die Winde zerstreut. Aber Rilkes Pariser Hausbesorgerin hatte in Koffern die Manuskripte und Briefsachen, die unverkäuflich waren, gesammelt und in Sicherheit gebracht – sie wurden nach dem Krieg ihrem Besitzer zurückgegeben. Daß ihn in seiner Wiener Militärzeit diese Angelegenheit bedrückte (er wußte noch nicht, daß etwas von seinen persönlichen Dingen gerettet war), geht aus Stefan Zweigs Brief an Romain Rolland hervor. Mehr und Wesentlicheres spricht aus den Briefen Rollands und Gides sowie aus ihren und Copeaus redlichen Bemühungen, einen Eingriff und ein Unrecht, die sie als Franzosen beschämend empfanden, wenn möglich rückgängig zu machen: es ist die persönliche Freundschaft, die literarische Achtung, die sie Rainer Maria Rilke entgegenbrachten. André Gide ist der erste gewesen, der das literarische Frankreich mit dem »Malte Laurids Brigge« bekannt gemacht hatte, als er in der »Nouvelle Revue Française« vom 1. Juli 1911 längere Fragmente dieses Romans in einer eigenen Übersetzung veröffentlichte.[14]

Die drei Jahre, während deren sich zwischen Rilkes Abschied von Wien im Sommer 1916 und seinem Wegzug von Deutschland im Juni 1919 die Kriegs-, Revolutions- und Nachkriegsereignisse mühsam und wüst durch die Länder wälzten, enthalten im Leben des Dichters wenig Berichtenswertes. München war der ungeliebte Hafen, wo er sein Schiffchen festgemacht hatte. Sommermonate verbrachte er im Jahre 1917 auf einem Gut in Westfalen als Gast von Frau Hertha König, der er später eine seiner Elegien zueignen wird. Diese Reise gestattete zwei kürzere Aufenthalte in Berlin, wohin Rilke seit seinen Jugendtagen, als er im Haus »Waldfrieden« in Schmargendorf bei dem Ehepaar Andreas-Salomé wohnte und dort »Die Weise von Liebe und Tod des Cornets Christoph Rilke« schrieb, oft zurückgekehrt ist. Eine Ausstellung der Werke Max Liebermanns und eine Geburtstagsgesellschaft im Hause des berühmten Malers, zu der er sich in der Begleitung des ihm ebenfalls seit seiner Schmargendorfer Jünglingszeit bekannten Gerhart Hauptmann begab, ragen aus diesen Berliner Sommertagen hervor. Die Spätherbsttage in der Reichshauptstadt bleiben denkwürdig durch die Begegnung mit Bernhard von der Marwitz, einem jungen, die Werke Rilkes bewundernd verstehenden Dichter, der, wie Georg Trakl in Österreich, wie Alain Fournier und Péguy in Frankreich – und leider so viele andere, die zu den begabtesten und bemerkenswertesten Schriftstellern der damals jungen Generation gehörten – sein Leben im Kriege lassen mußte. Mit Bernhard von der Marwitz knüpfte sich, zum erstenmal vielleicht in Rilkes Leben, jene für beide Teile fruchtbare Beziehung zwischen dem gereiften, schon berühmten Dichter und einem seiner Bewährung erst entgegenreifenden jungen Menschen an – als sie der Soldatentod des Jüngeren bald danach jäh zerriß.

Ebensowenig wie Wien und München, hat Rilke auch Berlin nach dem Weltkrieg nicht mehr betreten; auch die Beziehung zu Gerhart Hauptmann, in der Rainer einst der bewunderte Jüngere gewesen war (Hauptmann, der zwölf Jahre älter war als Rilke, hat diesen um neunzehn Jahre überlebt), ist von beiden Seiten nicht länger gepflegt worden. Die Ruhmbegierde Hauptmanns, sein Bedürfnis, sich feiern zu lassen und sich repräsentativ zu geben, fand nicht Rilkes Zustimmung, dem Repräsentation nichts und der Ruhm eine Häufung von Mißverständnissen bedeudete. Es war einige Jahre später in Muzot davon die Rede, als ich, selber von Berlin zurückkommend, Rilke von den Feiern zum sechzigsten Geburtstag Gerhart Hauptmanns erzählte, deren Zeuge ich gewesen war. Die Äußerlichkeiten und Nebengeräusche solcher Veranstaltungen erweckten bei Rilke nur ein Gefühl des Bedauerns mit Hauptmann – was deshalb angemerkt zu werden verdient, weil, wie schon Lou Andreas-Salomé richtig bemerkte, Rilke ganz uneitel auf den Ruhm reagierte. Mag es natürliche Schlichtheit, die kein Piedestal verträgt, Scheu, die allem Öffentlichen abhold ist, geistige Redlichkeit, die um die mißverstehenden Vergröberungen und Oberflächlichkeiten aller Berühmtheit weiß, echte Demut, vor der keine irdischen Eitelkeiten Bestand haben, gewesen sein: Rilke hat sich nie feiern lassen, ist nie ins Rampenlicht der Öffentlichkeit getreten, von seltenen öffentlichen Vorlesungen aus seinen Werken abgesehen. Seinen fünfzigsten Geburtstag (1925) hat er ins Innerste der eingeschneiten Mauern von Muzot zurückgezogen und vollständig allein zugebracht – mit leisem Schrecken auf die zahllos einlaufenden Briefe und Telegramme blickend. In einem ähnlichen Sinne war ihm auch der große Lärm, den, wie er meinte, während der Kriegsjahre sein »Cornet« vollführte – durch einen seltsamen Zufall war es dieses Jugendwerkchen, das in erster Linie seinen Ruhm verbreitet hatte –, wenig lieb. Es kam auch im Leben anderer geistig und künstlerisch Schaffender vor, daß sich der Ruhm ihres Namens an eine der nicht wesentlichsten Leistungen ihres Lebens geknüpft hat; aber vielleicht ist das nur eine List des Schriftstellerschicksals, das mit einem solchen Griff auf Eingängiges einen weiteren Kreis von Lesern auf das schwerer Zugängliche hinweist. Der »Cornet« ist damals schon von einem Komponisten vertont (seither wurde er es noch viele Male und bei Wohltätigkeitsveranstaltungen für Kriegsinvalide in Leipzig und Wien aufgeführt worden. Als ihm von Wien aus, wo man dringend Heldenhaftes nötig hatte, nahegelegt wurde, aus dem »Cornet« einen Kampfflieger zu machen, fiel allerdings Rilkes Antwort nicht freundlich aus: »Was ich nach Wien geantwortet habe, lag auf der Hand«, schrieb er am 30. März der Fürstin Taxis; »wurde aber dort nicht gleich gelten gelassen. Jener für sein Metier begeisterte Herr forderte durchaus einen »fliegenden« *Cornet* von mir, – solche Transponierungen vermag nicht einmal der liebe Gott, da er sich entschloß einen fliegenden Hund zu machen, wurde er eine triste übertriebene Fledermaus.«[15]

Wie im Leben der meisten denkenden und sensiblen Menschen hat der Weltkrieg – man wußte noch nicht, daß es bloß der »erste« war – auch in Rilkes Existenz gewisse Wandlungen herbeigeführt. Mochte er ihn in seinem Bewußtsein auch ausgeklammert haben, um, wenn die Klammer sich wieder schloß, den Hauptsatz dort aufzunehmen, wo der Krieg ihn unterbrochen hatte: ganz gleich wie vor 1914 hat er diesen Hauptsatz kaum weitergesprochen. Gleich blieb nur sein durch nichts zu erschütternder Entschluß, die begonnenen Elegien fortzusetzen, und trotz jahrelangem Verstummen, das ihn verstörte und vor sich selbst verminderte, hat er an die Möglichkeiten dieser Fortsetzung standhaft geglaubt. Denn Rilke lehnte die Anregung seines Verlegers, die bereits bestehenden Elegien – es waren nach der Entstehung der in der endgültigen Reihenfolge vierten bereits deren drei – zu veröffentlichen, ab; mit Recht fürchtete er von einer solchen frühzeitigen Preisgabe eines Fragmentes an die Leser eine Verminderung der eigenen Spannung, die ein entstehendes Werk im Gemüt des schöpferischen Menschen qualvoll und förderlich zugleich erzeugt. Die Entstehung der Elegien war mit dem Schloß Duino am Adriatischen Meer, wo Rilke den Winter 1911–12 verbracht hatte, eng verknüpft, und man kann ihm seine Bangigkeit nachfühlen, als während der Isonzoschlachten Granaten in die großartig auf einem Felsen über das Meer ragende Burg ein-zuschlagen begannen. Aber es ist auch wieder bezeichnend für seine Haltung, daß er die endgültige Zerstörung dieses Schlosses durch Artilleriefeuer, die ihn an einer intimen Stelle seines In-nern getroffen haben muß, in seinen Briefen, selbst an die Besit-zerin von Duino, nicht erwähnte. Als ein trotz äußerer Diszipli-niertheit innerlich Gehetzter und Gequälter ist Rainer Maria Rilke einem seiner Münchner Bekannten – einem Psychiater – in jener Zeit erschienen. Er scheint seine seelischen Kräfte ganz auf die Fortsetzung des vor dem Krieg Begonnenen konzentriert zu haben, und Bassermann bemerkt treffend, die Briefe und Ge-dichte Rilkes aus der Spätzeit – d. i. der Nachkriegszeit – zeigten, »daß die schwere Verschüttung durch den Krieg diesen Fortgang nicht unterbrochen, sondern nur verzögert hat«.[16]

Die Novembertage 1918, die die Niederlage der Zentralmächte und den revolutionären Umsturz in Mitteleuropa brachten, be-schäftigte Rilke nach seinem eigenen Zeugnis »mit Zuschaun und Zuhören, nein mit Hoffen vor allem« – aber doch: »bei jedem Zögern im Schritt dessen, was da endlich gekommen ist, stockt einem das Herz, als könnte diese Zukunft, die noch zu Fuß durchs Gedränge geht, stürzen oder noch einmal umkehren«.[17] Es ist bemerkenswert, daß sich Rilke in Volksversammlungen in die Brauhaussäle begibt, sich die Reden anhört, und daß er dazu sagt: »Und obwohl man um die Biertische und zwischen den Tischen so saß, daß die Kellnerinnen nur wie Holzwürmer durch die dicke Menschenstruktur sich durchfraßen, – wars gar nicht beklemm-mend, nicht einmal für den Atem; der Dunst aus Bier und Rauch und Volk ging einem nicht unbequem ein, man gewahrte ihn kaum, so wichtig wars und so über alles gegenwärtig klar, daß die Dinge gesagt werden konnten, die endlich an der Reihe sind, und daß die einfachsten und gültigsten von diesen Dingen, soweit sie einigermaßen aufnehmlich gegeben waren, von der ungeheuren Menge mit einem schweren massiven Beifall begriffen wur den.«[18] Es habe wunderbare Momemte gegeben, schreibt er in diesem an seine Gattin gerichteten Bericht, wie sehr habe man sie gerade in Deutschland entbehren müssen, »wo nur die Aufbe-gehrung zu Worte kam, oder die Unterwerfung, die in ihrer Art auch nur ein Machtanteil der Untergebenen war«.[19] Es wird hier klar, was Rilke in den Kriegstagen an der Haltung seiner Umge-bung bedrückt hatte; es wird an seiner Freude und Hoffnung klar, wenn er plötzlich freies Menschentum in freier, menschlicher Rede sich aufrichten sieht und die Dinge sagen hört, »die endlich an der Reihe« waren. Wir wissen von einem Zeugen jener Ereignisse, daß Rilke in München kurz nach der Revolution in einer Versammlung geistig Arbeitender, der er beiwohnte, selber das Wort zu einer schönen, eindrucksvollen Stegreifansprache ergriff. Damals – im November 1918 – nahm er auch an Besprechungen über den Empfang der heimkehrenden Truppen teil, über den er in einer durchaus sachlichen, praktischen Art an einen der Organisatoren einen Brief schrieb. Allein, trotzdem: zu den gewaltsamen Formen des Umsturzes hatte Rilke kaum ein anderes Verhältnis als zu den Gewalttätigkeiten des Krieges. Schon am 15. November schrieb er einem Münchner Bekannten, der ihn offenbar zum Mittun aufgefordert hatte: »Denn die Gewalt ist ein grobes Werkzeug und ein unübbares, darum bleibt auch der Geist hinter ihr zurück, der keine Gewaltsamkeit kennt, denn Gewalt des Geistes ist ein Sieg von unüberwindlicher Sanftmut.« Die Hineinziehung des »Geistes« ins Kriegs- und Revolutionsgeschehen, in dem er sich verliere und verleugne, lehnte er ab.[20] Eigentlich ist Rilke nicht so vollkommen apolitisch gewesen, wie es den Anschein hat; er hat seinen kritischen Verstand, überhellt von einer intuitiven Klarsichtigkeit, auch auf das Politische angewendet, das er durchschaute, manchmal sicherer, als es die politisierenden Zeitungsleser und die »Informierten« konnten. Trefflich und klug die Beobachtung von Ende Dezember 1918: ». . . unter dem Vorwand eines großen Umsturzes arbeitet die alte Gesinnungslosigkeit weiter und tut mit sich selber unter der roten Fahne groß. Es ist furchtbar, es zu sagen: aber dies ist alles ebensowenig w a h r, wie die Aufrufe, die zum Krieg aufgefordert haben; weder dies noch jenes ist vom Geiste gemacht. Der sogenannte Geist kam auch diesem Ereignis erst nach und konnte, genau wie 1914, sich nur noch ›zur Verfügung stellen‹, was für den Geist, muß man zugeben, nicht eben sehr großartig ist.«[21] Als ein Zeuge, der den Dingen mit fast untrüglichem Blick auf den Grund schaut, kann Rilke nicht anders, »als mit innigster Sorge feststellen«, daß Menschen, die aus der Bedrängnis des Krieges befreit sind, in neue Bedrängnisse geschleudert werden, »und daß, indem die Namen Krieg und Frieden gleichzeitig wegfallen, ein unbekanntes, unbenennbares Geschehen gerade in dem Augenblick hereingebrochen ist, in dem man es am nötigsten hatte, sich wieder im Vertrauten und Gesicherten einzurichten. Dabei diese Verführung zu politischem Dilettantismus, die die Leute verleiten möchte, außerhalb ihrer Kenntnis und Übung, sich am Allgemeinen zu versuchen und dort das Experiment einzuführen, wo nur das Weiseste und erwogenste zur Wirkung kommen dürfte.«[22] Seine eigene kleine Zuversicht auf einen neuen, reinen Anfang, fügt er, auf sein eigenes Anliegen zurückkommend, hinzu, sei zwar nicht ganz eingegangen, »aber ich muß sie doch pflegen wie ein kleines, höchst fragliches Pflänzchen, wobei ich auch merken kann, wie kalt und sonnenlos mein inneres Klima geworden ist«.

Also auch jetzt wieder, wie im Kriege: das besorgte, aber zähe Festhalten am Eigenen, was bei ihm nicht Familie, Beruf oder Erwerb bedeutet, sondern »Arbeit« – die Arbeit an der selbstgewählten Aufgabe auf dem extramundanen Gebiet seiner Kunst. Rilke hat die Revolutionsgewalt ebenso abgelehnt wie die Kriegsgewalt; noch in der Schweiz hat er einem deutschen Bekannten, der in seiner Radikalität die Meinung äußerte, man müßte zuerst in Deutschland Tabula rasa machen mit allem Gewesenen, nicht zustimmen können; die Natur, meinte er, auch die im politischen Bereich wirkende, kenne keine Tabula rasa. Sein Konservatismus, wenn man es überhaupt so nennen kann, betraf nicht alte Formen, die zerbrachen – deshalb hat er auch seinem alten Vaterland, der Habsburger Monarchie, nicht einen Augenblick nachgetrauert. Er hat auch die russische Revolution nicht verurteilt, sondern – in Gesprächen – gesagt, der Westen könne die Vorgänge in Rußland nicht verstehen. Aber Rilke dachte zu natürlich oder kreatürlich, als daß er sich vorstellen konnte, aus nichts könne etwas entstehen, das wachstümlich Lebende könne durch Experimente gefördert, das aufrichtig Menschliche durch erzwungene Konstruktionen in bessere Bahnen geleitet werden. Für die Verwirrungen und Entstellungen, die jene Jahre über die Menschheit und in besonderem Maße über Deutschland gebracht hatten, hatte er ein sicheres Gefühl, das sich noch jahrelang in einer tiefen Sorge um die Zukunft äußerte; was er vermißte, vom Augenblick an, wo es sich im Gedränge des Umsturzes nicht eingestellt hatte – Rilke hat es in dem zitierten Brief gesagt –, war das »Weiseste« und »Erwogenste«.

Als Ende Mai 1919 eine Einladung aus der Schweiz eintraf – die Gräfin Dobrženský hatte ihm ihre Gastfreundschaft in ihrem

Haus am Genfersee angeboten, und nun forderte der Zürcher Lesezirkel Hottingen den Dichter auf, aus seinen Werken zu lesen –, griff Rilke beherzt zu. Schon im Januar war er entschlossen gewesen, der bisherigen Umgebung zu entsagen. Er wollte in München nur noch mit Begonnenem abschließen und dann der Stätte seiner Kriegsexistenz entrinnen. »Denn Fortgehen –, wie ich mich kenne, bedeutet ja nichts so ganz Nebensächliches für mich, es wäre, gerade nach dieser schweren münchner Jahren, nicht so sehr eine Unterbrechung, als vielmehr ein Abbruch, ich vermuthe (unter uns gesagt), daß ich nicht mehr nach München zurückkäme.«[23] Offenbar scheint aber Rilke doch, als er München verließ, mit einer Rückkehr nach Deutschland gerechnet zu haben; denn er verabredete mit Lou Andreas-Salomé, die damals bei ihm weilte, für den Oktober des gleichen Jahres ein Zusammentreffen in Deutschland, an das er sie noch auf dem Bahnsteig erinnerte. Es war ein Mittwoch – der 11. Juni 1919 –, als sich Rilke am Bahnhof München von Lou Andreas, von seiner Frau Clara und einigen Bekannten verabschiedete, ehe er den Schnellzug bestieg, der ihn nach Lindau bringen sollte, von wo er die Reise noch am gleichen Tag bis Zürich fortzusetzen gedachte. Es wurde für den Dichter ein vollständigeres »Fortgehen«, ein tieferer Abschied, als seine engsten Vertrauten damals ahnten. Lou Andreas-Salomé, in dem Buch, das sie ihrem Freund gewidmet hat, erzählt, ihr habe sich in jenem Augenblick »ein schweres Wort aus einem seiner alten Pariser Briefe« über den Sinn gelegt: »– ich aber gehe, wie die Tiere gehen, wenn die Schonzeit vorüber ist«.[24]

Was Rilke suchte, läßt sich erst in den aufeinanderfolgenden Etappen des Findens deutlich erkennen, wenn ihm allmählich das während der langen Schweigezeit Abhandengekommene zu seinem Glück und zur Vollendung seines Werkes wiedererstattet werden wird. Aber bald schon ist er sich im klaren darüber, daß ein kurzer, wohltätiger Wechsel, wie die vom Krieg verschonte Schweiz ihn bieten konnte, ihm nicht genügen würde, wenn mit der erhofften Erholung und Heilung nicht recht eigentlich eine Rückkehr in die Welt, in das, was s e i n e Welt war, möglich würde. Was der heimatlose Dichter nach den ersten Ansätzen und Versuchen in dem neuen Gastland nötig hat, ist gleichsam eine Pflanzstätte in gedeihlichem Boden und freundlichem Klima für die ihm bevorstehende Arbeit. Wenn er ratlos und beklommen nach den ersten, ziemlich zerrissenen und unruhigen in der

Schweiz verbrachten Monaten Ende 1919 seinem Verleger Kippenberg und dessen Gattin aus dem Tessin schreibt: »Ordnung und Schutz! Liebe Freunde, wann wird mir das für meine größeren Aufgaben zuteil werden, und wo?!«, und in bewegten Worten seinem Bedürfnis nach einem Jahr Abgeschiedenheit in ländlicher Stille, an einem ihm zusagenden Ort Ausdruck gibt, verstehen wir vollkommen den Sinn seines Suchens und Strebens.[25] —

Draußen

Das ruhelose Suchen nach einer Heim- und Pflanzstätte seines Werkschaffens ist in Rilkes Wanderjahren nichts anderes als ein Weg zur »Gewinnung eines inneren Aufenthalts« – er bekennt es wiederholt mit einem Freimut, der für seine illusionslose Selbstkenntnis zeugt; »nur« – so lautet der Nachsatz – »daß ein Impressionabler, wie ich, immer wieder annimmt, das rechte äußere könnte dem inneren Zustand aufhelfen«.[26] Am Anfang nun war die Reise in die Schweiz ein Weg ins Freie, ein Schritt nach draußen; und da kann es nicht wundernehmen, daß Rilke zunächst und längere Zeit nicht recht weiß, was er mit der wiedergewonnenen Freiheit anfangen soll. Merkwürdig und unerwartet erscheint auch der Umstand, daß er zuerst in die Schweiz sich begab, in ein Land, von dem er bekannte, er habe es »in sonstigen Jahren immer nur als Durchgangsland betrachtet . . ., in einer Art von Mißtrauen gegen seine berühmte, zu deutliche, zu anspruchsvolle ›Schönheit‹«[27]; wenn er früher durch die Schweiz gefahren sei, habe er die Vorhänge des Coupés zugezogen, die schöne Aussicht den Mitreisenden überlassend! Äußere Eindrücke waren es sicherlich nicht, die der Dichter in dem neuen Land suchte, obgleich er sich ihnen, einmal herzlich zustimmend, ein anderes Mal ironisch ablehnend, nicht entziehen konnte. Noch drei Monate nach seiner Ankunft in der Schweiz berichtet er in fast übermütig persiflierender Laune von den übertriebenen Naturschönheiten dieses Landes, an denen bereits die Bewunderung der Groß- und Urgroßeltern mitgearbeitet zu haben scheine, die aus Ländern kamen, wo es »nichts« gab, und wo sie nun »Alles« in Prachtausgaben fanden, »eine Natur mit Auf und Ab, voller Überfluß, voller Verdoppelung, voll unterstrichener Gegenstände«.[28] Rilke war kein Mann der Gebirge, sie konnte er von vornherein nicht recht begreifen, sie kamen ihm in der Schweiz zu massenhaft vor; die schweizerische Landschaft fand er »eklektisch«. Die Erklärung für diese abwehrende Haltung gibt er übrigens selbst, wenn er sagt, er vermöchte auch in einer weniger auffallenden Umgebung keine Eindrücke aufzunehmen; seit Spanien habe er überhaupt keine mehr aufgenommen; seine Natur werde von innen getrieben, von der zurückgestauten Arbeit, »so stark und beständig, daß sie nicht mehr ›eingedrückt‹ werden kann«.[29] Die gestaute, auf ihren Durchbruch, ihre Entfesselung wartende Arbeit am Werk: man darf nicht vergessen, wenn man Rilke auf seinen Wegen begleitet, daß s i e es ist, die ihn treibt, die der Lösung und Erlösung harrt.

Ein kleiner Band, »Briefe an eine Reisegefährtin« betitelt, enthält den treuesten Bericht über Rilkes Schweizer Reise im Sommer 1919. Er war im Halbcoupé des bayrischen Eisenbahnzuges zwischen München und Lindau mit einer jungen, schönen Frau ins Gespräch gekommen, die sich, eine Kabarettsängerin, nach Zürich in ein Engagement begab. Sie war ihrem etwas ängstlichen Reisegefährten, dem es vorkam, er müsse nach so langer Zeit das Reisen erst wieder lernen, mit ihrer Erfahrung und resoluten Entschlossenheit beim Zoll und Grenzübertritt behilflich, und selbander fuhren sie weiter im Schnellzug vom Bodensee nach Zürich, wo Rilke von den Abgesandten des »Lesezirkels«, die junge Frau von ihren Freunden und ihrem Hund am Bahnhof abgeholt wurden. Es ist kaum nötig zu sagen, daß sich aus dieser flüchtigen Begegnung – aber was war bei Rilke »flüchtig«? – eine Bekanntschaft und ein Briefwechsel entwickelt haben, die zwar nicht lange vorhielten, aber gerade genug, daß wir aus den Briefen an diese Frau Rilkes erste Eindrücke von der Schweiz erfahren. »Angesichts des schönen sommerlichen Sees« habe er auf seinem Balkon im Hotel Eden au Lac sein erstes Frühstück eingenommen, schreibt er ihr am übernächsten Tag. »Schon merk ich, was es ausmacht, ›draußen‹ zu sein: die beiden Tage waren reich und gut für mich, – es fing wunderlich an, erst stand ich an den Schaufenstern der Parfümerien –, und wer mich später die Bahnhofstraße beglückter zurückkehren sah, konnte nicht erraten, daß es die Namen *Guerlin* und *Houbigant* waren, die von mir widerstrahlten. Dann kam Entdeckung auf Entdeckung: die französische Buchhandlung *(Crés)*, neue Bücher, darüber im 3ten Stock einige Zimmer voll Bilder und heute wieder eine ganze Exposition französischer Zeichnungen und Aquarelle –: jene wunderbar sichere Sinnlichkeit des Schauens nach so vielen Jahren der Entbehrung wieder zu gewahren!; dazu gute und lebhafte, ernste und eindringliche Gespräche mit hier kaum vermutheten Freunden: kurz wenn Sie mir Gutes gewünscht haben, die gute Fortsetzung des durch Sie so guten Anfangs – so ist's auf das Fühlbarste in Erfüllung gegangen.«[30] Doch kaum angekommen, verließ Rilke Zürich wieder, um sich an den Genfer See nach Nyon zu begeben, wo er die weiteren Möglichkeiten seines Schweizer Aufenthaltes mit der Gräfin Mary Dobrženský beraten wollte, die ihn zu sich in ihr Chalet eingeladen hatte. Der Aufforderung und Fürsorge dieser Freundin war es zuzuschreiben, daß er in die Schweiz kommen und sich hier einige Zeit aufhalten konnte. Sein nächster Brief an die »Reisegefährtin« ist aus einem Hotel in Genf geschrieben, worauf sich Rilke, der müde war, Ruhe und Erholung brauchte, nach Bern begab.

Erst hier begann er wirklich, sich mit dem ihm neuen Land und seinen Bewohnern vertraut zu machen. Es war eine Eigentümlichkeit seines Wesens, daß er den äußeren Dingen eine gewaltige Bedeutung beimaß, was in seiner Ablehnung so gut wie in seiner Zustimmung immer wieder zum Ausdruck kommt. Rilkes Aufmerksamkeit galt von da an der Landschaft, den menschlichen Wohnstätten, der eingesessenen Bevölkerung und, aufsteigend zu den Ursprüngen, der historischen Vergangenheit der Schweiz. Wo alte Formen und ihr geheimes Wirken noch vorhanden sind, in Bauwerken, Wahrzeichen, angestammten Dingen, wo geschichtliche Kräfte auf die Gegenwart nachschwingen, fühlt Rilke sich angezogen, vertraut er sich seiner Umgebung an. »Ich muß überall ein Leben beginnen dürfen, schrieb er in jenem Sommer, »und mich der Einbildung ausliefern, daß an dieser Stelle und an jener, soll sie mir nur einigermaßen zuträglich und zutraulich werden, unendliche Vergangenheiten sich abgespielt haben, die, mit einem Zweig mindestens, mir zu- und in mich einwachsen wollen, als wärens meine eigenen oder die meiner Familie«.[31] Er faßte im Laufe der Monate und Jahre das Interesse, das er seinem neuen Gastland entgegenbrachte, und das mit wechselndem Standort immer neu angeregt wurde, nicht anders auf als ein fortwährendes Eingehen auf alles Gewachsene und Gewordene, als ein In-Beziehung-Treten zu Lebenden und Toten – denn er hat zeitlebens zwischen beiden nie einen tiefen Unterschied gemacht. Es ist für das Verständnis seiner inneren Welt nicht gleichgültig, wenn man weiß, daß Rilke jedesmal, wenn er eine Ortschaft besuchte, sich zu orientieren pflegte über ihre Topographie, daß er die Daten ihrer Geschichte und ihrer Bauwerke in Erfahrung zu bringen suchte, nach den alten Häusern forschte, sich die Familienwappen merkte, endlich, daß er einen Ort nicht verließ, ohne den Kirchhof besucht und die alten Grabsteine entziffert zu haben. Eine Menge Notizen, Abschriften von Epitaphien und dergleichen, auch rasche Skizzen zeugen von diesem liebevollen Eingehen auf die Umgebung. Rilkes Briefe aus der Schweiz sind voll von Aufzeichnungen und Beschreibungen des unmittelbar Augenfälligen, man erfährt aus ihnen, daß er genealogische Almanache und Wappenbücher studierte, natürlich auch historische Museen besuchte – im Berner Museum begeisterten ihn die sogenannten Burgunder Teppiche –; sie zeigen uns auch, wie er diese Dinge in sinnvollen Bezug und Zusammenhang brachte, mit ihnen eine kleine Welt baute, in die er sich allmählich einspann und von der aus er, wenn die Zeit der Bereitschaft da war, den Flug ins Weite wagte. Man entdeckt hier, wie der Entwurzelte immer wieder das Bedürfnis empfindet, Wurzeln zu schlagen, einzuwachsen in eine fremde Umgebung.

Diese hat am vertrautesten in Bern zu ihm gesprochen. Diese Stadt »erwies sich als das«, schrieb er an seinen Verleger, »was nötig war, um in der Schweiz nicht nur die übliche Verschwörung von Hotels zu sehen in die eine auffallende Landschaft ahnungslos (oder doch etwas ahnend?) verstrickt ist. Hier endlich ein Gesicht, ein Stadtgesicht, und trotz aller Eingriffe, von welcher Abstammung und Beharrlichkeit!«[32] Er erwähnt die Terrasse vor dem gotischen Münster, die merkwürdigen Brunnen, die »wunderbare Lage an der Herren- und Junkerngasse, die den patrizischen Palästen ein doppeltes Gesicht gewährt: ein steil über den Steinlauben verschlossenes, und ein festliches nach der Terrassenseite, wo die Gärten den Abhang zur Aare bis an das alte Matte-Viertel hinab sich offen niederlassen«.[33] Bereits knüpfte Rilke auch Bekanntschaften an, die ihn ins Innere solcher Häuser führten; auch schönen Landsitzen der Umgebung und ihren Bewohnern stattete er Besuche ab. Der weite Blick über frühsommerliche Felder und Hügel, die Ruhe des Landschaftsbildes, herrschaftliche Landhäuser im Stil des französischen 18. Jahrhunderts, ja auch die bürgerliche, selbstbewußte Atmosphäre, die von dem Leben in der Stadt ausging, sagten dem Fremdling zu.

Rilke ist in den letzten Jahren seines Lebens häufig nach Bern zurückgekehrt; als er später in Muzot lebte, bedeutete es ihm die nächste Stadt, in der er einen Kreis von Bekannten hatte, Einkäufe machte und gerne durch die alten Arkaden und über die Münster-Terrasse seinen Weg nahm. Die Schweiz war ihm hier begreiflich geworden »in ihrer eigentümlichen Durchdringung und angestammten Einheit«. Von Bern aus werden ihm »diese Länder, die die Natur aus Grenzen und Hindernissen gebildet hat, in einer merkwürdigen Klarheit und Durchsichtigkeit erkennbar . . . Ihre Geschichte ist voll Naturkraft«, fährt er in diesem nach Deutschland gerichteten Brief fort, »die Menschen, wo sie hier als Masse zusammentraten, hatten etwas von der Konsistenz und Härte des Gebirgs und ihr hervorstürzender Wille ist in den entscheidensten Momenten eine Fortsetzung jener Unwiderstehlichkeit gewesen, mit der die Wildbäche in den Talschaften ankommen.« Auf dem Umweg über die Geschichte und die Natur dringt Rilke zu den Menschen vor, von denen er sagt, sie seien »in ihrer Anlage tatsächlich aus der gleichmäßigsten Masse geknetet und aus dem Ganzen geschnitten . . . : so daß in jedem das Volk gegenwärtig ist (was man bei uns so entbehrt, wo mans beständig mit dem Stumpfen oder gar Amorphen zu tun hat, oder aber dem Einzelnen als einer Ausnahme gegenübersteht)«.[34]

Erst wenn er sich später mit besonderer Vorliebe Genf zuwendet und dieses vergleichend Bern gegenüberstellt, macht Rilke ausführliche und begründete Vorbehalte gegen die Aarestadt; nach seiner Entdeckung des Wallis zieht er dessen Landschaft und Atmosphäre der Berner Landschaft vor. Als er mich auf einem Spaziergang in der Umgebung von Sierre auf das subtilere Licht und die dunstigere Luft des Wallis mit seinen an einen gewirkten Teppich erinnernden bewaldeten Abhängen aufmerksam machte, sprach er vergleichend von der härteren, aufdringlicheren, mit zu deutlichen Konturen abgegrenzten Berner Landschaft. Diese Härte der Konturen, sagte er, falle ihm auch auf den Gemälden von Ferdinand Hodler auf, und er brachte sie im Verlauf dieses Gesprächs in einen Zusammenhang mit den frühen Eindrücken, die dieser Maler in seiner Berner Umgebung empfangen hatte.

Rilke kehrte am 7. Juli nach Zürich zurück, in der Absicht, in einem dortigen Sanatorium sich ärztlicher Behandlung zu unterziehen. Er verwarf jedoch diesen Plan trotz seinem anhaltenden Unwohlsein wieder, blieb im Hotel, dessen Garten ihm gefiel, speiste mit Busoni, der ein eifriger Bewunderer des Dichters war, und war viel in Gesellschaft. Die Anregungen dieser Stadt hat er noch oftmals gern auf sich wirken lassen; aber ihre Modernität, ihre Betriebsamkeit ließen ihn nie ein persönliches Verhältnis zu Zürich finden. Doch ist Rilke bis zu seinem Lebensende der französischen Buchhandlung an der Rämistraße, die er gleich nach seiner Ankunft von München entdeckt hatte, treu geblieben. Der Buchhändler, ein Pariser, Paul Morisse, der damals diese Librairie betreute, war selbst ein Mann von literarischem Urteil und eine auffallende Persönlichkeit; bei ihm bestellte Rilke seine Bücher und ihm hat er im Laufe der Jahre in zahlreichen Briefen seine Urteile über moderne französische Schriftsteller und Dichter mitgeteilt. –

Ein Bekannter machte ihn auf einen Ort in den Bündner Bergen, auf Soglio, aufmerksam und schilderte diesen in einer Weise, als ob er für Rilke das »gelobte Land« sein könnte. Dieser verband mit diesem neuen Reiseziel die Vorstellung von »Land und möglichst südlichem Himmel darüber«. Der »Reisegefährtin« gegenüber nannte er diese Fahrt seinen »zweiten Auszug aus Zürich«: am 24. Juli war er aufgebrochen, hatte in St. Moritz bei Regen und scharfer Kälte einen kleinen Wagen bestiegen und war frierend, »trotz Sacharoffs gutem russischen Pelz, den mich ein Schutzengel mitnehmen hieß«, nach Sils-Baseglia gefahren. Dort wollte er noch seine dänische Übersetzerin, Inga Junghanns, besuchen, ehe er über den Maloja-Paß seinem Bestimmungsort entgegenreisen würde.[35]

Die Bibliothek zu Soglio

Sechs Wochen waren seit der Abreise von München bereits vergangen, als Rilke sich anschickte, sich zu längerem Verweilen in einem kleinen Dorf auf hochgelegener Bergterrasse – in Soglio – niederzulassen. Dort fand er nach seinem Bekenntnis den ersten ruhigen Moment in der Schweiz; es war auch das erste Mal, daß sein Schaffen wieder angeregt wurde: in Soglio entstand der unter dem Titel »Ur-Geräusch« veröffentlichte »Experiment-Vorschlag«, dessen Prosa man vielleicht als den Wiederbeginn des

Pension Willy (Palazzo Salis)
in Soglio

durch den Krieg unterbrochenen »Hauptsatzes« gelten lassen kann. Freilich beklagt sich Rilke immer noch über die Langsamkeit seines inneren Wesens, dessen Heilung auf sich warten lasse; sie gestatte ihm immer noch nicht, zu jener Besinnung vorzudringen, »die sonst, früher, einst – meine gewöhnliche, tägliche und durchaus natürliche war«.[36] Und doch gewinnt man bei der Lektüre seiner zahlreichen aus Soglio an Freunde gerichteten Briefe den Eindruck, daß bereits eine größere Gelöstheit seines Gemüts eingetreten war. Die Frische, mit der er seine Eindrücke beschreibt, die aufgerichtete Klarheit seiner Briefprosa, die liebevolle Zustimmung zu seiner momentanen Umgebung sprechen dafür, daß die »Erstarrung«, über die er sich in den Münchner Kriegsjahren beklagt hatte, in innere Bewegung übergegangen ist. Die Arglosigkeit und freie Natürlichkeit von Rilkes Wesen tritt uns in den »Persönlichen Erinnerungen« von Inga Junghanns an seine Ankunft in Sils-Baseglia entgegen. Es ist nur ein Augenblicksbild von jenem Abend des 24. Juli 1919, das die dänische Schriftstellerin und Übersetzerin der »Aufzeichnungen des Malte Laurids Brigge« skizziert hat – aber in dieser Skizze ist etwas von Rilkes menschlicher Erscheinung aufbewahrt, wie sie zutraulicher und schlichter nicht sein könnte:[37]

»Lange schon vor der Ankunft stand ich auf der Treppe, die zu unserer Mansarde hinaufführte, und hörte den Wagen ins Dorf hineinrollen. Endlich waren sie da. Rilke nahm meine beiden Hände, küßte sie, sah sie lange prüfend an. Und so stand ein liebes Lächeln in seinem Gesicht, während Tränen der Freude über meine Wangen rollten. In der Küche mit der schrägen Decke sollten wir essen. Nie habe ich einen Gast an meinem Tisch gehabt, der so schnell in die rechte Stimmung gekommen wäre, wie Rilke. Daß er leichte Speisen vorzog, wußte ich von früher her. Daß aber Spiegeleier auf Toast mit einer selbstkomponierten Madeira-Sauce ihm so viel Spaß machen und ihn sofort an Kopenhagen erinnern würden, war ein glücklicher Zufall. Und daß schließlich das letzte Glas Oliven, das ich bei einem Kaufmann in Sils Maria noch gerade aufgetrieben hatte, in Rilke einen kindlichen Appetit und zugleich alle fröhlichen Pariser Erinnerungen erwecken sollte, war mehr als eine Hausfrau je hätte erwarten dürfen: ›Darf ich sie mit den Fingern nehmen? Das taten wir damals in Paris, wo wir sie auf der Straße kauften und sie gleich aus dem Papier aßen!‹ Und nun fing er an, von Paris vor dem Kriege zu erzählen, von den Freunden dort, von Rodin, André Gide, Trubetzkoj und vielen anderen. Lange saßen wir zu Tische, als hätten wir ein großes Souper hinter uns, bis wir endlich aufstanden, um vom Balkon aus den letzten Widerschein der untergehenden Sonne auf den Bergen zu betrachten. Hinterher, drinnen in der kleinen Stube, sprachen wir über Skandinavien, über das Meer, über Worpswede . . . « Und wir erfahren zuletzt, daß diese kleine Geselligkeit mit dem Erzählen von niederdeutschen Fischer- und anderen lustigen Geschichten zu vielem und herzlichem Lachen Anlaß gab.

Die hier zum Vorschein kommenden Züge in Rilkes Wesen müssen als ebenfalls charakteristisch für das Bild angenommen werden, das sich die Nachwelt von ihm zu machen hat. Wer in ihm nur eine komplizierte, gequälte, scheue Natur zu sehen versucht wäre – was er alles neben manchem andern auch gewesen ist – und ihm nicht auch Sinn für die kleinen Freuden, die einfachen Genüsse, die komischen Seiten des Alltags zutrauen wollte, würde sich täuschen. Diejenigen Menschen, mit denen er in ein wahrhaft offenherziges Verhältnis getreten ist, haben jene unbefangene Aufgeschlossenheit und Mitteilsamkeit, jene kindliche Empfänglichkeit für Aufmerksamkeiten, jenes harmlose Sichfreuen und Genießenkönnen erlebt, das er wie ein sonniges Glück in kleinstem Kreise mitzuteilen verstand. Wer jemals Rilkes Lachen gehört hat, wird es nie vergessen können, so wenig wie den jeweiligen Anlaß zu solcher Heiterkeit. Dieses Lachen klang hell, glockenklar und warm, es war ohne Arg und ohne Zwang, frei von jeglicher Nervosität, Bitterkeit oder Ironie. Nicht nur der breite Mund unter dem dünnen, dunklen, hängenden Schnurrbart lachte, die Augen lachten mit, und das war vielleicht das merkwürdigste. Zu beiden Seiten der Augen bildeten sich sternförmige kleine Fältchen in der Haut, die lachten auch. In ausgelassenen Augenblicken stach Rilke der Schalk, so daß er sein Gegenüber zu immer heftigerem Mitlachen veranlaßte, und die Lustigkeit, die er empfand und bei anderen anreizte, auf den Höhepunkt steigerte und bis zur Neige kostete. Alle seine Freunde haben Rilkes Humor gekannt und als eine seiner schönsten Gaben geliebt. Er konnte an amüsanten Begebenheiten und skurrilen Geschichten Geschmack finden und gelegentlich selber solche erzählen. Sein Sinn für Komik durchwirkte in guten Stunden auf eine entzückende, aber nie bloß witzige oder geistreiche Art seine Gespräche. Solche Augenblicke der Entspannung waren ihm wie andern Menschen ein Bedürfnis, aber er machte sie unwillkürlich zu köstlichen Augenblicken. Auch in manchen Briefen – allerdings nur in solchen, wo er der vertrauten Gleichgesinntheit des Empfängers sicher sein konnte – kam sein Humor und eine Neigung zur Persiflage zum Vorschein. Der Arzt, in dessen Behandlung sich Rilke bis zu seinem Tod befunden hat, bestätigte mir, daß dieser bis zuletzt seinen »sense of humour« bewahrt habe. Es ist auch durchaus richtig, daß er, der gewöhnlich eine strenge Mäßigkeit beobachtete, Verständnis für eine sorgfältige Küche und einen guten Wein hatte. Ich habe einen gastronomischen Führer durch Paris – »Le Guide du Gourmet à Paris« – zu Gesicht bekommen, den Rilke einmal, mit eigenhändiger Widmung und Randbemerkungen über verschiedene Pariser Restaurants versehen, einem Zürcher Freund mitgebracht hat . . .

Es verhielt sich eben so, daß, wo der Dichter als Mensch zu Menschen kam, bei denen er Resonanz fand, vor denen er aufgeschlossen sein konnte, wahrhaft offen, doch immer frei von gewöhnlicher Zutraulichkeit, er auch den Weg vom einfachen Gespräch zur tieferen, wesentlicheren Mitteilung mühelos zu Ende ging. Wie sehr er auch zu jener Zeit, trotz den Klagen über seine Unergiebigkeit, immer dem Mittelpunkt seines Schaffens zustrebte, geht ebenfalls aus den »Erinnerungen« der Inga Junghanns an Rilkes Besuch in Sils-Baseglia hervor: Am Abend, der auf seine Ankunft folgte, erzählte er seinen Gastgebern mit großem Ernst von dem zerstörten Schloß Duino und von seinen dortigen Aufenthalten bei der Fürstin Thurn und Taxis, worauf er »unter dem Schein der einzelnen Kerze, die in einem alten eisernen Engadiner Leuchter flackerte«, aus seinen Elegien-Fragmenten vorlas.

Nach dem Halt im Engadin, der drei Tage gedauert hatte, fuhr Rilke an einem kühlen Morgen in der Postkutsche über den Maloja-Paß. In Maloja stiegen die unbekannten Mitreisenden aus und nun genoß er, sich selbst überlassen und frohgesinnt, die Niederfahrt ins sonnenbestrahlte Bergell. Den Aufenthalt in Vicosoprano benutzte er dazu, sich die Wappen an den alten Häusern und den »gewissen Brunnen« anzusehen. In Promontogno, wo die Seitenstraße nach dem auf einer Bergterrasse gelegenen Soglio abzweigt, war nur ein Gepäckwagen zu haben, um ans vorgesetzte Reiseziel zu gelangen. Die Strecke ist kurz, Rilke besteigt mitsamt seinem Gepäck das ländliche Fuhrwerk und trifft nach der steil ansteigenden Fahrt durch einen Kastanienwald zur Mittagszeit in Soglio ein. Dort stieg er in dem als Gasthaus eingerichteten Palazzo Salis ab.

In Soglio fand der Dichter das, was ihm später andere Wohnstätten in andern Gegenden zwar vollkommener bieten werden, was er aber bereits in diesem zwischen alpiner und südlicher Vegetation lieblich eingebetteten Bergdorf zusagend und vertraut empfand: ein altes Haus mit seinem angestammten Hausrat, Anknüpfung an die Vergangenheit, ein Bibliothekzimmer zu ungestörtem Lesen und Arbeiten, Kerzenlicht auf seinem Schreibtisch, einen Weg durch den Garten. Noch als er im darauffolgenden Winter bedrückt und ratlos im Tessin weilte, ergriff ihn die Sehnsucht nach dieser Zufluchtsstätte, die sich seinen intimeren Bedürfnissen entgegenkommend erwiesen hatte. Von Locarno aus schickte er drei Photographien der Hausbibliothek von Soglio an seinen Verleger nach Leipzig, um ihm zu zeigen, was er brauche und suche . . .[38] Daß aber diese Zuneigung nicht eine bloß rückblickende war, davon künden die Briefe, die er aus Soglio an seine Freunde geschrieben hat. Mit welcher Aufmerksamkeit, fast Zärtlichkeit beschreibt er schon am Tag seiner Ankunft den Garten: » . . . Darauf entdeckte ich mir den alten Garten, der neben schöner Vernachlässigung leider auch schlechte aufweist . . . ; aber die Buchsbaumrahmen der Rasenstücke sind noch von dem herkömmlichen Schnitt und aus hochgewachsenem Buchs sind Architekturen gebildet, die alte verfallene Mauer entlang. Dazwischen stehen viele Landblumen, halbverwilderte Rosen, Nelken, Johannisbeersträucher mit reifen Beeren und ein paar Kirschbäume voll hellrother Glaskirschen. Und zwischen dem allem der wunderbare graue Gneis, der die Terrassen trägt, eine Treppe bildet, vier zerfallene Stufen; eine über das Wachstum still hinausgehobene Vase . . . «[39]

Um Rilke dem Kinderlärm zu entziehen, hatten ihm die Wirte die sonst den Gästen nicht zugängliche Bibliothek zur Benutzung überlassen: »Die unverstörteste Stelle des Hauses, mit einem rüstigen Tisch, einem herrlichen Lehnsessel, einem Spinett und, rings, Bücherreihen bis an die Decke, in denen ich nach Einfall und Lust stöbern und stäubern darf. Das Jüngste in diesem Büchervorrat stammt aus der napoleonischen Zeit, seine Grenzen nach rückwärts mögen bis ins sechzehnte Jahrhundert zu schieben sein: ein paar Aldus und Elzevier hab ich neulich aus ihrem sanften Staube aufgerüttelt.« Dem Dichter, der in Almanachen und Gedichtbänden aus dem 18. Jahrhundert Entdeckungen macht und Linné liest, wird die kleine Bibliothek immer mehr zu seinem Arbeitsraum, und er lobt, wie er sich ausdrückt, den Instinkt, der ihn dorthin getrieben hat. Er spürt in dieser Umwelt von neuem seine »beglückte Empfänglichkeit«, und er wendet sich fragend an den Briefempfänger: »Muß ich mir im übrigen vorwerfen, daß ich menschlichen Einflüssen immer wieder am vertraulichsten mich dort überlasse, wo sie auf dem Umweg über überlieferte, nachschwingende Dinge auf mich eindringen?«[40]

In seinen Briefen an deutsche und österreichische Freunde kommt Rilke in ein überströmendes Schildern – wobei es ihm daran liegt, ihnen begreiflich zu machen, warum er »einer gründlichen äußeren Veränderung« bedurfte und eine »Reise in ein fremdes, vom Krieg nicht unmittelbar betroffenes Land« nötig hatte, dessen Landschaften, Städte, Ströme, Brücken und Waldungen er zu sehen wünschte: »denn was ich in diesen schmerzvollen letzten Jahren am leidendsten verloren habe, war eben der mir sonst so nahe Anschluß an die Natur«.[41] Und im gleichen Brief: »Eine Karte der Schweiz zeigt Ihnen leicht die Verhältnisse des Bergell, die Eile dieses Tals, bei Italien anzukommen; über der Talschaft nun liegt, auf halber Bergeshöhe, dieses kleine mit Gneisplatten eingedeckte Nest, eine (leider protestantische und also leere) Kirche am Abhang, ganz enge Gassen; man wohnt mitteninnen, in dem alten Stammhaus der Salis (Linie Soglio), in den alten Möbeln sogar, und zum Überfluß hat der Palazzo einen französischen Terrassengarten mit den alten Steinrändern, traditionell beschnittenem Buchs und einem Gedräng dazwischen der heitersten Sommerblumen. Ein anderes Mal aber muß ich Ihnen von den Kastanienwäldern erzählen, die sich, die Hänge hinab, gegens Italienische zu, in großartiger Schönheit hinunterziehen«.[42] Sogar das Stichwort »Spanien« kommt in diesen Berichten aus Soglio vor: an seinen spanischen Aufenthalt vor dem Kriege erinnere ihn dieses Bergdorf, den er damals nach einem halben Jahr mit Überwindung abbrechen mußte; auch von hier fortzugehen, wird ihn Überwindung kosten. »Alte Häuser, alte Dinge können dann die zwingendste Macht über mich bekommen, der Geruch alter Schränke und Schubfächer atmet sich so familial ein, ich erzählte Ihnen ja, was hier alles von dieser Art herumsteht –, ich schilderte Ihnen Boiserien, Stucs, mein Säulenbett, nichtwahr?«[43] Und in immer neuen Variationen kommt der Garten und der altmodische Bibliothekraum in diesen frei atmenden Briefen vor.

Der Aufenthalt in Soglio hatte auch eine unmittelbarere, gegenwärtigere Bedeutung für Rilke. Einmal hatte er ihn zum erstenmal seit vielen Jahren wieder in die Nähe und unter den Himmel Italiens geführt, so daß er sich in diesem zum italienischen Sprachbereich gehörenden, nach den oberitalienischen Seen hin abfallenden Bündner Tal auch innerlich Venedig, den dortigen Freunden, den Vorkriegserinnerungen – mit einem Wort dem Ursprungsland seiner unvollendeten Elegien-Dichtung näher fühlte. Dann brachte er ihm die Entdeckung einer Dichtung, die ihn stark ergriff und der er fortan einen bevorzugten Platz unter den literarischen Eindrücken seines Lebens einräumte: es war Carl Spittelers »Prometheus und Epimetheus«. Eine Lektüre ganz anderer, politischer Art, die ihn aber unmittelbar nach den Kriegsjahren besonders sympathisch berührte, war Wilhelm Mühlons im ersten Jahre des Weltkriegs entstandene Schrift »Die Verheerung Europas«, die er ebenfalls in Soglio las; er fand darin, vielleicht zum erstenmal von einem Deutschen ausgesprochen, eine der seinen nahestehende Auffassung von den schmerzlichen Erscheinungen der Kriegsjahre: eine Auffassung, mit der er sich in München allein und von aller Gemeinsamkeit mit seiner Umgebung abgeschnitten gefühlt hatte. Es kommt in Rilkes Brief an Mühlon (dem er in Bern begegnet war) der im tieferen Sinne politische Hintergrund zum Vorschein, vor dem sich seine Münchner Kriegsjahre abgespielt hatten und mit dem er so uneinig gewesen war: »hätte ich damals in jenen ersten Monaten des einsetzenden, von allen Seiten geschürten Wahnsinns auch nur geahnt«, heißt es hier, »daß irgendwo solche Worte der Sorge und des Gewissens aufgeschrieben werden, welche Bestärkung, welche Hülfe wäre mir daraus entstanden in einer Zeit, da man, durch alles und alle widerlegt, plötzlich mit den eigensten inneren Impulsen allein gelassen war, erfahrend, daß ihnen keine, nicht die geringste Gemeinsamkeit entspräche. Dieses Erlebnis hat sich zu tief in mir abgespielt und die fünf heillosen Jahre haben es zu gründlich ausgearbeitet, als daß ich nicht noch immer unter seinem Zeichen stünde. Und so waren mir Ihre Aufzeichnungen heute so verständlich und nöthig, wie sie mirs im November Vierzehn gewesen wären, und ich meine, sie müßten

41

jetzt erst recht wieder gelesen sein, denn obwohl sich schon alles, was Sie voraussehen und vorfürchten, erfüllt hat, bedarf – unbegreiflicherweise – der Deutsche immer noch genau der gleichen Warnungen; seine Aufbegehrlichkeit, seine Weltlosigkeit, seine Unselbständigkeit hat er nicht überwunden; ja, wo er sich auf sich selbst besinnt, kommt er, nach soviel Veränderungen, genau in der Schicht seiner alten Fehler zu sich und gefällt sich in ihnen, nach wie vor. Und doch ist es das Ergreifendste, was man von Ihrem Buche sagen kann, daß es so durchaus deutsch sei: nicht im ersten Moment (denn er war ja nun einmal wirklich jener wilhelminischen Ausbeutung und Umdeutung seiner Eigenschaften erlegen) – aber nach und nach hätte jeder Deutsche, aus seiner Wurzel heraus, so, so und nicht anders, urtheilen und handeln müssen. Die Raschheit Ihres Blicks, die ungewöhnliche Präzision des Ausdrucks machen Ihr Buch zu einem außerordentlichen: seinem Bekenntnis nach aber ist es eine einfache Antwort der deutschen Natur –: wehe, wehe, daß sie sich an ihm nicht erkennt und zurückfindet!«[44] –

Rainer Maria Rilkes Prosawerk – wenn man von den Briefbänden absieht, die sicherlich nicht undicht sind – ist nicht umfangreich. Der Malte-Roman, in dem ihm, einem unmittelbaren Vorläufer von Proust, Joyce und Musil, die Zerbrechung der überlieferten Romanform und die Ersetzung der in chronologischer Folge sich abwickelnden Erzählung durch den inneren, der psychischen Wirklichkeit angenäherten, assoziativen Vorgang gelungen ist – der Malte-Roman steht in Rilkes Werk vereinzelt da. Lou Andreas-Salomé weiß zu berichten, er habe einen »Militärroman« zu schreiben vorgehabt, zu dem seine frühen Erlebnisse und Schrecknisse in der Militärschule zu St. Pölten den Stoff liefern sollten. In seinen letzten Jahren erzählte Rilke oft Episoden aus seiner Knaben- und Kadettenhauszeit; eine solche hatte er im September 1914 aufgezeichnet, aber sie ist Fragment geblieben.[45] Menschen, die Rilke nahestanden, hatten ihm, als er nach der Vollendung des Malte-Romans, verwirrt und ratlos, nach einem neuen Anfang suchte, zu einer psychoanalytischen Behandlung geraten, über deren Möglichkeit und Zuträglichkeit er sich mit einem Münchner Psychiater, dem Grafen Stauffenberg, besprach. »Ich begreife durchaus«, schrieb er 1914, »daß die, die einzig auf sich angewiesen sind, auf ihres Lebens Nützlichkeit und Erträglichkeit, eine gewisse Erleichterung empfinden, wenn man in ihnen einen geistigen Brechreiz erzeugt und ihnen ermöglicht, das Unbrauchbare oder Mißverstandene der Kindheit in Stücken von sich zu geben. Aber ich? Bin ich nicht so recht darauf angewiesen, gerade um dies herum, was sich nicht leben ließ, was zu groß, was vorzeitig, was entsetzlich war, Engel, Dinge, Tiere zu bilden, wenn es sein muß, Ungeheuer?«[46] Aus diesen Worten geht hervor, daß sich Rilke des inneren Zusammenhangs seiner schweren Jugend mit der Art seiner dichterischen Produktivität durchaus bewußt war, daß er aber von einem seelenmedizinischen Eingriff mehr Störung als Förderung seiner künstlerischen Arbeit erwartete. Die Umsetzung des seelischen Innenraums in eine bilderfüllte Phantasiewelt (nichts anderes ist Rilkes Dichtung) hätte – so fürchtete er offenbar – durch die Anwendung der analytischen Methode Freuds auf sein Seelenleben Schaden leiden können.

Das im August 1919 in Soglio entstandene Prosastück über das »Ur-Geräusch« zeugt in diesem Zusammenhang von einer sehr persönlichen und eindringlichen Selbstbesinnung des Dichters. Von einer Erinnerung aus der Schulzeit ausgehend spricht sich Rilke hier zusammenfassend über das Wesen des Dichters – über das, was er den gleichzeitigen Gebrauch der fünf Sinne nennt –, aus.[47] Er rührt in dieser merkwürdigen, sehr dichten, in seinem Werk ziemlich vereinzelt dastehenden Abhandlung, wie Bassermann treffend bemerkt, »an das eigentliche Problem seines sprachlichen Schöpfertums, daß die Worte, ohne Zwischenschaltung von Denken, unmittelbar den Erlebnissinn aussagen, wie er erlebt wird und besteht, bevor er in den Wortvorstellungen verdünnt wird . . . «[48] Rilke sprach einige Monate später, in einem Brief aus Locarno, von dem oft unbefriedigenden Benehmen der Sprache, das sich oft äußerlich und oberflächlich gibt, wo man »ihr Innerstes meint, oder eine innerste Sprache, die nicht gepflückt ist, oben, auf Stengeln, sondern im Sprach-Samen erfaßt . . . Ach wie oft wünscht man nicht, ein paar Grade tiefer zu reden, meine Prosa im ›Experiment-Vorschlag‹ liegt tiefer, eine Spur weiter im Grunde, als die des Malte, aber man gelangt nur um eine minimale Schicht hinab, man bleibt im Ahnen, wie sich dort reden ließe, wo das Schweigen ist«.[49] (Mit dem »Experiment-Vorschlag« meint Rilke das in Soglio entstandene Prosastück »Ur-Geräusch«; er betonte, daß dieser poetisierende Titel, unter dem es veröffentlicht wurde, nicht von ihm stammte.)

Als sich im September alle Anzeichen des anrückenden Herbstes in Soglio einstellten, war Rilke wahrhaft besorgt und bestürzt. Er wußte nicht, wo er sich hinwenden, wo er eine Unterkunft für die kommenden Monate suchen sollte. Wie oft mag er in seinem Nomadenleben den Herbst haben kommen sehen, ohne zu wissen, wohin er seine Schritte lenken sollte, noch wo für ihn des Bleibens sein werde. In jüngeren Jahren kann diese unstete Lebensweise einem Künstler förderlich sein – aber der trotz allen menschlichen Verbindungen und Anknüpfungspunkten im tiefsten Sinne einsame Rilke stand damals schon in seinem vierundvierzigsten Lebensjahr. Und er war buchstäblich nirgends zu Hause, nirgends konnte er ein Heim sein eigen nennen. Die Seinen – Mutter, Großmutter, Gattin, Tochter – waren ihm fern und beinahe fremd, seine Habe war ihm im Krieg abhanden gekommen, nichts betrachtete er als sein Eigentum. Ein ewiger Fremdling, sah er sich in ein ihm durchaus neues Land verschlagen, und zu einer Rückkehr nach Deutschland konnte er sich nicht entschließen. Man muß sich vorstellen, was es für einen nicht mehr ganz jungen, körperlich zarten Menschen, dessen Leben sich in wiederholten Emigrationen abspielte, der auch kein eigenes Vermögen besaß und seit ganzen vier Jahren unter seiner Unfähigkeit zu schriftstellerischer Arbeit unsäglich litt, bedeutete, als er nach einem kurzen, mehr einem Traum als einer dauerhaften Wirklichkeit ähnlichen Aufenthalt in einem verwunschenen Palazzo den Herbst hereinbrechen sah und nicht wußte, wohin er sich im Winter begeben sollte. »Es gehört zu den Bedrückungen dieser Tage«, klagt er nach dem ersten über Soglio niedergegangenen Septembersturm, »daß dieser Raum (die Biblothek) mir so durchaus in allen seinen Eigenheiten zusagt; wie würd ich auf ihn zureisen, wüßte ich, daß er irgendwo genau so bestände in einem Hause, das kein Gasthaus ist, und wo er mein wäre für Jahre! Schon sprech ich, was ich im Finden so freudig begrüßen konnte, mit Wehmut aus; trotzdem, es wird ein eigenthümlich günstiger Moment gewesen sein, dieser auf Soglio.«[50]

Zwei Anhaltspunkte gab es, an denen er seine unmittelbare Zukunft orientieren konnte: das Chalet in Nyon, wohin er jederzeit zurückkehren konnte, und vor allem die Vorlesungen aus seinen Werken, zu denen er sich in verschiedenen Schweizer Städten verpflichtet hatte und die den unmittelbaren Anlaß und die materielle Rechtfertigung seiner Schweizer Reise gebildet hatten. Er

gedachte, über die Furka zu fahren, »was mich instand gesetzt
hätte, von Gletsch ab, die Rhone entlang, den Weg von Goethes
zweiter schweizer Reise zu verfolgen, allerdings in umgekehrter
Richtung«. Da er jedoch am 22. September von Soglio in strö-
mendem Regen wegfuhr und seine Kutsche auf dem Maloja in ein
trübes Schneetreiben geriet, fuhr er rasch nach Chur weiter und
von dort, nach einem zweitägigen Aufenthalt, im Schnellzug nach
Lausanne. In Nyon wollte er alles Nähere entscheiden. Vorsorg-
lich hatte Rilke ein Hindernis gegen seine Rückkehr nach München aufgerichtet, indem er in seiner dortigen Wohnung ein junges Ehepaar untergebracht hatte – eine kleine List, die ihm als
Vorwand und Entschuldigung für sein Wegbleiben diente. Und
dann – diese bereits am Ufer des Genfer Sees geschriebenen
Worte: »Der Abschied von Soglio war nicht leicht. Viel Inneres
ist damit unterbrochen worden. Und was als Freude begann: die
kleine alte Bibliothek, so passend und so für mich gemacht zu finden, mußte als Wehmut ausklingen: einmal einen solchen Raum,
für lange, lange, und alle Einsamkeit eines Hauses und Gartens
dazu –: Gott schaff es mir. D i e s nur noch und nichts anderes.«[51]

Der fahrende Sänger

Freiwillig-unfreiwillig war dieses Wanderleben. Der Mann, der es
lebte, mußte es, von seinem inneren Dämon getrieben, führen –
und auf der anderen Seite klingt immer wieder die Klage, daß es
so und nicht anders sei. »Am Familientisch beim Lampenschein«
konnte nicht Rilkes Lebensform sein (übrigens ein weiterer Unterschied zu dem in seiner Lebensführung bürgerlichen, seiner
Familie verhafteten Hofmannsthal). Rilke war von Veranlagung
ein Zeitgenosse nicht des bürgerlichen Zeitalters, sondern eines
phantastischen Barockzeitalters, wo Feudales und Zigeunerhaf-
tes, sozial Gebundenes und gänzlich Ungebundenes einander begegneten und sich gewähren ließen. Sein Lebensstil, dem er zeit
seines Daseins treu geblieben ist, war nicht der Lebensstil des
Jahrhunderts, in das er geboren war; seine tiefere Stellungnahme
enthüllt er dort, wo er f ü r Bettina und g e g e n Goethe Partei ergreift. Das bei ihm oft wiederkehrende Motiv der im Nachkommen überlebenden, sich in ihm vollendenden Vorfahren, so ro-
mantisch es anmutet, ist ein Symbol dafür, daß dieser Mensch sich
auf ein Gewesenes und in ihm Wesendes beruft, um sein Anders-

sein – die Ungemäßheit seines Wesens – zu rechtfertigen. Rilke war der letzte fahrende Sänger. Daß er in der Eisenbahn fuhr, in Gaststätten speiste und in Hotels abstieg, war die unvermeidliche Konzession an das Jahrhundert; daß er aber mit Vorliebe eine Kutsche bestieg und in alten Palästen und Schlössern zu Gast war, ist ein gleichnishafter Hinweis auf das ihm sinnvoll Erscheinende. Damit wird auch klar, warum Spanien sein letzter »Eindruck« war, das Land, das nicht der modernen Entwicklung gefolgt war, wo Adeliges und Bettlerhaftes selbstverständlich miteinander lebten. Es war aber nicht leicht, gerade in der Schweiz die Verhältnisse zu finden, die solchen inneren Bedürfnissen entgegenkamen. Mit der ganzen, unbeugsamen Hartnäckigkeit des Sanftmütigen, Sensiblen, »Impressionablen« setzte Rilke seine Wanderschaft in der Schweiz fort, in der zunächst ganz unwahrscheinlichen Überzeugung, daß ihm gerade hier die »Verhältnisse« beschieden sein würden, in denen er sein Vorhaben ausführen könne. Doch wird die wechselvolle Pein des Suchens und Nicht-Finden-Könnens, des zögernden Ansetzens und fruchtlosen Wartens, die für ihn beginnt, noch ganze vierzehn Monate dauern. Erst der Winter im Schloß Berg und was nachher weiterwachsen, endlich im Umkreis des Turmes von Muzot herrlich aufblühen sollte, brachte dem Dichter den Beginn der Heilung nach den sechs verstörtesten und unergiebigsten Jahren seines Lebens. Erst dann werden wir ihn endlich im Zauberkreis seiner inneren und äußeren Welt, voll freier Entfaltung seiner Kräfte und in ungehemmter Versenkung in seine Arbeit wiederfinden. Immerhin waren ihm auch jene recht formlosen vierzehn Monate behilflich zu einem immer engeren Vertrautwerden mit der neuen Umgebung und zur Anknüpfung zahlreicher menschlicher Beziehungen, von denen einige sich zu festen, verläßlichen Freundschaften entfaltet haben.

Im äußersten Kontrast zu seinen vornehmen Freundinnen und Gönnerinnen steht in seinem Leben das Mädchen Marthe, die kleine Pariserin, die ihm in der Vorkriegszeit so viel bedeutet hatte und in den Briefen des Dichters oft genannt wird. Er habe sie, schreibt er, »siebzehnjährig im letzten Elend gefunden (sie) war mein Schützling, eine Arbeiterin, aber von jener unmittelbaren Genialität des Herzens und des Geistes, wie sie doch wohl nur bei französischen Mädchen zu finden ist«.[52] Noch ehe er von neuem die Gastfreundschaft der Gräfin Dobrženský in Nyon in

Anspruch nimmt, verbringt er in einem kleinen Ort am Genfer See einige Tage mit Marthe, deren Gegenwart ihm helfen sollte, den Weg zurück in seine eigentliche Welt zu finden. Von diesem Wiedersehen mit Marthe versprach er sich »schon fast eine Rückkehr nach Paris«, und er war überzeugt, daß wenn er auch nur einige Tage mit ihr zusammen verbringen könne, er am ehesten »an die Bruchstelle meines einstigen Lebens« werde anheilen können. Die Wirklichkeit entsprach auch hier nicht ganz den Erwartungen. Nach Marthes Abreise verweilte Rilke fast den ganzen Monat Oktober in Nyon. Dort rüstete er zu einer Vorlesungsreise durch mehrere Schweizer Städte, die mit einem Abend in Zürich am 27. Oktober begann.

Rilke ließ sich diese Tournee sauer werden, denn er war seit vielen Jahren nicht mehr öffentlich aufgetreten und empfand die Verpflichtung, vor größeren Menschenansammlungen vorzulesen gerade als das Gegenteil von dem, was not getan hätte. Diese Tage gingen ihm »gegen den Strich« seines Gemüts, bekennt er der »Reisegefährtin«, die er nun in Zürich wiederfindet; anstatt sich nach außen zu bestätigen und Menschen zu sehen, hätte er »genau das Gegenteil nöthig . . . : die andere Richtung, die Einkehr, zu der die Wochen auf Soglio ja nur ein kleiner Anfang waren«.[53] Dies mag erklären, warum Rilke in seinen Einleitungsworten zu den von ihm vorgetragenen Werken offenbar davon ausging, daß seinen Hörern die Aufnahme seiner Gedichte schwerfallen würde. Er fürchtete, die »unmittelbare Gemeinsamkeit«, die nötig sei, um Gedichte ohne weiteres vor einem großen Kreis vortragen zu können, würde sich nicht einstellen; zur Verständigung mit seinem Publikum hatte er eine einleitende Rede entworfen. Rilke charakterisierte darin in knappen Worten das Wesen seiner Gedichte und erklärte, warum diese Gedichte oft Vergangenes als Inhalt haben: »Die Arbeiten«, heißt es im Manuskript dieser Ansprache, »von denen ich Ihnen einige werde zeigen dürfen, gehen irgendwie aus der Überzeugung hervor, daß es eine eigene berechtigte Aufgabe sei, die Weite, Vielfältigkeit, ja, Vollzähligkeit der Welt in reinen Beweisen vorzuführen. – Denn: ja! zu einem derartigen Zeugnis hoffte ich mir das Gedicht zu erziehen, daß es mir fähig werden sollte, alle Erscheinungen nicht nur das Gefühlsmäßige allein, lyrisch zu begreifen: das Tier, die Pflanze, jeden Vorgang, – e i n D i n g in seinem eigentümlichen Gefühlsraum darzustellen. – Lassen Sie sich

nicht dadurch beirren, daß ich oft Bilder der Vergangenheit aufrufe. Auch das Gewesene ist noch ein Seiendes in der
Fülle des Geschehens, wenn man es nicht nach seinem Inhalt erfaßt, sondern durch seine Intensität,
und wir sind als Mitglieder einer Welt, die Bewegung um Bewegung, Kraft um Kraft hervorbringend, unaufhaltsam in weniger
und weniger Sichtbares hinzustürzen scheint, auf jene überlegene
Sichtbarkeit des Vergangenen angewiesen, wollen wir uns im
Gleichnis die nun verhaltene Pracht vorstellen, von der wir ja
auch heute noch umgeben sind.«[54]

Ängstlich, fast widerstrebend trat der Dichter im Abendanzug
und in weißen Handschuhen vor die bis zum letzten Platz gefüll-
ten Säle. Er hat mit den äußeren Formen seiner Berühmtheit, die
groß war, nie viel anfangen können; er kam sich in jenen Tagen
»obdachlos« vor, und der große äußere Erfolg seines Zürcher
Vortrages – sechshundert Zuhörer waren viel für eine Vorlesung
lyrischer Gedichte – bewahrte ihn nicht davor, daß ihn »vor allem
in Restaurants und Hotels ... jetzt oft eine jähe Untröstlichkeit« überfiel.[55] Am liebsten hätte er den Abend in St. Gallen ab-
gesagt – aber materielle Rücksichten veranlaßten ihn, standhaft
das ihm Widerstrebende zu tun. (In Zürich mußte Rilke einen
zweiten Abend zugeben, darauf las er am 7. November in St. Gallen, dann, am 12., in Luzern, am 14. November in Basel, am 18. in
Bern, zum Schluß, am 28. November in Winterthur.) Der geradezu reißende Absatz, den zu jener Zeit seine Bücher im schweizerischen Buchhandel fanden, waren ein äußeres Zeichen der
Resonanz, die seine Stimme erweckt hatte. Die Briefe, in denen
Rilke über den Verlauf seiner Vortragsreise berichtet, lassen erkennen, daß von Stadt zu Stadt sein Vertrauen zum eigenen Vorhaben fester wurde und daß ihm, im ganzen gesehen, diese
Abende auch manche Befriedigung gebracht haben. Der Bericht
an Anton Kippenberg, seinen Verleger, ist aufschlußreich. Er
habe sich, schrieb ihm Rilke, für seine Vorlesungen ein Verfahren
ausgedacht, das sich »am dichten, oft dürren, schwer zu penetrierenden Schweizer« vorzüglich bewährt habe: »Ich brachte nicht
einfach Gedichte, sondern ich setzte mit einer allgemeinen Einleitung ein, die überall ungefähr die gleiche war, – während ich
dem zweiten Teil des Abends eine dem jeweiligen Ort schmieg-
sam angepaßte, aus dem unmittelbaren Stegreif erfundene Cau-
serie voranstellte, die über verschiedene Gegenstände (in St. Gal-

len z. B. war es eine kleine Abhandlung über Regina Ullmann, in Basel brachte ich Bachofens bedeutenden Namen im unvermutlichsten Zusammenhang, in Winterthur zuletzt, wo vorzügliche Bilder gesammelt worden sind, stellte ich Cézanne in die Mitte meiner Betrachtungen) zu meiner Arbeit zurückleitete und, ganz unmerklich, für diese so vorbereitend und aufklärend war, daß dann selbst sehr persönlich gestaltete und ›schwere‹ Gedichte mit ungewöhnlicher Stärke aufgenommen wurden«.[56] Diese Art des Eingehens auf das Auditorium, die mehr oder weniger improvisierten Kommentare, die Rilke den Lesungen einzelner Gedichte voranschickte, aber auch die sprachgewandte, in der mehrsprachigen Schweiz besonders freundlich vermerkte Übung, bei Übertragungen aus dem Französischen und Italienischen zuerst den Originaltext zu lesen, erweckten bei den Hörern einen nachhaltigen Widerhall. »Dieser Arglosigkeit hab ichs wohl auch zu danken«, schließt Rilke seinen Bericht an Kippenberg, »daß, wie man mir erzählt, auch Genfer Blätter und vor allem die *Gazette de Lausanne* sich zustimmend mit meinen Leseabenden beschäftigt haben: ich selbst las, wie das meine Gewohnheit ist, keine Presseurteile«.

Es war angebracht, diese Vortragsreise etwas ausführlich zu kommentieren, gerade weil sie im Widerspruch steht mit allen Gepflogenheiten Rainer Maria Rilkes; er hatte zehn Jahre lang nicht öffentlich vorgelesen – und die Schweizer Tournee war die letzte seines Lebens. Er war ein ausgezeichneter Interpret seiner Gedichte, sein reines Deutsch und seine warme, männliche Baritonstimme ließen die Verse prachtvoll, mit starken Betonungen und in plastischer Deutlichkeit aufklingen. Aber solche Vorlesungen, so trefflich sie gelangen, liebte und pflegte Rilke sonst nur im privaten, vertrauten Kreis, vor einem einzelnen oder wenigen Zuhörern, in einer intimen Umgebung. Es bereitete ihm zum Schluß doch ein rechtes Triumphgefühl, daß er Säle voll Hörer in den Bann seiner Stimme zu schlagen vermochte – daß er sie in die Hand bekam und führte »wie einen Viererzug«! (wie bezeichnend auch d i e s e s Bild: die Kraft andeutend, die nötig war, aber diese Kraft mit einer längst vergangenen Vorstellung verbindend). Nachträglich lehnte es Rilke ab, die allgemeine, nach einem Manuskript gesprochene Einleitung zu diesen Lesungen in einer Zeitschrift zu veröffentlichen; er war der Auffassung, daß die gesprochene, von augenblicklichen Umständen eingegebene oder für diese vorbereitete Rede einer anderen Sphäre angehöre als das geschriebene Wort. Den Unterschied zwischen beiden erkennen wir bei einem Vergleich der in zeitlicher Nähe entstandenen Niederschriften des »Experiment-Vorschlags« und der Zürcher Rede (so weit sie uns aus Bassermanns Buch bekannt ist).

Auch die geschmeidige dialektische Anpassungsfähigkeit Rilkes erscheint aufs neue in der Art, wie er um sein Publikum warb. Diese Anpassungsfähigkeit wird jedesmal sichtbar, wenn er sich nicht, wie in seinen Dichtungen, außerhalb jeden persönlichen Bezuges aufhält, sondern sich an eine bestimmte Person oder an ein bestimmtes Milieu wendet und also eine genaue Verbindung zum Gegenüber oder zu der jeweiligen Umgebung herstellen will: diese dialektischen und stilistischen Abstufungen und Verschiebungen, die in Vorträgen und Gesprächen naturgemäß am deutlichsten hervortreten, gehen ebenfalls aus einem Vergleich seiner, an verschiedene Empfänger gerichteten Briefe hervor und sind für die feineren seelischen Schattierungen seines inneren Verhältnisses zu dem jeweiligen Briefempfänger aufschlußreich. In der mündlichen Mitteilung machte es – wie bisweilen bei solchen Künstlernaturen, denen ein Element femininer Seelenveranlagung beigemischt ist – einen großen Unterschied, ob sich Rilke nur in männlicher Gesellschaft befand, oder ob er auch in der Gegenwart einer Frau sprach: seine Attitüde veränderte sich in diesem Fall sogleich und instinktiv – nicht nur aus Courtoisie gegenüber dem weiblichen Geschlecht. Aber es muß betont werden, daß diese dialektische Geschmeidigkeit nichts als eine Art Überbau auf einer durchaus gleichgerichteten, festgefügten Grundhaltung war.

Es gab Zeiten, wo Rilke so sehr aufs Mündliche eingestellt war, daß darob seine Schreibarbeit, selbst die Korrespondenz, litt, ja bisweilen beinahe versiegte. Wenn auch Vorträge, wie die erwähnten, eine Ausnahme bildeten – konnte er in Zeiten intensiven geselligen Verkehrs seine ganze Mitteilsamkeit in die Konversation lenken und in ihr erschöpfen. Nicht allein seine literarische Berühmtheit, auch und vielleicht vor allem der ganz persönliche, verführerische Zauber seines Wesens, brachten ihn nicht selten in Gefahr, von den Menschen über die Maßen in Anspruch genommen zu werden. Bei der Intensität, mit der er menschliche Beziehungen pflegte und sich ihnen hingab, steigerte sich sein Eingehen auf andere, sein Mitleben und seine Hinwendung manchmal bis zur schmerzlichen Ratlosigkeit – bis ihn seine eigene Angegriffenheit zur Flucht veranlaßte. Wer sich darüber wundern sollte, daß Rilke zu besinnlichem, ruhigen Arbeiten nach Refugien und Einsiedeleien ganz besonderer Art suchte, der übersieht, daß nicht allein seine vielfachen persönlichen und gesellschaftlichen Verflechtungen, sondern noch viel mehr die Zudringlichkeit der Menschen es ihm in seinen letzten Jahren nicht mehr erlaubten, in einer Stadt oder nur in der Reichweite einer solchen einigermaßen ungestört zu arbeiten. Deshalb wurde ihm immer wieder das strengste Alleinsein und die vollständigste Klausur in einem abgelegenen Zufluchtsort zu einer Notwendigkeit, um sich nicht an die Menschen zu verlieren und ihnen nicht ausgeliefert zu sein, von ihren Forderungen, ihrer Liebe, ihrer Unruhe nicht ausgesaugt und innerlich vernichtet zu werden. Denn über alles Persönliche und Nur-Menschliche stellte der Dichter sein Werk, den Dienst an diesem Werk. Werksüchtig sei er gewesen, nicht selbstsüchtig, sagt Katharina Kippenberg von Rilke.

Vorübergehend vermochte zwar sein im Grunde eleastisches Wesen die Entfernung von seiner eigentlichen Lebensaufgabe nicht nur zu ertragen, sondern seinem unsteten Verschlagensein ins heimatlose Leben auch annehmliche Seiten abzugewinnen. Sein »kurioses öffentliches Benehmen« – wie er gelegentlich seine Vortragstournee genannt hat – hatte ihn dem neuen Land und den neuen Menschen um vieles nähergebracht, vielleicht am meisten den Baslern. Von ihnen sagte er: »Sie haben sich mir ganz besonders empfangend und aufnehmend erwiesen; ich weiß nicht, ob der Abend, von allen bisherigen, nicht der beste war. Dann hat sich mir eines der schönsten angestammtesten Häuser (ein Burckhardtsches) gastlich, ja freundschaftlich aufgetan ... Es ergaben sich aus dem Stegreif, unmittelbar reiche Stunden, in denen sogar die bekannten schweizer Hindernisse sich nicht fühlbar machten. (Und was für schöne Dinge, was für ein Ineinander von Intimität und Würde in diesen gepflegten, still bewohnten Häusern!) Außerdem war der Kreis um den Maler Nikolaus Stöcklin, seine Schwester Francisca und ein paar junge Künstler, von der herzlichsten Zuwendung: sie gaben mir ein kleines Fest in Stöcklins Atelier, von dem ich Ihnen erzählen werde ... «[57] In Basel feierte er auch ein Wiedersehen mit der berühmten Cembalistin Wanda Landowska, deren Interpretationskunst er bewunderte und mit der ihn auch persönliche Erinnerungen an Tolstoi verbanden. In Luzern, dessen alte Brücken mit ihren Giebelbildern er bewunderte, scheint es ihn enttäuscht zu haben, daß »niemand von den einheimischen Familien« seiner Vorlesung beiwohnte[58] (immer wieder dieses Anknüpfen ans Einheimische, Angestammte, Überlieferte!). In Zürich, mehr noch in Winterthur, fand Rilke eine Aufnahme, die zwar – mit wenigen Ausnahmen – kaum zu nachhaltigen Verbindungen mit den dortigen literarischen Zirkeln führte, aber in deren Gefolge er mit einzelnen Familien und Menschen in ein besonders enges Freundschafts- und Gastverhältnis getreten ist, so daß die Geschichte seiner letzten Lebensjahre immer der Familie Reinhart in Winterthur und des alten Wunderly-Volkartschen Hauses in Meilen am Zürichsee wird zu gedenken haben. Über Zürich, dessen frühere Geschlossenheit am Ausfluß des Sees in den letzten Jahrzehnten einer eingreifenden Modernisierung des Stadtbildes zum Opfer gefallen war, wußte Rilke nie viel zu sagen: es gehörte zu seiner Höflichkeit des Herzens, daß er lieber schwieg, wo er nichts ihm Zusagendes finden konnte, und die Vermutung ist vielleicht nicht abzuweisen, daß es der Mangel an einem vertraulichen, zugänglichen Stadtgesicht war, der ihn seine innere Beziehungslosigkeit zu Zürich nie recht überwinden ließ. Gute und aufrichtende Stunden verdankte er der im Dezember durch Zürich reisenden Malerin Marie Laurencin, deren Bilder ihn ansprachen und seine Erinnerungen an die französische Malerei heraufriefen. Man wird gut tun – um dem Mißverständnis zuvorzukommen, als hätte sich der wandernde Dichter gleichsam für den Rest seines Daseins behaglich und genügsam im schweizerischen Lebensraum angebiedert –, jene psychologischen »Hindernisse« nie zu vergessen, die seine delikate und weltläufige Künstlernatur vielleicht öfter, als er es ausgesprochen hat, zu den »schwer zu penetrierenden Schweizern« hin überwinden mußte.

Wenn man Rilkes briefliche Äußerungen liest, ist man immer wieder erstaunt, wie nahe in seinem Gemüt Freude und Schmerz, Zustimmung und Ablehnung, Aufrichtung und Klage beieinanderwohnen, wobei sich seine einander widersprechenden Äußerungen manchmal auf den gleichen Gegenstand beziehen. Das macht diese Briefe verwirrend, aber auch eminent echt, spontan. Es scheint bei ihrem Verfasser eine merkwürdige Gleichzeitigkeit der Gefühle und Stimmungen vorhanden gewesen zu sein, oder doch eine außerordentliche Raschheit der Übergänge, eine Art Auswechselbarkeit der psychischen Verfassung. Die Menschen, die Städte, die Landschaften, die Umgebungen waren ihm lieb und unlieb – wer mag es deuten? Man bedenke, wie schrecklich und furchtbar ihm Paris erscheinen konnte – und wie bewunderungswürdig, bestärkend, beglückend es ihm dann wieder vor Augen stand: ein Beispiel für viele! Es ist nun auch auffallend, daß Rilke in den gleichen Tagen, an denen er in einem Brief an die »Reisegefährtin« – zwischen seinem Zürcher und seinem St. Galler Leseabend – über seine »Obdachlosigkeit«, über die »jähe Untröstlichkeit«, die ihn zuweilen befalle, klagt, zu einem herrlichen Sonett fähig ist, das er am 3. November 1919 als Widmung an Frau Nanny Wunderly-Volkart in ein für sie bestimmtes Exemplar seiner Übertragungen der Portugiesischen Sonette der Elizabeth Barrett-Browning schreibt.[58a] Nach der in den »Ausgewählten Werken« von E. Zinn besorgten Datierung ist dies das erste Gedicht, das Rilke seit dem November 1915 geschrieben hat (es mögen noch einige andere, bisher unveröffentlichte, aus der langen Zwischen- und Schweigezeit, die von Rilkes Einrükken zum Kriegsdienst bis zu seinem ersten Schweizer Winter reicht, vorhanden sein, doch sicher nichts Bedeutendes). Es ist ja geradezu eine Notwendigkeit, den »Klagebriefen«, die dem Dichter von strengen Zensoren angekreidet werden, immer wieder die Werke, das reine Gelingen im Gedicht entgegenzuhalten; denn nur im Werkschaffen – er wußte es – lag die Rechtfertigung seiner arg verstörten Natur. Allerdings machte er sich merkwürdig wenig aus Gedichten, die er da und dort in gewidmete Exemplare seiner Werke, zuweilen auch in Gästebücher schrieb; in den meisten Fällen bewahrte er davon keine Abschriften. Sie mußten nach dem Tod des Dichters mühsam zusammengesucht werden, und man kann mit ihnen schätzungsweise zweihundert Druckseiten füllen. Daß es darunter weniger Wichtiges, in der Kraft Nachlassendes gibt, versteht sich von selbst, aber auch sehr schöne Gedichte befinden sich darunter. Zu diesen gehört zweifellos das erwähnte Sonett »O wenn ein Herz längst wohnend im Entwöhnen« vom 3. November 1919. Und da es nach unserer Kenntnis Rilkes erstes Gedicht seit den Kriegsjahren ist, möge es hier stehen, gleichzeitig als ein Zeugnis der inneren Verfassung, aber auch des formalen Könnens dieses reichen, großmütig seine Gaben austeilenden Dichters:

O wenn ein Herz, längst wohnend im Entwöhnen,
von aller Kunft und Zuversicht getrennt,
erwacht und plötzlich hört, wie man es nennt:
»Du Überfluß, Du Fülle alles Schönen!«

Was soll es tun? Wie sich dem Glück versöhnen,
das endlich seine Hand und Wange kennt?
Schmerz zu verschweigen war sein Element,
nun zwingt das Liebes-Staunen es, zu tönen.

Hier tönt ein Herz, das sich im Gram verschwieg,
und zweifelt, ob ihm dies zu Recht gebühre:
so reich zu sein in seiner Armut Sieg.

Wer h a t denn Fülle? Wer verteilt das Meiste? –
Wer so verführt, daß er ganz weit verführe:
Denn auch der Leib ist leibhaft erst im Geiste.

Wohl bezieht sich dieses Sonett auf die Dichterin Elizabeth Barrett-Browning; aber die Rückspiegelung auf Rilkes subjektive Verfassung ist unverkennbar: e r ist es, der längst im Entwöhnen wohnt, von Zukunft und Zuversicht getrennt; ihm war es aufgegeben, Schmerz zu verschweigen; und seinem Herzen ist der Weg gewiesen, durch Liebe wieder zu tönen – und zu zweifeln, ob ihm gebühre, »so reich zu sein in seiner Armut Sieg«.

Anfang Dezember begab sich Rilke nach Locarno im Tessin, die Sehnsucht nach einer ruhigen Zurückgezogenheit im Herzen. Allein die drei dort in einer Pension verbrachten Wintermonate enttäuschten alle seine Hoffnungen. Nirgends wollte der Anschluß an die Umgebung und an seine eigene Natur gelingen. In den brieflichen Aufzeichnungen von jenem Aufenthalt kommt ein andauerndes inneres Zerwürfnis und eine quälende Unfähigkeit, sich an den neuen Standort anzupassen, zum Ausdruck. Selbst das Briefeschreiben bereitet ihm Pein – dies um so mehr, als die von der künstlerischen Arbeit her wie ein strenges Gesetz auf ihm lastende Verpflichtung, daß jede Aufgabe gut ausgeführt sei, ihm auch die Erledigung seiner stark aufgelaufenen Korrespondenz wie ein verantwortungsvolles, schwieriges Vorhaben erscheinen läßt. Rilke bekannte damals, daß an den Tagen, wo er die genauen Worte nicht aufbringen kann, er überhaupt keine gebrauchen möge – »und da das leicht viele viele Tage werden, so entstehen solche Stillstände nach allen Seiten«.[59] Ein anderes Mal klagt er, es sei »ein Zeichen einer versteckten inneren Müdigkeit, daß mir so vieles ›bevorsteht‹, als käm ich nicht hinauf und hinüber«.[60] Nichts falle ihm leicht, tagelang frage er sich, »Werd ich's können?«, wie vor einer Prüfung. Er gesteht, das sei »lächerlich und sicher eine Art Krankhaftigkeit im Gefäll der Natur« – aber ein Jahr Einsamkeit, glaubt er, würde ihn auch davon befreien.

Trotz diesem Zustand, den sie uns offenbaren, legen die Aufzeichnungen aus Locarno von dem seelischen Orientierungssinn und der überlegenen Selbstkenntnis des Dichters ein ergreifendes Zeugnis ab. Er weiß, daß neben der Kompliziertheit seiner psychischen Veranlagung doch auch wieder seine körperlichen Bedürfnisse einfach sind und daß die Erfüllung einiger weniger, primitiver Bedingungen genügen würde, um ihn den Anschluß an seine wahre Natur wieder finden zu lassen. Er erinnert sich der Zeit, wo ihm das Barfußgehen ein inniges Vergnügen bereitete und wo ihn die Vertrautheit der nackten Sohlen mit dem Erdboden viele sonst unmerkliche Schauer empfinden ließ, die ihm nicht weniger Genuß bereiteten als die schönsten Feste des Geistes. Er ruft nach einem Arzt – ein Verlangen, das er schon während des Krieges in München dem befreundeten Arzt und Dichter Hans Carossa gegenüber geäußert hatte. Jetzt sagt Rilke, er brauche einen Arzt, »der mir zu einem neuen Anfang mit meinem Körper verhelfen würde, daß ich sozusagen ein Noviziat lebe in ihm und ihn, solang er einige Biegsamkeit hat, noch wissender in Gebrauch nehme, – aber Ärzte, wo's an die subtileren Unsichtbarkeiten geht, – Ärzte, Malte hat schon erfahren, daß es keine gibt.«[61]

Denn was Rilke – zeitlebens – von einem Arzt erwartete, so wie er ihn sich dachte, sind nicht Heilmittel und Drogen noch sonstige eigenmächtige Eingriffe in den natürlichen Ablauf des organischen Geschehens. Er besaß ein fast mystisches Vertrauen in die Weisheit und Heilkraft der Natur. Er glaubte, Zerwürfnisse des Menschen mit seinem Körper könne man nur beheben, indem man die kreatürlichen Strebungen der Natur dienend unterstütze, ohne sie anmaßend umlenken zu wollen. Es ist verbürgt, daß Rilke dieser Auffassung nachlebte und es in Krankheitsfällen ablehnte, Medikamente zu sich zu nehmen. »Wir waren früher so gute Freunde, mein Körper und ich«, hat er später, als er schon von seinem unheilbaren Leiden befallen war, zu seinem Arzt gesagt. Rilke war überzeugt, daß er nur in einem Zustand bester Gesundheit und ungetrübten körperlichen Wohlbefindens er selber sein könne, und daß, wenn er einer schweren Krankheit verfallen sollte, geradezu ein anderer Mensch aus ihm würde, der ein ganz neues, unbekanntes, unfaßliches Leben beginnen müßte. Er glaubte, daß er niemals wie es andern gelungen ist, aus einem leidenden Zustand Gewinn für sein Schaffen ziehen könnte.

Mit dieser Auffassung hängt es auch zusammen, daß er nie außerhalb seiner natürlichen Anlagen Hilfe für seine dichterische Inspiration suchte. Er führte ein regelmäßiges, in jeder Hinsicht normales Leben und gebrauchte nie narkotisierende oder stimulierende Mittel. Ihm waren die »paradis artificiels« nicht bekannt. Seine Mäßigkeit im Essen und Trinken haben wir schon Erwähnung getan. Rilke rauchte nicht, was an einem Österreicher besonders auffallen mußte; als ich mich einmal darüber wunderte, erzählte er mir lächelnd, in seiner frühen Jugend habe es ihm sein Vater verboten, und als er es ihm dann gestattete, habe er, Rainer, keinen Geschmack mehr dafür aufbringen können – so daß der Vater, der ehedem stets in Sorge gewesen sei, der Sohn könnte sein Verbot übertreten, sich nun erst recht sorgte, als dieser nicht rauchen wollte! –

Wohl mag Rilke während jenes Winters in Locarno viel von Unlust, Bekümmerung, ja Ratlosigkeit heimgesucht worden sein. Eine in inneren und äußeren Nöten befindliche Frau, seine Hilfsbereitschaft und Schwäche ausnutzend, hatte ihn mit Beschlag belegt. Aber nie verführt ihn seine Lage zu lauter Aufbegehrlichkeit oder Auflehnung. Schlimmstenfalls ist er gereizt, was er aber sogleich für sich und andere ins Humoristische abzubiegen und anmutig aufzulösen versucht. So lehnt er es zum Beispiel ab, ein Hotelzimmer zu beziehen, dessen Tapete mit ihrem unendliche Male wiederholten Blümchenmuster ihn ärgerte; er sagte darüber, es sei wie ein Mensch, der immerzu ein nichtssagendes, dummes Wort gebrauche, etwa »bitte schön«, oder »freilich«; eine solche »freilich«-Tapete mit kleinen angeschnürten Blümlein sei schwer auszuhalten. . . . Aber von solchen kleinen Launen abgesehen, ist Rilkes Einstellung zum Leben gerade damals durch ein demütiges Warten auf eine natürliche Heilung gekennzeichnet. Diese gläubige Passivität des Charakters, die hier zum Vorschein kommt, mit ihrem Verschmähen von rein äußerlichen

Willensübungen und von künstlichen Heilmitteln, mutet einigermaßen slawisch an. »Was mich angeht«, schreibt er aus Locarno, »so rechtfertige ich manchmal meine arge, labile Empfindlichkeit mit den allzufrühen Schrecknissen und Leistungen meiner Kindheit (oh, damals war ich imstand auf den Steinen zu liegen, damit Gott sich zu mir eher überwände) –, jetzt wart ich, daß manches an mir gut gemacht werde, ein gewisser eigensinniger *effort* des Menschlichen ist mir fremd geworden, – die Pflanze, das Ding – sie schämen sich auch nicht, wenn sie es gut und richtig haben, sie gedeihen einfach und sind, was zu sein ihnen gegeben ist, mit vollkommener Freude.«[62]

Indessen, was bei einem Rilke Arbeitsunlust und Unempfänglichkeit heißt – wäre es nicht bei einem andern Naturverbundenheit und gesteigerte Fähigkeit zur Schilderung der empfangenen Eindrücke zu nennen? So sehr sind diese Dinge bei objektiver Betrachtung fast nur Fragen eines Mehr oder Weniger. Er weiß in seinen tagebuchartigen Briefen an Frau Nanny Wunderly-Volkart so wunderbare Dinge über seine Beschäftigungen, seine Lektüren und vor allem über die ihn umgebende Natur zu berichten, daß man sich fragt, w e r zum Beispiel eine Sternennacht so zu beschreiben verstände, wie es gelegentlich Rainer Maria Rilke tut . . . Und jene Zeilen aus einem vom Weihnachtstag datierten Brief – gehören sie nicht auch zu den gültigen Eindrücken aus Rilkes Schweizer Jahren? Sie mögen hier stehen: »Die Glockenspiele spielen immerzu, sie lösen alle Stunden in sich auf, man meint, es schlägt und dann spielts mit der Stunde; so recht, als käme der kleine Johannes über die Zeit und machte ein Spielzeug für das Jesuskind daraus, ein Auf und Ab, kleine Leitern fürs Herz, hinauf und hinunter, nirgends hin, aber an seeliger Stelle. Seit Belgien hab ich nicht solche Carillons gehört, dort wars entlegener, vergangener, wie reine Rosenkranzperlen, die einem durchs Gehör statt durch die Finger gehen, hier ists süßer, heidnischer oder kindlicher, ich weiß nicht, hier sinds Beeren, die aufklingen, wenn sie reif sind. Gestern, süß süß, reiften welche in der Nacht, ich meinte, es müßt in Losone beim lieblichen Sankt Georg sein, denn ich ging oben die Wegkehren auf die Sterne zu, die immer mein Trostweg sind, so oft eine kleinliche Besorgtheit überhand nehmen will . . . «[63]

Und dann, Ende Februar, das Horchen nach den ersten, den Frühling ankündenden Vogelstimmen, die der Dichter mit stimmenden und übenden Musikanten vergleicht – bis er »schon eine von den dunkleren« vernimmt, »eine reifere, schon innerlich gesungene, die zu den andern sich verhielt wie ein Gedicht zu ein paar Vokabeln –, wie glänzte sie zu Gott, schon schon, wie gläubig war sie, wie von sich selber voll, eine Liedknospe noch in den Deckblättchen ihres Klanges, aber schon bewußt ihrer unaufhaltsamen Fülle, vor-seelig und vor-bang. Oder eigentlich, die Bangheit war schon völlig in ihr, der gemeinsame Schmerz der Kreatur, der sich nicht theilen läßt und der genau so einfältig ist, wie drüben, jenseits aller Überwindungen, die Seeligkeit.«[64]

Allein, noch im gleichen Brief sagt Rilke, daß er es nicht bedaure, den Frühling nicht in Locarno zu erleben, wo sich dieser »gewiß wie ein Liebling des Lehrers« benehme, »der in der ersten Bank sitzt und immer alles gelernt hat, was der liebe Gott für den nächsten Montag aufgibt. Um Basel herum ist sicher ein Frühling, der manche Antwort schuldig bleibt und oft trotzt und nicht will, – den hab ich immer lieber gehabt.«

Am 4. März 1920 begibt sich dann Rilke auf das Gut Schönenberg bei Pratteln in Basel-Land, das eine neue, ihm willkommene Station auf jenem Zickzackweg durch die Schweiz sein wird, von dem es so oft schwer zu sagen ist, ob er eine Pilgerfahrt, eine Flucht, eine Entdeckungsreise oder all das zusammen gewesen ist. Endlich war es wieder ein Landhaus, und zwar – was der Schutz suchende Dichter nach dem monatelangen Leben in Hotels und Pensionen besonders schätzte – ein alter Familiensitz, der sich ihm gastlich anbot; Basler Freunde hatten ihn Rilke zum bewohnen überlassen.[65]

Nach einem umständlichen Sichzurechtfinden in seinem neuen Arbeitsraum verbrachte er nun im »Schönenberg« den kapriziöseren und widerstrebenderen Frühling jener Gegend, den er dem gar zu schönen, südlichen, vorzuziehen vorgab, mit allen seinen Wetterstürzen und Temperaturwechseln. Aber er legte sich noch nicht jene strenge Abgeschiedenheit auf wie später in Berg und Muzot. Er empfing Besuche und begab sich ab und zu nach Basel, wo er einer Aufführung der Matthäus-Passion im Münster beiwohnte, andächtig und versunken dem großen Eindruck sich hingebend, den Karl Erb als Evangelist auf ihn machte. Die Briefe, die Rilke während der zwei auf dem Schönenberg verbrachten Monate schrieb – es gibt deren auffallend wenige –, deuten diskret die Unstimmigkeiten und Sorgen an, unter denen Rilke litt.

Eine Erkältung bereitet ihm »einen weit ins Gemüth hineinrei-
chenden *Malaise*«;[66] aber die anhaltende gesundheitliche Störung, er gibt es zu, ist »nicht das Kläglichste, am Betrübtesten
scheint mir dies, daß meine schweizer Frist unaufhaltsam am 15.
May wird abgelaufen sein«.[67]

In Wahrheit war Rilkes Lage diesmal ziemlich verzweifelt. Sein
österreichischer Paß wurde ungültig, der neue, tschechoslowaki-
sche, war noch nicht in seinem Besitz, und die Erneuerung seiner
Aufenthaltsbewilligung konnte von den schweizerischen Behörden erst ausgestellt werden, wenn Rilke »dieses begehrenswerte
Dokument«, wie er es nannte, von der Tschechischen Gesandtschaft in Bern erhalten haben würde. Im gleichen Augenblick
kam aus München die Nachricht, daß allen nach dem 1. August
1914 in die bayrische Hauptstadt gezogenen Ausländern ihre
Wohnung weggenommen werde. »Das Gefühl zwischen zwei
Ausweisungen zu stehen, vermehrt meine Unbehaglichkeit und
Unruhe um ein Beträchtliches«, stellt Rilke fest, obgleich er, wie
er beifügt, nicht daran gedacht habe, »in München ständig zu
bleiben«.[68] Zwischendurch fragt er die Fürstin Taxis, ob er seine
neue Staatszugehörigkeit »*à la lettre*« nehmen und nach Böhmen
zurückkehren solle? Jedenfalls, meint er, würde sie in Zukunft
eine Rückkehr nach Paris erleichtern. Man kann füglich behaupten, daß dem innerlich Heimatlosen in jenen Jahren die Eigenschaft der Heimatlosigkeit gleichsam amtlich bestätigt worden
ist: in Frankreich, als ihm während des Krieges seine Habe beschlagnahmt wurde, in Österreich, dessen Staatsangehörigkeit er
infolge der Aufteilung der Habsburger Monarchie verlor, in
Deutschland, wo ihm als Ausländer seine Münchner Wohnung
mit der ausdrücklichen Bemerkung der Behörden, es könne
keine Ausnahme für ihn gemacht werden, weggenommen wurde,
in der Schweiz, wo er vorübergehend in Gefahr war, als staatenlo-
ser Ausländer die Aufenthaltsbewilligung zu verlieren . . . Wie
übrigens die Entscheidung der Behörden in Bern ausfallen werde, setzt Rilke hinzu, »meine geldlichen Umstände erlauben mir
kein Auswärtsbleiben mehr«. Die Vorschüsse, von denen er bis
dahin in der Schweiz gelebt hatte, waren versiegt, die fortschrei-
tende Entwertung der deutschen Valuta machten ein Umwech-
seln seiner deutschen Honorarguthaben in schweizerische Währung unmöglich, und »ohne die Gastfreundschaft auf dem Schönenberg müßte ich schon über der Grenze sein«.[69] Als Mitte Mai

der tschechische Paß eintrifft und samt Rilkes Gesuch um die Verlängerung seiner Aufenthaltsbewilligung nach Bern geschickt wird, begibt sich der Dichter auf einige Tage zu seinen Freunden nach Meilen am Zürichsee, dann, über Pfingsten, nach Baden im Aargau und von dort noch einmal für kurze Tage auf den Schönenberg. Bei den gemeinsamen Basler Freunden trifft er Hofmannsthal samt dessen Gattin und Tochter; man ist unwillkürlich an die Kühle der Beziehungen zwischen Gottfried Keller und C. F. Meyer erinnert, wenn man entdeckt, daß diese neue Begegnung mit dem Wiener Dichter von Rilke zum Anlaß für eine kleine boshafte Glosse und für nichts weiter genommen wurde.[70] Endlich, noch vor Mitte Juni, wagt er den neuen Sprung hinaus, nach Venedig, wo die Fürstin Taxis ihn erwartet.

Venedig – Genf – Bern – Paris

Nach seinem ersten in der Schweiz verbrachten Jahr ein Zurücktauchen in die eigene Vergangenheit, ins frühere Leben, in die Weite seiner Welt: das war die Bedeutung von Rilkes Reise nach Venedig. Seit 1897 kannte er die Lagunenstadt; 1913 hatte er längere Zeit den Mezzanino der Fürstin Taxis im Palazzo Valmarana bewohnt und dort, umgeben von einer Fülle von Rosen, fast täglich die Duse gesehen. Erinnerung über Erinnerung trat ihm nun als Gegenwart entgegen; was er vor dem Kriege der Fürstin zur Vervollständigung ihrer Räume geschenkt hatte: Bilder, eine kleine italienische Bibliothek mit Büchern in alten Einbänden, einen Schreibtisch, fand er nach sechs Jahren wieder, als ihn sein erstes Wiedersehen seit der düsteren Wiener Militärzeit mit dem Ehepaar Thurn und Taxis erfreute und beglückte. Nach ihrer Abreise überließen diese Freunde dem Dichter ihren Mezzanino, dessen Proportionen ihn entzückten, von neuem zum Bewohnen – und fünf Wochen verbrachte er im Staunen darüber, wie alles so unverändert geblieben war, selbst der Schreibtisch, den er nach so langen Jahren wieder benutzen konnte. Doch wenn dieses Unverändertsein des Früheren, Gewesenen, seiner Hoffnung entsprach, überraschte und schmerzte ihn die Entdeckung, daß er selber auch unverändert war: »Wenigstens scheint mir's so –, und das dürfte nicht sein nach sechs Jahren, die doch immerhin als Lebensjahre und als vergangen werden zu rechnen sein. Mein an-

60

gehaltener Athem hat mich zwar einigermaßen konserviert über die zerstörerischen Verhängnisse hinüber und die Starre und Bewegungslosigkeit meines Herzens war mir mein bester Willen, – aber nun, seit ich an einst Geliebtem den inneren Zustand prüfen kann, erschreckt es mich doch, ihn, wider alle Natur, so unverrückt und unverwandelt zu sehen.«[71] Die Schweiz hatte er als »Warteraum« empfunden, um so mehr, als er dort keine Erinnerungen zum fortsetzen fand. In Venedig aber erschrickt er, je länger er bleibt, über den Stillstand, den er, wie an der Umgebung, so an sich selbst feststellen muß. Erst jetzt wird Rilke gewahr, daß es kein Zurück gibt im Leben und »daß sich das Leben nicht in der Weise, wie ich meinte, an die Bruchstellen der Vorkriegszeit wird ansetzen lassen, – es ist doch alles verändert, und jenes zum ›Genuß‹, zur arglosen und immerhin etwas müßigen Aufnehmung eingestellte Reisen, kurz, das Reisen der reisenden ›Gebildeten‹ wird ein für alle Mal abgelaufen sein«.[72] Hier wird ein wirklicher Wendepunkt in Rilkes Lebensweise sichtbar, indem er die Sinnlosigkeit bloßer Wanderjahre mit ihrem »ästhetischen Anschauen« einsieht, und eine neue Erkenntnis nimmt von seinem Geist Besitz, die ihn ausrufen läßt: »Sie glauben gar nicht, Fürstin, wie anders, wie anders die Welt geworden ist, es handelt sich drum, das zu begreifen. Wer von jetzt ab so zu leben gedenkt, wie ers ›gewohnt war‹, der findet sich beständig vor der unmittelbarsten Wiederholung, vor dem bloßen Nocheinmal und dessen ganz heilloser Unfruchtbarkeit.«[73] Die zu genaue Erfüllung seines Wunsches, das frühere Leben wiederzufinden, hat nun etwas Verblüffendes, fast Erschreckendes für Rilke; dieses radikale Verschwinden des Abgrundes, den der Krieg doch aufgerissen hatte, konnte nicht wirklich sein, und gerade diese, von der venezianischen Kulisse hervorgezauberte Täuschung ließ ihn der tiefen Veränderung innewerden. An Lou Andreas, die Freundin seines ganzen Lebens, schrieb er nach seiner Abreise: »Als ich zu allem Überfluß erfuhr, die Duse sei angekommen, krank, um in Venedig Wohnung zu suchen, da schien mir, daß auch nun dieses sich wiederholen sollte, so fürchterlich, daß ich von einem Tag zum andern davonreiste und zurück in die Schweiz.«[74]

Rilke sah in Venedig die Notwendigkeit ein, endlich Klarheit zu gewinnen über die Fortsetzung eines Lebens, das ohne festen Standort länger nicht zu ertragen war. Wohin soll er sich wenden, fragt er, »wo ich der ganzen Gefahr meiner Arbeit mich aussetzen kann«?[75] Er empfindet das Bedürfnis, sich in fremdsprachigen Gegenden aufzuhalten, dort als Unbekannter und gleichsam allein mit seiner eigenen Sprache zu wohnen, die er als Material seiner Dichtkunst in seinen Schaffensperioden gern vor dem täglichen Kontakt mit dem Leben und dem Gebrauch als bloßem Verständigungsmittel behütete. Er glaubte, auf diese Weise dem Deutschen seine ausschließliche, reine Verwendbarkeit für seine Arbeit besser bewahren zu können.[76] Dazu kommt, daß in jener unmittelbar auf den Krieg folgenden Zeit mit ihren Erschütterungen ihm eine Rückkehr nach Deutschland nicht ratsam und seinem Vorhaben nicht bekömmlich erscheint. »Andererseits«, teilt er seinem Verleger mit, »ist das Wartezeithafte meines Schweizer Aufenthalts mir immer deutlicher geworden, und ich sehe ein, daß ich zunächst von diesem Sprungbrett noch nicht weiter ins Offene kann, sondern ›zurück‹ muß –, wäre das Wohin nur gegebener und natürlicher, ich hätte mich nicht mit soviel Aufschüben eingelassen«.[77] Wieder erwägt er einen Aufenthalt in Soglio, das »der einzige Ort war in der Schweiz, wo ich meiner Arbeit Nähe empfand«,[78] aber er verzichtet sogleich auf einen solchen Plan, da seine alte Scheu vor dem bloßen »Nocheinmal« und seine schlechten Erfahrungen mit den »Wiederholungen« gerade jetzt wieder, in Venedig, sich eingestellt hatten, sodann auch deshalb, weil Soglio, das ihm ein Jahr vorher Italien bedeutete, n a c h Venedig diesen Sinn nicht mehr im selben Grad hätte. Rilke fürchtet außerdem, daß er aus finanziellen Gründen nach seiner Rückkehr von Venedig nur noch wenige Tage in der Schweiz werde verbringen können; noch während des ganzen Sommers und Herbstes lebt er in der Sorge, seine Lage könnte ihn schließlich doch noch zu einer Rückkehr nach Deutschland zwingen, insbesondere, nachdem es dank dem Einspruch des österreichischen Gesandten gelungen war, seine Münchner Wohnung vor der Beschlagnahmung zu retten.

Der Aufenthalt in Venedig hatte den Dichter zum Rückblick auf das vergangene und zum Ausblick auf das kommende Leben veranlaßt. Von dort aus schrieb er in einem an Frau Wunderly-Volkart gerichteten Brief bedeutungsvolle Zeilen, die heute wie eine Vorahnung, ja wie ein Vorwissen von seinen nun folgenden Lebensjahren anmuten. Er beklagt sich dort, auf ihm laste die »Unsicherheit, daß ich keinen der Orte, wo ich zuletzt ausruhen konnte, für einen rechten Boden halten durfte oder mochte, und so mit verhaltenen Wurzeln lebe, denn ich darf sie nicht ins Vorläufige ausstrecken, um so weniger als mein Wurzelwerk heute nicht mehr von der Art wäre, daß es sich noch weiter versetzen ließe. So viel ist gewiß: ich bin für Jahre hinaus kein Reisender mehr, alle meine Bedürfnisse treffen in einem einzigen Anspruch auf Stabilität zusammen, – möchte ich nur nicht an dem Ort vorübergehen, wo sie mir zugesagt wäre und möchte dann alles in mir lebendig genug sein, um eine lange und geschützte Einsamkeit zu einer ununterbrochenen und unaufhaltsamen Rühmung Himmels und der Erde zu verwenden!«[79]

Nie, auch in den Zeiten materieller Sorgen und menschlicher Ablenkungen wie den hier beschriebenen nicht, ist Rilkes Hingabe an sein Werk erlahmt, und nie hat er das zerrissene Hin und Her jenes Jahres für einen normalen Zustand gehalten; denn, schrieb er im Sommer aus Genf, »ich kann nicht fortfahren, die Zukunft so eßlöffelweise einzunehmen, alle drei Wochen einen Löffel voll. Ich sehne mich, sie einmal ›im Stück‹ vor mir zu haben: *un bloc d'avenir, soit-il même dur à travailler.*«[80]

Nach seiner Rückkehr aus Italien ließ Rilke seinen Paß für die Einreise nach Deutschland visieren. Trotzdem konnte er den Entschluß nicht fassen, sich von der Schweiz zu trennen. Anstatt nach München zu fahren, reiste er auf seine alten Aufenthaltsorte zu, Ende Juli (1920) auf den Schönenberg bei Basel, in den ersten Augusttagen nach Zürich, Winterthur und von dort – zum erstenmal – zu einem Besuch nach dem nahen Schloß Berg am Irchel; dann nach Nyon und Genf, von wo aus er allerdings wiederholt nach Bern, Zürich und Meilen fuhr (an diesen beiden Orten und in Ragaz brachte Rilke fast den ganzen Septembermonat zu). Er rechnete aber stets mit der Möglichkeit oder gar Wahrscheinlichkeit einer nahe bevorstehenden Rückkehr nach München, von wo er dann nach Böhmen überzusiedeln gedachte, wo ihm die Fürstin Taxis auf ihrem Gut Lautschin ein kleines Haus zum Bewohnen in Aussicht gestellt hatte. Er könnte zwar in der Umgebung von Genf, wo er das Hôtel des Bergues bewohnt, in ein Châlet ziehen, wozu er sich jedoch nicht entschließen kann, weil auch dies nur ein befristetes Provisorium wäre; desgleichen läßt er im Spätherbst den schon weit gediehenen Plan, eine kleine Wohnung in der Genfer Altstadt zu mieten, wieder fallen, diesmal aber, weil er eine Einladung, während des Winters das Schloß Berg am Irchel (im Kanton Zürich) zu bewohnen, annimmt.

Genf wurde eine wichtige Etappe auf Rilkes letztem Lebensweg. Diese Stadt entzückte ihn. Er kam sich zwar »enorm leichtsinnig« vor, als er, anstatt der vier Tage, die er sich zum Abschiednehmen vorgesetzt hatte, Tag um Tag im Hotel des Bergues verweilte und immer neue Gründe fand, um seine Abreise zu verschieben. »Genf war nie so schön, so weit, so luftig, wehend, fast schwebend und so viel dessen heraufrufend, was ich unter dem Namen Paris *vaguement* zusammenfasse: so daß ich nicht von der Schweiz allein, sondern auch von allen Zuversichten Abschied nehme, die sich auf jenes unwahrscheinliche Wiedersehen mit meinen einstigen Umgebungen beziehen«, schreibt Rilke am 18. August aus jener Stadt, in die er noch so oft zurückkehren wird. Hier entscheidet es sich, daß der Dichter in seinem Verlangen nach einer Ansiedelung in fremdsprachigem Lande sich für den Rest seines Lebens der französischen Schweiz zuwendet – nachdem die Versuche mit der italienischen Schweiz und Italien zu nichts geführt hatten, und ehe er den (bis 1921 nicht ganz aufgegebenen) Plan, sich in der Tschechoslowakei niederzulassen, endgültig fallenläßt. Natürlich machte sich Rilke nun auch hier mit den alten Gassen um die Cathédrale Saint-Pierre und der Vergangenheit, die in ihrer Atmosphäre noch vorhanden war, vertraut; er ergötzte sich an Philippe Monniers »Genève de Tœpffer« und an Tœpffers eigenen Werken. Genf wird nach beiden Seiten hin das Ausgangstor zu Rilkes geistiger Orientierung ins Offene, Freie, nach Frankreich, indem es ihm die Anknüpfung an seine früheren Beziehungen zu Paris vorbereiten hilft, und zu der zwar noch nicht gleich eintretenden Stabilisierung seiner Lebensweise im Wallis, das er von Genf aus zum erstenmal bereist. In Genf auch entstand aus dem Wiedersehen mit der Malerin Baladine Klossowska, der er in früheren Jahren flüchtig begegnet war, eine enge Beziehung; in Rilkes letzte Lebensjahre hat diese Liebesbeziehung, die aus seinen Briefen an »*Merline*« bekannt wurde, zeitweise tief eingegriffen, auch mit viel Ernstem und Schwerem, das sie ihm brachte.[81]

Einen anderen Anlaß, länger als beabsichtigt war, in Genf zu bleiben, bildete das nachmals berühmt gewordene Theater der Russen Georges und Ludmilla Pitoëff, für das er mit seiner ganzen, schwärmerischen Begeisterung entflammt war. »Wie lieb ich ihn«, schrieb er von Pitoëff, »wie bewundere ich ihn. Was ist Genialität für eine Chance, wie weit reicht sie, wie beglückt sie un mittelbar, wo man einer ihrer Erscheinungen beiwohnen kann, sei's auch nur ganz still, als müder, kaum fähiger Zuschauer! Vorgestern fand ich die Pitoëffs bei Mme Blumer. P. hatte tagsüber ein Stück von Chavannes in seinem Geiste inszeniert . . . nun erzählte er uns seine Vision dieses Stückes, wie wunderbar, wie tief und leicht, wie gründlich und wie ganz Spiel . . . man war atemlos vor Zuhören. Und wenn er, P., von einer vorgestellten Bank aufsteht, wegtritt von einer imaginären Wand-, so stürzt ihm Wand, Bank nur so aus den Augen, man sieht, man erfährt sein innerstes Bild davon! Wär ich in *Genève* geblieben –, ich hätte mich bei Pitoëff engagiert, ihm zu dienen, als Sekretär oder sonstwie . .. Hätte er nur die Mittel alles zu verwirklichen, – er muß zu viel selber thun –, ihm fehlen (wie sie Rodin fehlten!) die wahren Schüler und Gehülfen, die sich unterwerfen *pour l'amour de métier accompli!* Ich verstünde das und könnte viel lernen. Denn jedes vollkommene Können fördert das Können überhaupt!«[82]

Und ein solches weiß ein »müder und kaum fähiger« Zeuge zu berichten! Die Menschen um ihn und die fernen Briefempfänger beglückt er trotz eigener Bedrückungen und Sorgen mit den wunderbaren Überschüssen seines Aufnahme- und Mitteilungsvermögens; er bereichert sie mit seiner Gegenwart, mit der sanften Kraft seiner menschlichen Zuwendung und mit den Kostbarkeiten seines Wortes! Man kann bei den damaligen prekären Lebensverhältnissen Rilkes nur bewundern, daß er die Empfänglichkeit seines Gemüts so vollkommen bewahrt hat, daß die überaus empfindlichen Antennen seiner Seele so aufnahmebereit waren. Trotz den Ablenkungen und Unstimmigkeiten, die damals eine innere Sammlung und Konzentration auf das Werkschaffen unmöglich machten, dürfen wir über die Reife, Frische und Unversehrtheit seines Geistes, über die dichte, genaue, ausgeglühte Reinheit und Abrundung des schriftlichen Ausdruckes in seiner Brief-Prosa staunen. Es ist die Zeit seines Lebens, wo er allen Jahreszeiten den Sommer vorzieht, den er Jahr über Jahr mit Sorge sich erschöpfen, mit Bestürzung hinwelken sieht. Uns kommt es vor, als sei der Dichter damals auf der Sommerhöhe seines Lebens gestanden, trächtig von seiner innern Welt und seinem Werk, und als wäre seine häufige Besorgtheit nur von der Ungewißheit gekommen, wie und wo er die bevorstehende Ernte einbringen solle. Er war überzeugt, daß hier kein eigenmächtiges Wollen und Machen am Platze war, daß es wuchs und daß die hohe Zeit nahe bevorstand. Denn Rilkes Klagen und Müdigkeiten dürfen keineswegs als ein Zweifeln an sich selber, an seiner künstlerischen Potenz gedeutet werden. Er wußte, daß er das »Rühmen« – das er später in einem seiner Sonette an Orpheus hymnisch besungen hat – noch konnte, besser konnte als je zuvor. Das Genie und Metier eines Pitoëff war nur der reine Ton, der seine eigene klingendste Saite zu mächtigem Mitschwingen aufrief. Trotzdem darf man die große Gefahr dieser ungebundenen Lebensweise nicht übersehen. Es war die Gefahr, im Persönlichen und Gesellligen, in der Konversation und im Briefeschreiben zu verströmen und sich auszugeben – bis nah heran an die Selbstaufgabe.

Rilkes Natur bedurfte dringend der Heilung; das Gefäß mußte endlich bereit sein, das Gedicht zu empfangen. Die neuen Eindrücke, sie mögen ihm von Städten, Landschaften, Künstlern oder Büchern zugetragen werden, durften nur Nahrung, Sonne, Erdreich sein, ein günstiges Klima, in dem sein Inneres wieder Blüten treiben und Früchte tragen konnte. Aber immer wieder entdeckt man auf Rilkes ganzem, bewegten Lebensweg, aber ganz besonders seit der Vollendung des Malte-Romans, wie unglaublich schwer es ihm fiel, sich einer gesammelten Bereitschaft zu nähern – die keinen Kompromiß, keine Halbheit, keine Ablenkung gelten läßt –, bis ganz dicht an »das nichtgekonnte Alleinsein« heran. Sein selbstquälerisches Bewußtsein, seine »Dämonen«, seine unruhige Triebhaftigkeit bereiteten ihm heillose Stunden und Tage. Zur eigenen Beschwichtigung wünschte er sich den ausschließlichen Verkehr mit der Natur und mit den Dingen herbei, um von den Menschen nicht zerstreut, verwirrt, aufgezehrt zu werden. Rilke war im menschlichen Verkehr der rücksichtsvollste, aufmerksamste, unwiderstehlichste Freund, aber er konnte, wenn es sein mußte, ohne Zögern jegliche Rücksicht hinter den Forderungen seiner literarischen Arbeit zurücktreten lassen; für d i e s e lebte er, nicht für Familie, Freundschaft, Liebe. Er hatte seit seinen jungen Tagen, als er nach kurzer Gemeinsamkeit seinen allzu früh gegründeten ehelichen Hausstand auflöste, immer seinen künstlerischen Auftrag über die Liebeserfüllung, die Treue zu Menschen oder irgendeiner Gemeinschaft gestellt. Wo die Gefahr auftauchte, von Frauenliebe in Ketten gelegt zu werden, ergriff ihn Schrecken und Furcht, und es war dann daran, daß seine Gefühle zwischen Bindung und Losreißung schmerzlich geteilt waren. Eine Liebesbeziehung vermochte sein konstantes Grundgefühl, einsam zu sein und der Einsamkeit zu bedürfen, nicht aufzulösen. Entflammbar und erregbar, schnell begeistert über eine neue Begegnung, verführend von ihr verführt und jünglinghaft geneigt, den Gegenstand seiner Zuneigung zu bewundern und Dinge in einen geliebten Menschen hineinzuprojizieren, die aus ihm selbst flossen, war Rilke ebenso rasch dabei, sich wieder in sich zurückzuziehen, die Partnerin mit kritischem und kühlem Sinn zu beurteilen und sich innerlich von ihr zu lösen. Er konnte dann wieder sagen, die Menschen ahnten ja nicht, wie gleichgültig sie ihm seien – und dies war um so schwerer zu ahnen, als er die Menschen in einer unüberbietbaren Art mit Beweisen seiner Teilnahme, seiner tätigen Hilfsbereitschaft, seiner zartesten Aufmerksamkeit und mit verschwenderischen Geschenken überschütten und verwöhnen konnte. Man muß diese Ambivalenz als eine Konstante seiner Veranlagung oder jedenfalls seines typischen Verhaltens hinnehmen; sein hypersensibles und eigentlich niemals heiles Wesen bedingte zwangsläufig eine ambivalente Einstellung zu den Erscheinungen der Umwelt und ganz besonders zu den Menschen. Eine Frauenfreundschaft war für Rilke nur dann erträglich und frei von Mißverständnissen möglich, wenn sie ihm keinerlei Zwang antat, wenn sie nicht mit Forderungen und Ansprüchen an ihn herantrat, wenn sie seine der dichterischen Aufgabe zugekehrte Innenwelt unangetastet ließ und ihn in deren Behütung und Pflege unterstützte; daher die Sehnsucht nach dem »schwesterlichen Menschen« und die Vorstellung, es sei die Aufgabe einer Verbindung zweier Menschen, »daß einer dem andern seine Einsamkeit bewache«. Er selber war viel mehr ein brüderlicher Mensch als ein Liebender. Sein Leben lang war Rilke bedürftig nach Frauenfreundschaft und weiblichem Umgang; aber nie hat er, die Gefahr der Selbstverschwendung kennend, in die ihn seine Schwäche und Hingebungsfähigkeit immer wieder führte, der Forderung der menschlichen Liebe nach Ausschließlichkeit und Dauer nachgegeben. Er empfand menschliche Beziehungen und Gegenwarten so stark, daß er stets die Gewalt fürchtete, die sie ihm antaten. Selbst mit einem Hund wollte er seine Einsamkeit nicht teilen, damit der Hund ihn nicht beherrsche. Dieses Verhalten, das nur bestätigt, daß Rilkes Haltung der Umwelt gegenüber nicht »gemäß« war, hat ihn oft Kämpfe gekostet und in Bedrängnis gebracht, indem eine zu enge menschliche Beziehung ihn so sehr ablenken konnte, daß häufige und lange Unterbrechungen der Gemeinsamkeit oder gar ihr völliger Abbruch unvermeidlich waren. –

Man muß sich vergegenwärtigen, daß Rilke in jenem Sommer und Herbst 1920 eigentlich immer ein Auf-der-Abreise-Befindlicher und ein Abschiednehmender war, was seinem Verweilen etwas Provisorisches und Unruhiges, seiner Stimmung etwas Wehmütiges gab. Als er am 21. August Genf verließ, glaubte er mitnichten – wie es dann geschehen ist –, daß er schon am 4. September dorthin zurückkehren würde; sondern er fuhr, wie er ausdrücklich sagte, »zu kurzem berner Wiedersehen und Abschied« in die Bundeshauptstadt und dann über Zürich nach Meilen, um endlich wieder nach München abzureisen, wo er seine Wohnung räumen wollte (was später andere für ihn besorgten).

Kaum in Bern eingetroffen, gedenkt Rilke Genfs; hier können wir die Korrektur nicht unerwähnt lassen, die der Dichter an seinen Berner Eindrücken des Vorjahres angebracht hat: » . . . ich weiß«, berichtet er, »ich liebe Bern, aber noch fühl ichs nicht diesmal, – gestern abend, da ich ankam, war ich sogar ein bischen erschreckt durch die Härte in der Luft *(je voudrais tant encore de la chaleur et de l'été, de l'été)* – dann aber auch durch diese Theilung in Himmel und Erde, auf einmal wieder dieses Brache, Brockige und (ach!) Bürgerliche der Dinge, ihre Schwere, Undurchdringlichkeit, Dichtigkeit, ihr ›Gegen‹-ständliches, gegen was? Gegen den Himmel. *Genève*, da kommt, wie in Paris fast, alles als Schwingung über einen. Die Atmosphäre, auf den Wegen der Durchdringung, schwebt aus Bäumen und Hängen heran, – es giebt nur Eines, das tragende, schwingende Licht, durch es, durch das Spirituelle dieses Elements, erfährt man Nähe und Ferne, und selbst das Körperhaftbeharrliche wird dem schauenden Aug wie ein Fluthendes, wie ein Ereignis, wie ein Einfall eingeflößt, nicht so aufgetragen, nicht so vorgesagt und eingedrängt zum Wissen und Auswendiglernen.«[83]

Aber er hat dennoch seine Lieblingswege aufgesucht, durch die Altstadt am gotischen Münster vorbei und über die Aarebrücke nach dem »Rosengarten«, jener hochgelegenen Anlage, deren alte Alleen er liebte und deren Rosen und Wasserblumen er im gleichen Brief zärtlich beschreibt. Als er auf einem andern Gang vor die Tore der Stadt ein kleines Schloß in einem Garten erblickt – es hieß Holligen – ergriff ihn die heftigste Wehmut, daß er ein solches, nach all den vielen Monaten vergeblichen Suchens und Wartens nicht zu beschütztem Arbeiten habe finden können. Wie ein armes Kind, das hoffnungslos durch einen Gartenzaun ins Paradies der Reichen und Glücklichen blickt, steht der bekümmerte Dichter vor diesem Garten, den seine Sehnsucht verklärt: »Die große alte Kastanienallee der Zufahrt, am Ende, hinter dem Thorgitter, das steile Schlößchen und seitlich unter dem Baumrand hin der längliche Ausblick in das wagrecht beschienene Land, mir triebs wieder die Thränen in die Augen, – eine solche Allee, ein solches Haus ein Jahr lang, und ich wäre gerettet. Mir war, hätt ich dort hinauf und in ein stilles Arbeitszimmer können, das mich erwartete: ich arbeitete noch diesen Abend! (Ist's eine Ausrede? Ich trau mirs zu, daß ich mich täusche, auch dann Mängel fände, Hemmungen, Unterbrechungen, Schwierigkeiten . . .) Aber doch, warum diese Ergreifung durch solche Alleen, . . . Sie sehen sie, nicht wahr?: wie sie hoch war –, schützend, dunkel, feierlich, wie sie sich sang, choralig zu beiden Seiten, wie am Ausgang mit gedämpfter Helligkeit das Schloß stand . . . Ich ging dicht ans Parkgitter . . . Die Sonntägler zogen draußen vorbei, weggeführt alle, und in den alten Parkbäumen pfiff ein abendlicher Vogel, ein einzelner, wie eine Frage, ob die Stille tief genug sei für das Gefühl seines Lautes . . . : sie war. –«[84]

Während dieser zehn letzten Augusttage in Bern – die nach einem späteren Bericht »schön« sind, »besonders die Morgen und die Nächte voller Mond« – kommt Rilke der Gedanke an eine »Fenster«-Dichtung: das Fenster als Maß und Rahmen des menschlichen, häuslichen Daseins; als dasjenige Maß – er nennt's »ein Fenstervoll« –, aus dem wir unsere Vorstellung von der Welt eigentlich schöpfen, dessen Form auf unser Gemüt wirkt, es möge nun »das Fenster des Gefangenen, die *croisée* eines Palastes, die Schiffsluke, die Mansarde, die Fensterrose der Kathedrale« sein.[85] Dieses Problem beschäftigt den Dichter, er meint, man müßte einmal die Geschichte des Fensters schreiben, er blickt und denkt, wenn er durch die alten Straßen von Bern und Freiburg geht, zu den Fenstern hinauf. Das Fenster wird in Rilkes lyrische Motivwelt eingehen, wie der Spiegel, die Fontäne, die Rose. Es war auf einem damals mit Frau Klossowska unternommenen Ausflug nach dem nahen Freiburg, daß Rilke und seine Begleiterin den Plan faßten, zusammen illustrierte »Fenster«-Gedichte herauszugeben. Der als selbständiger Band einige Jahre später in einem Pariser Verlag erschienene, französische Gedichtzyklus »*Les Fenêtres*« mit Radierungen von Baladine (dem Künstlernamen von Rilkes Freundin) ist darauf zurückzuführen.[86]

Und nun folgen, Schlag auf Schlag, drei Daten in Rilkes Leben, die auf einmal seiner Existenz wieder eine angemessene Form und einen schützenden Rahmen geben und ein neues, vollgeschöpftes »Fenster« auf seine so lange verbaut gebliebene Zukunft öffnen werden: am 4. Oktober begibt er sich für einige Tage ins Wallis nach Sion und Sierre, wo er, begeistert von diesem Land, sogleich die Intuition hat, daß es das gesuchte sei, in dem er sich eigentlich ansiedeln müßte; am 17., in Bern, entschließt er sich, den kommenden Winter in dem ihm zum Bewohnen angebotenen Schlößchen Berg am Irchel zuzubringen; am 22. ist er zu kurzem, glücklichen Wiedersehen und Aufenthalt in Paris.

Die Entdeckung des Wallis, das er auf einem von Genf aus gemeinsam mit Freunden unternommenen Ausflug zum erstenmal besucht hat, ist für Rilkes letzte Jahre von der größten Bedeutung gewesen. Schon fühlt er sich von dieser Gegend, die er mit wahrem Entzücken in sich aufnimmt, aufs stärkste angezogen. Doch hat er damals den Turm von Muzot bei Sierre, in den er übers Jahr einziehen wird, noch nicht gesehen. Erst wenn ihn dieses alte Gemäuer am Südhang der Alpen schützend aufnimmt, geht seine Sehnsucht nach neuer, endlicher Verwurzelung in Erfüllung. Daß ihm dann das Tal der oberen Rhone seine letzte Heim- und Ruhestätte gewährt hat, ward diesem Dichter- und Pilgerleben zum endgültigen Schicksal beschieden.

Doch ehe ihn später sein Weg ins Wallis zurückführen wird, eröffnet sich für Rilke – endlich – die Aussicht, seinen alten Wunsch nach einem eigenen Heim zunächst in einer andern Gegend erfüllt zu finden. Es ist der Glücksfall jener Tage gewesen, daß ihm von Bekannten ein altes Landhaus zum Bewohnen während des Winters überlassen wurde: Schloß Berg am Irchel in der weiteren Umgebung von Winterthur. Rilke zieht diesen Wohnsitz, der zwar nicht so großartig ist wie ehedem Duino, aber freier und lieblicher steht als das von ihm wehmütig bewunderte Schlößchen in der Nähe von Bern, endgültig dem – wörtlich und bildlich – zu weit von seinem Weg abliegenden Lautschin in Böhmen vor.[87] Freudig entschließt er sich, die Gastfreundschaft von Berg, »diese außerordentliche, ja wunderbare Zuflucht«[88], anzunehmen. Aber ehe er diese »*Retraite*« in der Ostschweiz antritt, begibt er sich über Bern, wo er sich auf der tschechoslowakischen Gesandtschaft seinen Paß holt, und Basel nach Paris: » . . . es ist der Sinn dieser Reise«, sagte er, »das Anheilen meines Gemüths an gewisse böse Bruchstellen vorzubereiten . . . «[89] Rilke trat sie in der zuversichtlichen Hoffnung an, nachher in Berg während einer ununterbrochenen Einsamkeit und Zurückgezogenheit recht eigentlich seine seelische Erholung vollenden zu können.

Paris . . . Was ihm diese sechs Herbsttage gewesen sind, die ersten nach mehr als sechsjähriger Abwesenheit, zu der ihn die Kriegskatastrophe gezwungen hatte, nennt er selber »unbeschreiblich, . . . unbeschreiblich«.[90] Es ist ein unaufhörliches Zu-sich-Finden, alles wird ihm Ziel, jeder Schritt hat Bedeutung. Diese Stadt, die noch da und so ist, wie er sie immer gekannt hatte, wird ihm zum Symbol des überdauernden, unverrückbaren Bestehens, zum Zeugen des die Wunden heilenden Lebens. Die »universelle Fruchtbarkeit, Tragkraft und Schwingung des Bodens, der eine alles überstehende Stadt trägt wie ein anderer eine wachstümliche angeborene Natur«[91], das Licht des dortigen Himmels und die tausendblumige Pracht des vor seiner Tür sich herbstlich ausbreitenden Luxembourg-Gartens: wie sollte er sie nennen, wie sie beschreiben? Er kann es nicht, der Dichter ist stumm vor Glück. Unter den Arkaden des Odéon kauft er ein Notizbuch, in das er seine Aufzeichnungen während dieser Pariser Tage einzutragen beabsichtigt; aber nachdem er vergeblich versucht hat, etwas hineinzuschreiben, gelangt er nach vieler Mühe zu der Feststellung: »*ici commence l'indicible*«. Dies werde vielleicht, heißt es in einem nun ganz französisch geschriebenen Brief an Frau Wunderly-Volkart, der einzige Satz sein, den er von Paris heimbringen werde: »*Car comment, comment exprimer ces moments? c'est tellement familier et si grand, cela étonne et cela satisfait, cela exalte et cela fait pleurer tour à tour et presqu'en même temps, ça réunit tous les contrastes: c'est tout –: comment l'exprimer, même à vous qui comprendriez à mi-parole, même devant mon propre coeur crédule, soumis, croyant!*«[92]

Auch in Paris bewährt sich – vielleicht in stärkerem Maß noch als anderswo – die Erfahrung, daß Rilke vom Beständigen und Allgemeinen der Umgebung weit mehr ergriffen und durchdrungen wird, als von den flüchtigeren und veränderlichen Beziehungen des Lebens und des menschlichen Verkehrs. Er suchte nicht seine Freunde und Bekannten auf, sondern begnügte sich damit, die Wege des Malte Laurids Brigge aufzusuchen: im Quartier latin, den Quais der Seine entlang, zum geliebten Park vorm Senatsgebäude mit seinem oktogonalen Wasserstück und der Medici-Fontäne unter den alten Platanen.

Eine seltsame Feststellung machten wir, als wir den oben zitierten französischen Brief Rilkes mit einem an die gleiche Empfängerin gerichteten verglichen, den er elf Tage vorher in Genf ebenfalls teilweise auf französisch geschrieben hatte. Während in dem älteren der beiden Dokumente die fremde Sprache noch wirklich fremd und unbeholfen ist in Satzbau und Stil, aus dem Deutschen übersetzt und nicht französisch gedacht oder empfunden, schreibt Rilke auf einmal ein viel reiner aufklingendes, bereits in dem andern Sprachgeist atmendes Französisch. Dies zeugt nicht nur für die große Begabung des Dichters für fremde Sprachen und – allgemeiner – von seiner ungewöhnlichen Weltoffenheit und Anschmiegsamkeit, die ihm erlauben, gewisse kulturelle Schranken mühelos zu überwinden; sondern vor allem von dem starken Auftrieb, den in jenen wenigen Tagen sein Geist in der Pariser Atmosphäre erhalten hat. Ein objektives Beispiel gleichsam zu dem ganz subjektiven Enthusiasmus, den das Wiedersehen mit der geliebten Stadt in ihm ausgelöst hatte.

Schloß Berg am Irchel
Phot. R. Ziegler

Heilung
und neuer Anfang

> »*Der Wachsame sieht die Stunde
> des Abschieds kommen.*«
> (Inschrift am Stadtturm von
> Saint-Prex.)

Schloß Berg am Irchel

Rilkes Wunsch nach Zurückgezogenheit war endlich in Erfüllung gegangen. Und zwar in einer so vollkommenen Weise, unter Bedingungen, die ihm so restlos zusagten, daß die Berichte, die er aus seiner Klause seinen Bekannten gab, vom Lob seines neuen Aufenthalts überströmen und von seinem Glück widerglänzen.[1] Wie ein Kehrreim kommt immer wieder das Wort vom »unbeschreiblichen Anheilen meiner Natur an die fürchterlichen Bruchstellen des Jahres Vierzehn« in seinen Briefen vor[2]; in Paris habe dieser Prozeß eingesetzt, aber, da die wenigen dort verbrachten Tage nicht genügt hätten, um ihm gründlich zu helfen, und da ihm bei dem Stand der (deutschen) Valuta ein längeres Verweilen dort nicht möglich gewesen sei, habe er die ihm angebotene Zuflucht im Schloß Berg am Irchel angenommen. Er nennt sie »das Wunder – auf das ich seit Jahren (mit jener längsten Geduld, die doch recht behält) gewartet habe. Ohne daß ich das mindste dafür that (und was könnte man auch für die Souveränität des Wunders thun!) wurde mir dieses kleine alte Schlößchen Berg zur Verfügung gestellt . . . «[3]

Nachdem Rilke auf der Rückreise von Paris noch einige Tage in Genf verweilt hatte, hielt er am 12. November seinen Einzug in das neue Heim. Dieser Tag hat in seinem Gedächtnis lange genug nachgewirkt, um ihn übers Jahr, als er bereits anderswo angesiedelt war, zur Absendung eines Telegramms an seine bergischen Gastfreunde Richard und Lily Ziegler zu bewegen. Alles trug dazu bei, um ihm die ersehnte Isolierung recht deutlich zu machen: die abgeschiedene Lage dieser Besitzung in einer hügeligen und waldigen Gegend, der leichte Nebel, der am Tag seiner Ankunft Garten und Wohnhaus einhüllte – ja selbst die »Seuchenwache«, die vor dem Schloß stand und dessen neuem Bewohner das Überschreiten des Parkes verwehrte, um einer Verschleppung der im Dorf herrschenden Maul- und Klauenseuche in die davon verschont gebliebenen Nachbarorte vorzubeugen. Der Dorfpfarrer vermittelte in dieser Zeit der Absperrung Rilkes Verkehr mit der Außenwelt; er bringt ihm täglich die Post und die Milch, was oft zu vertrautem Plaudern über die Angelegenheiten der Gemeinde und der Gegend, über die Vergangenheit des Schlößchens und seine früheren Bewohner, aber auch über religiöse Gegenstände Anlaß gibt. Durch ihn läßt er seinen Paß zum Gemeindepräsidenten tragen – ehe er ihn samt einem Verlängerungsgesuch seiner am 17. November ablaufenden Aufenthaltsbewilligung an seinen Gastfreund schickt, mit der Bitte um Weiterleitung an die Fremdenpolizei in Bern und um Unterstützung seines Gesuchs bei dieser Behörde.

Endlich, endlich kann Rilke wieder von sich »Gutes berichten, was ich«, sagte er, »streng genommen, seit Soglio nicht mehr durfte, wenn ich nicht nur an ein allgemeines zerstreuendes Annehmlichsein denken und anspielen mochte, das mir ja zeitenlang vergönnt war, sondern an das, was von mir innerlich gefordert wird und hinter dem ich, seit sechs Jahren, als nicht ganz ungetreuer, aber maroder Nachzügler zurückgeblieben bin«.[4] Endlich wird ihm das Leben wieder häuslich, das Wohnen behaglich, die Konzentration auf seine Arbeit möglich gemacht. Diese Fügung – die er »fast eine der größten Genauigkeiten meines Lebens« nannte[5] – »überwältigt mich mit fortwährender Verpflichtung, alles das, was recht böse Jahre verstört und unterbrochen haben, in den Verhältnissen dieser schönen Vergünstigung nun tatsächlich aufzunehmen und fortzusetzen«.[6]

Rilke kann nicht genug das doch so natürliche »Wunder« rühmen, das ihm »diejenige *retraite*« beschert hat, »die mir über der Wirrnis von sechs zerstörenden Jahren schon fast zum Verzweifeln nötig geworden war! Aber daß es das gab!« schreibt er von Berg an Nanny von Escher; »ich staune, – und daß es mir wirklich sollte bereitet sein, in jenem äußersten Augenblick, da ich, gewissermaßen schon an der schweizer Grenze stand, jenseits welcher mich nur ein Gedräng von neuen Ungewißheiten zudringlich erwarten konnte. Und die Schweiz hatte mich, seit mehr als einem guten Jahr, durch soviel gute Freunde und zutrauliche Orte zu verwöhnen gewußt –, ich hatte wirklich kein Recht, immer noch mehr von ihr zu verlangen: aber siehe! sie hatte mir noch ein Allerbestes, ein ganz und gar Erfüllendes aufgespart, diesen Ort einer vollkommenen Zuflucht, der in den Karten meines Lebens immer als ein Hauptort wird eingezeichnet stehen . . . Freilich ist mir solcher rein zusäglicher Umgebung, in der keinerlei Ausflucht aufkommen kann, die Verpflichtung auch ganz unerbittlich geworden, um endlich ein den gesammelten Kräften Entsprechendes aus heilendem Wesen hervorzubringen. Dies ist denn auch der tägliche Entschluß meiner bergischen und geborgenen Zurückgezogenheit . . . «[7]

Damit ist beinah schon alles ausgesprochen, was Berg für Rilke gewesen ist. Mit seiner Wendung nach innen, nach seiner eigentlichen Lebensmitte, beginnt er, den Weg zu sich selbst zurück zu finden. In der neuen beruhigenden Umgebung will er an die allzu lange unerfüllbar gewesenen Aufgaben seines Berufs herantreten. Selbst wenn Rilke damals nicht gelegentlich das Wort »Zelle« ausgesprochen hätte – er liest in seinem Geist über seinen Türen den Spruch: »*cella continuata dulcescit*« –, müßte man doch den mönchischen Zug in seinem Antlitz erkennen, das dienende Strenge und weltabgewandte Herbheit ausdrückt. » . . . Ich bin die Raupe im *Cocon* und spinne mich weiter und weiter ein, in den mir ausbrechenden Bart.«[8] Erst wenn er im Schutz der alten Mauern sich selbst überlassen ist, beginnt für ihn die wahre Tätigkeit. Daß seine Freude darüber, monatelang keinen Menschen zu sehen, nicht aus Menschenfeindlichkeit kam, sondern vielleicht aus dem geraden Gegenteil, stellt er ausdrücklich fest. Für ihn tut jetzt nur das eine not, das ihm Wichtige: seiner Arbeit zu dienen, unter einer selbstgewählten, fast klösterlichen Regel. Der Fürstin Taxis bestätigt er, daß ihm seit Duino nie so zumute gewesen sei; er habe sich, besonders nicht in den letzten Jahren, nicht vorstellen können, daß alles, was er zu seiner »übertriebenen Absonderung« nötig habe, sich so bis ins Letzte und Genaueste erfüllen könnte.[9]

In einem Brief an Frau Lily Ziegler, die damalige Besitzerin von Berg, sagt Rilke, es gehöre vielleicht nicht viel Begabung dazu, um seine neue Umgebung zusagend zu finden. Aber mit welch begeisterter Eindringlichkeit beschreibt er seine Übereinstimmung mit ebendieser Umgebung, wenn er fortfährt: »schon umgiebt es mich wirklich, schon hat es sein Herz zu mir, schon bestärkt mich die Stärke seiner Mauern, schon geht seine Stille zu

76

meiner Stille über, schon ist, von Moment zu Moment, ein ausgleichender Umgang zwischen uns, in dem ich für lange hinaus aufs Nehmen und reine Brauchen angewiesen bin. Es ist nicht prahlerisch, von der Erwiderung der Dinge zu reden –: nun, diese hier erwidern die Neigung, die ich ihnen zugebracht habe, mit einer so glücklichen Selbstverständlichkeit, daß ich mich ohne Anpassung gleich in die Mitte dessen eingesetzt fühle, was zu beginnen war.«[10]

Nicht nur die ausgeruht-lebendige Verschwiegenheit der Dinge erwidert die glückliche Gemütsverfassung dieses außerordentlichen Schloßbewohners, sondern auch ihre Musik und ihr Anblick. Die vertrauten Geräusche der Uhren sind ihm eine willkommene Einteilung der Stille – vom Schlagen der Fluruhr sagt er, daß ihre »Stimme eine gewissermaßen geräumige Zeit zu berichten weiß«. Und die Klarheit des Himmels, die am Tag nach der Ankunft die Nebelfüllung überm Park in warmes Sonnenlicht aufgelöst hat, strahlt durch den offenen Fensterflügel zu ihm herein. Während er bis zur Dämmerung in seiner neuen Heimstätte sich einrichtet und mit ihr Zwiesprache hält, horcht und blickt Rilke zum Fenster hinaus. Von den Eindrücken, die sein Auge und sein Ohr in beglückender Bereitschaft empfangen haben, kündet der gleiche Brief: »nun war die Gartenstille übersetzt in dem Rauschen der Fontäne, auf das ich unermüdlich einzugehen vermag und dem ich folge in allen seinen Veränderungen: wie spannend jedesmal ist der Augenblick, wenn ein Eingriff der Luft den stürzenden Strahl von der einen Teichseite nach der andern hinüberzieht, durch seinen eigenen Aufstieg durch, so daß er den Bruchteil einer zögernden Minute unhörbar in sich selber fällt: und wie dann, über jeder Veränderung, sein Niederfall anders aufklang, das war von so reicher Abwandlung, daß ich neidisch wurde auf mein Gehör und noch obendrein hinaussah. Die Gestalt des Strahls war nicht weniger überraschend als seine Vertonung. Sie stand fast weiblich da auf dem runden hellblendenden Wasserkreis, um den herum die übrige Fläche des Teichs dunkel und offen spiegelnd ausgebreitet war; fast feierlich der Park, in der Tiefe offen gegen den verblassenden Irchel, blässer darüber und recht abendlich nachgebend, der Himmel, das schmale neue Mondviertel oben durchglänzend durch den Rand der Tanne ... «[11] Rilke empfindet plötzlich den zunehmenden Mond als »ein Zeichen des Anfangs«, wie eine diskrete Anspielung des

Himmels auf sein neu beginnendes Leben – so stark fühlt er schon in den ersten Tagen die Festigkeit seines Standortes.

Noch zwei Dinge sind ihm wichtig und gehörten stets zu den – nie überspannten aber sehr präzisen – Bedürfnissen seines Daseins: die Bücher und die Haushälterin. Daß er im Schrank gleich einen Molière und zwei Bände Stendhal findet, beglückt ihn, und er holt sie sogleich aus ihrem Verwahrungsort heraus. Besonders zufrieden aber war er mit seiner stillen Wirtschafterin, einem Bauernmädchen aus der Gegend mit Namen Leni: » . . . so vollkommen richtig für mich auch Sie, – wie ein freundliches Klima, da und nicht da, wie man es gerade wahrnehmen mag . . . «[12] Welche Bedeutung er diesem Menschen beimaß, der wochenlang außer dem Dorfpfarrer sein einziger Umgang war, und wie gütig sein Urteil über dieses Mädchen lautet, geht auch aus einer andern Briefstelle hervor, wo es heißt: »Ich staune immer wieder über ihr Maaß, ihre Feinheit, eben über das, was man ›Takt‹ nennt, etwas letzthin unlernbares, und bei dienenden Personen so seltenes, schon deshalb, weil ihnen die Freiheit fehlt, die diese intime Eigenschaft nöthig hat, um, sozusagen, mit sich selber bekannt zu werden! – Wenn ich so ein Geschöpf wie Leni für mein ganzes risquiertes Leben engagieren könnte, – welcher Fortschritt wäre das für seine Sicherung und Regelmäßigkeit!«[13]

Es kann nicht überraschen, daß Rilke auf die architektonischen Besonderheiten und auf die Vorgeschichte des von ihm bewohnten, eigentümlich ausgeprägten Hauses forschend einging. Er bedauerte, so wenig von der Vergangenheit des Schlößchens Berg und seiner Bewohner erfahren zu können und beklagte es, daß von diesem und jenem in Nanny von Eschers kleinem Buch »Alt Zürich«, das er damals las, nicht die Rede sei. Er schrieb dieser Schriftstellerin, die er zu einer Studie über das ehemals ihrer Familie gehörende Schloß Berg aufforderte: »Sie kennen gewiß den großen getäfelten Raum (das Wohnzimmer), in dem ich arbeite; die überweißten, skulptierten Säulen, die das mittlere der drei breiten Fenster flankieren, tragen über ihrem Haupte das von Escher'sche und ein anderes, mir unbekanntes, gleichfalls farbiges Wappen (rother Hirsch ruhend in weißem aufgeschlagenem Zelte, vor blauem Grund).[14] Von anderen, aus der Escher'schen Zeit herüberreichenden Erinnerungen ist ein Bildnis da, das wir vom Flur in diesen, es schätzenderen Raum hereingeholt haben. Es stellt ein Kind dar, ein Mädchen, das in einer gewissen gera-

den, fast ablehnenden *tenue d'apparat* mit seinem winzigen weißen Schoßhund so hinlänglich vergnügt und erlustigt scheint, daß
es jede Theilnehmung des Beschauers, wie eine lästige Andringlichkeit, zu verbieten weiß. Diese Haltung hätte etwas durchaus
im Bilde beschlossenes, nun aber ergiebt sich, daß der Blick der
kleinen, sich selbst genügenden Person von der unaufhörlichsten
und strengsten Beobachtung erfüllt ist und dadurch doch auch
wieder ins Räumliche des Lebens hinüberwirkt, mit solcher Kraft
und Ausdauer, daß man ihn zuweilen im Rücken zu empfinden
glaubt.«[15] Seltsam genug: die Gegenwart der »kleinen Escherin«,
wie Rilke das Bild nannte, in seinem Arbeitsraum, beschäftigte
oft seine Phantasie während seines Aufenthaltes in Berg. Wie
gern hätte er etwas von diesem Kinde gewußt, sein Geheimnis erraten, seine Lebensgeschichte gekannt! »Ist solchermaßen das
starke alte Haus«, fährt der Dichter in seinem Briefe fort »noch
von einer unabweislichen Überlebnis vergangener Bewohner und
Geschehnisse erfüllt, so legt andererseits die ganz verhältnismä-
ßige harmonische Anlage des Parkes ein dauerndes Zeugnis dafür ab, wie richtig sein Gründer die Auswirkung des würdigen
Giebelhauses nach außen einzuschätzen verstand . . . Wie leicht
kommt ein Schlößchen dazu, sich in seinen von ihm ausgehenden
Anlagen zu überschätzen und preiszugeben: hier war alles von
der reinsten und sichersten Angemessenheit . . . «[16]
Fast erschrickt er, als eines Tages am Parkeingang Feuer, Kessel
und Seuchenwärter verschwunden sind, wie wenn die Sicherheit
der gewählten und gewollten Lebensweise dadurch eine erste
Bedrohung erführen. Seine Arbeit leidet nicht einmal die gewohnte Freistunde des Nachmittagstees. Beim Abendspazier-
gang im Park, zwischen fünf und sechs Uhr, geht er einen Weg –
immer denselben – von hunderteinundzwanzig Schritten dem
Gemüsegarten entlang, den er mehrmals hin und zurück durch-
mißt. Wenn der Mond stark genug leuchtet, daß der Wanderer
seinen eigenen Schatten vor sich her gehen sieht, kehrt er in sein
Arbeitszimmer zurück, die Zeit bedauernd, während der er es
verlassen hatte. Diese Unveränderlichkeit selbst des Ausgangs
rechtfertigt er ebenfalls mit seinem Bedürfnis nach Konzentration. Auch der ruhigen Landschaft um Berg wagt er sich nicht mit
dem gleichen Vertrauen zu überlassen, das er zu den Räumen
seiner Wohnstätte gefaßt hat. In Wirklichkeit hat er große Mühe,
die Einkehr in sich so vollkommen zu machen und auf der er-

schütterten Ebene seiner Innenwelt so festen Fuß zu fassen, wie er sich vorgenommen hatte. Nur eines steht fest, nämlich daß er »von ganzem Herzen niemanden sehen« möchte.[17]

Daß die Vollendung der Elegien-Dichtung das weitgesteckte Ziel dieses in »Geschütztheit und Sicherheit« angetretenen Winters war, kann nicht bezweifelt werden. Ebenso klar ist, daß dieser Weg ins Innerste nicht ohne Übergänge möglich war. In Rilkes Arbeitsweise bildet das Briefeschreiben ein Mittel, näher an sich selbst und zu seiner Mitte zu gelangen. Da er nicht regelmäßig ein Tagebuch führte und ein vorgestelltes Gegenüber nötig hatte, um sich über sich selbst Rechenschaft geben zu können, muß sein unglaublich ausgedehnter Briefwechsel ähnlich gewertet werden, wie bei andersgearteten Geistern, etwa bei André Gide, das Tagebuch. Gleichzeitig bedeutet ihm, der sich sozial nie festlegen ließ, die Korrespondenz die angemessene Form seines Vorhandenseins in der menschlichen Gesellschaft. Bei der großen Verschiedenartigkeit der Briefempfänger – unter denen sich allerdings die Frauen in der Mehrzahl befinden – sind die denkbar zahlreichsten Abwandlungen und Variationen des Mitteilbaren und Mitteilenswerten möglich. Es ist bezeichnend, daß Rilke in Berg mit der pflichttreuen, sorgfältigen und liebevollen Erfüllung dieser Aufgabe seine Einkehr beginnt. Nach seinem Bekenntnis wird ihm die Bewältigung seiner Korrespondenz zur Übung für die »lange vernachlässigte Feder«; sie ist »eine Art Übergang vom Mündlichen und Mittheilenden zu der niemandem Einzelnen mehr zugekehrten Schriftlichkeit der Arbeit« (unter »Arbeit« verstand er ausschließlich das literarische Werkschaffen). Als die Briefstöße, die zu bewältigen waren, bereits stark abgenommen hatten, wirkt's auf ihn »als ein Aufräumen bis weit ins Gemüt hinein«.[18]

Mit einer unerhörten Gewissenhaftigkeit und einer peinlichen Genauigkeit schrieb Rainer Maria Rilke seine Briefe. Die Schriftzeichen auf den kleinen, vierseitigen, graublauen Briefbogen, die er bevorzugte, sind zierlich, fest und deutlich, wie in Kupfer gestochen. Jede Wendung seiner Sätze ist überlegt und abgewogen, jedes Wort genau der Situation angepaßt. Nichts ist, in Form und Inhalt, dem Zufall überlassen. Hast oder Flüchtigkeit würden sich nicht mit der gewählten Präzision und gelegentlichen Preziösität des Stils und der Handschrift vertragen, mit der er seinen Überfluß in Zucht hält. Nur in der Ausführlichkeit der Briefe und in der Länge mancher Sätze läßt er bisweilen den Strom seiner Mitteilung über die Ufer treten, der Regel enthoben, die seiner Verskunst Dichte und Rundung verleiht. In der Briefprosa erlaubt sich Rilke zwanglos gewisse Freiheiten: Häufungen von Nebensätzen, Einstreuung von französischen Wörtern und Wendungen, manchmal wie von frühen Prager Barockeindrücken herüberwirkende Schnörkel und Verzierungen (man sollte bei Dichtern und Künstlern aus den Moldau- und Donauländern nie vergessen, wie stark die Barockatmosphäre auf ihre Anfänge gewirkt hat). Die ungeheure Dehnbarkeit und Schmiegsamkeit der deutschen Sprache wird von Rilke nicht nur in seiner Lyrik, sondern auch in seiner Briefprosa bis zum äußersten genutzt. Seine stilistischen Freiheiten und Ausschmückungen sind nichts anderes als eine durch das Medium seiner stupenden und originalen Sprachbegabung erfolgende Ausnutzung aller Sprachmöglichkeiten. Rilkes Briefe überraschen in unserem Jahrhundert, weil sie zu der nüchternen, geschäftsmäßigen Zweckmäßigkeit des heute geläufigen Briefstils einen auffallenden Gegensatz bilden. In einer Zeit, wo die Schreibmaschine ihr mechanisches Schriftbild schon weit in das ehemals persönlich und intim gestaltete Gebiet des Briefwechsels vorgetragen hat und wo sich dieser immer mehr auf kurze, abschweifende Beschaulichkeit und Nuancierung ausschließende Mitteilungen beschränkt, wird eine handschriftlich, stilistisch und inhaltlich üppig wie ein Blumenbeet im Sommer blühende Briefkunst, wie sie Rainer Maria Rilke gepflegt und gekonnt hat, allerdings als eine eigentümliche Ausnahme, fast als ein Anachronismus, empfunden. Aber nicht ihm gebührt der Vorwurf, sie noch gewagt zu haben, sondern der Zeit, sie nicht mehr zu vermögen.[19]

Was man Rilke sicherlich nie wird nachsagen können, auch nicht wenn der letzte und kürzeste Zettel seiner unübersehbaren Korrespondenz aufgefunden sein wird, ist ein Mangel an Sorgfalt – sei es aus Müdigkeit – in der Ausführung dieser ihm wichtigen Aufgabe. Wir kennen keinen einzigen Fall, wo er sich einer offenen Postkarte bedient hat. Dagegen wissen wir, daß er in Telegrammen nie den berüchtigten »Telegrammstil« schrieb, sondern mit einer vollendeten und rührenden Höflichkeit gegen Sprache und Empfänger nicht ein Wörtchen an seinem Drahtbericht oder gar an der Adresse sparte. Auf den Briefumschlägen pflegte er den Namen und die Adresse des Empfängers in zwar sehr persönlich ausgeformten, aber fast kalligraphischen Schriftzügen zu schreiben, so daß die abgewogene, elegante Bildhaftigkeit der Adresse dem Beschauer durch die Stärke ihres ästhetischen Eindrucks auffällt. Meistens sind diese Briefe mit grauem Siegellack versiegelt, in den der Dichter mit einem kleinen Petschaft sein Familienwappen prägte. Wichtigere Schreiben versandte er meistens »eingeschrieben« oder durch Eilboten. Die beantworteten Briefe seiner Korrespondenten hob er samt den Umschlägen auf, indem er sie sorgsam nach Absendern ordnete. Nach seinem Tod fand man sie in dunkelgrünen Umschlägen aufbewahrt; der Name jedes Briefschreibers war auf dem ihm bestimmten Umschlag von Rilkes Hand eingetragen. Zur Erledigung seiner Korrespondenz, die er oft während langer Zeit auflaufen ließ, bediente er sich eines Blocks, auf dem er in der Reihenfolge des Eintreffens der Briefe die Namen der Absender aufzeichnete; für jeden beantworteten Brief strich er dann den Namen durch, so daß er in Zeiten des Briefschreibens mit Erleichterung und Stolz auf die vielen horizontalen Striche blicken konnte, mit denen sich die Seiten seines Notizblocks bedeckt hatten. Darauf spielt er an, wenn er einer Freundin mitteilt: »Als etwas recht Rühmliches liegt die Briefliste vor mir, sieht aus wie ein Notenblatt mit ihren vielen Querlinien, gebe der Himmel, daß ich bald vom Blatt weg den Schlußgesang anstimmen kann.«[20] –

Eine »Kleinigkeit« nennt Rilke das Vorwort, das er in der ersten in Berg verlebten Zeit zu den Katzenzeichnungen seines kleinen, begabten Freundes Baltusz – des damals 12jährigen Sohnes von Frau Klossowska – geschrieben hat. »Mitsou« war die Geschichte von den Abenteuern und dem Tod einer kleinen Katze, die sich in Nyon zugetragen hatte, als Rilke mit seiner Freundin und ihrem Knaben dort weilte. Erwähnenswert ist seine »Préface« – einige Blätter nur – deshalb, weil er hier zum erstenmal mit einer französischen Publikation vor die Öffentlichkeit trat – was ein gewisses Aufsehen erregte.[21] Zur Durchsicht und, wo nötig, zur »unerbittlichen Korrektur« hatte Rilke diese kleine französische Arbeit im Manuskript dem Dichter Charles Vildrac nach Paris geschickt. »Ich würde es nie wagen, mich in der Öffentlichkeit mit dieser leicht bewegten Improvisation zu zeigen, die selbstverständlich nicht unter die Gerichtsbarkeit meines künstlerischen Gewissens fällt. Ich fühle mich zu sehr ›zum Handwerk‹ gehörend, als daß ich dieses höchste Instrument, Ihre Sprache, mißbrauchen würde, und beinah' erschrecke ich, an seine Saiten gerührt zu haben, deren geheimste Sensibilität ich vielleicht nicht kenne. Möchten Sie mich doch, ich bitte Sie darum, vor dem Tadel retten, dem mein Unternehmen mit Recht begegnen könnte.«[22]

Rilke war kaum zwei Wochen in Berg, als er ein seltsames Erlebnis hatte. Was war in seiner Einsamkeit vorgefallen, das ihn zur Niederschrift jener Gedichtreihe bewegt hat, über die er den Titel setzte: »Aus dem Nachlaß des Grafen C. W.«? In der Bewußtseinsschicht, wo seine erwachenden Arbeitsenergien, seine Insichgekehrtheit, aber auch seine noch unzulängliche Konzentration auf seine Hauptarbeit einander begegneten, stellten sich Verse ein, merkwürdige, fremde Verse, die Rilke vor sich her sagte, über die er sich wunderte, die ihn nicht losließen, und die doch, schien ihm, nicht von ihm stammen konnten. Als er sich eines Abends an seinem Schreibtisch in dem großen Wohnzimmer von Berg befand, sah er auf einmal in der Tiefe des halbdunkeln Raums eine Gestalt beim Kamin sitzen. Es war ein Herr in der Tracht des 18. Jahrhunderts, der sich dort in einem Sessel niedergelassen hatte, den Kopf auf die eine Hand gestützt, und stumm ins Feuer blickte. Ihm schrieb dann Rilke die Verfasserschaft der Gedichte zu, deren Rhythmen und Reime ihn in jenen Tagen verfolgten und die er nun aufzuzeichnen begann, so wie es aus ihm gesprochen hatte. Diese geheimnisvolle Figur nannte Rilke fortan den »Grafen C. W.«, dessen ganzen Namen man nie erfahren hat, der aber, einem der Gedichte nach zu schließen, mit Vornamen »Charles« geheißen haben mag.[23]

Die ersten Verse, die Rilke auf diese Weise gehört hat, hießen:

>   »Ach in meinem wilden Herzen nächtigt
>   obdachlos die Unvergänglichkeit.«

Sie bilden nunmehr den Abschluß des kleinen Zyklus. Hier das Gedicht, in dem sie stehen:

>   »Wunderliches Wort: die Zeit vertreiben!
>   Sie zu halten, wäre das Problem.
>   Denn, wen ängstigt's nicht: wo ist ein Bleiben,
>   Wo ein endlich Sein in alledem?

Sieh, der Tag verlangsamt sich, entgegen
jenem Raum, der ihn nach Abend nimmt:
Aufstehn wurde Stehn, und Stehn wird Legen,
und das Liegende verschwimmt –

Berge ruhn, von Sternen überprächtigt; –
aber auch in ihnen flimmert Zeit.
Ach in meinem wilden Herzen nächtigt
obdachlos die Unvergänglichkeit.«[24]

Die Gedichte »Aus dem Nachlaß des Grafen C. W.« sind zum
größten Teil, wie das zitierte, in vierzeiligen Strophen verfaßt,
jede Zeile in fünffüßigen Trochäen – mit einer Variante im Gedicht VII, wo fünffüßige und dreifüßige Trochäen einander ablö-
sen. Das längste besteht aus siebzehn Vierzeilern. Eines von den
wenigen Gedichten, die im Metrum von den andern abweichen
(»In Karnak wars«) ist im Insel Almanach auf das Jahr 1923 an-
onym abgedruckt worden; es hält offenbar eine Erinnerung Rilkes an seine Reise nach Ägypten fest. Doch lehnte er die Verfasserschaft dieser Gedichte durchaus ab, er empfand den Zyklus –
wirklich oder bildlich – als das Diktat eines unbekannten Verstorbenen, der ihn benutzt und durch ihn gesprochen habe. Er
selber sprach von dem Autor dieser Gedichte stets in der dritten
Person, und er konnte sich stellenweise wundern, »wie er das
wieder sagt!«

Rilkes Erzählung von der Erscheinung beim Kamin, die er in
seinen brieflichen Äußerungen über diesen Vorfall nicht ausdrücklich erwähnt, braucht weder wörtlich genommen zu werden, noch ist sie eine mutwillige Erfindung seiner Fabulierlust.
Ein flacher Rationalismus wird einem Dichter niemals gerecht,
der zwischen Natürlichem und Übernatürlichem keinen großen
Unterschied macht, und in dessen Vorstellungswelt die »Reiche«
ineinanderfließen. Der Vorfall mit dem »Grafen C. W.« steht in
den Erzählungen Rilkes keineswegs vereinzelt da – bemerkenswert ist es indessen, daß er die außerordentlichen Geschichten
aus seinem Leben in den meisten Fällen nur mündlich mitzuteilen
pflegte (es sei denn, daß er sie einer Romanfigur, Malte Laurids
Brigge, unterschiebt). Aus den »Erinnerungen« der Fürstin Taxis
erfährt man übrigens, daß sich der Dichter schon in den Jahren
vor dem Krieg für okkulte Phänomene interessierte; aus seiner
Schweizer Zeit ist uns bekannt, daß er in Basel im Hause C. spiri-

tistischen Sitzungen beigewohnt hat, ferner, daß er Schrenck-Notzing las. Er hat sich gelegentlich – selten! – auch in Briefen zu diesen Fragen geäußert, wobei der Anstoß von anderen (der Fürstin Taxis und Nora Purtscher) kam. Allerdings muß betont werden, daß er dem Spiritismus gegenüber bloß als ein sehr zurückhaltender Beobachter sich verhielt. Nie hat er sich als Medium gebrauchen lassen, obgleich oder vielleicht weil er okkulter Erlebnisse fähig war, mit dem Phantastischen auf vertrautem Fuß lebte und vermutlich eine mediale Anlage hatte. Neun Jahre vor dem Aufenthalt in Berg hatte Rilke ein ähnliches Erlebnis im Garten des Schlosses Duino, als er einige Sekunden lang in der Erwartung verharrte, »einen Verstorbenen des Hauses aus der Wendung des Weges heraustreten zu sehen«.[25] Aber in beiden Fällen bleibt es mehr bei der – halb gefürchteten, halb herbeigewünschten – M ö g l i c h k e i t, einen *revenant* kommen zu sehen (auch in Muzot wird Rilke mit einer solchen Möglichkeit rechnen). Trotzdem muß festgestellt werden, daß sein Verhältnis zum Okkulten zwiespältig und vorsichtig blieb. Lou Andreas-Salomé, deren Urteil immer besonnen und wissend um ihres Freundes Seelenveranlagung ist, schreibt zu diesem Thema: »Für meinen Eindruck gehören auch noch Rainers zeitweilige Beschäftigungen mit Dingen des Okkulten und des Mediumistischen hinzu, Übersinnlichkeitsbedeutungen von Träumen, Beeinflussungen durch Gestorbene, die er dann gewissermaßen zu Bildern einer Wesens- und Wissensfülle erhob, mit der seine vergebliche Sehnsucht ihn zu identifizieren strebte. In guten Zeiten dachte er mit schroffer Ablehnung, sogar mit Ingrimm davon.«[26]

Übrigens geht uns Rilke mit einer selbstverfaßten, plausiblen Erklärung an die Hand. Unmittelbar nach der Niederschrift des Zyklus nämlich, am 30. November 1920, erzählt er in heiterster Stimmung von dem Vorfall in einem Brief an Frau Wunderly: . . . »Sonderbar ging es mir übrigens. War ich doch zu allein, wußte ich nicht genug von dem Hause, seiner Vergangenheit, denen, die hier gehaust haben (vor der kleinen Escherin fürchte ich mich ein bischen, sie theilt nicht viel mit und hat mit ihrem kleinen Hund zusammen irgend eine Verabredung, an der sie mich nicht recht partizipieren läßt) – kurz: ich wünschte mir so etwas wie die Spur eines bergischen Vorwohners, z. B. ein Heft im Bücherschrank entdeckt, eines Abends, sieh, sieh! Wer das wohl gewesen sein mag? Ich bildete mir ganz oberflächlich eine Figur ein, die Situation that ein Übriges und Behülfliches, da aber besagtes Heft, trotz aller Imagination, doch nicht zum Vorschein kam, was blieb übrig, als es zu verfassen? Und da liegt es nun vor mir, abgeschlossen ... Gedichte, denken Sie, – auf dem ersten Blatt werden Sie lesen: ›Aus dem Nachlaß des Grafen C. W.‹ Kuriose Sachen, für die ich, angenehmster Weise, gar keine Verantwortung habe. Nein, nun ernstlich gesprochen –, ich begriff nicht, was das soll, diese Spielerei, – sie war reizvoll und so reizte sie mich weiter – (übrigens ist das Ganze die Arbeit dreier Tage und so gemacht, wie man strickt – vermuthe ich), – jetzt erst versteh ich, wie's sich hervorthun konnte, Tag für Tag: zu eigener Produktion noch nicht eigentlich fähig und aufgelegt, mußte ich mir, scheints, eine Figur gewissermaßen ›vorwändig‹ machen, die das, was sich etwa doch schon, auf dieser höchst unzulänglichen Stufe der Concentration, formen ließ, auf sich nahm: das war Graf C. W. ... «[27]

Man wird beim Lesen dieser Gedichtreihe unbedingt einräumen müssen, daß der gereimte »Nachlaß« des alten Schloßbewohners nicht zu Rainer Maria Rilkes dichterischem Œuvre gerechnet werden darf. Sie sind nicht nur der Art nach anders als Rilkes eigene Gedichte, sie sind vor allem nicht gut genug, um als solche anerkannt zu werden. Nicht als ob es darin ganz an Anklängen und Widerhall fehlte; allein, es klingelt nur, es singt nicht, es ist gemacht, nicht gewachsen, es sind Exerzitien, zu denen sich Rilke in einer aufgeräumten Verfassung verstanden hat, und die er selber als das Werk eines »oft ungeschickten, oft allzu geschickten« Dilettanten ablehnt: » ... in manchem aber«, schließt er seinen Bericht, »einigen wenigen Treffern, hat er meine Zustimmung, ja, um aufrichtig zu sein, meinen Neid erregt –, da kommt er mir manchmal recht nah (der gute Graf, in seinen Nebenstunden, hat doch gewisse Vorgefühle gehabt!) – und die Sache schließt mit lauter Verbeugungen meinerseits, ich respektiere, ich veneriere ihn –, es ist schade, daß er gestorben ist. *Voilà l'aventure!*«[28]

Und doch scheint das Abenteuer noch nicht zu Ende gewesen zu sein: Rilke erzählte, die Stimme habe angefangen, ihm auch italienische Verse zu diktieren! Aber als »Graf C. W.« nun auch auf italienisch anfing, habe er sich gegen sein Diktat aufgelehnt und ihm energisch den Abschied gegeben. Er wollte wieder e r s e l b e r sein und nicht aus einem anderen sprechen. Daß ihn das seltsame Erlebnis beschäftigte, geht daraus hervor, daß einige Wochen später, Ende Januar, als ihn Anton Kippenberg auf Berg besuchte, Rilke seinem Verleger von der Erscheinung beim Kamin erzählte. Abschriften des »wunderlich gefundenen Nachlasses des Grafen C. W.« schickte er an Frau Wunderly-Volkart, an die Fürstin Taxis und an das Ehepaar Kippenberg. Aber er wollte diese Gedichte nicht gedruckt sehen (außer dem einen, dem er die Anonymität bewahrte). Später, im Vorfrühling 1921, hat Rilke in Berg noch eine Reihe von elf Gedichten verfaßt, die von seiner Hand ebenfalls das Vermerk tragen: »Aus den Gedichten des Grafen C. W.«[29] In ihnen finden sich Klänge, die von denjenigen des ersten Zyklus aus dem November bereits weg- und näher zu Rilkes eigenem Tonfall führen. Aber seine stets wache Selbstkritik hat auch sie nicht als Eigenes gelten lassen.

Wenn nach dem 10. Mai 1921 Rilke dem verwunschenen Schlößchen endgültig den Rücken gekehrt haben wird und in veränderter Umgebung lebt, bekennt er, vom »Grafen C. W.« sprechend: »Sein Zusammenhang mit Berg ist übrigens manifest, ganz undenkbar scheint mir, seit ich fort bin, die Möglichkeit eines seinigen Diktats.«[30] Rilke atmete, als er diese Worte schrieb, wieder auf der Tagseite des Lebens, dort, wo er das, was ihn in bestimmten Umgebungen und Stimmungen anzog, entschlossen von sich stieß.

»Unvorsehliche Angelegenheiten«, die er ein »Verhängnis« nennt, rissen kurz nach Neujahr Rilke aus den schützenden Mauern seiner Einsiedelei. Er mußte nach Genf fahren, um sich einer ernsten persönlichen Angelegenheit anzunehmen, »deren Ordnung ich niemandem überlassen durfte und die Gefährdung enthielten für alle fernere Zukunft.« Er fährt in diesem brieflichen Bericht fort: » . . . und ob ich sie gleich nun zu einer Art von vorläufiger Beruhigung bringen durfte, steh ich doch noch ganz unter der Nachwirkung eindringlichster Sorge und Unruhe und fühle mich weit von der Mitte fortgetrieben, wo der Eingang ins Innerste liegt. Reisen durch die ganze Schweiz waren nöthig geworden, – aber das Äußere, soviel Unruhe es auch zubrachte, war nur ein Nebensächliches vor jener innerlichen Qual, nicht bei dem Wesentlichen ausharren zu sollen!«[31] Vierzehn Tage war Rilke fort von Berg, aber nach diesem schrillen Zwischenruf des Lebens, der ihn grausam aus seiner Bereitschaft zum Wiederbeginn seiner »seit Jahren verödeten Arbeit« gerissen hatte, dauerte es Wochen, ehe er sich beruhigen und die zerrissene Konzentration wiederfinden konnte: »Ich habe nun ganz von vorne anzufangen

—, und so seh ich der vollen Frühlingsbereitschaft mit demselben Schrecken zu, wie jemand, der gegen Morgen erst zu Bett kommt, den Anbruch des Tages abhalten und die Nacht verlängern möchte.«[32]

In den verschiedenen Berichten, die Rilke über diesen Zwischenfall verfaßt hat, versichert er, dieser habe genau wie vor einigen Jahren in München, als er vor den Elegien stand und der Einrückungsbefehl kam, den großen Anlauf unterbrochen, der ihn bis an den Sprung herangeschwungen habe. Ein »grob zugreifendes Schicksal« sei zwischen ihn und seine Arbeit an den Elegien getreten; »es ist, als wär eine heimliche Feindschaft aufgeregt wider diese mir so unerläßliche große Arbeit – –; schließlich ists immer dieser eine, in meiner Erfahrung unversöhnliche Konflikt zwischen Leben und Arbeit, den ich in neuen unerhörten Abwandlungen durchmache und fast nicht überstehe.«[33] Den Konflikt zwischen den Forderungen des Lebens und denjenigen des künstlerischen Schaffens hat Rilke nie gelöst; er bildet die nie aufgehobene, sondern nur manchmal gelockerte, dann wieder verschärfte Spannung, die ihn zeit seines Lebens in Atem hielt. Er hätte sie nicht so schmerzlich empfunden und wäre ihr nicht oft so ratlos gegenübergestanden, wenn seine Natur diese »Forderungen« nicht so uneingeschränkt anerkannt, so absolut aufgefaßt hätte: beiden wollte er recht geben, dem Leben in seiner ganzen Fülle und sinnlichen Herrlichkeit, vor der er als ein Bewundernder, Staunender und Begeisterter stand, und der Kunst, zu der er sich berufen fühlte und der er ein Äußerstes, fast nicht mehr Mögliches, scheinbar Unsagbares geben wollte. Dieses Exzessive in Rilkes Natur konnte sich nicht zu dem breiten und regelmäßigen Fluß einer harmonischen Lebensführung und einer geordneten Arbeitsweise beruhigen, die anderen Künstlern und Schriftstellern gelungen ist; damit hängt es zusammen, daß er sich in der bildenden Kunst und in der Literatur immer wieder von andern exzessiven Naturen – einem Rodin, einem Cézanne, einem Picasso, einem Dostojewski, einem Hölderlin, einem Büchner, einem Strindberg, einem Kafka, einem Proust – angezogen fühlte: keiner, der nicht exzessiv ist, kann visionär sein, kann jene ganz unmittelbare, von allen Konventionen befreite, das Innerste treffende Aussage wollen und wagen. Da Rilke andererseits wieder gewissenhaft und peinlich genau war, auch zu weich und höflich, um sich rücksichtslos über die laufenden menschlichen Verpflichtungen hinwegzusetzen, kam er immer wieder in die Lage, sich in seiner Arbeit stören zu lassen, sie zu unterbrechen, wenn ein Ruf des Lebens, ein Anliegen oder die Not anderer seine Gegenwart, seine Hilfe, seine Zeit in Anspruch nahmen. Bassermann sagt von dem Zwischenfall, der Rilkes Aufenthalt in Berg so scharf zerschnitten hat: »Wir wissen nicht, welche Umstände es waren, die ihn damals ›ganz brauchten‹; wir wissen nur von ihrer tief verstörenden und nachhaltigen Wirkung, von der er berichtet . . . Hier wird an einem entscheidenden Fall sichtbar, daß Rilke in dem Konflikt zwischen Kunst und Leben sich durchaus nicht dem Leben versagt hat (oder wie gelegentlich formuliert wird, dem Leben gegenüber versagt hat). Er stellte sich den Umständen, wenn sie ihn wirklich brauchten, selbst in einem so kritischen Augenblick, wie jetzt, wo seine Arbeit ›da war‹, auf die er zehn Jahre mit schmerzlicher Geduld gewartet hatte.«[34]

Nach seiner Rückkehr von Genf und Zürich blieb Rilke, von kurzen Ausfahrten abgesehen, in Berg am Irchel bis zum 10. Mai. Vom 22. bis 24. Januar suchte ihn Kippenberg in seiner Klause auf, wohl nicht zuletzt, um ihm Mut zuzusprechen und ihn über die unglücklichen Umstände zu trösten, die ihn verstört hatten. Kippenberg hat mit seinem Insel Verlag nicht nur im deutschen Verlagswesen Außerordentliches geleistet, auch sein Verhältnis zu Rilke war einzigartig. Man kann sich nicht leicht verschiedenartigere Männer vorstellen, als diesen Dichter und seinen Verleger. Kippenberg war der Typus des kraftvollen und tüchtigen deutschen Bürgers und Patrioten, ein gewaltiger Arbeiter und ein Unternehmer, der aus eigener Initiative in rastloser Arbeit sein Verlagshaus groß gemacht hat. Goethe war sein Gott, dem er mit der in seiner Leipziger Villa untergebrachten Goethe-Sammlung ein Denkmal errichtet hatte, das er seinen Gästen mit berechtigtem Stolz zu zeigen pflegte. Er hatte im übrigen die Ansichten eines wilhelminischen Deutschen, im Grunde einfache und ein wenig hausbackene Ansichten; er arbeitete zu Ehren des Deutschtums, so wie er und seine Generation es auffaßten. Seiner Gattin Katharina, die aus vornehmeren Kreisen als ihr autodidaktischer Mann stammte, brachte Kippenberg eine rührende Verehrung entgegen; sie war gebildet, ein wenig sentimental, liebte die Dichtung auf eine schwärmerische und schöngeistige Art und versuchte sich in schriftstellerischen Arbeiten. Dieses Ehepaar hat in Rilkes Leben eine entscheidende Rolle gespielt, und es muß Kippenberg und seiner Frau als ein großes Verdienst angerechnet werden, daß sie mit Verständnis, treuer Freundschaft, ungeheurer Geduld und einem nie erlahmenden Glauben an des Dichters große Bedeutung seine Werke verlegt, betreut und auf jede Art gefördert haben. Seit 1905, als das »Stunden-Buch« erschien, verlegte der Insel Verlag Rilkes Bücher, und mit den Jahren festigte sich auch das freundschaftliche Verhältnis des Dichters zu Kippenberg und seiner Frau, die er die »Herrin und Buchhalterin« nannte, da Anton Kippenberg in literarischen Dingen auf den Rat Katharinas hörte und diese auch in Geschäftsdingen Bescheid wußte. In ihrem Haus in Leipzig hatte Rilke die »Aufzeichnungen des Malte Laurids Brigge« zu Ende geschrieben, zufällig befand er sich auch in den Tagen des Kriegsausbruchs 1914 bei ihnen. Es bereitete natürlich Rilke seinem Verleger gegenüber ein peinliches Gefühl, daß er während so langer Jahre die versprochene Elegien-Dichtung nicht abliefern konnte: eine zehnjährige Schweigezeit ist nicht nur für einen Dichter schwer zu ertragen, sondern auch für dessen Verleger ein Grund zur Unzufriedenheit. Kippenberg hat sie während seines Besuchs in Berg Rilke aber nicht fühlen lassen, so daß dieser einem Freund nach Genf schreiben konnte: »Der ›väterliche Freund‹ hat nur Wohltun gebracht und keinen anderen Geruch hinterlassen, als den einiger starker Zigarren. Selten, denk ich mir, hat ein Verleger so beruhigend gewirkt, wie dieser meine, dem ich seit einem Jahrzehnt keine Arbeit anbieten konnte. Er tröstete mich sogar darüber (soweit ich tröstliche Stellen habe). Es macht ihm einen so herzlichen Stolz, daß die alten Bücher lebendig sind, daß z. B. die kleine naive Jugendarbeit, der Cornet Rilke, im 200 000 steht, das rühmt er mit so guter Frohheit – und hat sich ausgerechnet, daß, stellte man alle diese Exemplare Rücken an Rücken in einer Reihe auf, ich mehr als eine Viertelstunde brauchte, um, im Schnellschritt, daran vorbeizukommen –, an einem einzigen meiner Bücher! ›Praktisch‹ wie ich bin, (!) dachte ich gleich: ob das ein Mittel wäre gegen meine kalten Füße?«[35] Die menschliche Anständigkeit des Dichter-Verleger-Verhältnisses, Rilkes guter, dankbarer Humor, Kippenbergs Stolz und Gutmütigkeit leuchteten in diesen Stunden in der geräumigen alten Wohnstube des winterlichen Schlößchens Berg in einem freundlichen Licht.

Rilke hat mit Kippenberg auch die Frage seiner weiteren Zukunft besprochen. Am liebsten wäre er im Frühjahr nach Paris zurückgekehrt, aber das verbot der Stand der rapid sich entwertenden deutschen Valuta. Das deutsche Inflationselend hat Rilke in seinen ersten Schweizer Jahren große Sorgen bereitet, denn selbst wenn ihm der Insel-Verlag bedeutende Summen in deutscher Währung überwies, reichten diese doch bei weitem nicht aus, um seinen Lebensunterhalt zu sichern; es wäre Kippenberg zweifellos am liebsten gewesen, wenn sich Rilke entschlossen hätte, sich wieder in Deutschland anzusiedeln, aber dagegen sträubte sich dieser standhaft und dauernd. Er empfahl seinem Verleger das Schloß Berg am Irchel als das Vorbild der Heimstätte, die er sich selbst zu jahrelangem Wohnen und Arbeiten herbeiwünschte. »Mein Verleger strahlte«, berichtete Rilke seinen Gastfreunden, »als er mich in solcher Geborgenheit fand, – nicht nur als der kundige Geschäftsmann, der sich von solchen Verhältnissen ein Manuskript erhoffen durfte, sondern auch als der selbstlos-redliche Freund, der er mir seit mehr als anderthalb Jahrzehnten ist, – in welcher Eigenschaft es ihn einfach beglückt, mich, besonders nach den Verstörungen der Kriegsjahre, in Umgebungen zu sehen, die meiner langsamen inneren Wiederaufrichtung hülfreich und günstig beistehen . . . ›Dieses brauche ich‹, wiederholte ich immer wieder dem guten aufmerksamen Freunde und setzte ihm Berg zum Exempel, in das, wie Sie leicht verstehen werden, auch Leni, als unentbehrlich und durchaus vorbildlich, einbezogen war! Möge er sich's zu Herzen genommen haben!«[36]

Da Rilke auch in späteren Jahren noch oft in diesem Sinn sich geäußert und die Fügung gesegnet hat, die ihn dieses alte Haus hatte finden lassen, dürfen wir sicherlich mehr als nur eine vorübergehende Äußerung seiner Zufriedenheit in der Bemerkung erblicken, Schloß Berg stehe in der Landkarte seines Schicksals »schon jetzt als ein Hauptort eingezeichnet, und seine Stellung in dieser intimen Topographie ist neben Moskau, Paris, Toledo, Ronda und dem freundschaftlichen Schloß von Duino befestigt!«[37] Allein, auch diese von dem fahrenden Sänger mit rührender Dankbarkeit empfangene Vergünstigung ging zu Ende. Sie hat jedoch sicher nicht wenig dazu beigetragen, daß er in jenem Frühjahr 1921 mit neu gestärkter Hoffnung in dem Land geblieben ist, wo er diese schützende Zuflucht gefunden hatte. Es mag Eigensinn, Glaube oder Instinkt genannt werden, wenn Rilke sich nicht mehr bewegen ließ, das Land zu verlassen, das ihm zuerst als Durchgangsstation und dann als Warteraum erschienen war. Er bekannte selber, in einem Brief aus Berg: »Aber nun ging ich doch seit ich in der Schweiz bin, mit der oft verhaltenen, oft eingestandenen Hoffnung herum, daß ein Ausgleich, ein Gutmachendes gerade in diesem Lande mir würde bereitet werden.«[38]

Das Mädchenzimmer in der Propstei

Noch einmal – zum letztenmal in seinem Leben – lenkt Rainer Maria Rilke seine Schritte ins ungewisse. Noch einmal begibt er sich auf die Suche nach einer dauerhaften Wohnstätte, oder, wie es in seiner Art liegt, wartet er geduldig ab, bis eine günstige Fügung ihn eine solche finden läßt. Daß ihn die Frage nach seinem weiteren Verbleiben und nach seiner Zukunft nicht in Ruhe läßt, versteht sich von selbst; aber es geschieht nicht mehr in der früheren, selbstquälerischen Weise. Eine innere Festigung und Heiterkeit spricht aus den Tagebuchaufzeichnungen des Dichters, die in den Wochen nach seinem Aufbruch von Berg entstanden sind.[39] Wenn er an seine unbestimmte Zukunft denkt, schreibt er einen in Anatole Frances »*Monsieur Bergeret à Paris*« gelesenen Satz auf ein Kärtchen ab, das er, in einem kleinen Umschlag sorgsam verwahrt, seinen Aufzeichnungen beilegt; er lautet: »*L'avenir, il y faut travailler comme les tisseurs de haute lice travaillent à leur tapisserie, sans le voir*« (»Man muß an der Zukunft arbeiten, wie die Weber am Hochschaftstuhl an ihren Teppichen arbeiten: ohne sie zu sehen«). Wie Rilke nun nach einem leisen Wink des Schicksals Ausschau hält, ist es ihm merkwürdig, als erstes Orakel in der neuen Umgebung die Inschriften unter dem Uhrblatt des Stadtturms von Saint-Prex sich anzumerken, von denen die eine lautet: »*Celui qui veille voit venir l'heure de son départ*« (»Der Wachsame sieht die Stunde des Abschieds kommen«).

Von seiner bergischen Einsiedelei hatte sich Rilke im Automobil, begleitet von Frau Wunderly-Volkart und ihrem Sohn, nach der Westschweiz begeben. Er liebte es, im Wagen nicht wie es vielfach geschieht, große Distanzen in kurzer Zeit zurückzulegen, sondern richtig durchs Land spazierenzufahren, auf Umwegen, unbekannte oder abgelegene Ortschaften aufzusuchen, dort anzuhalten, wo er etwas ihm Zusagendes erblickte oder vermutete, und so nach altmodischer Art sich vorwärts zu bewegen.

Nach einem Umweg über Solothurn war er solcherart an den Genfer See gelangt, wo er in einer im Waadtland gelegenen Ortschaft, Etoy bei Morges, Quartier bezog. Die Pension, in der er während mehrerer Wochen ein freundliches Zimmer bewohnte, befand sich in einem im Mittelalter als Augustinerpropstei dienenden, einfachen Haus, das noch den Namen »Prieuré d'Etoy« führt. Von Mitte Mai an hielt sich Rilke in der Léman-Gegend auf, deren liebliche Ortschaften er besuchte, unbewußt den Spuren großer Dichter folgend, die, wie Jean-Jacques Rousseau, wie Lord Byron, wie Shelley, wie Lamartine diese Küste geliebt haben.

Rainer Maria hat der literarischen Geschichte dieser entzückenden Seelandschaft durch seine wiederholten Reisen dorthin und seine besonders in seinen letzten Lebensjahren häufiger werdenden Begegnungen mit Schriftstellern wie Edmond Jaloux, Paul Valéry und anderen ein bedeutendes Kapitel hinzugefügt. Aber sein stiller, von niemandem bemerkter Aufenthalt in Etoy ist vielleicht die schönste Episode daraus. Ihm mag die Verpflanzung von Berg hieher anfänglich beklagenswert vorgekommen sein. Schrieb er doch gleich nach seiner Ankunft in einem von ihm selbst als »*Journal*« bezeichneten Brief: »Man stirbt einer Umwelt ab und erwacht zu einer anderen, die man aus sich heraus ›zur Welt bringen‹ muß, erst scheinen die Anschlüsse ans eigene Bewußtsein schwer, auf einmal gelingt's ›fortzuleben‹ –, und ob man gleich es nicht versteht, Anzeichen sprechen dafür, daß der, der's nun mit dem Mädchenzimmer der *Prieuré* aufnimmt, derselbe ist, der die Gunst und das Anvertrauen des alten Schlößchens am Irchel genossen hat. Schon in der von Frl. A. . . . . nachgesendeten Post liegt ein Beweis von Continuität – – – –.«[40] Und wie es seine Gewohnheit war, setzt sich Rilke mit seiner neuen Umwelt auseinander, ausführlich und doch fast scheu die ungewohnten Erscheinungen abtastend und in Besitz nehmend.

Gleich bei den ersten Ausgängen entdeckt er in nahen Wäldchen verborgene Abfallhaufen des Dorfes. Ist es Rilke oder Malte Laurids Brigge, der in seinen Aufzeichnungen den gesehenen Hausschutt ausführlich beschreibt? Hier kommt plötzlich einer jener Untergründe seiner Sensibilität zum Vorschein, die den sinnlosen und abstoßenden Überbleibseln des häuslichen Lebens ihre zwanghafte Aufmerksamkeit schenkt. Man denkt unwillkürlich an jene schauerliche Stelle des Malte-Romans, wo die ragende, allein übriggebliebene Seitenwand eines abgebrochenen Hauses beschrieben ist. Dazu Rilkes Geständnis: »Wie oft wenn ichs überlege (Strindberg würde dergleichen mit aller Schadenfreude seines Aberglaubens in seinen ›Blau-Büchern‹ verzeichnet und ausgedeutet haben) wie oft hat mich mein Verlangen nach einsamen Orten in die Abfallhaufen und Scherbenfelder geführt –, am ärgsten war das in Tunis und in der Umgebung von Cairo, wo diese Niederschläge, dieser ›Satz‹ des Lebens ganze Gebirge und Schluchten bildet, die wie von Geistern heimgesucht sind von einer Bevölkerung gelber verhungerter Hunde, die fortwährend verlacht werden von dem harten Grinsen der scharfen, spitzigen Gegenstände, die ihren Zähnen, ebenso zahnhaft gegenüberstehen, daß man nicht weiß, ob nicht der Boden nach den schreckhaften verzweifelten Hundeleibern schnappt und bleckt. –« Daran fühlt Rilke sich erinnert in diesen Gehölzen, die zwar »natürlich höchst unschuldig mit ihren *débris*« sind. »Man thut gut«, fährt er fort, »trotz der schweren Sonne, auf den offenen Wegen zu bleiben, im Athem der Wiesen«.[41] An diesen Vorsatz scheint sich der einsame Wanderer fortan gehalten zu haben, denn unseres Wissens steht diese – deshalb um so merkwürdigere – Reminiszenz an gewisse Schrecknisse aus Maltes Erlebniswelt in seinen Aufzeichnungen aus jener Zeit vereinzelt da.

Es ist auffallend, wie wenig nachhaltig dieses rasche Hinhorchen Rilkes nach einer alten Dissonanz seiner seelischen Veranlagung während jenes Aufenthalts am Genfer See gewesen ist – denn es gestalteten sich ihm in zunehmendem Maß glückliche, heitere, fast sorglose Wochen. Er faßte Etoy als eine Ferienzeit auf, ohne Verpflichtungen sich und seinem Werk gegenüber. In dieser Verfassung gelingt ihm ein anmutiges Leben und ein leichtes Denken. Er liest hauptsächlich moderne französische Schriftsteller: einen Roman von Jean Schlumberger, dem er darüber einen Brief schreibt, den vierten Band von Prousts »*A la Recherche du Temps perdu*« – wie früh Rilke die Bedeutung dieses Schriftstellers erkannt hat, weiß man bereits aus den Briefen an seinen Verleger und an die Fürstin Taxis aus der Vorkriegszeit –,[42] er stößt auf die damals neue Serie der von Daniel Halévy herausgegebenen »*Cahiers Verts*«[43], deren Abonnement er seiner Freundin als Ersatz für das »Literarische Echo« empfiehlt; er freut sich, wenn er Briefe von André Gide und von Charles Vildrac erhält. Schon während des Winters in Berg hatte er in einer Zeitschrift Gedichte von Paul Valéry gelesen, die ihn unmittelbar und stark ansprachen. Und wie um diese Anknüpfung an sein früheres Leben deutlicher zu machen, erhielt er von Frau Landowska – der Mutter der Cembalistin Wanda Landowska – die Mitteilung, daß in Paris zwei Kisten mit seinen während des Krieges vor der Versteigerung geretteten Sachen vorhanden und in gutem Gewahrsam seien.

Die religiösen Fragen, über die der Pfarrer in Berg, Rudolf Zimmermann, mit Rilke eine Korrespondenz zu führen begonnen hatte, schüttelte dieser fast wie ein unwilliges Ferienkind, das an seine Aufgaben erinnert wird, von sich ab. Ja, er belustigt sich in einem seiner Tagebuchbriefe an dem skurrilen Gedanken, wie es wäre, wenn er, Rilke, »Pfarrer in Flaach« (am Irchel) würde! Und nachdem er sich in seiner übermütigen Laune an diesem humoristischen Einfall hinlänglich ergötzt hat, fährt er ernster fort: »Gott zu erwähnen war nicht nötig. Es bereitet mir jetzt oft eine unsägliche Genugtuung, ihn zu schonen – von etwas ganz Bewegendem zu handeln und ihn doch nicht zu bemühen. *Qu'il se repose. C'est assez encombrant d'avoir fait le monde,* es wäre eine *Courtoisie* dieser Welt, Gott zu verschweigen, wenigstens eine Zeit lang, sein Name, in allen Sprachen, hat etwas unbeschreiblich verschweigbares – – (deshalb hat es sich doch verhindern lassen, daß ich Pfarrer von Flaach wurde).«[44]

Rilke weiß seinem Leben in Etoy etwas Idyllisches zu geben, wozu die nächste Umgebung nicht wenig beiträgt. Eine fast unerschöpfliche Freude bereiten ihm zwei Kinder, ein elf- und ein fünfzehnjähriges Mädchen, die wie er die »Propstei« bewohnen und deren Tun und Lassen täglich seine Aufmerksamkeit fesselt. Von einer erschütternden Komik sind seine Erzählungen von der tauben Magd, die ihn bedient. Den Tierfreund rührt die Freundschaft einer Katze und das Vertrauen, das ihm einige Tauben bezeugen. Noch etwas Wichtiges erfahren wir: daß ihm der Kaffee, den er sich auf sein Zimmer bringen läßt, vortrefflich mundet! Seine Freude an einem arglosen Lebensgenuß war wieder erwacht, und die Helle und Freundlichkeit der Jahreszeit verscheuchte die winterlichen Gespenster. An die Fürstin Taxis, deren Besuch Rilke erwartete, schrieb er am 22. Mai: »Bildete nicht der Verlust Bergs und der *dépit,* daß ich Sie dort nicht empfangen durfte, den Hintergrund, ich müßte Etoy wunderschön nennen. Sie werden entzückt sein, es ist die glücklichste Jahreszeit dieses

Sees, der Ginster blüht, der gelbe süß duftende, den ich seit der Bretagne nicht mehr gesehen habe, – und was nicht sonst alles. Und Rosen Rosen –, tausende bereiten sich vor, – zu meinem Fenster steigt eine alte verschwendende *Gloire-de-Dejon* herauf, und der Blick von da umfaßt den See (in der Ferne), die Berge Savoyens –, unten blüht, in zwei Terrassen, ein sympathischer Garten . . .[45]« Am gleichen Tag macht Rilke in einem anderen Brief die Bemerkung: »Sollten das nun wirklich meine letzten Tage in der Schweiz werden, so ists seltsam genug, daß ich aus meinem Fenster ungefähr den gleichen Blick habe, wie damals von jener *Ferme* bei Nyon aus, wo ich, als Gast der Gfn. Dobrženský, die ersten schweizer Tage verbrachte«.[46]

Natürlich fehlte auch bei diesem Sichzurechtfinden in einer neuen Lage nicht die intimere und lokal bedingte Zwiesprache des Dichters mit seiner neuen Umgebung, ihren landschaftlichen und geschichtlichen Aspekten: er will immer wissen, wie beschaffen der Boden ist, der ihn trägt. Rilke hatte sich im Laufe von zwei Jahren aus seinem Gastland – in den alten Gassen Berns, unter dem schon italienischen Himmel von Soglio, beim Anhören der Glockenspiele im Tessin, in den gepflegten Häusern Basels, inmitten der sanften Hügellandschaft von Berg am Irchel, in der schwebenden und ihm pariserisch vorkommenden Atmosphäre Genfs – diejenigen Elemente ausgewählt, die ihm am meisten zusagten und sein Bedürfnis nach Schutz und Ordnung befriedigten. Nun schmückte er die gesammelten Erfahrungen und Eindrücke mit der Maienblütenpracht des waadtländischen Küstenstrichs. Nach Lausanne begab sich Rilke bereits an einem der ersten in Etoy verbrachten Tage. Zuerst wußte er mit dieser »überfüllten Stadt . . . nicht eben viel anzufangen« – aber später, von Muzot aus, ging Rilke noch oft nach Lausanne, wo sich ihm in seinen letzten Lebensjahren ein von ihm gern aufgesuchter Kreis einheimischer und französischer Schriftsteller und Bekannter auftun wird. Er saß lange auf einer Bank vor der Kathedrale und empfand an der Place de la Palud und an der zu dieser Kathedralkirche hinaufführenden Markttreppe Freude. Dem Städtchen Saint-Prex, am See zwischen Lausanne und Genf gelegen, schenkte er gleich seine Liebe; er zog es allen anderen Ortschaften dieser Gegend vor, da sein Anblick ihm »eine tiefe Beruhigung« gewährte: »Ein altes klösterliches Gebäude und eine Häuserreihe mit weit vorgehaltenen Gärten«, schreibt Rilke, »lassen einen schönen Strand frei; den Abschluß, dort, wo die Halbinsel von Saint-Prex ihre Spitze hat, bildet eine alte Besitzung mit herrlichen Bäumen, einer alten überwachsenen Gartenmauer, die den Rand gegen den See bildet, einen Gartenpavillon innen im Park und weiter zurück, mit einer Fronte gegen das Städtchen, dem wunderbaren alten grauen Wohnhaus (das ein italienischer Bau sein könnte). Dort ladet ein geräumiger Balkon vor, dessen einfaches Gitter abwechselnd einen geraden und einen geschlängelten Stab aufweist, ein einfachstes Mittel von der reizendsten Wirkung, als ob Stille und Wind das Gitter gebildet hätten . . . Natürlich saß ich nun auch vor dieser Mauer in zusagender Ergriffenheit . . . «[47] Unter den umliegenden Schlössern bewundert er Vufflens und besonders Allaman, das ihm »*admirablement fier*« mit seinem offenen Ehrenhof und den beiden mächtigen Platanen vor seinem Eingang vorkommt.

Während der Pfingsttage vertiefte sich Rilke in seinem Zimmerchen der *Prieuré d'Etoy* in ein Buch, das ihn nach seinem Bekenntnis ganz erfüllt, am Zubettgehen verhindert und über das er seitenlange Betrachtungen in seinem Ferientagebuch anstellt. Wer könnte erraten, daß diese spannende Lektüre eine »Geschichte der Schweizer in fremden Diensten« war?[48] Einige Stellen aus Rilkes Randbemerkungen lassen uns deutlich die psychologische Triebfeder erkennen, die ihn von jeher zu dergleichen lokal- und personengeschichtlichen Studien veranlaßt hat, und außerdem sind sie als typische Probe seines doppelsprachigen Stils merkwürdig: »*J'en raffole*«, sagt er von diesem Buch, »*et c'est presque aussi dangereux pour moi que l' ›Almanach‹* [49], *tout m'intéresse, tant de portraits, tant de vies que l'on devine*, soviel Schicksal, soviel Hinauswollen, – erst schlug ich gleich den General Faesi auf –, und alle diese Abenteurer, dieser Moginié aus Chésalles p. Moudon, der recht wie in Tausend und einer Nacht, des Großmoguls Tochter heirathete, die Prinzessin Neidoune Begoum, *ah les Suisses ne manquent pas du tout de fantaisie s'ils sortent un peu de leur république et si on les laisse faire* – und, sogar mit einem Zeichen versehen, dieser wunderbare alte General de Saint-Saphorin, der hier auf seinem Schlosse bei Morges, als Voltaire ihn über der Bibel fand und deshalb verspottete, kurz aufsah, sagte: »*Faites atteler pour Monsieur de Voltaire*« und weiterlas –, dieses Schloß geh ich unbedingt aufsuchen, *pour rendre hommage à ce digne général* –, es ist nirgends verzeichnet, aber

97

der Abbildung nach müßte es noch existieren. – Und ein Bild von Louis Beat de Muralt zu finden, nun hätt ich gern noch eins aus seinem Greisenalter gesehen, aus der Zeit als er die wunderbare, »inspirierte« Reise unternahm[50] – *oh que des portraits sont amusants à voir, chacun me semble un commencement d'une histoire que l'on devine.* – Wie eigensinnig und sonderlinglich sehen alle die Sprecher aus (nicht ein Planta ist übrigens abgebildet) und wie klug die Salisleute! Ein sehr nobler de Mestral zeigt sich *avantageusement,* – aber *cela foisonne des* Wattenwyl: die habens doch, so ungefähr vom 16. Jahrhundert an am weitesten gebracht, was das *modelé* der Munde angeht, wunderbar geistreiche Schwingungen kommen da vor, Munde, die das Schweigen geformt hat, aber das Verschweigen graziöser oder erfolgreicher Einfälle *qu'ils dédaignent de mêler aux incidents communs . . . .* «[51] Am Schluß dieser Betrachtungen meint Rilke, nachdem er dieses Buch erhalten habe, sei es ihm unmöglich, so bald das Land zu verlassen, auf dessen Boden er den neu gemachten Entdeckungen nachgehen und sie erforschen möchte.

Ein eigentümlicher Zug im Wesen des Dichters, der zu Mißverständnissen Anlaß geben könnte, erscheint hier mit eindringlicher Deutlichkeit. Sowenig nämlich wie seine Vorliebe für alte Häuser und Schlösser einem sozialen Vorurteil oder ähnlichen Motiven zugeschrieben werden darf, ebensowenig sollte man sein Interesse für adelige Familien und für historische Namen als einen gewöhnlichen, eitlen Snobismus auslegen. Rilkes Kommentare zu den alten Schweizer Soldatenschicksalen zeigen ihn, wenn man näher zusieht, von der Seite des Psychologen und des Physiognomen, der trotz aller Begeisterung für das Gelesene gut beobachtet und klug urteilt. Sein brennendes Interesse für alte Bildnisse, das – wie bei der »kleinen Escherin« in Berg – beim Durchblättern dieses Buches zum Vorschein kommt, läßt uns erkennen, daß ihm die Ikonographie bei weitem wichtiger ist als die ein wenig phantastischen historischen Zutaten. Sein Künstlerauge liebte es, wenn es möglich war, nicht nur von ein und derselben Persönlichkeit, die ihn gerade anzog, Bildnisse aus den verschiedenen Lebensaltern miteinander zu vergleichen, sondern auch Porträts von Mitgliedern derselben Familie aus mehreren Generationen vergleichend zu betrachten, oder endlich die auf ihnen dargestellten, der Vergangenheit angehörenden Personen an ihren lebenden Nachkommen gleichsam nachzuprüfen. (Auch darüber steht ein Passus in den oben zitierten Aufzeichnungen, den wir aus naheliegenden Gründen nicht hierhersetzen können.) Ich erinnere, wie Rilke mir in Muzot ein illustriertes Werk über die Geschichte der Familie Reinhart aus Winterthur gezeigt und erklärt hat; diese hatte es innerhalb von wenigen Generationen von Handwerkern zu Großkaufleuten gebracht, die mit fernen Weltteilen Handel treiben. Er machte mich an Hand der Bildnisse auf die Verfeinerung der Gesichtszüge aufmerksam, die beim Enkel und Urenkel bedeutender und weltoffener werden, auf die Munde, in deren Schwingungen die allmähliche Veredelung am deutlichsten in Erscheinung tritt. Der langsame Selektionsprozeß und seine Generationen oder Jahrhunderte dauernde Modellierung von sozialen und physiognomischen Typen war es, letzten Endes, der bei solchem Forschen Rilkes Geist aufregte. Er liebte es, die große Bildhauerin Geschichte in ihrer Werkstatt nach den Geheimnissen ihres Könnens zu befragen, indem er die von ihr gestalteten Köpfe und Figuren in den verschiedenen Stadien ihrer Entstehung betrachtete und verglich. Er wollte Aufstieg, Höhe und Niedergang der von ihrem geschichtlichen Schicksal geformten Familien und die individuellen Spielarten ihrer Angehörigen erforschen – ein literarisches Motiv, das ihn einst für Thomas Manns »Buddenbrooks« begeistert hatte[52] und auch in seinem Malte-Roman vorkommt; Malte Laurids Brigge ist der verfeinerte und verarmte Sprößling einer vornehmen dänischen Familie, deren ältere Mitglieder in einigen überaus merkwürdig und eindringlich gezeichneten Typen geschildert werden. Von dem bloß amüsierten Durchblättern eines historischen Bilderbuches findet Rilke mühelos den Weg zu einer tieferen Betrachtung physiognomischer und psychologischer Zusammenhänge. Man darf nie außer acht lassen, daß er in seinen Bildungsjahren fleißig bei Malern und Bildhauern in die Schule gegangen ist und daß sein eigenes Schaffen vor allem optisch bestimmt war; Rilke hatte eine ungewöhnliche, an der Natur und an den Werken der Kunst geübte Beobachtungsgabe. Er verwendete übrigens in seinen Redensarten mit Vorliebe Bilder und Vergleiche aus den bildenden Künsten – etwa wenn er von einem jungen Menschen, den er längere Zeit nicht gesehen hatte, aussagte: »Er war eine Skizze, jetzt ist er ein Porträt.«

Seine Schwäche für vornehme Stände gehorchte verschiedenen

Impulsen – und was er von Proust, den er wie ganz wenige Schriftsteller seiner Generation bewundert hat, einmal sagte: »Wie nah am ›Snob‹ vorbei!«, darf man auf ihn selbst anwenden. Obschon er aus kleinbürgerlichen und provinziellen Verhältnissen stammte, war Rilkes Wesensart durchaus unbürgerlich und diese Unbürgerlichkeit hat ihn zeitlebens zu zwei verschiedenen Menschentypen hingezogen: zu den Künstlern und zu den Aristokraten; man wird seine Weggenossen, auch seine Freundinnen – natürlich mit einigen, übrigens wichtigen Ausnahmen – in diesen beiden Menschenklassen finden. An beiden liebte er ihre Unbürgerlichkeit; die Künstler-Werkstatt und das Schloß oder das Patrizierhaus waren ihm gleich vertraut und heimisch. Ein so ausgeprägter Sinn fürs Ästhetische, wie ihn Rilke besaß, empfand den gepflegten Lebensstil, die schönen Wohnstätten und die eleganten Umgangsformen der aristokratischen Welt wohltuend. Er hatte ein starkes Gefühl für heraldische Stilformen, und er war überdies ein Kenner genealogischer Dinge. Pointiert ausgedrückt bereitete ihm ein Sprößling aus altem Geblüt ein ästhetisches Vergnügen ähnlicher Art wie einem Pferde- oder Hundeliebhaber ein Rassetier mit gutem Stammbaum. Rilke begegnet sich in diesem Punkt mit dem großen Franzosen Marcel Proust. Wie Proust fühlte er sich von der aristokratischen Gesellschaft und ihren Eigentümlichkeiten angezogen; da sie beide von Geburt einem bürgerlichen Milieu angehörten, waren sie um so bessere Beobachter dieser ihnen von Haus aus fremden Welt. Prousts Schilderungen in den Bänden »Le côté de Guermantes«, die 1920 und 1921 erschienen sind, entzückten Rilke über alle Maßen. Wenn er im Prieuré d'Etoy fast gleichzeitig dieses Buch und eine Geschichte alter Militärfamilien las, so lagen diese Lektüren in seinem Geist vielleicht gar nicht so weit auseinander wie es den Anschein hat. Denn wenn er von gewissen in diesem Buche abgebildeten Aristokraten sagt, sie verschwiegen mit geistreichen Munden graziöse Einfälle, weil sie's verschmähen, diese ins gewöhnliche Treiben zu mischen: so ist das ein Zug, der auch bei Proust stehen könnte. Daß der Pariser Proust und der Österreicher Rilke – die nach dem Zeugnis von Edmond Jaloux, der sie beide persönlich gekannt hat, verwandte Naturen waren –, für dergleichen Überfeinerungen einer alten Kulturwelt und einer exklusiven Gesellschaftsschicht ein überaus empfindliches Organ besaßen, steht außer Frage. Ihre literarischen Ausdrucksformen allerdings waren völlig andere, weil auch ihr Intellekt sehr verschieden voneinander war; das verhindert aber nicht, daß hier eine merkwürdige Ähnlichkeit des ästhetischen Empfindens, der Raffiniertheit, des Verhaltens gegenüber der Umwelt an Menschen und Dingen, ja des Verhältnisses zum eigenen Werkschaffen bei zwei der merkwürdigsten und singulärsten Künstlern jener Zeit festgestellt werden kann. Diese Symmetrie ihrer menschlich-künstlerischen Erscheinung geht aber weiter und tiefer. H. E. Holthusen sagt: »Was Marcel Proust für die französische Prosa geleistet hat, das tut Rilke für die deutsche Lyrik: die Erschließung eines ganz neuen mikrokosmischen Bewußtseins, einer Art Mikrophysik des Herzens auf dem Wege der Erinnerung, Verinnerlichung und intellektuellen Differenzierung«.[52a]

Zu schöpferischer Arbeit war Rilke in Etoy nicht aufgelegt, obschon er dort mehr als zwei Monate zubrachte; er beschränkte sich auf Lektüre und Korrespondenz. Schon in Berg hatte er von dem jungen österreichischen Dichter Alexander Lernet-Holenia das Manuskript einer Gedichtsammlung erhalten, die den Titel »Konzonnair« trug. Für diese hatte sich Rilke »mit aller Überzeugung« beim Insel-Verlag eingesetzt; »es ist einer der seltenen Fälle, wo man das durfte«, schrieb er der Fürstin Taxis[53]. Es ist auch einer der Fälle, wo ein Dichter, der durch die Schule der Rilkeschen Lyrik gegangen war, sich so weit von ihr löste, daß seine Dichtung einen eigenen Klang und ein eigenes Gewicht erhielt. Von Etoy aus schrieb Rilke in einem Brief, Lernets »Kanzonnair« habe sich zu einem Werk »von bedeutender Prägung und Ausbildung vollendet. Beide Gefahren, die des Pretiösen, nichts als Prunkigen, und die andere, daß er in meiner ›Schule‹ stecken bliebe – bei ihm hab ich Anempfindung fast immer nur wie Lehrlingshaftigkeit empfunden, die gute Unterwerfung des *apprenti* –, beide Gefahren sind überstanden, das ›Kanzonnair‹ hat im Ganzen einen wunderbaren freien Athem und eine grade, ja hinreißende Kraft der immer eigenthümlicher erfaßten und erkannten Vision!«[54] Wenn man sich vergegenwärtigt, in wie vielen Gedichten jüngerer deutscher Dichter Rilkesche Klänge und Bilder geistern, weil die Verfasser ihre Lehrlingshaftigkeit und das bloß Anempfundene nicht überwinden konnten, darf man diese Äußerung ihres Meisters als posthume Mahnung, ja als Mißbilligung solchen Beginnens auffassen; es war nicht Rilkes Art, wie es diejenige Stefan Georges war, eine Schule oder einen Kreis zu gründen und mit dem Anspruch eines Gesetzgebers auf dem Gebiete der Poetik aufzutreten. Er faßte alle Lehre nur als einen Hinweis auf, der eine Richtung angibt, und wenn er auch wußte, daß er am Lebensweg vieler damals Junger wie ein Wegweiser stand, wünschte er doch niemals, sie wie ein Lehrer um sich zu sammeln und zum Verweilen aufzufordern; sie sollten ihren Weg selbständig suchen und auf ihm fortschreiten nach ihrem inneren Gesetz, und seine Freude war nur rein, wenn einer zu jener Freiheit gelangte, die ihn zu wirklich Eigenem befähigte. Niemals ist sich Rilke, obschon er sich seines Wertes als Dichter wohlbewußt war, als ein Maß-Gebender, als eine »Autorität« vorgekommen, und selbst da, wo er um Rat gefragt wurde und Ratschläge erteilte, tat er es in der behutsamsten, die Freiheit des anderen nie einschränkenden Weise. Aus der Zeit in Etoy kennen wir ein anderes Beispiel für seine Art, literarisch Beflissenen zu helfen. Rolf von Ungern-Sternberg hatte ihm seine Übertragungen der »Stanzen« von Jean Moréas im Manuskript geschickt. Rilke kannte und bewunderte Moréas und hatte früher einige der Stanzen übersetzt; mit Ungern hatte er in Deutschland eingehend die Frage der Übertragung dieser Gedichte besprochen. Im ganzen war Rilke mit Ungerns Umdichtungen einverstanden, zu denen er ihn beglückwünschte – mit einer Ausnahme, wo er »ganz widersprechend« war. Da sich diese Stanze zufällig unter denjenigen befand, die Rilke selber übertragen hatte, schickte er seine eigene Fassung dem deutschen Moréas-Übersetzer »als ein kleines Geschenk zur Feier des Abschlusses«, mit der Bitte, er möge darüber »wie über ein durchaus Ihriges« verfügen. Ungern nahm dieses großmütige Angebot dankbar an und die von Rilke übertragene Stanze in seine Sammlung auf, die er dem »Meister deutscher Zunge, dessen gütigem Zuspruch und warmer Förderung die vorliegende Übertragung aus dem Französischen ihren Abschluß verdankt«, widmete.[55]

Trotz der geistigen Regsamkeit und Biegsamkeit und der freundlichen Umwelt war Rilke von inneren Bedrückungen und äußeren Besorgnissen in Etoy nicht frei. Eine eigentliche Wendung war in seinen Lebensverhältnissen und in seinem Schaffen nicht eingetreten. Aus menschlichen Verflechtungen waren Verpflichtungen entstanden, die ihn – wie immer in seinem Leben, wenn er eine Liebesbeziehung angeknüpft hatte – mit ihren Forderungen erschreckten und peinigten. Die Fürstin Taxis erzählt, wie er ihr sein Leid klagte, als sie ihn damals am Genfer See besuchte. Sie schrieb daraufhin in ihr Tagebuch: »Ich bin beständig in Sorge um Serafico. Wird man ihm nie Ruhe lassen, wird er niemals die Frau finden, die ihn genug liebt, um zu verstehen, was er braucht – um nur für ihn zu leben, ohne an ihr eigenes kleines unbedeutendes Leben zu denken? Armer Serafico, wie angstvoll hat er immer wieder gefragt, ob ich nicht glaubte, daß es irgendwo ein liebendes Wesen gebe, bereit, in dem Augenblick zurückzutreten, da die Stimme ihn riefe? Die Antwort war schwer. Die Frau, die ihr ganzes Herz herschenkt, ohne je etwas für sich zu fordern – nichts anderes verlangt er! Seine Frage wäre recht naiv und egoistisch, wenn man nicht darin den herrischen Willen dieses Schicksals spürte, das durch keine Gewalt aufgehalten werden kann.« Die Fürstin fährt fort, sie sei »oft betroffen über die ungewöhnliche Anziehungskraft, die Frauen auf ihn ausüben«, er habe ihr oft gesagt, daß er nur mit ihnen sprechen könne, nur sie zu verstehen glaube, nur mit Frauen wirklich gern umgehe; aber dann, fügt die Fürstin hinzu, komme der Augenblick der Flucht, durch die er sich der Bindung entziehe – und dann beginne wieder das gleiche Leid. »Ich sehe keinen Ausweg«, schließt die Tagebucheintragung dieser klugen und gütigen Frau.[57]

Auch das Problem, wo sich Rilke endgültig niederlassen soll, ist nicht gelöst. »Was soll nach dem bergischen Mirakel noch kommen?«, fragt er. Die Möglichkeiten, die die Schweiz ihm bot, schienen ihm aufgebraucht, aber ihm fehlte der »Reisemut«. An Paris war wegen der Valuta nicht zu denken. Ein junges, österreichisches Ehepaar, der Maler Purtscher und seine Frau, Nora Wydenbruck (eine Verwandte der Fürstin Taxis), luden ihn ein, nach Kärnten zu kommen, wo sie lebten und wo auch Alexander Lernet-Holenia (in Klagenfurt) wohnte. Rilke hielt Kärnten für die Stammheimat seiner Familie – »die legendäre«, fügte er wohlweislich hinzu; denn trotz der Gleichheit des Wappens mit dem Windhund, das die einst in Kärnten blühende Familie Rilke geführt hatte und im Stadthaus von Klagenfurt vorkommt, das sich auch auf dem Petschaft befindet, das Rilke von seinem böhmischen Urgroßvater geerbt hatte (und mit dem er seine Briefe zu versiegeln pflegte), konnten die Geschichtsforscher keinen Zusammenhang zwischen der kärntnischen und der böhmischen Familie Rilke feststellen. Aber unter allen Wegen, die Rilke von jeher zu sich selbst gesucht hat, befindet sich auch derjenige der

Abstammung, der Genealogie, deren Erforschung ihn in jungen Jahren jenes Dokument über den Cornet Christoph Rilke finden ließ, das den Anstoß zu seinem berühmt gewordenen Jugendwerkchen gegeben hat. Durch die Korrespondenz mit Lernet und den Purtscher aufgeregt, kam er auf den seltsamen Gedanken, »an das Jahr 1276 anschließen zu wollen« – offenbar dasjenige, das auf ein Datum im Klagenfurter Stadthaus sich bezieht –, um dann fortzufahren (und die folgenden Worte lassen einen tieferen Blick in die Gedankengänge des Dichters tun): » . . . aber ich schreibe 1921 ohne mich wesentlich dazu zu verpflichten, und vielleicht bin ich nur deshalb ein Menschenleben traditionsflüchtig gewesen, weil die Tradition mir nicht genug deutlich war? Am Ende erkenn ich sie dort, im allerältesten Anschluß.«[58] Traditionsflüchtig, heimatflüchtig, familienflüchtig, liebesflüchtig: kein Zweifel, daß hier ein Grundzug von Rilkes Lebensführung und der durch sie verursachten Gefährdung sichtbar wird. Daß er aber Tradition, Heimat und Liebe verzweifelt sucht, besonders in seinen reifen Mannesjahren, ergänzt den Sachverhalt zu jener Ambivalenz, die seine Haltung dem Leben gegenüber kennzeichnet. Er schreibt – auch von Etoy aus, das man als eine Station der Selbstbesinnung auffassen muß – an Rolf von Ungern, es sei durchaus seine Schuld, daß er ohne sichere Wohnung sei (diejenige in München war nun doch im Februar beschlagnahmt worden, und »der arme wehrlose Nachwuchs meiner Möbel und Bücher« war nach Leipzig abtransportiert worden). Von der verlorenen Heimat sagt er in dem Brief an Ungern: »Die Stadt, in der ich aufwuchs (Prag), bot keinen rechten Boden dafür« (d. h. zur »Entwicklung eines brauchbaren Heimatbewußtseins«), »ihre Luft war weder die meines Atmens, noch die meines Pflugs. So kam es, daß ich mir Wahlheimaten erwarb, nach dem Maße der Entsprechung, das heißt, mir unwillkürlich eine Anstammung dort fingierte, wo das Sichtbare in seiner Bildhaftigkeit den Ausdrucksbedürfnissen meines Instinkts irgendwie genauer entgegenkam . . .« Solange ihm die Welt offengestanden habe, fährt Rilke fort, sei »aus allem so Erworbenen wirklich etwas wie eine schwebende und tragende Stelle, gewissermaßen über den Ländern« entstanden.[59]

Als die Fürstin Taxis in den ersten Junitagen ihre Enkel im nahen Rolle besuchte, ergaben sich häufige Begegnungen zwischen ihr und dem Dichter. Der Briefwechsel zwischen beiden, der

heute vollständig vorliegt, und der zu den vier biographisch aufschlußreichsten von Rainer Maria Rilke gehört, bildet das schönste Zeugnis dieser treuen, klaren Freundschaft zwischen der älteren Gönnerin und Freundin und demjenigen, den sie mit dem ein
wenig verniedlichenden Namen »Dottor Serafico« bedacht hat.
Gewiß konnte Marie von Thurn und Taxis nicht in alle Ver-
schlungenheiten von Rilkes Seelenleben, in die Komplizierthei-
ten seiner Natur, in das Eigentliche und Wesentliche seines Werkes eindringen. Aber sie war im schönsten Wortsinn eine große
Dame, von ursprünglicher Gescheitheit und charmantem Mut-
terwitz, begabt, mit Männern der Feder umzugehen, in verschiedenen Sprachen erstaunlich belesen, offen für alles Neue wie bekannt mit dem bewährten Alten, eine Mäzenin und Aristokratin,
mit der Dantes Divina Commedia zu lesen oder über Proust zu
korrespondieren ein Vergnügen war, übrigens in erster Linie in
Venedig und im Italienischen heimisch, aber mit dem Deutschen
und Französischen kaum weniger vertraut – eine verspätete, doch
der Zeit gerechte, wohlwollende Fürstin, die außer den Mitgliedern ihrer zahlreichen Familie, ihren Verwandten und Standes-
genossen auch einen Hof von Schriftstellern, Dichtern und Musi-
kern um sich sammelte – sei es in Duino im Anblick der Adria, sei
es in ihrem böhmischen Schloß Lautschin, sei es in Wien –, übrigens überzeugt, daß ihr Leben schwer gewesen sei, was auf dieser
Stufe herrschaftlichen Reichtums und in einer Zeit gesellschaftlichen Niedergangs seine intime Richtigkeit gehabt haben mag,
aber immer heißhungrig nach Bildung, Schönheit und Reisen,
umgeben von einer treuen und zahlreichen Dienerschaft, durchaus ohne Arg, nie überdrüssig der Geselligkeit und des Gesprächs, stolz auf ihre intellektuellen Bekannten und Freunde,
die sie zum schönsten Schmuck ihres Lebens rechnete und denen
sie eine rührende Treue hielt, begabt und fähig, Gedichte von
Rilke, darunter die beiden ersten Elegien, die in ihrem Schloß
Duino entstanden waren, ins Italienische zu übersetzen – in e i -
n e m Wort eine Erscheinung, die ungebrochen und mutig die Lebensart ihres Standes und ihrer gesellschaftlichen Stellung in ein
neues Jahrhundert, in eine andere Zeit hinübergerettet hatte und
ob aller Katastrophen und Untergänge nie grämlich, nie ver-
drießlich ward, sondern guter Dinge und hilfsbereit blieb, in einem höheren Lebensgenuß den Sinn des Daseins erblickte, eine
Souveränin ohne Fürstentum, eine Fürstin ohne Untertanen,

aber mit vielen Freunden, unter denen sie Rilke allen anderen vorzog. Es gehört zum Guten, Aufrichtigen und Edlen, das beiderseits mit Geist, Witz und Herz geschrieben ist, ihre Briefe an Rilke und die seinen an sie zu lesen, sie sind ein lauteres Vermächtnis einer verworrenen Zeit und ein bedeutendes Zeugnis einer beinahe verschwundenen Kultur.

Eine »herrliche Zeit«, berichtet sie in ihren Erinnerungen, habe sie mit Rilke in Etoy und Rolle verbracht – um dann doch gleich von allem zu berichten, was Rilke damals bedrückte, sowohl was sein immer noch versiegtes Schaffen, als auch was seine persönlichen Verhältnisse betraf. Sie fand ihn, erzählt sie, sehr entmutigt; was die Fortsetzung seiner Elegien-Dichtung betraf, habe er die Befürchtung ausgesprochen, sie nie vollenden zu können. Sie sei in ihn gedrungen, er möge sich gedulden und dürfe die bestehenden Gesänge und vorhandenen Fragmente nicht vorzeitig der Veröffentlichung preisgeben. Später habe er ihr gestanden, sie habe ihn damals an der Ausführung dieser in einem Augenblick tiefster Entmutigung gefaßten Absicht verhindert.

Natürlich besprach Rilke mit der Fürstin auch die noch ungelöste Frage eines festen Wohnsitzes – Kärnten, Rom, Norditalien, Böhmen, wo ihm die Fürstin wieder das Gartenhäuschen in Lautschin anbot; er begnügte sich mit dem Versprechen, er werde sie und ihren Mann im Sommer in Lautschin besuchen –, und durch mehrere Briefe hindurch hielt er bis im Spätsommer dieses Versprechen aufrecht, als er schon Muzot entdeckt hatte und den alten Turm im Wallis zum Bewohnen herrichtete. Von Rilkes Verhältnis zu Böhmen schreibt die Fürstin: »Er liebte dessen Wälder, aber sonst war es ihm fremd.«[60] Auch seine venezianischen Freunde V. hatten ihm in Norditalien ein Häuschen zum bewohnen angeboten. Offenbar bangte Rilke vor der Abhängigkeit von noch so wohlgesinnten noblen Mäzenen, und wir tun sicherlich dem Andenken der Fürstin Taxis, die in der Zueignung der Duineser Elegien weiterlebt, keinen Abbruch, wenn wir hier sagen, warum er ihre Gastfreundschaft nicht in Anspruch nehmen wollte. Er fühlte, schrieb er (noch vor seinem Wiedersehen mit der Fürstin) aus Etoy, »wie wenig die V . . .'s sich vorstellen können, was ich brauche; auch die Fürstin T. kann es nicht, sie hat so eine *vague idée,* daß ich, im allgemeinen, mit einem Minimum an Bedürfnissen auskomme, wie genau bestimmt aber die zehn Bedürfnisse sind, die im Rahmen dieses Minimums schließlich zu erfüllen bleiben, wenn mein Dasein geschützt, klar und fruchtbar sein soll: dafür fehlt ihr der Blick, die Liebe und die Geduld.«[61] Daran knüpft Rilke die einsichtsvolle, aus jahrelangem Verkehr in aristokratischen Kreisen gewonnene Bemerkung, diese Menschen seien seit Jahrhunderten gewöhnt, daß die Fragen des praktischen Lebens letzten Endes »Domestiken-Fragen« seien, was denn auch »dieses-es-zuletzt-doch-nicht-gut-haben in ihren wunderbar gepflegten Häusern« erkläre. Falls er sich für das kleine Haus in Lautschin entscheiden würde, wüßte er wohl, »was dort n i c h t zu erwarten ist.« Der Fürstin selbst hat er einmal in jener Zeit von den »$7^{1}/_{2}$ Bedürfnissen« geschrieben, die sehr präzise seien und auf deren Erfüllung er angewiesen sei – ohne sie allerdings zu nennen. Wenn dann Rilke von Muzot aus im Rückblick auf den Besuch der Fürstin in Etoy an sie schreibt: » . . . unsere Begegnung hat mir unbeschreiblich wohlgethan« und meint, sie sei nur der Anfang zu vielem Gemeinsamen gewesen und vermindere keineswegs »die Nothwendigkeit zu einigen gemeinsamen Wochen«, dann braucht man an seiner Aufrichtigkeit nicht zu zweifeln. Seine Bedenken gegen ein ständiges Wohnen auf dem Taxisschen Gut in der Tschechoslowakei entsprangen der Furcht vor der dort herrschenden allzu großen gesellschaftlichen Betriebsamkeit, der etwas sorglosen Behandlung häuslicher Dinge durch die Gastgeber und der gewissen Lieblosigkeit, mit der solche über den Niederungen des Alltags schwebende Menschen die kleinen Lebensnotwendigkeiten zu behandeln pflegen. Von einer Trübung seiner alten Freundschaft mit Marie von Thurn und Taxis, an der Rilke hing, die er aber auch zu beurteilen verstand, kann keine Rede sein.

Über Rilkes Fernbleiben – denn er kehrte nie wieder nach Böhmen zurück – schreibt die Fürstin in ihren Erinnerungen: »Es war sein Schicksal, in der Schweiz zu bleiben und bei aller Besorgnis über sein ständiges Hin und Her konnte ich mich nicht freimachen von dem seltsamen Glauben, daß sein Weg ihn nicht mehr zu uns führen werde; wirklich sollten wir ihn in seinem Heimatlande nicht mehr sehen.«[62] Rilke begab sich im Juli 1921 vom Genfer See aus ins nahe Wallis nach Sierre, das ihm im Herbst des Vorjahres so überaus anziehend erschienen war. Dort fand er die Wohnstätte, die ihn bis zu seinem Tode behalten sollte.

Das Schlößchen Muzot und die Vollendung
der Duineser Elegien

*Das Epochale und Epochemachende an Rilkes Lyrik, beson-
ders an seiner späten Lyrik, ist vor allem dies, daß er sich nicht
mit Teilproblemen oder partiellen Wirklichkeiten dieser unserer Welt beschäftigt, geschweige denn sich einen privaten poetischen Bereich absteckt, um darauf den Elfenbeinturm der
reinen Schönheit zu errichten, sondern die Kardinalfrage der
Epoche, die Wirklichkeitsfrage stellt. Er ist insofern der Gegenspieler der »terribles simplificateurs«, wie Jacob Burckhardt sich ausgedrückt hat, der schrecklichen Vereinfacher,
die diese Welt zu verstehen und zu beherrschen glauben, indem
sie eine ihrer armseligen Teilwahrheiten und Teilirrtümer,
»Weltanschauungen« genannt, auf sie anwenden. Er ist ihr
Gegenspieler, aber er steht in geheimer Korrespondenz zu ihnen.*

Hans Egon Holthusen

Rilke in Muzot

Das schützende Dach und die dauernde Wohnstätte waren für
Rainer Maria Rilke nicht Selbstzweck. Mag auch der Ruf nach
beiden am lautesten, am schmerzlichsten aus gequälter Seele
dringen: nicht ein Heim zu besitzen, nicht ein Haus sein eigen
nennen zu können war des ewigen Pilgers innigster Wunsch. Ja
selbst als ihm Erfüllung beschieden war, als er sich in den Mauern
eines mittelalterlichen Turms hoch in den Bergen häuslich nie-
derließ, erfüllte ihn der Gedanke mit Schrecken, es könnte damit
die Verpflichtung zu dauerndem Dableiben verbunden sein. Jederzeit fortgehen zu können, den Staub von den Schuhen schüt-
teln zu dürfen, wenn er des Bleibens überdrüssig würde, war die
ausdrückliche Bedingung, unter der er das Schlößchen Muzot
recht nur als ein »Lehen« in Empfang nahm.

Seine, des Dichters, Sache war es nicht, eine soziale Aufgabe zu
erfüllen und einem Hausstand vorzustehen. Sohn, Gatte, Vater,
Freund, Liebender, Hausherr: alles ist er gewesen, aber von allem
ist er auch zurückgetreten, wenn der Dämon ihn trieb, wenn die
schöpferische Arbeit ihn wegriff oder fernhielt. Dies ist nur die
äußerste, die ehrlichste Konsequenz seines Künstlertums; der

von ihm Besessene richtet sein Verhalten vorbehaltlos nach den Gesetzen der »Inspiration« – der Arbeit an seinem Werk. Er gehorcht wie Prometheus in Spittelers Dichtung den Befehlen der »hohen Herrin«. Die Echtheit des Künstlertums und die schöpferische Gabe vorausgesetzt, findet diese zutiefst asoziale Lebensführung ihre Rechtfertigung im vollendeten Kunstwerk. Des Dichters Menschenwürde ist im Gesang.

Allein, auf der Lebensstufe, die Rainer Maria Rilke zu jener Zeit erreicht hatte, war eine Niederlassung in schützender Umgebung die unerläßliche Vorbedingung zu künstlerischem Schaffen. Sein ganzes Trachten stand danach, einen Ersatz für das Schloß Berg zu finden – wo er seiner Arbeit Nähe gespürt hatte, aber wo ihm die Konzentration nur unvollkommen gelungen war. Er bedurfte einer neuen Zuflucht, und er mußte die Zukunft »im Stück« vor sich sehen: »*un bloc d'avenir, soit-il même dur à trávailler*«, wünschte er sich schon in Genf. Wie wird er noch die widerstrebende Härte dessen, was er mit sicherer Intuition geahnt hatte, zu spüren bekommen, wenn er das primitive, uralte Gemäuer von Muzot als Wohnsitz in Gebrauch nimmt! Gleichviel. Er hat Meißel und Hammer mutig angesetzt, und das lang ersehnte, lang verhaltene Werk ist gelungen.

Vorbedingung war »langes, langes Alleinsein, womöglich für immer«, schrieb Rilke damals in verzweifelter Verwegenheit. Die Rivalität zwischen menschlichem Umgang und künstlerischer Arbeit mußte endgültig zugunsten der letzteren entschieden werden. Die Schwierigkeiten, die sich der Konzentration entgegensetzten, mußten überwunden werden. Kein lebendes Wesen durfte mehr den Meister vom Weg in die Werkstatt ablenken, nicht einmal ein Hund – wie man ihm wohlmeinend vorgeschlagen hatte –, geschweige denn ein menschlicher Gefährte. Er will nicht mehr den inneren Zwang spüren, den Ansprüchen der Umgebung recht geben zu müssen. Ein unaufhaltsames Streben nach der Mitte zu, nach Sammlung und Bereitschaft hatte den zu lange schutz- und wehrlos Gewesenen in die Berge geführt, wo er sich hinter der ritterlichen Wehr einer alten Burg verschanzte. Schwer lastete anfänglich das selbstgewählte Dach auf ihm – wie eine »schwere, rostige Rüstung«, schreibt er an Lou Andreas-Salomé. Das anfänglich bewunderte Tal, er erblickt es nur noch wie »durch die harten Helmspalten« und erschrickt vor dem »herausfordernd heroischen Land«. Die Sonne, die auf den Rebhängen

109

brennt, glüht auch auf den Mauern von Muzot. Trotz diesen Härten nimmt es der Dichter auf mit dem neuen Leben. Er muß ein gleichsam »ritterliches« Dasein beginnen, und er hat allen Anfechtungen zum Trotz mit jener längsten Geduld, von der er sagte, daß sie zuletzt doch recht behalte, seinem »Lehen« die Treue gehalten. Bis er in dem geliebten Tal, wo ihm der Gesang gelungen ist, zu Grabe getragen wurde. –

Wie so oft, wenn R. M. Rilke sich für eine Wohnstätte entschloß, hatte ihn auch diesmal die unwiderstehliche Anziehungskraft einer Landschaft bestimmt, sich im Tal der obern Rhone, dem Wallis oder Valais anzusiedeln. Die Landkarte seines Lebens, von der er einmal aus Berg berichtete und die in seltsamer Wahl zwischen Moskau und dem spanischen Felsenstädtchen Ronda, zwischen der dalmatinischen Küste und Paris geheimnisvolle Bezüge herstellte, bereicherte sich durch einen Zufall seiner »*Voyages en zig-zags*« um eine Alpenlandschaft von eigentümlichstem Gepräge. Wenn er sie einmal in Besitz genommen hat, wird er nicht müde, in Gesprächen und in Briefen, in Gedichten und in Prosa, deutsch und französisch das doppelsprachige Wallis, seine Hänge und seine Rebberge, seine Burgen und seine Natur zu rühmen, wie nur er rühmen konnte. Kaum hat er das ruhmwürdige Objekt gefunden, kommt auch das spontane Gefälle seiner Natur wieder zum Vorschein – nämlich das begeisterte, hingebungsvolle Aufsingen seiner vom Daseinsschmerz unverkümmerten Seele.

Wir haben bereits erwähnt, daß Rilke schon vor seinem Winteraufenthalt in Berg, an einem köstlich klaren Herbsttag des Jahres 1920 das Wallis zum erstenmal bereist hatte. Auf jenem Ausflug, der ihn nach Sion (oder Sitten), Sierre und Raron geführt hatte, fühlte er sich zugleich an Spanien und die Provence erinnert. Ihm schien, als vereinigten sich hier die Strenge des einen Landes und die Weichheit des andern in unerwarteter Mischung und neuer Dosierung. Er erinnerte, daß er sich in den Jahren vor dem Krieg eine Zufluchtsstätte in Spanien oder in Südfrankreich gewünscht hatte – und schon glaubt er, das Wallis könnte ihm die zugleich harte und süße Umgebung bieten, mit der ihn früher jene Länder gelockt hatten. Er bewunderte, wie die Türme und Ruinen von Valères und Tourbillon auf steilen Hügeln über das Städtchen Sion ragten: eine »schöne Intarsia von Mauerwerk und Landschaft« nannte er das überraschende Bild.

Schlößchen Muzot
Phot. H. Wyß

Wie die erste Berührung mit dieser Gegend sein Gemüt erregt hat, verraten folgende, ausführlich beschreibenden Zeilen:[1] »Meine Vorstellung von der Schweiz hat sich um ein Bedeutendes vergrößert seit ich diese Landschaft kenne: die Geräumigkeit dieses Thales, das ganze Ebenen in sich aufnimmt, die Zurückhaltung seiner Berghänge, die bei aller Stärke und Steilheit nichts eigentlich Abgeschiedenes haben, die schöne malerische Abstufung der Hügel davor und wie sie mit einer Anmuth ohne Gleichen ihre Ansiedelungen hinaufheben zu den alten Burgthürmen der Schlösser –, das alles ist von einer Organisation, die nirgends den großen Maßstab verleugnet –, schön wie ein reines Talent und fortwährend an allen Stellen wunderbar ausgeübt. Das war in der Gegend von Saxon, dicht hinter St-Maurice, da begriffen wirs zuerst: die Stickerei der Weinberge, die erzählte helldunkle Formation des bewohnten Mittelgrunds und dahinter, nicht vordringlicher als Gobelins, ja mehr nur wie Spiegbilder (sic!) von Hängen, die Berge. Mädchen in der einheimischen Tracht, schwarz, die lieblich stillen Gesichter unter der flachen Kapote des *Dix-huitième,* standen am Zug –, und im Baedeker las man, daß das Gebirg, von dessen Fuß sie herabgestiegen waren, hieß, als ob eine von ihnen es benannt hätte: *La Pierre à voir!* Liegts am Katholisch-sein: daß sich der *charme* des Achtzehnten Jahrhunderts noch so vielfach in diesen Gegenden bewahrt hat?: in den Gärten fanden wir ihn, die Treppen waren noch wie bekränzt damit und wieviel Häuser, die sich noch nicht aufgegeben hatten! . . . « Und weiter – einen französischen Satz einschaltend: » . . . *c'est une Espagne un peu moins fanatique, un peu plus conciliante* . . . Darüber ein metallisch blauer Himmel, der auch im offenen Burgthor oben auf Tourbillon ausfüllend erschien . . . «

Neun Monate vergehen – auf Schloß Berg und am Genfer See –, ehe der Dichter von Etoy aus ins Wallis zurückkehrt, diesmal mit dem Vorsatz, eine Wohnstätte zu suchen. In Begleitung von Frau Klossowska begibt er sich Ende Juni 1921 nach Sierre, wo er am Peter-und-Pauls-Tag der Messe beiwohnt, den Besitzer der Tour Goubin besucht und nach dem Essen mit diesem ein Häuschen besichtigt, das ihm jedoch als Quartier keineswegs zusagen würde. Aber von dem mittelalterlichen Turm seines Gastfreundes ließ er sich begeistern und von dem Saal und den alten Möbeln: »man war wie verzaubert«. Tags darauf ist Rilke bedrückt, enttäuscht über die zerstobene Hoffnung auf das Häuschen, zu dem er sich nicht »zwingen« mag. Und dabei stimmte »das *Valais* so wunderbar, wunderbarer als je«.

Allein, dieser Tag sollte einer der wichtigsten seines Lebens sein. Er hat davon in einem Brief berichtet, den er auf der Rückreise, in Lausanne, in einer Konditorei mit Bleistift schrieb. Hören wir, wie er das Ereignis erzählt – (wie Rilke alles erzählt, wenn er an Frau Wunderly-Volkart eigentlich nicht schreibt, sondern schreibend zu dem schwesterlichen Menschen spricht, dem er in diesen Jahren alle Freuden, Nöte und Begebenheiten seines Lebens in spontanster Aufrichtigkeit und grenzenlosem Vertrauen mitzuteilen pflegte):[2] »Der Tag . . . schien schon im ganzen gestrichen werden zu sollen, als wir uns Abends (jetzt kommt das Wunder . . . !) doch noch zu einem Ausgang, gewissermaßen vor dem eigenen Gewissen aufraffend, – denken Sie! im Schaufenster des Coiffeur-Bazar, dicht dicht am Bellevue, wo man täglich vorüberkommt, die Photographie eines Thurmes oder Schlößchens *›du treizième siècle‹* entdeckten, mit – denken Sie! – mit der Aufschrift: *›à vendre ou à louer‹: Chère, et c'est peut-être mon château en Suisse, peut-être!*«

Der Briefschreiber unterbricht hier die Rede, um in skizzenhaften Umrissen ein Bild des Schlößchens Muzot zu zeichnen.

»Ce n'est que cela, bâtiment historique d'un caractère ravissant, vrai vieux manoir, entouré d'un petit jardin charmant, dans un sîte merveilleux; zehn Schritte höher eine kleine weiße Kirche (Kapelle) *dédiée à Ste. Anne,* die gewissermaßen dazu gehörte, alles so wunderbar passend. Im Inneren an jeder Etage drei Räume, zum Theil mit sehr austeren Möbeln des 17. Jahrhunderts! (Zum andern Theil mit Scheußlichkeiten, die man fortthun müßte). Wäsche, Geschirr wäre zu bekommen durch die Besitzer, die Küche ist fast ganz eingerichtet . . . Wir waren den ganzen Vormittag oben, planend, einrichtend, überrascht, beglückt, fast als wärs schon unser . . . «

Gleich von diesen ersten Tagen an beginnen Rilkes Muzot-Freuden und Muzot-Nöte. Er wurde bei seinen Verhandlungen mit den Besitzern, dann beim Räumen und Einrichten des neuen Wohnsitzes von seiner Freundin Frau Klossowska mit praktischem Sinn hilfreich unterstützt. Denn nun mischen sich in die Entdeckerfreuden und in die Zukunftspläne prosaische Schwierigkeiten und Sorgen aller Art, die kleinen und kleinsten nicht ausgenommen. Bald ist es der Mietzins, der über des Dichters

Verhältnisse geht, bald die Dauer, für die er sich verpflichten müßte (Rilke möchte vorerst Muzot nur für drei Monate mieten), bald die argen Inkommoditäten des alten Turms (kein Wasser und kein elektrisches Licht ist im Haus), die ihn abschrecken. Allein, obschon er in Etoy bleiben könnte, mag er nicht auf den Versuch mit dem Schlößchen verzichten: »das Valais überwiegt in meinen Wünschen auf jede Weise. Wie, wie redet und wirkt und handelt diese Landschaft zu mir! Jetzt genau wie damals im Oktober. Sie ist herrlich hart und groß, und in der Gegend unseres Schlößchens, wo es nicht nur Wein giebt, sondern auch Wiesen, Getreide, Obstbäume, – mitten im Garten beinahe zärtlich. – Das kleine *manoir* heißt *Château de Muzot* oder *Muzotte* (man spricht das t auch bei der ersten Schreibart), ich kenne schon viel von seiner Geschichte; in der ältesten Zeit besaß es ein im Valais angesiedelter Zweig der de Blonay, später die de la Tour-Châtillon, die de Chevron, zum Schluß die Familie de Monthéis. Von der unglücklichen Isabelle de Chevron, *femme de* Jean de Monthéis, erzähl ich ein nächstes Mal –, von ihrer Hochzeit auf Muzot (um 1500) die drei Tage währte, weiß man noch im Land, und ich kenne schon die Namen aller Hochzeitsgäste und wie sie einander geführt haben . . . «

Der Briefschreiber in der Lausanner Konditorei schreibt weiter, schildert und berichtet, von der kleinen Schloßkapelle, über deren gothischen Türumrahmung »im stärksten Relief das ›Swastika‹, das geheimnisvolle, indische Hakenkreuz« sichtbar ist, von der Lieblichkeit des alten Gemäuers, das nicht etwa »düster und abschreckend« daliege, von den zwei Rosenbogen im Garten und von der »wunderbaren Pappel«, die am Wegrand vor dem Schlößchen steht: »wie ein Wahrzeichen wieder und ein Ruf-Zeichen, als sagte, als bestätigte sie: sieh, dies ists! –« Zwischendurch stellt Rilke wieder Berechnungen an, schwierige, denn die Miete und eine Haushaltung von zwei Personen würden 450 Franken im Monat kosten. Allein, er vergißt die Sorgen und erzählt, wie er den ganzen Sonntagvormittag in der Wiese lag, »seinem« Schlößchen gegenüber, still den herrlichen Sommermorgen in dieser Landschaft »von unbeschreiblicher Beziehung und Schönheit« genießend. Sein aus Glück und Hilfsbedürftigkeit seltsam gemischter Brief schließt wie mit einem schalkhaften Lächeln: »*Est-ce que, naturalisé, je m'appellerai Monsieur de Muzot? Ce serait parfait et si reposant!*« –

Nachdem Rilke auf kurze Tage sich nach Genf begeben hatte, kehrte er alsbald nach Sierre zurück, um sich von dem dortigen Hotel Bellevue aus im nahen Muzot einzumieten und niederzulassen. Aber der Entschluß dazu fällt ihm auf einmal schwer, infolge seiner Furcht vor Bindungen, aber auch wegen der Primitivität und Beschwerlichkeit des ersehnten, aber mühseligen Wohnsitzes: »Neulich abends schien's so eng und schwierig, und dann wieder, wenn man's da liegen sieht überzeugts einen wie mit einem Zauber. Was thun? Was thun?«[3]

Das immerwährende Sinken der deutschen Valuta mahnt unerbittlich zum Verlassen der Schweiz, und da ein Brief aus Kärnten ein Haus am Wörthersee in Vorschlag bringt, wird der Zwiespalt, in dem sich Rilke befindet, nur immer quälender. Dennoch glaubt er, daß das Wallis möglicherweise »die Umgebung für einen Elegien-Winter« wäre, und »Muzot hätte die Zukunft, mir dafür Schutz zu sein«.[4] Unwiderstehlich ist die Anziehungskraft, die allen Bedenken zum Trotz »dieses von Hügeln bewohnte Thal« auf den Dichter ausübt; wenn er es in diesen »entsetzlich untransparenten Tagen« müde wird, immer von neuem bei sich anzufragen und bei andern Rat zu holen, gewähren ihm Waldspaziergänge in den Forêts des Finges – die »voller kleiner Seen, blauer, grünlicher, fast schwarzer« sind – Beruhigung und Trost. Er bewundert wieder, wie in diesem Land so viele Einzelheiten in so großem Zusammenhang vorkommen, es erscheint ihm, sagt er, wie die Welt am Tage nach der Schöpfung, oder wie der Schlußsatz einer Beethovensymphonie.

Endlich war der Entschluß gefaßt. Die Aussicht, noch einen Winter in der Schweiz verbringen zu können, half über die Hemmungen und Besorgnisse weg. Werner Reinhart in Winterthur hatte sich entschlossen, Muzot für Rilke zu mieten. Dieser erzählte später gern seinen Besuchern, daß Werner Reinhart durch ein merkwürdiges Zusammentreffen das Schlößchen Muzot schon dem Bilde nach kannte: Vier Jahre vor Rilkes Ankunft im Wallis hatte er in Sierre eine Ansichtspostkarte gekauft, auf der das Schlößchen Muzot abgebildet war, ohne zu wissen, wo genau dieses auffallende alte Haus stand; einer seiner Bekannten, der Maler Rüegg, dem die Ansicht ebenfalls gefiel, machte sich vergeblich auf die Suche nach dem Schlößchen, das er gern gemalt hätte; ohne es gefunden zu haben, malte Rüegg nach jener primitiven Vorlage – der Postkarte – ein Bild von Muzot, das er

Werner Reinhart gab. Als nun Rilke seinem Winterthurer Freund von dem »Turm« berichtete, den er oberhalb von Sierre entdeckt habe und bewohnen möchte, waren beide höchst überrascht und erstaunt, als sie feststellten, daß er mit jenem anscheinend unauffindbaren Schlößchen auf der Postkarte identisch war: ein Zusammentreffen natürlich, in dem Rilke eine Vorbedeutung erblickte. Werner Reinhart kaufte in der Folge Muzot und überließ es Rilke zu dauerndem Bewohnen. Der Dichter nannte scherzweise den neuen Schloßbesitzer seinen »Lehensherrn«; ihm hat er dann die in Muzot entstandene Verdeutschung von Paul Valérys Gedichten zugeeignet. Auf Rilkes Vorhalt, seinen neuen Wohnsitz verlassen zu dürfen, wann es ihm beliebe, ward von Seiten des großzügigen Gönners Rücksicht genommen. Vielleicht war es zum Teil diesem Bewußtsein, daß ihn niemand festhalte noch zum Bleiben zwinge, zuzuschreiben, wenn Rainer Maria Rilke immer wieder in sein Schlößchen zurückgekehrt ist. Er war Menschen und Häusern unter der Voraussetzung, daß sie keinen Zwang auf ihn ausübten, keineswegs untreu. Der steile, steinige Weg die Halde hinauf, die Beleuchtung mit Petrollampen und Kerzen, der Brunnen vor dem Haus, das Rauschen des Bergbachs unter den Fenstern, die einfachen, alten Möbel in den Zimmern, neben Rilkes Arbeitszimmer das Schlafkämmerchen, das einer Mönchszelle glich: so war der »ritterliche« und doch so schlichte Wohnsitz beschaffen, in dem der Dichter in seinen letzten Lebensjahren zu Hause war.

Der ganze Juli-Monat verging in Muzot mit Scheuern, mit Streichen, mit Einrichten, mit der Vervollständigung des Hausrats; und wenngleich weibliche Initiative und Geschicklichkeit dem neuen Bewohner unentbehrliche Dienste leisteten, war dieser doch täglich unterwegs zwischen Sierre und der kleinen Bergterrasse, wo nach einer Wegkehre schräg hinter der Pappel der alte Turm inmitten der Wiesen erscheint. Rilke zeichnete in seinen Briefen an Frau Wunderly die Pläne der beiden Stockwerke, beschrieb ihr den Zustand der Räume und die vorhandenen Möbel, notierte alles Fehlende und Nötige. Auf dem kleinen überdachten Vorplatz vor dem Hauseingang könne man im Sommer die Mahlzeiten einnehmen. Im unteren Stockwerk sei der bedeutendste Raum das Eßzimmer mit einem schönen, alten, grauen Steinofen, einem prächtigen Eichentisch und einigen Stühlen aus dem 17. Jahrhundert. Das kleine Zimmer daneben, das Rilke

»ganz reizend« findet, werde als »*Boudoir*« dienen; wer den Dichter in Muzot besucht hat, vergißt nie die kurze, erwartungsvolle Wartezeit, die man dort verbrachte, das große Heiligenbild betrachtend, das die ganze Wand bedeckte, oder in dem Bändchen *Cités et Pays Suisses* von Gonzague de Reynold blätternd, das auf einem Tischchen lag – ehe die schmale, überraschend junge Gestalt des Schloßherrn auf einmal vor einem stand, mit einem blauen Rock und hellgrauer Hose angetan, weltmännisch und herzlich den Ankömmling mit seiner warmen, wohlklingenden Stimme willkommen heißend . . .

Den dritten Raum der untern Etage bestimmte Rilke für die Hausbesorgerin. Dunkle, polierte Balkendecken, einige mit Jahreszahlen aus dem 17. Jahrhundert, geben diesen Räumen ihr Gepräge. Um durch die niedern Türen zu gehen, muß sich ein Mann etwas bücken (ehe man eintrat, hielt Rilke seine Hand schützend über einen, zur Vorsicht mahnend). Die alten Tapeten, mit denen die Wände bezogen waren, ließ er mit lichter Leinfarbe streichen. An der Decke des Eßzimmers hat er später einen einfachen Deckenleuchter befestigt, in dem zur Abendessenszeit einige Kerzen brannten, und an der Wand hing das Bildnis eines Schweizer Offiziers. Der große Liebhaber alter Porträts, der Rilke war, konnte jedoch an dem etwas harten Ausdruck des »alten Schweizers« keinen Gefallen finden, so daß er ihm während seiner einsamen Mahlzeiten den Rücken zukehrte, um ihn nicht zu sehen. Aber wenn ein Gast in Muzot speiste, überließ ihm Rilke seinen gewohnten Platz und setzte sich selber dem Gast und Bild gegenüber – eine feine Höflichkeit, die den Hausherren eine gewisse Überwindung gekostet haben mag, deren sich aber kaum einer der zu Tisch Geladenen je bewußt geworden ist.

Im obern Stockwerk diente der größere Raum dem Dichter als Arbeitszimmer. Er ist zwar nicht sehr weit für seine Auf- und Abgehbedürfnisse, doch schön quadratisch, mit einem Tisch von 1700 ausgestattet, der zu beiden Seiten ausziehbar ist; an der Fensterwand gegen das Eckfenster befand sich ein kleines Sofa. Später hat ein Stehpult – ein von Rilke geschätzter und viel benutzter Gegenstand – dieses Mobiliar vervollständigt. Immer, wenn er für längere Zeit eine Wohnung bezog, ließ er sich ein Stehpult anfertigen. Der Besucher, der das Glück hatte, Rilke hinter diesem Pult stehend aus seinen Gedichten vorlesen zu hören, wartete still in seiner Sofaecke, bis der Gastfreund mit vor

Sorgfalt fast feierlicher Gebärde die Lichter in den Kerzenstök-
ken angezündet und diese vor sich hin gestellt hatte; aufgerichtet,
in gebändigter Ergriffenheit, mit starken Betonungen und männlicher Stimme, erfüllte der lesende Dichter den nächtlichen Raum
mit den Rhythmen und Bildern der vorgetragenen Gedichte ... Eindrücke, die nicht wiederkehren werden, für die das
Schlößchen in den Bergen den angemessenen Rahmen lieh und
von denen einzig das eilige Plätschern des Baches, das die Pausen
der Vorlesung ausfüllte, auch heute noch durch die niedern Fenster von Muzot dringt.[5]

   In jenen ersten Tagen des Einrichtens schon nahmen die Kerzen
einen wichtigen Platz ein unter den Wünschen Rilkes; er hat viele
nötig, schreibt er, »alle in Berg nicht aufgebrauchten, nebst den
schönen Leuchtern, wenn es geht«. Eine Tür führt vom Arbeitszimmer – wo Truhe, Bücherbort und an den Wänden die kolo-
rierten Stiche nicht fehlen werden – in die Schlafkammer, die
durch einen kleinen Steinbalkon ausgeweitet in den Garten vor-
springt und wo der einzige Spiegel des Hauses zu finden ist: ein
kleiner Rasierhandspiegel. In die Kapelle wird nichts als ein Bet-
pult gestellt. Endlich – als letzter Wunsch – bestellt sich Rilke mit
kindlichem Stolz Briefpapier mit Aufdruck – jenes Briefpapier,
das viele Jahre später, als sein Besitzer schon lange im Kirchhof
von Raron ruhte, den Buchtitel »Briefe aus Muzot« rechtfertigen
wird:

> »*Château de Muzot*
> *sur Sierre*
> *Valais*«

lautete der Auftrag. Darunter stehen die Worte:

> »Herrlich, nicht?
>   Wer hätts je gedacht!?«[6]

Doch die Burg wollte erobert sein, sie schien sich gegen den Eindringling zu wehren, erwiderte nicht gleich, wie einst das treuher-
zigere Berg, die Neigung des verwegenen Gastes. Ihm hatte wohl
ursprünglich, ehe er Muzot entdeckte, so etwas wie ein Rokoko-
Schlößchen vorgeschwebt, das seiner Vorliebe für das 18. Jahrhundert besser entsprochen hätte als der mittelalterliche Turm.
Auch blieb er vorläufig bei seinem Vorsatz, mit Muzot bloß einen

Versuch von drei Monaten zu wagen, worauf sich vielleicht etwas anderes finden ließe. Schon begrüßt er einen Vorschlag, vom 1. Oktober bis 1. Mai ein altes Haus in Kaiserstuhl (am Rhein) zu beziehen, von dem ihm überaus anziehende Bilder zugeschickt worden waren: »Dabei sprach ich noch alle diese Tage davon, wie in Sehnsucht, daß alle die mittelalterlichen Häuser für uns doch nur möglich seien, wenn sie bis ins *Dix-huitième* gut bewohnt gewesen und durch die Einflüsse dieser Zeit gemildert und gleichsam ans Leben herangebrochen worden sind!«[7] Denn je näher der Einzug rückt (Rilke wohnte noch im Hotel in Sierre), desto mehr verwundert er sich, was für ein seltsames Haus dieses Muzot sei; êin Haus mit zwei Gesichtern: anziehend, glücklich zuerst, wenn es mit seiner Pappel erscheint, »aber Eintreten ins Haus ist immer hart hart, als zöge man eine schwere Rüstung an«.[8] Und wenn er dann sein ungewohntes Rittertum antritt, gleichsam erstaunt, sich nun tatsächlich in dem alten Gemäuer wiederzufinden, blickt sein Auge in den heroischen Sommer hinaus, Licht und Landschaft aus vollen Fenstern schöpfend.

Eine gewisse Besorgnis geht aus den ersten, in jenen bewegten Julitagen in Muzot niedergeschriebenen Briefen hervor; das Wohnen wird ihm beschwerlich, er leidet unter den anfänglichen Unzulänglichkeiten des Hauses; die Petrollampe blendet ihn, bei den ersten Stürmen ist er in Sorge für den baufälligen Kamin. In solchen Augenblicken ergreift ihn die Sehnsucht nach Berg, dessen geräumiges Arbeitszimmer ihm immer unersetzt bleiben wird mit seiner Leseecke, seinem Kamin und den vielen Beleuchtungsmöglichkeiten. Selbst als Rilke im folgenden November an seinen Verleger berichten kann, »daß Vorbereitung und Aneignung überstanden sind und ich es (Muzot) als ein verhältnismäßig Fertiges in Gebrauch nehmen dürfte«, fügt er ein wenig traurig hinzu: »Es ist nicht Berg; Vieles, was dort selbstverständlich war, fehlt – so vor allem das – unersetzbare – Leni! Dafür ists hier ein Land aus lauter Schöpfung, und dieses alte starke Haus, genau so groß, daß ichs ganz mit den Bewegungen meines Tagwerks ausfülle.«[9] Dazu kam an jenen ersten Muzot-Tagen die drückende Sommerhitze des Wallis, voll Verheißung für die Reben, aber für Menschen bedrückend und erschöpfend. Es muß hier betont werden, daß in Rilkes brieflichen Aufzeichnungen aus jener Zeit Klagen über seine Gesundheit – wie wir sie von seinen Aufenthalten in Locarno und auf dem Schönenberg kennen – nicht vorkommen. Nur der Frohsinn der Maienzeit in Etoy klingt nicht mehr aus den Zeilen, die Stimmung wird ernst und streng, der Dichter beginnt, sich auf die kommende Arbeit zu konzentrieren. Hier gibt es keine Ausflucht, nicht einmal die Möglichkeit einer Störung und Unterbrechung mehr.

Hinter der Leistung, die der Einzug in den neuen Wohnsitz von ihm forderte, errät man die Forderungen, mit denen sein künstlerisches Gewissen immer dringlicher an ihn herantrat. Letzten Endes ist die Geschichte von der »Entdeckung« und »Eroberung« der kleinen Burg Muzot ein Gleichnis. Immer führte in seinem Leben der Weg ins Innere seiner Dichterwerkstatt durch die konkreten, gegenständlichen Räume seines jeweiligen Aufenthaltsortes. Umgekehrt deutet das Ringen um die Gestaltung seines Wohnsitzes fast immer schon auf das kommende Schaffen. Das Einrichten eines Hauses war, wie das Briefe schreiben, ein nötiger Umweg, genauer eine Vorstufe zu der »Arbeit«. Als wollte er dem Einwand zuvorkommen, wozu so viel Aufhebens mit der Wahl und Ausstattung seiner Heimstätte nütze sei, erklärte er mir, als er mir Muzot zeigte, ein Dichter vermisse das greifbare Material, das dem Bildhauer und selbst dem Maler zur Gestaltung des Kunstwerks zur Verfügung stehe, Widerstand leistend und sich formen lassend. Dichtung sei eine sublimierte Kunstform, es sei – sagte er mit einer Gebärde, als ob er mit den Händen Wasser schöpfen würde –, als zerfließe sie einem zwischen den Fingern. Die räumliche Umgebung und Einrichtung ersetze ihm bis zu einem gewissen Grad das fehlende Material zur Ausübung seiner Kunst. Im gleichen Gespräch erwähnte er auch, es sei oft ein gutes Vorzeichen für die kommende Arbeit, wenn er in seiner Wohnung und unter seinen Sachen aufgeräumt habe. Er hob dabei den Deckel einer Truhe und ließ mich einen Blick in die wunderbare Ordnung der darin aufgestapelten Briefpakete, Manuskripte und Bücher tun. Diese peinliche Ordnung, diese Genauigkeit auch im Äußerlichsten, auch im Kleinsten, war einer der auffallendsten Züge an der Lebensart Rainer Marias. Von der großen Mühe, die ihm die Bewältigung seiner Korrespondenz bereitete, sagte er einmal, sie komme »ein bischen . . . von der aus der Arbeit herüberwirkenden Verpflichtung her, daß alles gut gemacht sei: wenn man bedenkt,« heißt es in dieser aufschlußreichen Äußerung, »daß es für jede Situation, über die man sich mitteilt, nur einen Ausdruck gibt, der sie wirklich bezeichnet, – in der Arbeit kommt einem die Gnade zu Hülfe, daß man so göttlich genau ist, im Leben ists die Bemühung, die macht, daß man menschlich – ach – wenigstens annähernd sein kann. Wer aber, aus dem Innern der Kunst her, jene seelige Präzision kennt, den quälts, auf so vielen Gebieten des Leistens immer im *à peu près* zu bleiben, oder gar stümpernd sie zu verunstalten . . . «[10]

Es ist letzten Endes das Werk seines untrüglichen Instinktes, wenn der Dichter im Augenblick, wo er den seit vielen Jahren abgerissenen Faden der Elegien-Dichtung wiederaufnehmen und weiterspinnen möchte, zuerst die Beschwerlichkeiten des harten Muzot auf sich nimmt. Berg hatte ihm alles leichtgemacht – dort sprachs zu ihm, hatte gleich sein Herz zu ihm –, aber in Berg ist die Konzentration auf die Arbeit nicht vollkommen gelungen. Erst der größere Widerstand des neuen Wohnortes und der Kampf um seine Aneignung machte sie möglich. Denn was in Muzot getan sein will, wäre schon 1914 zu tun gewesen: nach sieben Jahren schmerzlichen Schweigens und mit vom Schicksal »vermindertem Herzen« steht er vor dem, was er als seine größte Aufgabe betrachtet.

Als sie ihn so gedrückt sah in seiner »Rüstung«, riet seine Begleiterin Rilke zum Fortgehen. Aber, wendet er ein, heißt der kleine Junge, der in Muzot mit Geschick und Fleiß seine Botengänge tut, nicht *Essayez!?* Versuchs!?[11] Wieder ein Orakel, das dem unentschlossenen, aber eigensinnigen Mann zu Hilfe kommt! Und er schaut dem Knaben zu, fast neidisch, wie er jeden Morgen um 7¼ Uhr vor der Tür steht mit »wunderbarer Milch und Butter«, und wie er sich »wie ein Held an seine Säge macht, den Kampf gegen die riesigen Holzklötze mit Eifer bestehend. Wär ich doch halb so tüchtig«, seufzt der neue Schloßherr. »Es ist eine sonderbare Veränderung hier in dem alten Thurm zu sein: fast als sähe man das vor dem Bewunderte nicht mehr, oder doch: schaute es nicht mehr an . . . Ernstlich versucht solls aber doch sein, *quand-même!* . . . «[12]

Der Übergang vom »Bellevue« in Sierre – einem Rilke besonders sympathischen Hotel – nach dem endlich zum Wohnen hergerichteten Muzot hatte ihn ein wenig erschreckt. Ihm schien, als habe er die Rolle des bequemen Zuschauers aufgegeben, um nun selber ins Landschaftsbild als ein Teil desselben zu rücken. »*Ce Muzotisme qui a failli devenir une espèce de maladie, sera au bout du compte quand-même une croyance –, espérons-le!*«[13] Damit ist das entscheidende Wort ausgesprochen: Trotz allem, was dagegen sprach, war Muzot doch ein Glaube – der »Muzotismus«, der ihn beinah krank gemacht hatte, die Chiffre des Glaubens an sich selbst. Auch schließen mit diesen Worten die ausführlichen Betrachtungen, die Rainer Maria Rilke in jenem Juli-Monat über sein Erlebnis mit dem Turm von Muzot angestellt hat. Es war ein Abenteuer, dessen Krisenhaftigkeit aus allen Zeilen der Aufzeichnungen des Dichters spricht; aber eine Krise, die eine echte Wendung in seinem Leben herbeiführte. Schon war es eine Hoffnung, hinter deren sich langsam beruhigenden Zweifeln die Erfüllung wartete.

Ein Sturm

Hinter dem bleibenden Ereignis des ersten auf Muzot verbrachten Winters – der Entstehung der Duineser Elegien und der Sonette an Orpheus – dürften füglich die Begleitumstände und Nebenerscheinungen in diesem Bericht über Rainer Maria Rilkes dortiges Leben zurücktreten. So scheint es wenigstens. Allein, das langsame und schwere Einfahren ins Bergwerk – wie er diesen Vorgang mit einem seiner fast immer räumlichen Bilder einmal nannte – ist voll Andeutungen und Hinweise auf das, was Richtung und Ziel war. Wie sollten wir sie mit Stillschweigen übergehen können? Was sich lästig, hinderlich, beunruhigend in den Weg stellte, und was im Gegenteil zu Hilfe kam, förderte und erhob, muß hier wenigstens andeutend erwähnt werden.

Ein Brief an ein junges Mädchen spricht mit ungewohnter Feierlichkeit aus, wie beschaffen das Streben war, das zu jener Zeit den Dichter ganz beseelte: » . . . Ein wenig Zeit noch, und vielleicht werde ich all die Bedingungen, aus denen sich diese ehemals begonnenen Gesänge (die Duineser Elegien) erhoben, nicht mehr begreifen . . . Wenn ich in mein Gewissen schaue, sehe ich nur ein Gesetz, unerbittlich befehlend: mich in mich selbst einschließen und in einem Zuge diese Aufgabe beenden, die mir im Zentrum meines Herzens diktiert wurde. Ich gehorche. – Denn Sie wissen es, hier wandelnd, habe ich nur das gewollt, und ich habe keinerlei Recht, die Richtung meines Willens zu ändern, bevor ich den Akt meiner Aufopferung und meines Gehorsams beendet habe.«[14]

Wie in Berg, betrachtet Rilke auch in Muzot die Erledigung seiner aufgelaufenen, ungeheuren Korrespondenz als die unerläßliche Vorarbeit. Als er sie eines Morgens zählt, sind schon 115 Briefe geschrieben; keiner hat weniger als vier Seiten, manche acht, ja zwölf seiner zierlichen Schrift. Alle berichten von der neuen Wendung und unerwarteten Verlängerung, die sein Schweizer Aufenthalt durch die Ansiedlung im Wallis erfahren hat. In unzähligen Abwandlungen erklingen die Leitmotive von dem »wunderbaren Rhonethal, das mich zu zwei, vorläufig verlorenen Landschaften hinbezieht: Spanien und die Provence«, und von der »ritterlichen Behausung«, die trotz ihren Anforderungen und der wochenlangen Hitze den Sieg behielt und ihn weiter in diesem Gemäuer festhält. Vor den Freunden in Österreich, in der Tschechoslowakei und in Deutschland, die immerfort auf eine endliche Rückkehr des Dichters hoffen, entschuldigt er sich wiederholt, die »gastlichen Kräfte dieses Landes« vorschützend, die jedesmal, wenn er glaubte, mit der Schweiz fertig zu sein, ihn durch »irgendeine unerwartete Gegenbewegung« zurückhalten.[15] Nachdem alle anderen Pläne (Kärnten, Lautschin, Kaiserstuhl) beiseite geschoben und endgültig aufgegeben sind und Rilke nach mehreren, unvermeidlichen Reisen innerhalb der Schweiz in sein Schlößchen zurückgekehrt ist, wird mit dem anbrechenden Winter seine Gemütsverfassung besser, gefestigter, zuversichtlicher. Von seiner Behausung weiß er sogar zu berichten, daß »aus der ›Rüstung‹, die es zuerst war, . . . ein etwas steifer, aber doch immerhin nun weicherer Mantel geworden« ist.[16]

Mit der Vorgeschichte und den Sagen von Muzot hat es eine eigentümliche Bewandtnis. Wenn er darüber an die Fürstin Taxis schrieb, deren Vorliebe für derlei Dinge ihm bekannt war, erzählte er ausführlich von der unglücklichen Isabelle de Chevron, deren Gemahl, Jean de Monthéis, in der Schlacht bei Marignano gefallen war, worauf sich zwei leidenschaftliche Freier der jungen Witwe gegenseitig im Duell erstachen; die allzuleicht bekleidete Isabelle, sagt er, die heimlich nachts aus dem Turm von Muzot schlich und im nahen Miège zu dem Grab der beiden Bewerber zu wandeln pflegte, soll nach der Überlieferung eines Morgens nach einer bitter kalten Winternacht erstarrt und tot auf dem dortigen Kirchhof aufgefunden worden sein. »Auf diese Isabelle«, meint Rilke, »oder auf den immer wieder, wie ein Pendel, aus Marignan zurückkehrenden toten Montheys wird man sich also etwas gefaßt machen müssen und wird sich über nichts wundern dürfen«.[17] Merkwürdig ist allerdings, daß später Rainer Maria in seinem Testament auf diese Vorwohner von Muzot anspielt, indem er verfügte, man möchte ihn nicht in Miège – dem Muzot am nächsten gelegenen Dorf – begraben, »um das ruhlose Nachtwandern der armen Isabelle de Chevron nicht neu aufzuregen«. Als ich bei einem meiner Besuche in Muzot in einem Buch über die Walliser Burgen diese sagenhaften Geschichten aus der Vergangenheit des Schlößchens las, sagte Rilke, einen Blick auf das offene Buch werfend, trocken und etwas unwirsch: »Das ist dumm – anstatt daß einfach die Tatsachen aus der Geschichte von Muzot richtig und redlich berichtet werden!« Damit war dieses Gesprächsthema erledigt. Dies bestätigt den Ausspruch von Lou Andreas, wenn sie von Rainers zeitweiliger Beschäftigung mit Dingen des Okkulten, Beeinflussungen durch Gestorbene usw. sagt, in guten Zeiten habe er mit schroffer Ablehnung, sogar mit Ingrimm davon gedacht. Vergessen wir indessen nicht diese Mahnung an die »Lebendigen«, die in der Ersten Elegie steht:

> . . . . . Aber Lebendige machen
> alle den Fehler, daß sie zu stark unterscheiden.
> Engel (sagt man) wüßten oft nicht, ob sie unter
> Lebenden gehn oder Toten. Die ewige Strömung
> reißt durch beide Bereiche alle Alter
> immer mit sich und übertönt sie in beiden.
> – – – – – – – – .

Wir erwähnten schon die Bedeutung, die Rilke einer richtigen, taktvollen Bedienung beimaß – mochte seine Lebensführung im übrigen noch so schlicht und anspruchslos sein. »Leni« hatte in Berg dieses nützliche Amt so vortrefflich versehen, daß ihr Name in Rilkes Wortschatz als Bezeichnung für die ideale Hausbesorgerin schlechthin eingegangen war. Eine solche war in Muzot um so nötiger, als Rilke nach der Abreise von Frau Klossowska nun ganz auf die Tätigkeit dieser Hilfskraft angewiesen war. Sie zu finden, zu instruieren, sich zu attachieren, gehörte zu den Anfangssorgen des Muzot-Aufenthaltes; mit dem Erfolg, daß (die in den »Briefen aus Muzot« oft genannte) Frieda Baumgartner es verstanden hat, ihren Herrn gut und fürsorglich zu betreuen.

Nicht geringe Sorgen bereitete dem Dichter seine prekäre Finanzlage, die infolge des Sinkens der deutschen Valuta Überweisungen des Insel-Verlags in die Schweiz immer mehr erschwerte, ja zeitweise unmöglich machte. Wie er jedoch auch aus diesen widerwärtigen Umständen einen Vorteil für seine Arbeit zu ziehen verstand, zeigt ein Brief Rilkes an seinen Verleger, wo es heißt: »Vor der Hand geht es auch so, muß gehen, ja es hat vielleicht sein Günstiges, wenn es mir an Mitteln fehlt, mich auch nur für einen Tag aus meinem alten Turm zu entfernen, in dem eingehalten zu sein ja nun meinen Bedürfnissen und Aufgaben am genauesten entspricht«.[18]

Ansprüche an Rilkes Vorsorge wurden an jenem Winteranfang auch durch die Verlobung seiner Tochter Ruth gestellt – eine Aufgabe, der er sich trotz der ununterbrochenen Entfernung aus dem Familienkreis nicht entzogen hat, indem er Kippenberg bat, die nötigen Vorkehrungen zu treffen und aus seinem Guthaben zu bestreiten. Nur daß die Verlobungsanzeige gerade zu diesem Zeitpunkt seinen Zufluchtsort in den Bergen einem unliebsam weiten Kreis alter Bekannter und Verwandter verriet, erschreckte den Einsiedler ein wenig in seinem kaum beginnenden Gefühl von Geborgenheit und Sicherung; bis zum Frühjahr, sagt er, möchte er unbedingt ungestört und allein in Muzot bleiben. Die plötzliche Mahnung an die fernen Angehörigen regte vorübergehend das immer wiederkehrende schmerzliche Gefühl der »Rivalität zwischen Umgang und Arbeit«[19] neu in ihm auf. Es darf in diesem Zusammenhang nicht unerwähnt bleiben, daß während seiner siebeneinhalb Schweizer Jahre und bis zu seinem Tod Rilke weder seine in Prag lebende alte Mutter, noch seine Tochter wiedergesehen hat (auch seine Großmutter mütterlicherseits hat ihn überlebt); den Gatten seiner Tochter hat er nie kennengelernt, noch hat er sein Enkelkind gesehen. (Natürlich unterhielt er mit dem jungen Paar einen Briefwechsel, auch die Mutter und die Gattin ließ er nicht ohne Nachricht.) Frau Clara Rilke, die Gattin, besuchte ihn in Muzot im Jahr 1924; die schon vor dem Weltkrieg und wieder in der Schweiz gehegte Absicht, das Scheidungsverfahren einzuleiten, hat er schließlich, besonders da Kippenberg widerriet, nicht ausgeführt. Den längst verstorbenen Vater erwähnte Rilke in jenen Jahren vielleicht am häufigsten (Joseph Rilke war 1906 gestorben); dieser habe es ja herzlich gut mit ihm gemeint, sagte er im Gespräch, wenn aus seinen Erzählungen deutlich hervorging, ein wie geringes Verständnis dem heranwachsenden Knaben und Jüngling von seinem besorgten, gutbürgerlich gesinnten Erzieher entgegengebracht wurde, und obschon er in seiner Jugend den Vater-Sohn-Konflikt in seiner ganzen Schwere erlebt hat. In der Vierten Elegie ruft er den Schatten des Erzeugers also an:

> »Hab ich nicht recht? Du, der um mich so bitter
> das Leben schmeckte, meines kostend, Vater,
> den ersten trüben Aufguß meines Müssens,
> da ich heranwuchs, immer wieder kostend
> und, mit dem Nachgeschmack so fremder Zukunft
> beschäftigt, prüftest mein beschlagnes Aufschaun, –
> der du, mein Vater, seit du tot bist, oft
> in meiner Hoffnung innen in mir Angst hast,
> und Gleichmut, wie ihn Tote haben, Reiche
> von Gleichmut, aufgibst für mein bißchen Schicksal,
> hab' ich nicht recht? . . .

Der fern von der Familie Lebende blieb in seiner Spätzeit nicht unberührt von den Spannungen, die diese inneren Bindungen an seine Angehörigen in ihm erzeugten; diese Probleme sind oft an ihn herangetreten, wenn er sie gleich am liebsten verschwieg – so daß viele seiner Bekannten kaum um das Vorhandensein von Angehörigen wußten. Zahlreiche Briefstellen bezeugen: Rilke konnte nicht eindringlich genug davor warnen, seine frühen Werke autobiographisch auszulegen, und die von Lesern seines Romans oft gemachte Verwechslung zwischen der erfundenen Gestalt des Malte und ihm selbst konnte ihn verstimmen und erzürnen: er habe gar nicht das Recht, meinte Rilke, die Schicksale Maltes zu seinen eigenen zu zählen. Umgekehrt hatte er seine eigenen Kindheitserlebnisse in diesem Roman nicht gestaltet noch innerlich aufgearbeitet (was er immer wieder verschoben hat). Von Rilke haben wir kein Buch der Selbstenthüllung wie es Gide in seiner Autobiographie – allerdings auf einer Altersstufe, die Rilke leider nicht erreichte – geschrieben hat. Das in den Aufzeichnungen des Malte Laurids Brigge geschilderte Milieu hat nichts gemein mit demjenigen, in dem Rilke aufgewachsen war, und auch das Milieu, das er in seinen Prager Geschichten beschrieben hat, darf man nicht für dasjenige seiner Kindheit halten. Das Wunschbild der idealen Mutter, das in der Gestalt von Maltes »Maman« so eindrücklich gezeichnet ist, ist nicht das Bildnis der eigenen Mutter; aber jenes Wunschbild erscheint noch einmal in der Elegien-Dichtung, wo in der Dritten Elegie folgende Verse stehen:

Mutter, du machtest ihn klein, du warsts, die ihn anfing,
dir war er neu, du beugtest über die neuen
Augen die freundliche Welt und wehrtest der fremden.
Wo, ach, hin sind die Jahre, da du ihm einfach
mit der schlanken Gestalt wallendes Chaos vertratst?
Vieles verbargst du ihm so; so das nächtlich verdächtige Zimmer
machtest du harmlos, aus deinem Herzen voll Zuflucht
mischtest du menschlichern Raum seinem Nacht-Raum hinzu.
Nicht in die Finsternis, nein, in dein näheres Dasein
hast du das Nachtlicht gestellt und es schien wie aus Freundschaft.
Nirgends ein Knistern, das du nicht lächelnd erklärtest,
so als wüßtest du längst, wann sich die Diele benimmt ...
Und er horchte und linderte sich. So vieles vermochte
zärtlich dein Aufstehn; hinter den Schrank trat
hoch im Mantel sein Schicksal, und in die Falten des Vorhangs
paßte, die leicht sich verschob, seine unruhige Zukunft.

Wenn man neben den wunderbar leichten Fluß dieser Verse
einen Brief hält, den Rainer in spätern Jahren aus Muzot der alten
Mutter Phia Rilke zum Weihnachtsfest geschrieben hat, ist man
betroffen von der gewundenen Schwierigkeit, die ihm die Abfas-
sung dieses Schreibens offensichtlich bereitet hat. Wohl erwähnt
er dort pietätvoll den verstorbenen Vater, wohl sendet der Sohn
als kostbares Angebinde seiner Mutter die Bände mit den Duineser Elegien und den Sonetten an Orpheus nach Prag – aber das
frohe, zustimmende Herz fehlt ... Kein Biograph darf über diesen tiefen Konflikt in Rilkes Leben hinwegsehen; dieser hat einmal der Fürstin Taxis anvertraut: »Ich bin kein Liebender, vielleicht weil ich meine Mutter nicht liebe.« In seiner Kindheit hüllte
Phia Rilke den kleinen René in Mädchenkleider, damit er sie an
sein älteres, vor seiner Geburt gestorbenes Schwesterchen erinnere. Er erzählte von den eigenartigen Verzärtelungen, die ihm
zuteil wurden: wie die Eltern vor Ausgängen das Thermometer
prüften, um seine Kleidung ganz genau nach der jeweiligen Temperatur richten zu können usw. Worauf sie ihn plötzlich, noch ein
Kind, den Schrecken der militärischen Internatsschule, weit weg
von zu Hause, preisgaben. Gewiß kann man Rilkes Mutter kaum
einen Vorwurf daraus machen, daß sie in ihrem längst seiner Jugend entwachsenen Sohn immer noch den Jüngling und Verfasser
unzulänglicher lyrischer Versuche bewunderte, den sie auf dem
steilen Weg seiner künstlerischen Reife nie hat einholen können.

Schon früh ließ er immer größere Pausen zwischen seinen Wiedersehen mit ihr eintreten. Er war erst 28jährig, als er Lou Andreas-Salomé aus Rom nach einem solchen Wiedersehen schrieb (am 15. April 1904): »Meine Mutter kam nach Rom und ist noch hier. Ich sehe sie nur selten, aber – Du weißt es – jede Begegnung mit ihr ist eine Art Rückfall. Wenn ich diese verlorene, unwirkliche, mit nichts zusammenhängende Frau, die nicht altwerden kann, sehen muß, dann fühle ich wie ich schon als Kind von ihr fortgestrebt habe und fürchte tief in mir, daß ich, nach Jahren Laufens und Gehens, immer noch nicht fern genug von ihr bin, daß ich innerlich irgendwo noch Bewegungen habe, die die andere Hälfte ihrer verkümmerten Gebärden sind, Stücke von Erinnerungen, die sie zerschlagen in sich herumträgt; dann graut mir vor ihrer zerstreuten Frömmigkeit, vor ihrem eigensinnigen Glauben, vor allem diesem Verzerrten und Entstellten, daran sie sich gehängt hat, selber leer wie ein Kleid, gespenstisch und schrecklich. Und daß ich doch ihr Kind bin; daß in dieser zu nichts gehörenden, verwaschenen Wand irgend eine kaum erkennbare Tapetenthür mein Eingang in die Welt war – (wenn anders solcher Eingang überhaupt in die Welt führen kann . . .).«[20]

Diese erbarmungslose Aussage ist nicht die einzige, die er gemacht hat, denn »dies ihn nahezu lebenslang Quälende«, wie Lou sagt, hat ihn weiterverfolgt und in ihm die Vorstellung erzeugt, er sei von Geburt her »immerdar in all den Schäden geprägt« (Lou A.-S.), die ihm anhafteten; auch in seinen späten Jahren peinigte ihn der Gedanke, daß seine eigenen, leidenschaftlich abgeschworenen, weil in seinem Wesen noch dunkel nachwirkenden Unzulänglichkeiten sich in der fernen Greisin hartnäckig behaupteten. Damit hing auch seine heftige Opposition gegen das Christlich-Kirchliche (seine »rabiate Antichristlichkeit«, wie er es einmal genannt hat) zusammen, da diese Dinge ihn zwanghaft an die etwas alberne, »zerstreute« Bigotterie der alten Frau (und die muffige, geisttötende Atmosphäre altösterreichischen Kirchentums) erinnerten. Vor allem aber tut rücksichtslose Aufdeckung dieser Zusammenhänge not, um erkennen zu können, daß das Wunschbild der Mutter, wie es der Dichter im Malte-Roman und in der Dritten Elegie beschwört, aus einer Gegenbewegung zum eigenen Mutter-Erlebnis oder als Flucht aus ihm entstanden ist. Während der Kriegsjahre hat Phia Rilke ihren Sohn in München wiederholt besucht, in der Schweiz nicht mehr (sie kam erst als er tot war – die alte Frau ging unruhig zwischen Muzot und dem Grab in Raron hin und her). In einem vielleicht allzunahen, weil unter dem unmittelbaren Eindruck eines ihrer Besuche in München entstandenen Gedicht, hat der 40 jährige ausgedrückt, wie sehr er unter solchem Wiedersehen litt:

> Ach, wehe, meine Mutter reißt mich ein.
> Da hab ich Stein um Stein zu mir gelegt
> und stand schon wie ein kleines Haus,
> um das sich groß der Tag bewegt,
> sogar allein – da kommt die Mutter,
> kommt und reißt mich ein.
>
> Sie reißt mich ein, indem sie kommt und schaut,
> sie sieht es nicht, daß einer baut –
> sie geht mir mitten durch die Wand von Stein.
> Ach wehe, meine Mutter reißt mich ein.
>
> Die Vögel fliegen leichter um mich her,
> die fremden Hunde wissen: das ist d e r –
> nur einzig meine Mutter kennt es nicht,
> mein langsam mehr gewordenes Gesicht.
>
> Von ihr zu mir war nie ein warmer Wind.
> Sie lebt nicht dorten, wo die Lüfte sind,
> sie liegt in einem hohen Herzverschlag
> und Christus kommt und wäscht sie jeden Tag.[21]

Diese Verse enthüllen viel (Rilke hat sie drei oder vier Jahre nach den oben aus der Dritten Elegie zitierten geschrieben). Gewiß, sie sind in den Kriegsjahren entstanden, wo alles zusammenwirkte, um den Dichter zu exasperieren und ihn seine eigene Gefährdung bis zur Verzweiflung fühlen zu lassen. Daß das fremde und doch nahe Wesen der Mutter mit dem langen Gesicht und den schwarzen drapierten Schleiern ringsum, die sich einbildete, Jesus und Maria kämen sie täglich im Hotel besuchen, die Macht hatte, ihn »einzureißen«, ist schrecklich und bedenklich. Die Bindung war eng, wenn man erwägt, daß ihn die Verständnislosigkeit dieser Frau schmerzte: sie sah nicht, daß er baute, sie merkte nicht, daß sein Gesicht »mehr« geworden war – und es erbitterte ihn. Rilkes Gefährtin der ersten Kriegsjahre, Frau Albert-Lasard, die diese Besuche der Mutter miterlebt hat und in ihrem redlichen Buch darüber berichtet, sagt: »Diese Fremdheit, unter der er gelitten hat, hat indessen seine Auflehnung gegen alles bewirkt, was konventionell, künstlich, kurz, verlogen ist; hat ihn bewogen, das Gewissen zu erforschen bis in die durch fromme Lügen geschütztesten Winkel«.[22] Die lange Lebens- und Wirklichkeitserforschung, die den Inhalt von Rilkes geistigem und dichterischem Lebensweg bildet, hatte sich im radikalsten Gegensatz zu allen Dingen, Vorurteilen und Konventionen seines sozialen und familialen Ursprungs – die ihm in der Mutter verkörpert schienen – entwickelt. Seine tiefe Aufrichtigkeit und Wahrheitsliebe hatte ständig in ihm Angst, sie könnte nicht aufrichtig und wahr genug sein und sich noch in irgendeinen Fetzen der mütterlichen Schleier verwickeln. Und so erscheint auch Christus am Schluß dieses aus Auflehnung geborenen Gedichtes unzertrennlich mit dem ungeliebten Bild der Mutter verbunden: der Christus, von dem Rilke nichts wissen wollte, von dem er einmal sagte, niemand antworte, wenn man ihn durchs Telephon anrufe, für den er Worte fand, die einen ähnlich schrillen und empörten Klang haben, wie wenn er über seine Mutter spricht, dem er seine Mittlerrolle leidenschaftlich abstritt, um dessentwillen er eine Religion verwarf, die den Mittler zwischen Mensch und Gott einschaltet.

Es ist, weil viel Sentimentales und Schwächliches über Rilke geschrieben wurde, nötig zu sagen, mit welcher Rücksichtslosigkeit, mit welcher Radikalität in gewissen Situationen und über gewisse Dinge er denken, sich über sie ausdrücken konnte. Was im gemäßigten Klima der Konversation Humor, im manchmal rauheren der Briefe Persiflage und Ironie ist – etwa in den unnachahmlichen Schilderungen von Persönlichkeiten wie Romain Rolland und Franz Werfel –, es wird, z. B. an einigen Stellen der Duineser Elegien, Satire – sogar Polemik im Brief des jungen Arbeiters, der in den gleichen Tagen wie die Elegien entstanden ist. Es ist nötig, die alberne Verniedlichung dieses energischen Geistes zu einem bloß zarten, sanften Rilke entschieden zu korrigieren und ihn in den Dimensionen zu sehen, die die seinen waren. Was sich in Muzot in jenem Winter 1921–1922 vorbereitete, waren Raketen, die eines Tages zischend in den »Weltinnenraum« losbrannten und dort, wo das große Dunkel ist, mit ihrer magischen Leuchtkraft Helle verbreiteten und Weite enthüllten. Das, was sanft an ihm war und rührte, das Kindliche, Verwöhnte und manchmal Hilflose, aber auch die große Lauterkeit seines Wesens, die aufrichtete, das Verführerische endlich seines ganz persönlichen Zaubers, alle jene entgegenkommenden Eigenschaften, die eine Frau, welche bei ihm Rat gesucht und der er zurückgeschrieben hatte, zu ihm sagen ließen: »Ich bin weit offen der Klarheit, Weite und Milde Ihrer Gedanken . . . In ihnen erreichen alle Dinge ein Maß von Versöhnlichkeit, in der man ein Unglück kaum noch als ein solches empfindet«[23] – all das war in dieser reichen Persönlichkeit auch vorhanden, deren Faszination groß war. Aber als Zeuge darf und soll man es feststellen: die äußere Haltung Rilkes machte den Eindruck großer Selbstbeherrschung und geistiger Zucht; es ist bezeugt, daß Zornausbrüche zwar selten waren – aber sie kamen vor und waren von großer Heftigkeit. Liebenswürdig und rücksichtsvoll – ja; aber wer in Gesichtern lesen kann, merkte an den Zügen dieses Mannes, daß Dämonen dahinter lauerten und Stürme auf ihre Entfesselung warteten. – – – –

In seltsamen Mäandern vollzieht sich die Einkehr in diesem ersten Winter auf Muzot. Rilke bleibt in monatelanger, ununterbrochener Einsamkeit mit seiner Wirtschafterin allein in dem alten Gemäuer. Wenn Weihnachten näher kommt, schränkt er auch seine Korrespondenz stark ein. Was er über die Schwierigkeiten zu sagen hatte, die sich immer noch der vollkommenen Konzentration auf seine Aufgabe entgegenstellten, hatte er nun ausgesprochen. Damit waren sie in einem gewissen Sinne schon überwunden. Indem er die »unsäglichen Hindernisse« heraufruft, die ihm »durch die Jahre (und besonders seit 1914) auferlegt gewesen sind«, erlangt er Klarheit darüber, daß alle Worte, »die ich noch je werde zu formen haben, ... schwer und massig sein (werden) von Natur. Nie war ich weniger in der Lage, mit leichten und gefälligen und gelegentlichen hervorzutreten. Mir scheint, als ob nur noch Eines, ein letztes Gültiges, das Eine, das not tut, mich zur Aussprache berechtige.«[24]

Trotz der Abgeschiedenheit, in der der Dichter lebte, hatten auch von außen kommende Kräfte teil an dem endlichen Gelingen. Einmal beschäftigten, fesselten, begeisterten ihn in jenen Monaten die Dichtungen und Prosaschriften von Paul Valéry. Rilke besaß zeit seines Lebens eine Bewunderungsfähigkeit für geniale Künstler und Dichter, die zu den mächtigsten Triebkräf-

Muzot vom Garten aus
Phot. H. Wyß

ten seines eigenen Schaffens gezählt werden muß. Wie jeder wahrhaft schöpferische Mensch war auch er ein großer Aufnehmer und Aneigner und Anverwandler. Stefan George bewegte den Anfänger – er war ihm in Berlin vorgestellt worden und begegnete ihm nochmals am Jahrhundertende in Italien. Tolstois Romane hatten vor und nach Rilkes Besuch in Jasnaja Poljana Macht über ihn – bei einer gleichzeitigen und entschiedenen Ablehnung des religiösen Propheten. Der Däne Jens Peter Jacobsen und Dostojewski sind aus der Entstehung und der Atmosphäre des Malte Laurids Brigge nicht wegzudenken. Rodin und Cézanne, die französischen Dichter Baudelaire, Mallarmé, auch Francis Jammes und Verhaeren sind Rilkes Erzieher und Begleiter während seines Anstieges zur künstlerischen Reife gewesen; Verhaeren fühlte er sich persönlich eng verbunden, aber sein Meister Rodin und die bildende Kunst hatten wahrscheinlich größeren Teil an der Entstehung und Ästhetik der Neuen Gedichte, die in Rilkes besten Pariser Jahren entstanden sind, als irgendein literarisches Vorbild. In Spanien empfing er den bleibenden Eindruck Grecos – an einigen Stellen der Elegien steht er wahrnehmbar hinter den ragenden Bildern. Dann kam die intensive Beschäftigung mit Strindberg nach dem Abschluß des Malte-Romans: die Strindbergische Gegenströmung gegen Rilkes Natur muß, als positive Einsicht, in seinem ferneren Denken ernstgenommen werden. Gerhart Hauptmann und Gabriele d'Annunzio waren kaum mehr als vorübergehende, freilich sehr bedeutende Bekanntschaften. Wichtig war im ersten Kriegsjahr die Beschäftigung mit Hölderlin; damals hörte Rilke in München die Vorträge von Hellingrath über Hölderlin und die Deutschen und Hölderlins Wahnsinn. Hellingraths Ausgabe der späten Hymnen von Hölderlin begleitete Rilke überallhin – im gleichen Band hat er seine Hymne an Hölderlin eingeschrieben.[25] Seither ließ Rilke Hölderlin anscheinend auf der Seite liegen – aber die Berührung ist vermutlich stark genug gewesen, um als innere Strömung zu den sprachlichen Quellen der später gelungenen Vollendung der Elegien hinzugezählt werden zu dürfen. (Nietzsches Werke hat Rilke nicht gelesen – er wollte sich mit ihnen nicht beschäftigen.) Sigmund Freuds Psychoanalyse, dem Dichter von Lou Andreas nahegebracht, hinterließ in Rilkes Geist ganz bestimmte, in seinem Werk wiedererkennbare Denkvorstellungen (die Herzlichkeit, mit der er Lou gelegentlich mit seinen Grüßen an Freud beauftragt, zeigt die menschliche Helle dieser Beziehung an). Ferner gehörte Rilke zu den ersten Lesern von Gide, Proust, Kafka; das Zeugnis der Freundschaft mit Gide ist in ihrem Briefwechsel erhalten; mit Kafka verbindet ihn mehr als nur die gemeinsame Zugehörigkeit zu Prag, obgleich vermerkt werden muß, daß dessen damals noch wenig bekannter Name in Rilkes Briefen kaum vorkommt. Die Entdeckung, im Frühjahr 1921, der Gedichte von Paul Valéry übte eine intensive und jahrelang vorhaltende Wirkung auf Rilkes Geist aus. Er sagte einmal in Bern: »Ich war allein, ich wartete, mein ganzes Werk wartete. Eines Tages las ich Valéry; ich wußte, daß mein Warten zu Ende war.«[26] Ehe in Muzot die Elegien und die Sonette niedergeschrieben wurden, vermochte Rilke Valérys *Cimetière marin* »mit solcher Äquivalenz zu übersetzen . . . ., wie ich sie zwischen den beiden Sprachen kaum für erreichbar gehalten habe«.[27] Das Gelingen dieser Verdeutschung eines schweren französischen Gedichtes empfand der Dichter wie ein Erwachen seiner eigenen schöpferischen Kräfte, und er nahm sich vor, wenn er »im Eigenen erst wieder ein wenig gesichert sei«, auch die Prosastücke des Franzosen – vor allem *Eupalinos,* den er einen »herrlichen Dialog« nennt – zu übertragen.

Eine Anregung ganz anderer Art war ihm am Neujahrstag 1922 beschert worden, als er die Aufzeichnungen einer Mutter über die Krankheit und den Tod ihrer Tochter las. Dieser in seiner Schlichtheit ergreifende Bericht der Frau Gertrud Ouckama Knoop über das furchtbare Leiden ihrer Tochter Wera hat Rilke tief ergriffen. Er war mit Gerhard Ouckama Knoop befreundet gewesen, der früh starb, und hatte in München die Beziehung mit dessen Witwe weitergepflegt. Die eine der Töchter Knoop, die Rilke während des Krieges als Kinder gekannt hatte, das eben erwachsene, schöne Mädchen, dessen »dunkler, seltsam zusammengefaßter Liebreiz mir so unsäglich unvergeßlich, und so unerhört heraufrufbar ist«, war vor zwei Jahren gestorben. Mit der ganzen Innigkeit seines Mitgefühls erlebte Rilke in diesen Blättern einer Mutter das unbegreifliche Schreknis des körperlichen Schmerzes, dem ein junges, künstlerisch hochbegabtes Mädchen erlegen war. Er findet in diesen Aufzeichnungen die eigentümliche und unüberwindliche Unverbundenheit der körperlichen Not und ihres geistigen Gegenteils, und er kann sich nicht enthalten, die Unbegreiflichkeit körperlichen Schmerzes, dem wir mit un-

serm ganzen Wesen zu erliegen scheinen, auszulegen; Rilke betrachtet den körperlichen Schmerz als ein Mißverständnis, als einen Widerspruch der mit uns gleichgesinnten, zum Dasein ent-
schlossenen und frohen Natur. Das schlichte Dokument einer
duldenden Mutter, die auch noch die grausamsten Augenblicke
des Sterbens ihrer Tochter mitzuerleben die Kraft besaß, »weil
diese Momente doch nun das furchtbare Eigentum ihres armen
Kindes geworden waren«, schildert, sagt Rilke, diesen Konflikt
so erschütternd wie »Montaigne's Eindrücke am Lager seines
schwer und entstellt sterbenden Freundes«. Ihm kommt es vor,
»als läge etwas wie eine Bevorzugung darin, daß dem Menschen
so ungeheure Qual nicht erspart werde, als spräche sich in ihrer
Rücksichtslosigkeit etwas wie ein Eingeweihtsein aus, ein Dazu-
gerechnetsein zum Äußersten, – als könnte gerade diese heillose-
ste Noth nur einem Geschöpf widerfahren, für das es keine Geheimnisse geben soll«.[28]

Wie tief von jeher und aus innerstem Zwang der Gedanke an
Tod, an körperliches Leiden und frühes Sterben Rilkes Wesen
aufrührte, und wie er sie immerdar – mit einer Art *credo quia ab-
surdum* – einzubeziehen versuchte in seine Natur- und Daseins-
bejahende Weltfrömmigkeit – davon kündet sein ganzes Werk.
Auch gehören die Schlußverse der Ersten Elegie, die den »Frühentrückten« geweiht sind, zu demjenigen Teil dieser Dichtung,
der schon in Duino 1912 entstanden war. An der Entstehung der
Sonette an Orpheus hatten die Aufzeichnungen der Mutter Weras unmittelbaren Anteil; Rilke hat diesen Gedichtzyklus »geschrieben als ein Grabmal für Wera Ouckama Knoop«. Die Erschütterung über diesen Bericht von dem Leiden und schweren
Sterben eines jungen Menschen, und der unbeugsame Wille des
Dichters zur Bejahung des Lebens, selbst zu dem furchtbarsten,
was es hervorbringt und über seine Vernichtung hinaus, seine
»durch gar nichts und in gar nichts einschränkbare Zustimmung
zum Dasein«[29]: diese fruchtbare Polarität von Schmerz und Jubel, Rühmung und Klage war es, in deren Spannung seine aufge-
stauten schöpferischen Kräfte gerieten, als sie sich in den Klage-
und Jubelgesängen der Elegien und Sonette lösten. –

In den ersten Tagen und Wochen des neuen Jahres (man schrieb
1922) kündet sich jener Zustand der Bereitschaft an, der für den
Dichter schon fast gleichbedeutend mit »Arbeit« ist. Alles übrige
ist Gnade. Rilkes Stimmung ist heiter und im reinsten Sinne des

Wortes vergnügt. Alle Hindernisse sind überwunden; mit der Stärke, die nur Geduld und Opferwille verleihen, bereitet er sich auf Kampf und Sieg vor. Nichts darf mehr seine Konzentration stören. Es ist wie eine Fastenzeit. Keine Zerstreuung, keine Gesellschaft gestattet er sich mehr; seit vielen Tagen hat er keine Zeitung gelesen. Immer seltener werden die Briefe, die das Arbeitszimmer von Muzot verlassen.

Was neu aufblühen will, weiterwachsen muß – was so lange wie in unüberwindlichem Winterschlaf als Torso liegengeblieben war: es wird in der winterlichen Stille und Abgeschiedenheit von Muzot zur endlichen Vollendung gedeihen. Von dem Werk, das der Dichter vor genau zehn Jahren, im Winter 1911–1912, in einem Felsenschloß über der Adria begonnen hatte, waren bereits vorhanden: die vollendete Erste und Zweite Elegie, die beide damals in Duino entstanden waren; die vollendete Dritte, die das Datum Duino 1912 und Paris 1913 trägt; die ebenfalls vollendete Vierte Elegie, die einzige, die in der Kriegszeit 1915 in München gelungen ist; von der Sechsten lag ein Fragment aus Ronda 1912–1913 und Paris 1914 vor, ein anderes Fragment – wahrscheinlich in Toledo oder Ronda entstanden – wird nach der Vollendung des Werks als Neunte im Kreis der Elegien stehen. Seit in Duino der Anfang der Zehnten niedergeschrieben wurde (Rilke hatte sie in Paris um etwas erweitert, aber nicht vollendet), war diese Elegie immer schon als die letzte vorgesehen.[30] Von den zehn Gesängen lagen also vier abgeschlossen vor; Anfänge und Bruchstücke deuteten auf drei andere.

Allein, es geschah, daß die hervorbrechende Schaffenskraft des Dichters sich zuerst in ein anderes Bett stürzte. Vom 2. bis zum 5. Februar schreibt er, als würden sie ihm wie ein unerwarteter Überschuß geschenkt, einen Zyklus von fünfundzwanzig Sonetten nieder: »als ein Grabmal für Wera Knoop! Erst im Schreiben merkte ich nach und nach, daß es dies sei, – nur ein einziges Sonett (sic!) bezieht sich auf die Tote, das XXIVte, vorletzte, und doch ist das Ganze wie ein Tempel um dieses Bildnis. Es heißt ›DIE SONETTE AN ORPHEUS‹«.[31] In der endgültigen Ausgabe steht das Gedicht, das von dem sterbenden Mädchen Wera kündet, an vorletzter Stelle im Ersten Teil der Sonetten-Dichtung, nunmehr als das fünfundzwanzigste in dem herrlichen Kranz. Eine Abschrift der in wenigen Tagen entstandenen Dichtung bestimmt Rilke für die Mutter Weras: »Sie werden beim er-

sten Einblick verstehen«, schrieb er am 7. Februar an Frau Oukkama Knoop, »wieso Sie die Erste sein müssen, sie zu besitzen.
Denn, so aufgelöst der Bezug auch ist (nur ein einziges Sonett, das
vorletzte, XXIVe, ruft in diese, ihr gewidmete Erregung Weras
eigene Gestalt), er beherrscht und bewegt den Gang des Ganzen
und durchdrang immer mehr – wenn auch so heimlich, daß ich ihn
nach und nach erst erkannte – diese unaufhaltsame, mich erschüt-
ternde Entstehung.«[32]

In »einigen Tagen ungeheuren Gehorsams im Geiste« vollendet
daraufhin Rilke seine Elegien. Am Nachmittag des 9. Februar
sendet er ein Telegramm an Frau Wunderly ab: »Sieben Elegien
nun im Ganzen fertig – jedenfalls die wichtigsten – Freude und
Wunder!« Noch auf dem Heimweg vom Postamt »schloß und bildete sich die Achte und Neunte um kleine und größere frühere
Bruchstücke«.[33]

Spät am Abend dieses stürmischen Tages konnte Rilke in einem
über die Maßen schönen Brief seinem Verleger Anton Kippenberg nach Leipzig berichten: »Die Elegien sind da«. Obgleich er
kaum mehr die Feder halten kann, schreibt er diese Zeilen dem
alten Freund (dem er für zehn Jahre Geduld aus erfülltem Herzen
dankt):

>>ich bin überm Berg!
Endlich! Die ›Elegien‹ sind da. Und können heuer (oder wann
sonst es Ihnen recht sein mag,) erscheinen . . . .
So.
Lieber Freund, jetzt erst werd ich atmen und, gefaßt, an Handli-
ches gehen. Denn dieses war überlebensgroß –, ich habe gestöhnt
in diesen Tagen und Nächten, wie damals in Duino, – aber, selbst
nach jenem Ringen dort –, ich habe nicht gewußt, daß ein solcher Sturm aus Geist und Herz über einen kommen kann! Daß
mans übersteht! daß mans übersteht.
Genug, es ist da.
Ich bin hinausgegangen, in den kalten Mondschein und habe das
kleine Muzot gestreichelt wie ein großes Tier –, die alten Mauern,
die mirs gewährt haben. Und das zerstörte Duino.
Das Ganze soll heißen:
Die Duineser Elegien.
Man wird sich an den Namen gewöhnen. Denk ich.«[34]

Noch in der gleichen Nacht – er wiederholt auf französisch: »*Et
je suis sorti pour caresser ce vieux Muzot, au clair de lune*« – be-

137

richtet er das Ereignis der Freundin in Genf in einem Billett, das mit dem Aufschrei beginnt: »*Merline, je suis sauvé!*« Kein Zweifel, daß diese Gefährtin der ersten Schweizer Jahre großen Anteil hatte nicht nur an der äußeren Einrichtung und Organisation von Rilkes Wohnsitz im Wallis, sondern auch an diesem endlichen Gelingen, das er eine Rettung nennt. Es ist ein Zeugnis für Rilkes große Luzidität inmitten der Erschütterung, daß er bereits in diesen raschen, »nach diesem göttlichen Sturm« geschriebenen Zeilen sagt, die tägliche, ruhige, besonnene Arbeit, die nun beginne, werde ihm »wie eine Windstille« vorkommen.[35]

Und am nächsten Morgen, in einem Brief an Frau Wunderly, der einer Siegesbotschaft gleicht, heißt es:

» . . . . . Ach, daß ich d i e s noch erleben durfte, – was, erleben: s e i n, es sein, das Ungeheure!…Nicht einen Tag länger hätte ichs ausgehalten (wie in Duino damals, – ärger) alles, was Geweb in mir ist, Bindung, krachte im Sturm . . . ich muß schon gut gefügt sein, daß ichs ausgehalten habe.

Gebe mir Gott nur ruhige, gelassene Arbeiten, menschliche, nicht mehr, die über alles Bürgerliche und Ver-bürgte der Kraft hinausgehen . . .

Es ist gethan, g e t h a n!

Der Blut- und Sagenkreis von zehn (zehn!) seltsamen Jahren hat sich geschlossen. – Es war, jetzt fühl ichs erst ganz, wie eine Verstümmelung meines Herzens, daß dieses nicht da war! Dieses, nun Seiende.«[36]

Rilke erzählt, wie gerade am Abend, als er fertig geworden war, ein Postbote weiße Hyazinthen gebracht habe – von einem unbekannten Geber. Dieses sinnvolle Zusammentreffen berührte ihn tief.

Und dann, am 11., vollendet der Dichter die letzte, Zehnte Elegie, diejenige, die schon, als er sie in Duino begann, als Schlußstein des großgeschwungenen Gewölbes gedacht war. Von dem alten Bruchstück stehen nur noch die zwölf ersten Zeilen, alles übrige ist in Muzot dazugekommen. – Erst jetzt, am Abend dieses Samstags, erst da sich die Anfangszeilen:

Daß ich dereinst, an dem Ausgang der grimmigen Einsicht,
Jubel und Ruhm aufsinge zustimmenden Engeln . . .

zu dem großen, langen Gesang geweitet und gerundet hatten, teilt Rainer Maria Rilke das Ereignis auch der Fürstin von Thurn und

Taxis mit: der Besitzerin von Duino. Und weil er in seiner großartigen Höflichkeit meint, er könne ihr nicht widmen, was ihr von Anfang an gehört habe, werde im Buch keine Widmung stehen, sondern:

»Aus dem Besitz . . . . . . «[37]

In einem unansehnlichen Pergamentbändchen, das aus der Zeit in Soglio stammte, schickte der Dichter tags darauf die Reinschrift des vollendeten Werkes Frau Nanny Wunderly. Es sei »mal habillé«, sagt er im Begleitbrief – aber: »*Napoléon l'était aussi aux jours d'une de ses grandes victoires, dont il ne voulait pas amoindrir l'éclat par un vain concours de toilette! Mais vraiment, je le dis de grand coeur, c'est lui, le petit livre de Soglio, qui brille et qui est fier –:*

> *PAS MOI*
> *JAMAIS*
> je n'était plus humble, plus à genoux:
> oh
> infiniment!

R.«[38]

In seiner rührenden Menschenfreundlichkeit tut Rilke auch der dienenden und zurücktretenden Rolle seiner Hausbesorgerin Erwähnung: »Frieda hat brav standgehalten in diesen Tagen, da Muzot auf hoher See des Geistes trieb. Nun war sie wirklich das . . . ›Geistlein‹ – kaum da und doch sorgend und ohne Angst, wenn ich hier oben ungeheure Kommando-Rufe ausstieß und Signale aus dem Weltraum empfing und sie dröhnend beantwortete mit meinen immensen Salut-Schüssen! – Sie ist wirklich tapfer, das Geistlein. Und freudig und *infiniment de bonne volonté.* «[39]

Wenn man erfährt, daß in diesen Tagen der Ergriffenheit und »elementarischen Unordnung« an Essen nicht zu denken war und an Schlafen nur für kurze, späte Stunden, muß man zugeben, daß an das Verständnis des fürsorglichen Mädchens hohe Anforderungen gestellt wurden.

Daß auch die älteste Freundin, Lou Andreas-Salomé, zu den ersten gehörte, denen Rilke das Ereignis mitteilte (am Abend des 11. Februar), versteht sich von selbst. Seit fünfundzwanzig Jahren war diese bedeutende Frau, die er in seiner Jugend leidenschaftlich geliebt – und wieder verlassen hatte, die aber auch nachher wieder auf seine geistige Entwicklung und auf seinen inneren Weg mit intellektueller Überlegenheit und tiefem Verständnis für seine Wesensart ununterbrochen eingewirkt hat wie kein anderer Mensch in seinem Leben, das immer gleichbleibende Maß für alle Dinge, die ihn bewegten. Ihr teilte er alles am rückhaltlosesten mit, ihrem großen Verstand und starken Herzen vertraute er am meisten, und ihre Freundschaft ist immer mitwissend, souverän und doch liebevoll geblieben. (Deshalb sind auch Lous Bücher diejenigen, die Rilke am nächsten kommen.)[40] Unter ihren Augen war schon die Weise vom Cornet Christoph Rilke und das Stunden-Buch entstanden, und etwas von dieser frühen Tonart und diesem jüngeren Stil klingt in Rilkes Briefen an seine russische Freundin nach – bis in denjenigen, in dem er ihr die Vollendung seiner beiden späten Werke mitteilt: der Elegien und der Sonette. Die Freude, die es ihm bereitet, ihr von dem Sonett zu berichten – es ist in der Buchausgabe das XX. des Ersten Teils –, in dem eine alte Erinnerung an ihre gemeinsame Rußland-Reise aus dem Jahre 1900 beschworen wird, strahlt aus diesen Worten: »Und stell Dir vor, noch eins … schrieb ich, machte, das Pferd, weißt Du, den freien glücklichen Schimmel mit dem Pflock am Fuß, der uns einmal, gegen Abend, auf einer Wolga-Wiese im Galopp entgegensprang –:

wie

hab (ich) ihn gemacht als ein ›Ex-voto‹ für Orpheus! – Was ist Zeit? – Wann ist Gegenwart? Über so viel Jahre sprang er mir, mit seinem völligen Glück, ins weitoffene Gefühl.

So wars eines nach dem andern.

Jetzt weiß ich mich wieder.«[41]

Tags darauf und in den folgenden Tagen, nach dem Abschluß der Zehnten Elegie, schrieb Rilke ein großes, erst posthum erschienenes Prosastück, von dem der Herausgeber der Ausgewählten Werke zu sagen weiß: »Derselbe Schreibblock, welcher an seinem Anfang die Entwürfe der Zehnten, am Schluß die der Fünften Elegie enthält, birgt dazwischen die leidenschaftlich hingeworfenen Brouillons einer ›Erinnerung in Verhaeren‹, aus denen dann unmittelbar der imaginäre Brief eines Arbeiters an den (1916 verstorbenen) flämischen Dichter hervorging«.[42] Dieser Arbeiterbrief behauptet in Rilkes Spätwerk einen zentralen Platz als Paraphrase von alldem, was in den Elegien und Sonetten ausgedrückt ist; wie sie ist er in die Polarität von Rühmung und Klage einbezogen, aber intellektueller, eine Auslegung von dem, was als Gedanke und Weltbild der Dichtung zugrunde liegt. Rilkes Anliegen ist die Bestätigung, die Rechtfertigung des »Hiesigen«, der Welt, des irdischen Daseins des Menschen. Auf die Frage: » . . . warum dann / Menschliches müssen – und, Schicksal vermeidend, / sich sehnen nach Schicksal? . . . « antwortet er in der Neunten Elegie:

> O, nicht, weil Glück ist,
> dieser voreilige Vorteil eines nahen Verlusts.
> Nicht aus Neugier, oder zur Übung des Herzens,
> das auch im Lorbeer wäre . . .
> Aber weil Hiersein viel ist, und weil uns scheinbar
> alles das Hiesige braucht, dieses Schwindende, das
> seltsam uns angeht. Uns, die Schwindendsten. Einmal
> jedes, nur einmal. Einmal und nicht mehr. Und wir auch
> einmal. Nie wieder. Aber dieses
> einmal gewesen zu sein, wenn auch nur einmal:
> irdisch gewesen zu sein, scheint nicht widerrufbar.

Der Brief des jungen Arbeiters polemisiert gegen das, was Rilke als der falsche Gebrauch der christlichen Botschaft erscheint, die das Irdische verdächtigt und das Hiesige schlechtgemacht habe. Für ihn ist Christus ein Weisender – ein Hinweis auf Gott –, »der eine Gebärde ist und kein Aufenthalt«; unsere Welt sei nicht nur äußerlich eine andere – sie habe keinen Zugang für ihn, und sein ursprünglicher »Lichtkern«, »das was ihn so stark scheinen machte, Tag und Nacht, ist jetzt längst aufgelöst und anders verteilt«. Den Menschen macht Rilke den Vorwurf, daß sie nicht weitergewandert seien »in der Richtung der Kreuzarme«, sondern sich im Christlichen angesiedelt, aus ihm »ein *métier* . . . , eine bürgerliche Beschäftigung« gemacht hätten. Aber der eigentliche Vorwurf, den Rilke immer wieder gegen die christliche Auffassung erhoben hat, steht in den folgenden Zeilen des Arbeiterbriefes: »Sie (die Menschen) lassen sich nicht vor Eifer, das Hiesige, zu dem wir doch Lust und Vertrauen haben sollten, schlecht und wertlos zu machen, – und so liefern sie die Erde immer mehr denjenigen aus, die sich bereit finden, aus ihr, der verfehlten und verdächtigten, die doch zu Besserm nicht tauge, wenigstens einen zeitlichen, rasch ersprießlichen Vorteil zu ziehen. Diese zunehmende Ausbeutung des Lebens, ist sie nicht eine

Folge der durch die Jahrhunderte fortgesetzten Entwertung des Hiesigen? Welcher Wahnsinn, uns nach einem Jenseits abzulenken, wo wir hier von Aufgaben und Erwartungen und Zukünften umstellt sind. Welcher Betrug, Bilder hiesigen Entzückens zu entwenden, um sie hinter unserm Rücken an den Himmel zu verkaufen! O es wäre längst Zeit, daß die verarmte Erde alle jene Anleihen wieder einzöge, die man bei ihrer Seligkeit gemacht hat, um Überkünftiges damit auszustatten. Wird der Tod wirklich durchsichtiger durch diese hinter ihn verschleppten Lichtquellen? Und wird nicht alles hier Fortgenommene, da nun doch kein Leeres sich halten kann, durch einen Betrug ersetzt, – sind die Städte deshalb von so viel häßlichem Kunstlicht und Lärm erfüllt, weil man den echten Glanz und den Gesang an ein später zu beziehendes Jerusalem ausgeliefert hat?« Der Verfasser meint, es komme auf eine Kränkung Gottes hinaus, »in dem uns hier Gewährten und Zugestandenen nicht ein, wenn wir es nur genau gebrauchen, vollkommen, bis an den Rand unserer Sinne uns Beglückendes zu sehen! Der rechte Gebrauch, das ists« – in diesen von Rilke unterstrichenen Worten gipfelt seine Anklage in einer Gebrauchsanweisung für die Lebendigen.

Die im Manuskript unmittelbar an die Zehnte Elegie anschließende Nachbarschaft dieses imaginären Briefes an den toten Verhaeren wird in den Versen dieses großen Gedichtes deutlich, die gleichsam den »schlechten Gebrauch« des Hiesigen mit satirischem Pathos schildern:

> Freilich, wehe, wie fremd sind die Gassen der Leid-Stadt,
> wo in der falschen, aus Übertönung gemachten
> Stille, stark, aus der Gußform des Leeren der Ausguß,
> prahlt der vergoldete Lärm, das platzende Denkmal.
> O wie spurlos zerträte ein Engel ihnen den Trostmarkt,
> den die Kirche begrenzt, ihre fertig gekaufte:
> reinlich und zu und enttäuscht wie ein Postamt am Sonntag.
> Draußen aber kräuseln sich immer die Ränder von Jahrmarkt.
> Schaukeln der Freiheit! Taucher und Gaukler des Eifers!
> Und des behübschten Glücks figürliche Schießstatt,
> wo es zappelt von Ziel und sich blechern benimmt,
> wenn ein Geschickterer trifft. Von Beifall zu Zufall
> taumelt er weiter; denn Buden jeglicher Neugier
> werben, trommeln und plärrn . . .

Aber noch war die Erinnerung in Verhaeren, aus der später die endgültige Fassung des Arbeiterbriefes hervorging, erst als ein noch nicht fertiger Entwurf hingeworfen, als es nach zwei weiteren Tagen – am Dienstag den 14. Februar –, ebenso unvermutet wie alles, sagt Rilke tags darauf in einem Brief, ebenso wunderbar noch einen »strahlenden Nach-Sturm« gegeben habe, in dessen Wehen eine elfte Elegie entstand, die er »Saltimbanques« nannte.[43] Dieses Gedicht kam so unerwartet, daß das kleine Buch aus Soglio mit der Reinschrift der zehn Elegien schon an Nanny Wunderly abgeschickt war. Trotzdem wollte Rilke, daß die Zehnte unbedingt die letzte in dem Kreis der Elegien bleibe; er strich daher nachträglich die bisher Fünfte, von der er sagt, sie sei zwar als Gedicht schön, habe aber durch die andere Art des Aufbaus nicht recht in den Elegien-Kreis gepaßt. (Dieses Gedicht ist unter dem Titel »Gegen-Strophen« in spätere Ausgaben von Rilkes Werken aufgenommen worden, und an seine Stelle trat, als die fünfte, die »Saltimbanques«-Elegie.) »Und so sind also«, schreibt Rilke an Lou Andreas, »auch die›Saltimbanques‹ da, die mich eigentlich schon seit der allerersten Pariser Zeit so unbedingt angingen und mir immer seither aufgegeben waren«.[44] Nun wissen wir aus einem Brief Rilkes aus Paris, den er am Nationalfeiertag des Quatorze Juillet 1907 geschrieben, wie er Tags zuvor einer Akrobaten-Familie – dem alten »Père Rollin« und den Seinen – zugeschaut hat, wie sie vor dem Luxembourg-Park, nach dem Panthéon zu, ihre Vorbereitungen traf; alles sei, schreibt er, wie vor einem Jahr: » . . . derselbe Teppich liegt da, dieselben abgelegten Mäntel, dicke Wintermäntel, sind über einen Stuhl gehäuft, auf dem gerade noch soviel Platz bleibt, daß der kleine Sohn, der Enkel des Alten, mit seinem ernsten großen Gesicht ein klein wenig hinsitzen kann . . . . «[45] Aber nicht nur die Gestalten dieser Truppe, jede einzelne wunderbar beschrieben, sind in der Fünften Elegie auferstanden, sondern auch ein Gemälde von Picasso, das den gleichen Gegenstand schildert. Rilke liebte dieses Bild, zu dessen Ankauf er einst in München lebende Bekannte überredet und bewogen hatte und in deren Wohnung er im Kriegssommer 1915 eine Zeitlang hauste; »sitze vorläufig«, schrieb er damals in einem Brief, »hier in der Wohnung von Bekannten (die aufs Land gegangen sind) mit dem schönsten Picasso (den ›Saltimbanques‹), in dem so viel Paris ist, daß ich, für Augenblicke, vergesse«.[46]

Die Fünfte Elegie ist eines der grandiosesten und hintergründigsten unter den beschreibenden Gedichten Rilkes; ihr Zusammenhang mit den Motiven, die er in den Werken jener über die Maßen fruchtbaren Februar-Tage gestaltet hat, ist offensichtlich. »Wer aber sind sie, sag mir, die Fahrenden, diese ein wenig / Flüchtigern noch als wir selbst, ... «: Mit dieser Frage hebt das große Gedicht an – und schon sind wir mitten innen in ihren akrobatischen Vorführungen:

> wie aus geölter,
> glatterer Luft kommen sie nieder
> auf dem verzehrten, von ihrem ewigen
> Aufsprung dünneren Teppich, diesem verlorenen
> Teppich im Weltall.
> Aufgelegt wie ein Pflaster, als hätte der Vorstadt-
> Himmel der Erde dort wehegetan.

Nach einer eingehenden Aufzählung und Schilderung der verschiedenen Gestalten, die diese Truppe von fahrenden Artisten bilden, fragt der Dichter nach dem Ort, wo der Mensch zu finden ist, nach der eigentlichen Stelle des Menschen in der Welt, für den hier der Akrobat mit seinen schwindelerregenden Sprüngen und leeren Schwüngen als ein unheimlich eindrückliches Sinnbild steht:

> Wo, o wo ist der Ort, – ich trag ihn im Herzen –,
> wo sie noch lange nicht k o n n t e n, noch voneinander
> abfielen, wie sich bespringende, nicht recht
> paarige Tiere; –
> wo die Gewichte noch schwer sind;
> wo noch von ihren vergeblich
> wirbelnden Stäben die Teller
> torkeln . . .
> Und plötzlich in diesem mühsamen Nirgends, plötzlich
> die unsägliche Stelle, wo sich das reine Zuwenig
> unbegreiflich verwandelt –, umspringt
> in jenes leere Zuviel.
> Wo die vielstellige Rechnung
> zahlenlos aufgeht.

Unmittelbar folgen Verse, in denen in einer schauerlichen Metapher die »Modewerkstatt des Schicksals, die eine Modewerkstatt des Todes ist«[47], beschworen wird:

Plätze, o Platz in Paris, unendlicher Schauplatz,
wo die Modistin, Madame Lamort,
die ruhlosen Wege der Erde, endlose Bänder,
schlingt und windet und neue aus ihnen
Schleifen erfindet, Rüschen, Blumen, Kokarden, künstliche Früchte –,
alle
unwahr gefärbt, – für die billigen
Winterhüte des Schicksals.

Aber der Schluß des Gedichtes? Wo ist die »unsägliche Stelle«?
Wo der Ort, den wir im Herzen tragen, eines nie gekonnten Vollkommenen, das nicht ein »reines Zuwenig«, doch auch nicht ein
»leeres Zuviel« ist? Der Dichter sagt:

> Engel: es wäre ein Platz, den wir nicht wissen, und dorten,
> auf unsäglichem Teppich, zeigten die Liebenden, die's hier
> bis zum Können nie bringen, ihre kühnen
> hohen Figuren des Herzschwungs,
> ihre Türme aus Lust, ihre
> längst, wo Boden nie war, nur aneinander
> lehnenden Leitern, bebend, – und könntens,
> vor den Zuschauern rings, unzähligen lautlosen Toten:
> Würfen die dann ihre letzten, immer ersparten,
> immer verborgenen, die wir nicht kennen, ewig
> gültigen Münzen des Glücks vor das endlich
> wahrhaft lächelnde Paar auf gestilltem
> Teppich?

So schließt das Gedicht wieder mit einer Frage. Rilke stellt den
Platz, »den wir nicht wissen«, unter die Schutzherrschaft des En-
gels, der in den Elegien all das versinnbildlicht, was der Unzu-
länglichkeit des Menschen und der Wirrsal des Menschenschick-
sals (das er satirisch in dem überraschenden Bild von den »billigen Winterhüten des Schicksals« evoziert hat) nicht gewährt ist.
Durch sein ganzes Werk geht die Klage, daß die Menschen die
Liebe nie k ö n n e n, anfänger- und stümperhaft hinter dem zu-
rückbleiben, was die Liebe von ihnen fordert. Nun sind s i e, die
endlich könnenden Liebenden, die Künstler und Akrobaten »auf
unsäglichem Teppich«; ihre Zuschauer sind die »unzähligen laut-
losen Toten« – und diese – vielleicht! – werfen vor das »endlich
wahrhaft lächelnde Paar« die »Münzen des Glücks«, die ewig
gültigen, »die wir nicht kennen«. Aber die Frage, nach dem »klar

bestimmbaren metaphysischen Ort des Menschen« bleibt offen. Es ist ein Ort – wie es in einer feinsinnigen Interpretation der »Saltimbanques«-Elegie heißt – »im Jenseits des Gefühls oder im Reiche der Toten . . . , wo alles, was hier auf Erden unwahr, verfehlt, schicksalhaft verzerrt bleiben mußte, sich vollendet, und alle fühlende Aktivität in den Stand der Vollkommenheit tritt«.[48] –

Dieses große Gedicht von hundertundsechs Verszeilen, das Rilke unerwartet aus alten Erinnerungen und drängenden Gegenwarten in sein »weit offenes Gefühl« zugefallen ist, hat er in einem Tag niedergeschrieben und vollendet. (Er hat es in der Buchausgabe der Elegien der Besitzerin des Picasso-Bildes, Frau Hertha König, zugeeignet.)

Aber der »Nachsturm«, in dem es entstand, trug ihm neue Bilder und Rhythmen zu: in den gleichen Tagen begann Rilke die Niederschrift von neunundzwanzig Sonetten, die er in wenigen Tagen bewältigte – den ganzen zweiten Teil der Sonette an Orpheus. Er hatte außer der Abschrift der fünfundzwanzig ersten Sonette, die er der Mutter Weras nach München geschickt hatte, eine andere Abschrift (die Schreibarbeit Rilkes während dieser Tage und Nächte grenzt ans Unvorstellbare) seinem Zürcher Freund Professor Jean Strohl geschickt – einem ungewöhnlichen Mann von größter geistiger Vielseitigkeit und verwandter Sensibilität, mit dem ihn in seinen Schweizer Jahren vieles und überdies die gemeinsame Freundschaft mit André Gide verband. Kaum aber hatte Strohl das Heftchen mit den 25 Orpheus-Sonetten nach Muzot zurückgeschickt, da ging, berichtet Rilke aus seiner Klause, dieser Faden auch schon weiter ins neue Gewebe; bis zum Samstag (den 18. Februar) waren's fünfzehn oder mehr – aber er wird sie nicht alle gelten lassen; so kam bereits in diesen Augenblicken gesteigerter Produktivität und höchster Selbstzufriedenheit die Selbstkritik und künstlerische Zucht zu ihrem Recht, die ausscheidet, was vor dem eigenen Urteil nicht bestehen kann: » . . . ich bin jetzt so reich, daß ich mir erlauben kann, zu wählen. In was für einer Welt der Gnade leben wir doch! Welche Kräfte warten darauf, uns zu erfüllen, uns immer gerüttelten Gefäße«. Anschließend steht in diesem an Frau Wunderly gerichteten Brief eine eigentümliche Bemerkung: »›Offrande‹ und ›verger‹ und das Wort ›absence‹, in dem großen, positiven Sinn, in dem Valéry es gebraucht hat, – das wären so die

146

schmerzlichsten Stellen, die mir manchmal während der Arbeit wünschenswert gemacht hätten, die *avantagen* der einzelnen Sprachen alle in EINER zu fassen und dann zu schreiben: dann zu schreiben!! Aber auch so wars herrlich!«[49] Sonntag und Montag ging der Strom weiter: Sonett über Sonett floß und bildete sich aus der nimmermüden Feder.

Erfüllung

So war es nun seit dem 2. Februar, bis und mit dem 20. gegangen: neunzehn Tage. Vom 2. bis zum 5. war der erste Teil der Sonette an Orpheus entstanden. Vom 7. bis zum 11. drei Elegien ganz (unter ihnen die nachmals ausgeschiedenen »Gegen-Strophen«) und drei andere, von denen einige Verszeilen als Vorstufen schon vorhanden waren, zum größten Teil. Vom 12. bis 15. Februar schrieb Rilke in raschen Schriftzügen die Erinnerung in Verhaeren, aus der der Brief des jungen Arbeiters hervorgegangen ist. Der 14. war der Tag des »Nachsturms«, in dessen Wehen die »Saltimbanques« geschrieben wurden. Endlich, vom 11. bis 20. Februar, kamen die 29 Sonette, die den Zweiten Teil des Orpheus-Zyklus bilden. Doch sind das nur die Werke, die in der von Rilke bestimmten Buchausgabe stehen. Er hatte anfänglich daran gedacht, einige im Umkreis der Elegien entstandene Gedichte als deren zweiten Teil unter dem Titel »Fragmentarisches« zu veröffentlichen. Das ist dann unterblieben. Aber als Arbeitsleistung gehören diese posthum erschienenen Gedichte und vom Dichter ausgeschiedenen Sonette ebenfalls zum Werk dieses kurzen Monats – von dem Rilke zu berichten weiß, daß sein letzter Sonntag, am 26. Februar, »wirklich nach der Sonne hieß, von früh bis spät (und sie war schon wie sommerlich hier, über der ihr so weit ins Erdreich hinein vertrauten Landschaft). Und als ich ins Arbeitszimmer kam, früh, standen Rosen da –, und, unten, auf dem Frühstückstisch, – ohne begreiflichen Grund, ein Gugelhupf und ein Schälchen mit den ersten Himmelschlüsseln aus unseren Wiesen, weich noch und sehr kurz im Stengel, aber schon ganz glücklich . . . .«[50]

Man sieht und fühlt: Rilke hatte sich nun »eingeholt«, wie er in seiner Beglückung über diese Erfüllung und Vollendung sich ausdrückt. Es stimmt mit seiner leichter und freundlich gewordenen Stimmung, die nach dem überstandenen Elegien-Sturm an einem sonnenbeschienenen Sonntagmorgen sich über Rosen, Gugelhupf und Feldblümchen wieder kindlich freuen kann, überein, wenn Rilke dem Sonett, das er ein »kleines Frühlings-Kinder-Liedchen« nennt – es ist das 21. des Ersten Teils –, einen bevorzugten Platz einräumt. Auch dieses Gedicht ist aus einer Erinnerung entstanden, nicht an Rußland oder an Paris, sondern an Spanien; er hatte in Ronda vor vielen Jahren in einem Kloster einer Messe beigewohnt, die in einem eigentümlich heiter hingetanzten Rhythmus von den Klosterkindern zu Tamburin und Triangel gesungen wurde; das Sonett erschien Rilke gleichsam als die »Auslegung« dieser Musik:

> Frühling ist wiedergekommen. Die Erde
> ist wie ein Kind, das Gedichte weiß;
> viele, o viele . . . Für die Beschwerde
> langen Lernens bekommt sie den Preis.
>
> Streng war ihr Lehrer. Wir mochten das Weiße
> an dem Barte des alten Manns.
> Nun, wie das Grüne, das Blaue heiße,
> dürfen wir fragen: sie kanns, sie kanns!
>
> Erde, die frei hat, du glückliche, spiele
> nun mit den Kindern. Wir wollen dich fangen,
> fröhliche Erde. Dem Frohsten gelingts.
>
> Oh, was der Lehrer sie lehrte, das Viele,
> und was gedruckt steht in Wurzeln und langen
> schwierigen Stämmen: sie singts, sie singts!

Hier ist dem Dichter die Wirklichwerdung des Frühlings in einem außerordentlichen Gedicht gelungen, wo der Abstand zwischen dem aussagenden Subjekt und dem beschriebenen Objekt aufgehoben erscheint und die Metapher selbst als fühlendes, handelndes und aussagendes Subjekt an die Stelle der Aussage tritt. Aussage und Bild fallen hier in eins zusammen, das Bild steht nicht mehr in einer ausgesparten Stelle als schmückende Zugabe zwischen dem aussagenden Wort, sondern alles ist in den Bildraum einbezogen, als unmittelbarer Sinneneindruck, der aus sich selbst die Assoziationen erzeugt. Aus der einfachen Metapher: ». . . . . Die Erde / ist wie ein Kind, das Gedichte weiß« springt und sprudelt alles übrige hervor, in dem lustig tanzenden Rhythmus, wie ihn die Klosterkinder in Ronda zu Tamburin und Triangel sangen. Die Erde wird belohnt für die Gedichte, die sie bei ihrem strengen Lehrer gelernt hat. Und schon gehts weiter mit der kindlichen Sympathieerklärung an den alten Lehrer mit dem weißen Bart. Die Farben – das Grüne, das Blaue – nicht ist es mehr schmückende Zutat zum Bild des Frühlings: nein, die Erde hat's gelernt – und: »sie kanns, sie kanns!« Nun ist die erwachte, glückliche Erde ein Schulkind, das frei hat – sie wird aufgefordert, mit den Kindern zu spielen: »Wir wollen dich fangen, / fröhliche Erde«. Zuletzt löst sich das Viele, was der Lehrer sie lehrte, »und was gedruckt steht in Wurzeln und langen / schwierigen Stämmen«, dieser Lehrstoff der Erde, in hellen Jubel auf: »sie singts, sie singts!« – »An diesem einen Gedicht, das für unzählige andere steht«, sagt Hans Egon Holthusen, lasse sich »beispielhaft nachweisen, daß der deutsche Sprachgeist, indem er sich eines Individuums von außerordentlicher Gefühlskraft bediente, einen Grenzübertritt vollzogen hat, der epochemachend ist. . . . . Die fühlende Aktivität verläßt ihren subjektgebundenen Ort und geht über auf das Objekt oder auf einen ganzen Kosmos von Objekten. Nicht ›Anthropomorph‹ ist diese Dichtung, sondern, wie man schon in den Anfängen der Rilke-Philologie festgestellt hat, ›Kosmomorph‹. Die Welt ist ein magisch-physiognomischer Zusammenhang fühlbarer, vom all-einen Gefühl durchwalteter Wirklichkeit. Die Welt ist ›Weltinnenraum‹.«[51]

Doch müssen wir – und wär es in einem gewissen Gegensatz zu den gelehrten Kommentaren der Kundigen – nachdrücklich hinweisen auf das Spontane, Ungesuchte, Undenkerische, ja im Denkerischen Unerfahrene, aus dem Rilkes lyrisches Schaffen fließt; es kam aus Bildhaftem und Assoziativem, das bei ihm aus Instinkt, Intellekt und Gefühl einzigartig und ununterscheidbar gemischt ist – wo auch die alte Unterscheidung zwischen »naiver« und »sentimentalischer« Dichtung aufgehoben oder doch unverwendbar erscheint. Hier hilft nur die biographische Kleinarbeit, diesen im kleinsten Raum, an einem Stehpult zwischen zwei Kerzenleuchtern in einem Turmzimmer in neunzehn Tagen ablaufenden schöpferischen Vorgang – zwar nur wenig aufzuhellen, aber von Tag zu Tag zu verfolgen: von seinem Anheben mit den vom Dichter selbst unerwarteten zwei Dutzend Sonetten, seinem orkanhaften Umschlag in die elementarische Unordnung, in der die Elegien entstanden sind, seinem Innehalten zu gedanklicher Klärung in einem Prosastück, seinem nochmaligen Ausbruch in einem Elegien-Nachsturm und seinem allmählichen Verströmen in einer langen Reihe von dreißig Sonetten . . .

Nicht Gedankenschärfe, nicht Konstruktion, nicht einmal ein Willensakt sind hier am Werk; das rational Denkerische und Logische war nie Rilkes Stärke, sein Geist war nicht »geschult«, sein sprachlicher Ausdruck bleibt unscharf. Die Konstruktion seiner dichterischen Kunstwerke, wenn sie in einer früheren Schaffensperiode, derjenigen der Neuen Gedichte, mit einer gewissen Bewußtheit hervortritt, ist in seinen Spätwerken mehr aus der nun einfach vorhandenen Beherrschung des »Métiers«, halb bewußt, gekommen. Man möchte, auf die kürzeste Formel gebracht, auf dieser Stufe seines Schaffens, wie für die Erde im Frühling, einfach sagen: »Er kanns« – und: »Er singts«. Deshalb vollzieht sich auch nach dem Abschluß dieser großen Arbeiten seine Rückkehr ins Gelassene des Lebens, ins kindlich bereite und herzlich dankbare Aufnehmen alltäglicher Eindrücke, seine Zuwendung zum Sonntagsfrühstück mit Gugelhupf, verfrühten Wiesenblumen und Spätwintersonne überm Land, anscheinend so mühelos, so unbeschwert. Denn nun ists getan, in der Überwachheit eines schöpferischen Rausches ist es gelungen – und was es eigentlich zu bedeuten hat, die »Auslegung« dieser Bilderfülle und dieser Frag-Würdigkeiten –, der Dichter, wieder Mensch geworden, grübelt solchen Gedanken nicht nach. Er hat sich eingeholt, er weiß sich wieder, er ist, wie er auch sagte, wieder sein eigener Zeitgenosse geworden. Das ist alles. Eine Bemerkung Kassners hatte ihn, vor zehn Jahren, ins Herz getroffen; die Bemerkung daß der Weg von der Innigkeit zur Größe durch das Opfer gehe. Er kannte seine Innigkeit – er besaß Innigkeit im Überfluß – aber der Gedanke an die Notwendigkeit des Opfers hatte ihn lange gepeinigt. Wo aber war Rilkes Opfer? Doch wohl darin, daß er demütig und sicher den inneren Weg gegangen ist, ohne sich durch irgend etwas oder irgend jemanden beirren zu lassen, auf die Mitte zu, auf das einzige, was ihm aufgegeben war, ohne Konzession an das, was nur dem Tag gehört, was die anderen Menschen in ihrer Geschäftigkeit und in ihrem Getriebensein ganz umfängt und einschließt. Rilke hatte während der Nöte des Krieges, während der Irrfahrten der Nachkriegszeit, wohl vielen Ablenkungen nachgegeben – aber er hatte das Ziel nie aus den Augen verloren und sich den Weg, der zu diesem Ziele führte, immer offengehalten, nach dem »Einen, was not tat«. Das war nur unter großer Selbstüberwindung, bei unbedingter Treue zum eigenen Auftrag möglich – nur um den Preis eines Opfers. Und dieser Weg führte ihn von der Innigkeit zur Größe, die ihm unendlich schwer geworden ist, die er aber in den großen, in Muzot entstandenen Gesängen erreicht hat.

Es ist jedoch klar, daß mit der Vollendung dieser Werke die Gefährdung der eigenen Natur nicht beseitigt war. Ganz im Gegenteil. Was sich durch viele Jahre der Entbehrung und des Schweigens zusammengeballt hatte und nun in weniger als drei Wochen mit überstürzender Fülle ausgebrochen war, mußte zu einem Nachlassen, zuletzt zur Erschöpfung führen. Lou Andreas hatte mit ihrem unerbittlichen Auge auch d a s aus wachsamer Ferne vorausgesehen und ihren in Jubel ausbrechenden Freund schon nach seinem Siegesbrief vom 11. Februar vor dem Rückschlag, der auf die Überspannung folgen werde, gewarnt. Am Tag seines Werkabschlusses, dem 20. Februar, schrieb Rilke Lou zurück: »Ich weiß wohl, es kann eine ›Reaktion‹ geben –, nach solchem Geworfenwerden das Auffallen irgendwohin; aber ich falle schließlich in den hier schon näheren Frühling, und dann: da ich die Geduld haben durfte, die lange, zu dem nun Erreichten hin –, wie sollte ich nicht eine kleine Nebengeduld leisten können, durch schlechtere Tage; und schließlich müßte die Dankbarkeit (wovon ich noch nie so viel hatte) auch in ihnen alles Verdrießliche und Verwirrende überwiegen!«[52] Erst zwei Jahre und acht Monate später, als die Krankheit immer drohender pochte an sein Tor, erinnerte Rilke die große Freundin wieder an ihre damalige Warnung: »Du schriebst mir damals, als die Elegien da waren, vorhanden, gerettet, – ich solle nicht erschrecken, wenn es mir, im Rückschlag, schlecht ergehen sollte eines Tages, und ich weiß noch, daß ich mutig antwortete, aber nun bin ich d o c h erschrocken, siehst Du, ja ich lebe seit zwei Jahren mehr und mehr in der Mitte eines Schreckens«.[53] – – – –

Allein, daran war es noch nicht. Noch war Rilke erfüllt von der Magie seiner Dichtung, die ihn befähigt hatte, das, was der Mensch in seiner Dumpfheit sucht, zu finden, in seiner Bildersprache auszudrücken, zum Gesang zu formen. Rainer Maria Rilke faßte seine dichterische Sendung als eine vollkommene Unterordnung unter die geheimnisvollen Kräfte und Stimmen auf,

Rilkes Arbeitszimmer in Muzot
(Zur Zeit Rilkes gab es noch kein elektrisches Licht)
Phot. M. F. Chifelle

denen er voll Demut als Werkzeug diente. Deshalb »verlegte sich (ihm) alles Gewissensmäßige auf die Bereitschaft. Er kannte sie von der produktiven Stunde her, der nicht zu befehlen möglich, aber der zu gehorchen notwendig ist.«[54] Ihn beruhigt jetzt der Gedanke, daß alles Verstreuende und Ablenkende, unter dem er so lange gelitten hatte, endlich dieser Bereitschaft gewichen war und die Empfängnis möglich gemacht hat. Auch über das, was man die künstlerische Qualität seines Werkes nennen mag, durfte er getrost sein. Seine Ehrfurcht vor dem »reinen Können«, das er in der Künstlerwerkstatt großer Bildhauer und Maler und selbst bei Handwerkern ein Leben lang bewundert, aufmerksam beobachtet und in seinem eigenen literarischen Werkschaffen gelernt und vervollkommnet hatte – sie hatte ihn auf dem Höhepunkt seiner Lebens-»Arbeit« zu einer unübertroffenen Leichtigkeit und Abrundung des Ausdrucks befähigt. Was Strenge gegen sich selbst, künstlerischer Gehorsam und geistige Zucht war, ihm ist zuletzt die Gnade zu Hilfe gekommen, und er war nun selber »wie ein Kind, das Gedichte weiß«.

»Gesang ist Dasein«, heißt es im Dritten Sonett an Orpheus. Mit diesen drei Worten hat Rilke für die Kunst, die er übte, und so wie e r sie übte, die knappste, die restloseste Formel geprägt. Auf dem Gebiet seiner Kunst gehörte er nun wieder zu den »Verwöhnten der Schöpfung« – wie er in den Elegien die Engel nennt –, seit diese großen Gesänge da waren. »Gesang ist Dasein« bedeutet aber auch, daß sein dichterisches Schaffen von dem natürlichen, freien, leichten Zustand seines ganzen Wesens abhängig war. Nachdem er auf so langen Umwegen zu sich zurückgefunden hatte, trug ihn die Strömung; ihn dünkte es ein Atmen – oder:

Ein Hauch um nichts. Ein Wehn im Gott. Ein Wind

So steht es im 3. Sonett des Ersten Teils. Rilke hat selber vollkommen ausgedrückt, was ihn nach dem Abschluß der Elegien und Sonette bewegte, als er seiner Zürcher Freundin das folgende Gedicht als Widmung in ihr Exemplar der Duineser Elegien schrieb:

Alle die Stimmen der Bäche,
jeden Tropfen der Grotte,
bebend mit Armen voll Schwäche
geb ich sie wieder dem Gotte

und wir feiern den Kreis.

Jede Wendung der Winde
war mit Wink oder Schrecken;
jedes tiefe Entdecken
machte mich wieder zum Kinde –,

und ich fühle: ich weiß.

Oh, ich weiß, ich begreife
Wesen und Wandel der Namen;
in dem Innern der Reife
ruht der ursprüngliche Samen,

nur unendlich vermehrt.

Daß er ein Göttliches binde,
hebt sich das Wort zur Beschwörung,
aber, statt daß es schwinde,
steht es im Glühn der Erhörung

siegend und unversehrt[55].

Der Zauberturm

Nah war die Krankheit. Schon von den Schatten bemächtigt,
Drängte verdunkelt das Blut, doch, wie flüchtig verdächtigt,
trieb es in seinen natürlichen Frühling hervor.

Wieder und wieder, von Dunkel und Sturz unterbrochen,
glänzte es irdisch. Bis es nach schrecklichem Pochen
trat in das trostlos offene Tor.
R. M. Rilke, Sonette an Orpheus, Erster Teil, XXV

Nebenstunden

Der Februar-Monat 1922 ist Rilkes große Zeit gewesen. Er hat es selber so aufgefaßt und ausgesprochen. Der »Sturm«, in dessen gewaltigem Wehen die Elegien und Sonette gelungen sind, war vorüber. Es folgt für den Dichter eine Wiederkehr mit müden Flügeln. Es ist das Schicksal des schöpferischen Menschen, daß diejenigen, die als Aufnehmende an seinen Werken teilhaben können, für ihn eigentlich immer zu spät kommen. Wenn sein Buch erscheint, ist der Dichter schon nicht mehr der gleiche Mensch, der er war, als er es niederschrieb. Der Zustand, in dem er sich befand, als seine Gedichte reiften und, reif geworden, ihm als Ernte geschenkt wurden – dieser Zustand ist überwunden und fern. Sein Geist ist befreit, sein Herz leicht; aber der Künstler, der ein Werk schuf, lebt bereits in einer andern Wirklichkeit. In einer Wirklichkeit, die er, wenn er nicht ins Leere zurückfallen will, mit neuen Bildern und neuen Zielen erfüllen muß.

Wir haben gesehen, wie Rainer Maria Rilke im Augenblick des Gelingens einigen ihm nahestehenden Menschen das Ereignis während und zwischen der Arbeit mitteilte. Reinschriften und Abschriften schickte er an bevorzugte Freunde – manchmal sogar, ehe sich der Kreis der Gedichte endgültig geschlossen hatte. Rilkes Gepflogenheit, im kleinen Kreis – am liebsten einem einzelnen Hörer – seine Gedichte vorzulesen, ist eine andere Form dieser Bemühung, den Abgrund zwischen der Schöpfungsstunde und der Teilnehmung anderer zu überbrücken. Diese Vorlesungen boten ihm zugleich eine Möglichkeit, zu sich selbst zurückzufinden: nach solchen Stunden beschwingten Mitteilens fühlte er sich selbst manchmal wie beschenkt. Die Bedeutung der Sonette an Orpheus, deren geschwisterliche und ebenbürtige Selbständigkeit ihr eigener Schöpfer neben der Elegien-Dichtung anfänglich nicht ganz erkannt hatte, wurde ihm erst bei einer derartigen, zufälligen Gelegenheit ganz klar. Es war im Juni 1922, als die Fürstin Taxis den Dichter in Muzot besuchte; er hatte sich das schloßherrliche Vergnügen geleistet, die alte Dame in Sierre in einer Kalesche abzuholen, mit ihr über die steile Straße hinauf nach seinem Turm zu fahren, wo er ihr in einem Zug alle zehn Elegien vorlas. Tags darauf trug er ihr sämtliche Sonette vor, »deren innere Einheit und deren Zusammenhang mit den Elegien, die sie herrlich parallelisieren, mir erst über diesem Anhören fühlbar geworden ist. Beide Arbeiten sind mir so, als ob es nicht meine wären (weil sie ohnehin, ihrer Natur nach, m e h r sind als ›von mir‹), nun eigentlich geschenkt worden . . . . «[1]

Rainer Maria Rilke hat sich noch oft derartige Stunden reiner Freude gewährt. Denn seine Liebe zum Leben war bis zuletzt stark und groß, und die uneingeschränkte Zustimmung zum Dasein sein Glaube. Seine reiche Natur war zu Überschüssen fähig, die er an neue Dichtungen, an Übersetzungen, an seine Korrespondenz – aber nicht weniger an Dinge, Menschen, Blumen, Landschaften, Bücher, Kunstwerke wendete. Es waren Nebenstunden, wenn man sie mit den Schöpfungsstunden vom Februar 1922 vergleicht. Aber Nebenstunden – um einen seinigen Ausdruck zu gebrauchen –, »in denen gleichwohl ein Hauptgefühl sich geltend machte«.[2] Obschon Rilke »ewige Winter lang in überschwenglicher Intimität mit der Stille« gelebt hat (wie Paul Valéry nicht ohne ein leises Grauen feststellte), war doch sein Einsiedlertum ein der Welt ganz und gar zugewandtes. Das Leben im Turm war nicht eine Abkehr – ist es nie gewesen. Es hatte ihn zur Einkehr befähigt und ihm Gelingen beschert. Nachher gewährte es ihm weiter Schutz, aber er unterbrach es mehr und mehr mit Reisen, mit Aufenthalten in der Schweiz und in Paris, mit dem Kommen und Gehen zahlreicher Besuche, die er in Muzot empfing und bewirtete.

Bald schon wirft das Verhängnis seine Schatten voraus. Rilke braucht Kuren und Sanatoriumspflege – denn er kann trotz tapferer Gegenwehr nicht dauernd auf das verzichten, was ihm wie eine Demütigung vorkommt: die Vermittlung des Arztes zwischen ihm und seinem leidenden Körper. Es kündet sich an, was er in dem großen Sonett über ein sterbendes Mädchen (dem 25. des Ersten Teils der Sonette an Orpheus) aussagte:

> Nah war die Krankheit. Schon von den Schatten bemächtigt,
> drängte verdunkelt das Blut, doch, wie flüchtig verdächtigt,
> trieb es in seinen natürlichen Frühling hervor.
>
> Wieder und wieder, von Dunkel und Sturz unterbrochen,
> glänzte es irdisch. Bis es nach schrecklichem Pochen
> trat in das trostlos offene Tor.

Fast fünf Jahre vergehen, ehe die Glocken des Kirchleins zu Raron über dem offenen Grab Rainer Maria Rilkes die Totenklage läuten. Wer mit biographischem Ordnungssinn diese fünf Jahre überblickt, dem fällt auf, wie es ihnen zwar nicht an Inhalten, aber an Einheitlichkeit und Zielsicherheit fehlt. Bis dahin hatte der Dichter für die eine, große Aufgabe gelebt, die nun geleistet war. Und wenn wir gleich sahen, mit wieviel Unstetigkeit, Veränderungen und Schwierigkeiten diese Leistung jahrelang verbunden war, blieb sie dennoch im Geist und Willen des Dichters immer gegenwärtig: als Ziel. Hatte er nicht kurz schon nach der Ankunft in der Schweiz, in Sils, seinen Gastfreunden die vorhandenen Elegien-Fragmente vorgetragen? Betrachtete er die glücklichen Augenblicke in der Bibliothek zu Soglio nicht schon ganz unter dem Gesichtspunkt einer ihm zusagenden Arbeitsstätte? War der Aufenthalt in Locarno nicht deshalb so verfehlt, weil er ihn von diesen günstigen Verhältnissen wieder entfernt hatte – und der Winter in Berg so glücklich, weil dort die »Arbeit« in fühlbare Nähe gerückt war? Die alten Mauern von Muzot hatten sie ihm endlich gewährt.

Nun gab es ein Weiterleben in der Windstille, und schon im Augenblick, als er die Elegien beendet hatte, nahm Rilke sich vor, von nun an »Handlicheres« zu tun, und nicht mehr »Überlebensgroßes«. Es war aber leichter, einen solchen Vorsatz zu fassen, als ihn auszuführen, denn wenn auch Rodin einst dem jungen Dichter die Mahnung mit auf seinen Weg gegeben hatte: »Il faut toujours travailler«, so hatte dieser doch nie aus der Schriftstellerei eine bürgerliche Beschäftigung gemacht. Er empfand seine dichterische Berufung zu schicksalhaft, als daß er die Literatur als Beruf betreiben konnte. Er weigerte sich konsequent, die Feder als Literat oder als Journalist zu gebrauchen. Solche Berufe lagen zu nah an dem, was sein Geist für die schöpferische Stunde in Anspruch nahm, als daß er sich ihren Gefahren aussetzen durfte. Rilke hat nie wohlgemeinten Aufforderungen Folge geleistet, erscheinende Bücher zu besprechen oder Artikel über Dichter und Schriftsteller zu verfassen. Doch wissen wir aus seinen Briefen und Gesprächen, wie lebhaft er an den Hervorbringungen der zeitgenössischen Literatur teilnahm; in Zustimmung und in Ablehnung offenbarte sich sein fast untrügliches Urteil über diese Dinge. Aber er fühlte sich nicht zur Betätigung als Kritiker berufen, und wer ihn kannte, muß die Richtigkeit der Äußerung eines Pariser Journalisten bestätigen, der nach einem Interview seinen Eindruck in die Worte zusammenfaßte: »Ich habe in Wahrheit wenig Menschen angetroffen, die der Dichtung ihre wesentliche Bedeutung geben. Ich möchte sogar sagen, daß ich mich nie einem Mann gegenüber befunden habe, der wie ein Dichter lebt, ehe ich Rainer Maria Rilke sah.«[3] Gerade weil keine pädagogische Absicht sich dahinter verbarg, ist dieses Dichterleben so eminent aufschlußreich für die Erkenntnis echten Dichter- und Künstlertums.

Aus dieser einheitlichen Grundhaltung stammt jedoch auch das Problematische an Rilkes Lebensführung. Jedesmal, wenn ein Werk vollendet war, folgte eine Zeit schmerzlicher Entwöhnung. Diese »Reaktion« konnte für den Dichter sehr verwirrend sein und sich bis zu einem Gefühl des »Überzähligwerdens« steigern; am schwersten litt er nach der Vollendung des Malte-Romans unter diesem Zustand. Aus diesem Grund hat Rilke es oft beklagt, keine richtige Nebenbeschäftigung zu haben, kein »métier« zu können, keinen Beruf auszuüben, womit diese Schaffenspausen sich hätten ausfüllen lassen. Er mißbilligte nicht, daß Mallarmé englischer Sprachlehrer war, er beneidete Hans Carossa um seinen Arztberuf, er lobte Paul Valéry, der zu mathematischen Studien befähigt sei und sprach mit teilnehmender Wärme von den Seemannsschicksalen Joseph Conrads, von dem ihm Valéry während seines Besuchs in Muzot erzählte. Er selbst hatte sich für die Zeit nach der Vollendung der Elegien die Übertragung der Werke Paul Valérys vorgenommen – aber er bat auch seinen Freund Strohl, er möge ihm einen Studiengang in Mathematik aufstellen. Trotz diesen guten Vorsätzen und regelmäßiger Arbeit zeigte es sich bald, daß das Gleichgewicht der Seele und des Körpers gefährdet war.

Zunächst blieb Rilke in seinem Turm. Der Frühling schmelzte den Schnee auf den Wiesen und an den Hängen. In mächtigen Stößen schlug der Talwind gegen die Mauern von Muzot. Die vorösterlichen Glockenblumen, die dort wachsen, dämpften mit malvengrauen Stellen die grünenden Felder. Der kleine Garten stellte neue Anforderungen an die Aufmerksamkeit des Schloßherrn. Die Rosenbogen warteten, daß man sie von den schützenden Tannzweigen befreie. Die für das Gemüse bestimmten Beete wurden umgegraben. Bald wird sich die ganze Landschaft in einen blühenden Obst- und Baumgarten verwandeln (den Dichter beschäftigt immer wieder der französische Ausdruck: *verger*, der ihm unübersetzbar vorkommt und schmerzlich gefehlt hat, im vergangenen Februar . . .). Einmal, abends, als er vom »Bellevue« kommend heimkehren will in den Turm, vernimmt Rilke Gesang in der Kirche in Sierre. Es sind Schulkinder, die unter dem Taktstock des Landgeistlichen Lieder üben für den Ostergottesdienst. Der Wanderer setzt sich still auf einen Stuhl in der Kirche und lauscht andächtig dem Kindergesang. Seine Gottgläubigkeit ist so beschaffen, daß er inniger am religiösen Erleben teilhat, wenn er helle Kinderstimmen geistliche Lieder üben hört, als wenn die Priesterschaft Gottesdienste gemäß den kirchlichen Riten abhält. Diese einfachen Gesänge sind ihm lieb, und die Kinder sind ihm lieb und die Talleute, weil ihr Glaube einfach ist und naiv, nah an den Quellen der Religion, nah an den Naturgewalten, nah am Heidnischen, scheint ihm. Ein wenig oberhalb von Muzot, doch gleichsam dazugehörend, steht die verlassene und zerfallene St.-Anna-Kapelle, wo seit langer Zeit keine Messe mehr gelesen wurde. Auch sie ist Rilke lieb, ihm ist, als wäre sie allen Göttern zurückgegeben. Die ersten Blumen aus seinem Garten bringt er in diese Kapelle und schmückt mit ihrer Frische den verlassenen Altar.

Wenn die Sonne stärker wird und später, bevorzugt Rilke nach der Teestunde im »Bellevue« einen Umweg, um heimzukehren; er geht westwärts, zuerst auf der Landstraße in der Talsohle, an dem kleinen, viereckigen, rosa gestrichenen Rebhäuschen nahe beim Eisenbahngeleise vorbei – diesem Rebhäuschen pflegte er einen zustimmenden Blick zu schenken, er nannte es eine graziöse Chinoiserie in diesem heroischen Land. Nach einer spitzen Schleife führt die Straße aufwärts nach Muraz, einem kleinen Dorf, wo die Leute sich bald an den fremden Herrn gewöhnen, der ihr »Bonsoir« freundlich erwidert. Nur der Postbote bereitet ihm manchmal Sorgen, weil er dem würzigen Landwein gern zuspricht und es vorgekommen ist, daß er die ungeduldig erwartete Post des Dichters, anstatt sie in Muzot abzugeben, in seinem Dusel in den Briefkasten des Dorfes warf! Aber am Tag, nachdem »Monsieur Rilke« den guten Mann für diese Untat erzürnt zurechtgewiesen hatte, sprach er ihn auf dem Heimweg in Muraz an und unterhielt sich lange mit ihm; das nannte er das »Versöhnungsfest« mit dem Briefträger – und nachträglich lachte er herzlich über den komischen und fast geheimnisvollen Kreislauf, den seine Post beschrieben hatte.

Ende Mai mußte Rilke im Hotel Bellevue in Sierre Wohnung nehmen, weil Arbeiter in Muzot waren. Die Sorge um das alte Haus, die nötigen Reparaturarbeiten, mit denen er es genau nahm und die er beaufsichtigte, scheinen ihn ein wenig aufgeregt zu haben. Im gleichen Monat entschloß sich Werner Reinhart, das Schlößchen Muzot käuflich zu erwerben, und für den abwesenden Freund besorgte Rilke die für den Abschluß des Kaufes nötigen Formalitäten. Im Sommer bereitete ihm sein Garten Freude, mit seinen Rosen, dem Phlox, dem Tabak, den Gemüsen. Doch muß er begossen werden, was Rilke mit Frieda gemeinsam von 6 bis 3/4 9 Uhr abends besorgt – manchmal auch allein, wozu er zwischen drei und vier Stunden braucht. Da Frieda in die Ferien geht und Rilke auch Lust zu einer Veränderung hätte, sieht er sich nach einem Jungen um, dem das Begießen während seiner Abwesenheit obliegen würde. Sonst ginge er nicht fort, da ihm der Gedanke, der Garten könnte unterdessen leiden, draußen jeden Schritt verdürbe.

Rilke blieb dann übrigens im Land. Der Besuch der Fürstin von Thurn und Taxis fiel in die frühen Juni-Tage, und außer ihr weilten der Fürst und die Fürstin von Battenberg (Schwager und Schwester der Königin von Italien) im »Bellevue«, was Anlaß zu Gesprächen und zum Vorlesen der (noch ungedruckten) neuen Werke gab. Aber wenn nach dieser geselligen Unterbrechung Rilke im Hotel allein zurückbleibt, inmitten des sommerlichen Tals, dessen Größe ihn vor einem Jahr bannte und festhielt, bekennt er zum erstenmal den Überdruß, den es ihm jetzt bereitet: » . . . ich sehe mit Schrecken«, schreibt er Ende Juni, »wie man selbst dem Herrlichsten gegenüber sich abstumpft im stetigen Umgang und Umgebensein; wie vieles hier, (weil ichs zu ›kennen‹

glaube) rührt mich nicht mehr so, wie vor einem Jahr«.[4] Die Rückkehr in das Schlößchen, am Beginn des Juli-Monats, wird ihm schwer; »es müßte jetzt etwas ganz Anderes kommen«, meint er; und doch sind weite Reisen (Wien? Böhmen? Italien? Paris?) der Mühe vielleicht nicht wert. Rilke spürt ein körperliches Unbehagen, einen schweren Magen, ein enormes Schlafbedürfnis – er schläft allnächtlich zehn, elf, manchmal sogar zwölf Stunden bei frühem Zubettgehen. In jenen Juli-Tagen kam aus Berlin die Nachricht von der Ermordung des damaligen Reichsaußenministers Walther Rathenau, den Rilke persönlich gekannt und geschätzt hatte. » . . . Der Tod Rathenaus«, schrieb er aus Muzot, »als Verlust und als Zeichen der Zeit, hat mich mit Entsetzen erfüllt und geht mir nach, kannst Du Dir denken«.[5]

Frohe Wochen verbrachte er in der zweiten Hälfte August und Anfang September auf dem Beatenberg über dem Thuner See. Es war eine Ferienzeit wie einst in Etoy, aber diesmal darf er sie im Bewußtsein der geleisteten Arbeit genießen. Rilke konnte sich wieder seinem kleinen, begabten Freund Baltusz Klossowski widmen, der mit seiner Mutter dem Dichter Gesellschaft leistete. Rilke hatte beabsichtigt, nach Wien zu fahren, um persönliche Angelegenheiten, die mit einer Erbschaft zusammenhingen, zu ordnen. Doch die Peinigungen und Schwankungen der Nachkriegszeit, die über dem verquälten Europa zitterten, und die schlechten Nachrichten, die neuerdings wieder aus dem Ausland kamen, hielten ihn von seinen Reiseplänen ab. Die Inflation in Deutschland begann erst jetzt, die Kaufkraft des deutschen Geldes völlig zu vernichten, so daß noch während längerer Zeit Rilkes Zurückgezogenheit in Muzot unter anderen auch Sparsamkeitsgründe hatte. Er kehrte mit Frau Klossowska und ihrem jüngsten Sohn nach Muzot zurück und war entschlossen, den Winter 1922/23 in seinem Turm zu verbringen. Da auch die materielle Lage seiner Freundin gefährdet war und für sie und ihre beiden Söhne eine Existenzmöglichkeit und Unterkunft gesucht werden mußte, war Rilke »außerordentlich besorgt um sie und um die Knaben Baltusz und Pierre«.[6] Man erfährt übrigens bei dieser Gelegenheit, mit welcher Gewissenhaftigkeit Rilke die Pflichten auf sich nahm, die aus einer engen Bindung entstanden waren, und mit welcher liebevollen Teilnahme er die Schicksale der beiden heranwachsenden Knaben während dieser Jahre verfolgte. Was ihm in seinen reifen wie ehedem in seinen jungen Jahren immer schwergefallen ist, ja auf die Dauer unmöglich war, das war das Zusammenleben mit einer Frau in gemeinsamer Haushaltung. Über das von neuem während vieler Wochen erprobte, durch allerhand Unstimmigkeiten und Sorgen getrübte Zusammenleben mit »Merline«, die seit drei Jahren seine Gefährtin war, schrieb Rilke an Frau Wunderly: »Im Alleinsein kann ich mit Allem fertig werden, und wenn ichs wieder werde sein können, so sollen Sie mich . . . so befriedigt und besonnen finden, wie nur je. Ich kann eben nur noch Alleinsein . . . alles andere darf nur als Ausnahme vorkommen, für einzelne Stunden, Tage, – nie mehr in solcher Konstanz und Hindauer; darüber verdirbt so vieles, – über den unrechten, nur eben aus äußerer Nähe entstehenden Gemeinsamkeiten, wird die rechthabende gemeinsame Stunde seltener, befangener, ängstlicher . . . . «[7] Am 1. Dezember berichtet Rilke, Frau Klossowska sei mit Baltusz überstürzt nach Berlin abgereist.[8]

1922 und 1923 ist in Rilkes Briefen ziemlich viel von Politik die Rede. Um die Wende dieser Jahre schrieb er einmal angesichts des der Welt drohenden Unheils, das er bereits damals in Form von neuen Kriegen aufsteigen sah, er segne die Jahre, die er in der Schweiz habe zubringen dürfen, diese aus dunkler Zeit ausgesparten, guten Jahre, die ihm unzerstörbaren Gewinn bedeuteten. Als Weihnachten näher rückte, geschah es, daß Rilke aufbegehrend sein Jahrhundert verwünschte und Sehnsucht nach der Vergangenheit verspürte: »Sommes-nous dans un temps fou«, schrieb er, »wie hätten wirs genossen in einer behäbigeren Zeit zu sein, da man noch wie in einem Sofa spazierenfuhr, und die guten Alleebäume bewegten sich ein wenig, damit es doch so aussähe, als gingen sie wirklich, die schönen geschonten Schaukelpferde, die vor das Fahrsofa gespannt waren. Und in den Häusern, die freundliche verläßliche Festigkeit, diese Ansässigkeit aller Dinge, manchmal war dann das Schicksal schnell mitten in alle dem, aber nur das Schicksal durfte das, das spielte Sturm, ab und zu, – aber das Dasein selber war die Windstille, war die ruhende Landschaft, in der nichts querjagte, wo alles nur senkrecht stieg und in sich erfahrener zurückfiel wie der Saft in den Bäumen. Und man hatte Zeit, die Melodien in sich abzuhören, nicht nur drei Takte, sondern das Ganze. Höchstens die Morgen waren kurz und rasch, und man gedachte, ihn abschüttelnd, eines noch schnelleren Traumes. Aber dann die Tage, wie lang und langmüthig, und jeder Abend wie immer. Da durfte Weihnachten sein. Wie eine Ortschaft, eine läutende Kirche, auf die man zuging, die man immer schon sah und die doch noch wieder weit war und plötzlich sogar verdeckt vom Rücken der Hügel . . . «[9]

Er denkt, wenn er solches schreibt, an das ferne, für ihn verlorene Berg am Irchel, – ihm ist, als säße er dort in seiner Sofaecke, vor sich, im dunklen Grund des Zimmers, das flackernde Kaminfeuer: »Für gewisse Verfassungen ists immer Berg, von wo ich ausgehe, um sie mir klar zu machen«.[10] Und doch hat in dieser Weihnachtszeit Rilkes Herz den Weg zurück in sein Muzot gefunden, wo er, glücklich über die wiedergekehrte Stille und Einsamkeit, allein das Fest feiert. Der Insel Verlag hatte ihm eben die Druckbogen des Elegien-Bandes zur Korrektur geschickt (die schwierigen Verhältnisse, mit denen auch das deutsche Verlagswesen damals kämpfte, hatten eine Veröffentlichung von Rilkes neuen Werken im Jahre 1922 nicht gestattet). An seinem Stehpult erwartete der Dichter, über diese nächtliche Arbeit gebeugt, das neue Jahr. –

Es war nun klargeworden, daß Rilke die Schweiz nicht bloß bis zu dem Zeitpunkt bewohnen würde, wo ihm ihre schützende Zuflucht die Ausführung seiner dichterischen Aufgabe – die Vollendung der Elegien – ermöglichen würde, sondern daß seinem Emigratendasein Dauer beschieden war. Er hat dabei den Nachteil der materiellen Unsicherheit auf sich genommen, bis endlich, vom Jahre 1924 an, die Stabilisierung der Mark die Überweisung größerer Honorarbeträge durch den Insel Verlag wieder möglich machte. Man kann nicht nachträglich die Vor- und Nachteile von Rilkes Lebensweise in seinem Gastland gegeneinander abwägen; manches mag ihm dort zuerst schwergefallen sein, aber er hatte sich eingewöhnt, und die Atmosphäre von Intimität und Ordnung sagte ihm zu. Da er auch viel Gastfreundschaft und Hilfe fand, bedrückte ihn zuweilen die »Un-Unmenge« Hilfe – wie er sich einmal ausdrückte –, die er bei seinen Mitmenschen schon in Anspruch genommen habe. Welcher feinfühlige Mensch würde der Gastfreundschaft – selbst wo sie ihm mit der rücksichtsvollsten Großherzigkeit entgegenkommt – nicht in bedrückten Stunden überdrüssig werden? Rainer Maria Rilke war in gewissem Sinne ein Fremdling auf Erden: er war hienieden zu Gast, nichts als zu Gast – er lebte in Gastländern – er bewohnte gastliche Häuser – er fand Gastfreunde – Gastlichkeit war ihm unentbehrlich, weil es für ihn keine Ansässigkeit gab.

Aber sein Emigrantendasein in der Schweiz nach dem Weltkrieg hatte außerdem noch ganz bestimmte und handgreifliche Gründe; er war nicht dazu zu bringen, wieder nach Deutschland zu gehen. Ähnlich wie Hermann Hesse bereits vor ihm, Thomas Mann nach ihm (und sogar Stefan George, der das »Dritte Reich« verließ, um in der Schweiz zu sterben) Deutschland den Rücken gekehrt haben, um ihre geistige Unabhängigkeit und ihr literarisches Werk zu retten, so hatte Rilke nach den Erlebnissen des Weltkrieges und der Revolution von 1918 das Land verlassen, mit dem ihn zwar seine Sprache, aber weder die Staatszugehörigkeit noch eine tiefere Übereinstimmung verband. Die Inkongruenz des Geistigen und des Politischen, die für die Entwicklung Deutschlands seit Goethe charakteristisch ist, empfand auch Rilke ungemein lebhaft, und in Briefen und Aufzeichnungen hat er ihrer – bisweilen nicht ohne Schärfe – Erwähnung getan. Für Männer der Feder, die sich in den Dienst nationalistischer Gedankengänge und Affekte stellten, hatte er nicht viel Sympathie übrig. Bereits aus Locarno, wenige Monate nachdem er München verlassen hatte, schrieb er über Graf Hermann Keyserling: »Keyserling spielt immer mehr ins Öffentliche hinüber seit jener darmstädter Gründung . . . . leider verfällt auch er mehr und mehr in den Fehler, den Deutschen schon wieder eine ›außerordentliche‹ Rolle zuzuschreiben, wo's doch schon viel wäre, leisteten sie eine einfache eigene redliche Besinnung«.[11] Auch aus Etoy sind Äußerungen vorhanden, aus denen Rilkes Kritik am Bismarckschen und am Wilhelminischen »Reich« hervorgeht: diese Männer seien »Bändiger« gewesen, aber keine Vertreter einer gesetzlichen Ordnung. Auch die Revolution von 1918 hatte nach seiner Überzeugung keine Wendung zum Besseren gebracht. Zu Beginn des Jahres 1923 schrieb Rilke aus Muzot an Lou Andreas folgende Zeilen, in denen es an klugen Einsichten nicht fehlt: »Ich bin oft in großer Sorge, liebe Lou, um D i c h , um E u c h , wenn ich höre und mir vorstelle, wie alles in Deutschland immer absurder geworden ist und Leben und Lebenspreise ungefähr unmöglich. Es scheint – und das war mein Eindruck im Jahre 1919 –, der einzige rechte Moment, da alles hätte Einverständnis vorbereiten können, ist auf allen Seiten versäumt worden, nun nehmen die Divergenzen zu, die Fehlersummen sind gar nicht mehr abzulesen, so vielstellig sind sie geworden; Ratlosigkeit, Verzweiflung,

Unaufrichtigkeit und der zeitgemäße Wunsch, auch noch aus diesen Verhängnissen um jeden Preis Nutzen zu ziehen, auch noch aus ihnen: diese falschen Kräfte stoßen die Welt vor sich her«.[12] Vier Wochen später bekennt Rilke in einem Brief an Frau Nölke, er leide »bis zur Schlaflosigkeit« unter der Verschlimmerung der allgemeinen Verhältnisse »draußen in der Welt« und »an diesen grausamen Konflikten, an ihrer Aussichtslosigkeit, und mehr noch daran, daß es wieder nach dem ›Hassen‹ geht, daß wieder der Haß das Entscheidende und Wirkende ist in einer Welt, die um endlich zu heilen, ein Übermaß von Liebe und Milde und lauter guten Willen nöthig hätte! – Die Zeitungen sind auch sofort wieder in den Ton der Kriegsjahre verfallen, ihr Papier verursacht schon ein hetzerisches Geräusch, nur wenn man's aufblättert . . . . Wo soll das hin?.«[13]

Rilkes Haltung war gar nicht so »esoterisch« und »apolitisch«, wie zuweilen gesagt wurde, und wenn er aus Anlage und Temperament allem Öffentlichen abgeneigt war, so bedeutet das keineswegs, daß es ihm bei der Beurteilung öffentlicher Dinge an Luzidität fehlte. Die später folgenden Jahre haben ihm nicht unrecht gegeben, wenn er 1923 die Überzeugung aussprach, sein eigenes Leben – und das seiner Generation – sei »schon endgültig dieser Wirrnis preisgegeben«; und wenn er »doch wenigstens jenen kleinsten Riß im Himmel (möchte) entdecken dürfen, der sich zu dem reinen Firmament entfalten soll, unter dem die leben werden, die jetzt aufwachsen«[14], dann war das kaum ein Glaube, wohl aber ein inniger Wunsch. »So entlegen und entrückt mein altes Muzot auch scheinen mag« – seine Abgeschiedenheit ersparte ihm das Leiden an den Verstörungen der Zeit nicht, und die bösen »Zwischenrufe des Lebens« bestürzten ihn oft bis ins Innerste. Wenn diese Entwicklung weitergeht, sagt er im Januar 1923, »vereitelt (sie) uns, die wir nicht mehr jung sind, für den Rest unseres Lebens die geistige Arglosigkeit der Bewegung durch die Welt –, und damit wie viel Freude, wie viel Genügen, den Rest unserer äußeren Zukunft«.[15] Nach einigen Zeilen, in denen sein Widerspruch gegen das politisierte Deutschtum und sein heftiger Gegensatz gegen das von Preußen aufgerichtete »Reich« zum Ausdruck kommt, sagte Rilke, nie sei ihm sein »Österreicherthum, in seiner anderen inneren Zusammensetzung kostbarer« gewesen – und er schließt: »Möge die Schweiz mich schützen, solang bis ich irgend eine weit weit entlegene Zuflucht finde, oder still, als Privatmann in Paris verschwinde, als ein čechoslovakischer Staatsbürger, der die Quais entlanggehen und im Luxembourg sich benehmen darf ohne irgendwann an die Schellen der Politik zu stoßen«.[16]

An eine Rückkehr in die Prager Heimat dachte er am allerwenigsten. Er hatte aus Prag den Bericht erhalten, daß seine Cousine Paula von Rilke-Rüliken gestorben war, mit der er »brouilliert« gewesen sei, aber deren Familienbilder und -Papiere er haben möchte. Diese Nachricht weckte in ihm viele alte Erinnerungen an den »Verfall der Familie« und an die »engen Prager Verhältnisse«. »Das ist alles so traurig«, schreibt er, »wie nur im alten Österreich und im engen Prag etwas sein konnte. *De la province engourdie.* Diese Familiendinge, auf die ich zurücksehe, sind nichts als grotesk auf allen Seiten . . . «[17] Natürlich ist auch jetzt wieder in dem alten Ton gereizter Abwendung die Rede davon, wie kurios es auf dem mütterlichen Ufer zugehe, bei der uralten Großmutter und der sehr alt gewordenen Mama – und man geht vielleicht nicht fehl, wenn man vermutet, Rilkes unter hundert Vorwänden verschobene Reise nach Böhmen zu den Freunden Thurn und Taxis und nach Wien zur Regelung der Erbschaftsangelegenheit habe er zum Teil deshalb nicht ausgeführt, um nicht in Prag diese alten Damen besuchen zu müssen. Dazu kam, daß Prag überhaupt, als Kindheitserinnerung, für ihn mit so viel Schrecken verbunden war – in intimeren Gesprächen berührte er dieses Thema ab und zu –, daß er seine Vaterstadt zu meiden wünschte. Was Rilkes Verhältnis zur Tschechoslowakei betrifft, das gelegentlich zu mißverstehenden, wenn nicht gehässigen Kommentaren Anlaß gab, so äußerte er sich dazu ein Jahr vor seinem Tode in einem Brief: »Dem Präsidenten Masaryk hab ich zwar nicht diesmal, aber bei einem früheren Anlaß, durch seinen damaligen Berner Vertreter, meine Verehrung angeboten: dieses Gefühl bestand lange, bevor die Umstürze des Jahres 18 ihn an jene sichtbare Stelle emportrugen; wie sollte ich mich nicht zum Beifall aufgefordert gefühlt haben, da ein Mann von universeller geistiger Bedeutung den obersten Platz in meinem Heimatlande einnahm, von dem ich abgelöst genug bin, um seinen besonderen Schicksalen, unabhängig, treu zu sein«.[18] Nichts lag Rilke ferner, als überheblich von den slawischen Völkern und Kulturen zu denken; dazu war schon sein Jugenderlebnis mit Rußland viel zu tief und bleibend in seinem Gemüt, und obgleich er keine Beziehung zu der jüngeren tschechischen Literatur gehabt zu haben scheint, war er doch seit seiner Prager Kindheit und Jugend der tschechischen Sprache mächtig genug, um ein tschechisches Gespräch, das er in Genf von vorübergehenden Unbekannten auf der Straße gehört hatte, in einem Brief an die Fürstin Taxis tschechisch wiederzugeben. » . . . meinem eigenen Gefühl entspricht es ja«, schrieb er an seinen polnischen Übersetzer Witold Hulewicz, »mehr als ich sagen kann, zu vermuten, daß die slavische Strömung nicht die geringste sein möchte in den Vielfältigkeiten meines Bluts«.[19] Rilke war nicht frei von einer etwas vagen Blutmystik – das Wort »Blut« kommt unter seiner Feder oft vor, ohne daß die Vorstellungen, die er daran knüpft, genauer bestimmt werden können; unter seinen Vorfahren, denen Carl Sieber u. a. Genealogen nachgeforscht haben, finden sich keine Slawen, sondern Deutschböhmen und Elsässer – so daß Sympathie und Wahlverwandtschaft größeren Teil an seinen Affinitäten mit dem Slawischen gehabt haben dürften, als eine biologische Erbmasse (es sei denn eine viel ältere, unerforschbare).

Politik, Familienerinnerungen, körperliche Beschwerden, Magenverstimmungen, Geldknappheit: solches und anderes bildete den unklaren Kreis, in dessen Mitte Rilkes Lektüren und Arbeiten an jenem Ende seines zweiten Muzot-Winters vor sich gingen. Kaum komme man, schreibt er an Lou Andreas, in eine Schicht unter der Politik, »schon sieht alles anders aus, und man meint, daß ein heimlichstes Wachstum und sein reiner Wille jene Wirrnisse nur gebrauchen, um sich darunter heil und der anders beschäftigten Neugier verborgen zu halten. (Gerade in Frankreich in den politisch nicht beteiligten Menschen, in den innerlich wirkenden: wie viel Wendungen, Erneuerungen, Umsichten –, welche neue Orientierung eines plötzlich, fast wider seinen Willen, weiter reflektierten Geistes . . .)[20] Und gleich folgt auch schon das Stichwort »Proust«, dessen Einfluß, sagt er, ungeheuer sei – und dessen Namen Rilke in jener Zeit öfter erwähnt hat als irgendeinen andern (mit Ausnahme desjenigen von Paul Valéry). In Paris war dieser große Zeitgenosse Rilkes gestorben – und wenn man genau hinhört, glaubt man einen Anklang an Prousts »Du côté de chez Swann« in dem oben zitierten Brief Rilkes zu hören, in dem er von der läutenden Kirche spricht, »auf die man zuging, die man immer schon sah und die doch noch wieder weit war und plötzlich sogar verdeckt vom Rücken der Hügel«: erinnert dieses Bild nicht unwillkürlich an die berühmte Beschreibung der Straße bei Méséglise in Prousts Roman? Das dem Andenken des französischen Romanciers gewidmete Januar-Heft der *Nouvelle Revue française* bestätigte Rilke nur noch mehr in seiner Sympathie für Prousts Persönlichkeit. Er staunte über dessen »Freiheit«, »Sicherheit im Persönlichen«, »Ferne vom Erfolg«. Und er lobte »diese Aufwendung ins Gesellige, ohne Ambition, wie nah am ›Snob‹ vorbei, gerettet durch dieses in-Allem--etwas-Suchen, etwas Reines und Gewaltiges, das dann auch mehr und mehr die Führung dieses Lebens übernimmt, alles in einem Sinn beherrschend, auch noch die Krankheit. Schließlich dieses Sterben, Medicamente ablehnend, aber noch in der Agonie die Beschreibung einer Agonie verbessernd . . . !, nachdem das Wort

Fin

. . . schon unter das letzte Blatt des XXten Heftes geschrieben war!«[21]

Wer könnte leugnen, daß so, wie Rilke sie hier schildert, die Persönlichkeit Prousts mit seiner eigenen viel Ähnlichkeit besaß? Sogar Rilkes Haltung gegenüber seiner Krankheit und als er im Sterben lag, ist von derjenigen Prousts nicht sehr verschieden. Die französische Kritik hat übrigens, als die Übersetzung der »Aufzeichnungen des Malte Laurids Brigge« in Rilkes letztem Lebensjahr in Paris (1926) erschien, wiederholt auf die Verwandtschaft dieses Werkes mit Prousts Roman aufmerksam gemacht. Ehe Rilkes große Gedichtzyklen – lange nach seinem Tode – in guten französischen Übertragungen erschienen sind, stützte sich die französische Rilke-Kritik vornehmlich auf den Malte-Roman, was erklärt, warum Edmond Jaloux und andere französische Kritiker den deutschen Dichter vor allem nach seinem großen Prosawerk beurteilten und daher der Frage seiner geistigen Verwandtschaft mit Proust einen großen Platz einräumten.

Paul Valéry und André Gide

Seitdem der Name Paul Valérys in Rilkes literarisches Universum eingetreten war, überstrahlte er mit seinem Glanz selbst den näheren Proust. Diese Dinge liegen in engstem geistigen und zeitli-

168

chen Zusammenhang; die Verdeutschung von Valérys Gedichtband *Charmes* ist kaum ein Monat nach der erwähnten Lektüre
des dem Andenken Prousts gewidmeten Sonderheftes der *N.R.F.*
entstanden, im Februar 1923, ein Jahr nach der Elegien-Dichtung, in Muzot.

Die Begegnung Rilkes mit Valéry ist viel unerwarteter als diejeni-
nige mit Proust. Denn Valérys Persönlichkeit und Geistigkeit erregt, verglichen mit Rilke, den Eindruck völliger Verschiedenheit, größter Gegensätzlichkeit. Beim ersten persönlichen Kontakt (1924) mit seinem deutschen Übersetzer hat offenbar Valéry
diese Verschiedenheit stark empfunden. Es hat ihn Zeit und
Aufwand seiner eigenen, andersgearteten Feinfühligkeit gekostet, um die »seltsame Verbindung« mit Rilke auch seinerseits zu
spüren und ihren Wert zu erkennen. Es fiel ihm doppelt schwer,
seinen kongenialen Bewunderer und Übersetzer zu verstehen,
weil er der deutschen Sprache nicht mächtig war und ihm auch die
geheimere, intimere Sprache Rilkes fast undurchdringlich vorkam. Nach dessen Tod bekannte Valéry freimütig diese Schwierigkeiten; seine damaligen Äußerungen zu dem schweizerischen
Essayisten Max Rychner sind aufschlußreich: »Ich liebte Rilke«,
sagte er, »und durch ihn hindurch Dinge, die ich auf direkter
Weise nicht liebe, jenen dunklen und fast unbekannten Tiefen-
raum der Versonnenheit, den wir mit unbestimmten Worten bezeichnet haben wie Mystizismus und geradezu Okkultismus,
Kunde von Vorzeichen des Schicksals, Ahnungen, innere religiöse Stimmen, vertrauliche Eröffnungen ferner Dinge – die zuweilen denselben Charakter haben wie weibliche Vertraulichkei-
ten. Alles das, was ich vom Dasein nicht wußte, oder was ich entschlossen verspottete, bot Rilke mir in entzückender Weise
dar . . . «[22]

Diese aus späteren Jahren stammende Aussage Valérys läßt uns
deutlich das Verhältnis der beiden Dichter zueinander erkennen;
sein Ursprung lag in der spontanen, begeisterten, ganz einseitigen
Bewunderung Rilkes für die Werke des französischen Dichters,
denen er, wie er mir im Gespräch bestätigt hat, zufällig bei der
Lektüre eines Heftes der *Nouvelle Revue française* zum erstenmal
begegnet war (es handelt sich um das Heft dieser Zeitschrift vom
1. Juni 1920, in dem das Gedicht Valérys *Le cimetière marin* abgedruckt ist, das aber Rilke offenbar erst im Frühjahr 1921 kennengelernt hat). Er hatte bei der Berührung mit diesen neuen

Dichtungen jenen Schlag an seiner Seele verspürt, dessen er bedurfte, um zum Mittelpunkt seiner eigenen schöpferischen Fähigkeiten zurückzufinden. Ihr Verfasser war einer jener männlichen, von ihrem Willen, Verstand und Erkenntnisdrang beherrschten Geister, von denen Rilkes empfängliches, offenes Gemüt mehr als einmal in seinem Leben Befruchtung empfangen hat. Proust mochte Rilke in seiner eigenen Art bestätigen – doch nie hat er die Absicht geäußert, dessen Prosa zu übersetzen. Valéry war der entschieden anders Geartete, der ihm Ansporn, Auftrieb, ja Führung bedeutete. Deshalb war auch Rilkes Hingabe an des andern Dichtung eine so unbedingte, fast überschwengliche. Wie beschaffen die Stellung von Paul Valérys Werk in der Gesamtheit der neueren französischen Literatur ist, und ob ihm nicht ein gewisser Akademismus anhaftet, der die eigentümliche Tatsache erklären würde, daß seine Wirkung auf das Ausland eine größere war als auf die jüngere französische Literatur, ist eine Frage für sich, die hier nicht zur Erörterung steht. Uns muß die Feststellung genügen, daß das Bekanntwerden mit Valérys Gedichten und Prosaschriften für Rilke im Jahre 1921 ein wichtiges Datum bedeutet hat. Von da an wendet er seine Begeisterungsfähigkeit, sein Einfühlungsvermögen und sein Bedürfnis nach Aneignung eines fremden literarischen Kunstwerkes durch Übertragung in die Bilder- und Klangsprache seiner eigenen, deutschen Dichtkunst den Werken Valérys zu. Auf eine Persönlichkeit, die sich durch die Helle und Subtilität ihres Intellekts, durch eine überaus erfahrene Beherrschung ihrer literarischen Ausdrucksmittel, durch ihre künstlerische Bewußtheit, ihren Verzicht auf Rhetorik und eine außerordentliche Freiheit der Gedanken- und Bilderassoziationen auszeichnet. Durch Eigenschaften also, die zweifellos denjenigen Rilkes in dieser reifsten Periode seines Schaffens entgegenkamen. Jedenfalls konnten sie ihn in der Richtung bestätigen und bestärken, die er in der Nachkriegszeit mehr aus dunklem Drang als aus klarer Erkenntnis eingeschlagen hatte. Der Gefahr, die aus Rilkes verströmender und manchmal zerfließender Innigkeit kam, war hier ein Damm aus intellektueller Überprüfbarkeit des dichterischen Kunstwerkes gesetzt. Das Trennende hat Valéry in den oben erwähnten Bemerkungen über sein Verhältnis zur Rilke ausgesprochen; das Verbindende hat Rilke vom ersten Tag an gespürt, als ihm (in Berg am Irchel) ein Gedicht des Franzosen unter die Augen kam.

In der Entstehung der Duineser Elegien und wohl mehr noch der Sonette an Orpheus hatte daher das Bekanntwerden Rilkes mit Valérys Dichtungen eine unbestreitbare Funktion.

Die Bedeutung, die Paul Valéry für Rainer Maria Rilke in seinen fünf, sechs letzten Lebensjahren besaß, kann nicht genug hervorgehoben werden. Seine Briefe und Gespräche waren erfüllt von den Eindrücken, die er durch Valéry empfangen hatte. Am stärksten betroffen, weil an seiner wundesten Stelle berührt, war Rilke, als er erfuhr, daß der französische Dichter erst nach einem viele Jahre währenden, völligen Schweigen mit seinen Gedichten hervorgetreten war. Wie billigte, wie lobte er solches Schweigen, wo es das langsame, unmerkliche Reifen und Steigen des Kunstwerks vorbereitet und vor der Welt verdeckt! Und wie recht gab dieses Schweigen seinem, Rilkes eigenem Schweigen, ehe er es in Muzot brechen konnte!

Wenn man dieses Erlebnis über die persönliche Sphäre hinaushebt, entdeckt man, daß es mit dem übereinstimmt, was wir vom Entwicklungsgang anderer bedeutender deutscher Dichter und Künstler wissen. Seit Goethe hat jeder deutsche Dichter in irgendeiner Form seine »Italiänische Reise« gemacht. Denn – man hat es oft genug gesagt – von Haus aus ist der Deutsche formlos, grenzenlos, schwärmerisch. Er hat, um seine Grenzen und damit seine Form zu finden, den Kontakt mit der mediterranen Überlieferung und Kultur nötig – in irgendeiner ihrer Ausprägungen: Antike, Renaissance, italienische Kunst, französische Sprache. In seinem Kampf mit sich selbst richtet sich der germanische Mensch auf an der sich selbst genügenden, freien Männlichkeit des Romanen, die elastisch, klar und hart ist (und nicht spröde, verworren und sentimental wie beim Deutschen). Rudolf Kassner glaubte zwar davor warnen zu müssen, »in Rilkes Liebe zu Frankreich nichts anderes als die deutsche Liebe zum Fremden zu sehen«. Er bemerkt richtig, England sei Rilke immer fremd gewesen, man habe ihn nicht dazu bringen können, nach London zu gehen; die Amerikaner seien ihm monströs erschienen, »der Italiener im Grunde nicht ganz durchsichtig und darum auch nicht ganz wichtig«. Kassner unterscheidet zwischen »Art« und »Gesinnung« und sagt in diesem Zusammenhang von Rilke: »Er liebte Frankreich, weil er darin die höhere Art sah . . . . Gesinnung konnte ihm die fehlende Art nicht ersetzen. Art war vor Gesinnung da.«[23]

171

Ist es – die Trefflichkeit von Kassners Bemerkungen vorausgesetzt – aber ganz unrichtig zu behaupten, das, was in Rilkes Wesen deutsch (und vielleicht slawisch) war, habe der Ergänzung durch das Mediterrane und insbesondere durch das Französische bedurft? Aus einer (französisch geschriebenen) Aufzeichnung des Dichters aus Etoy (vom Mai 1921) wissen wir, daß er im Kampf lag mit der deutschen Sprache – und letzten Endes doch mit ihrem tieferen Wesen, das der Ausdruck der sehr komplexen, nie ganz durchschaubaren psychischen Anlage eines Volkes ist. Er bewundert die französische Sprache, die während Jahrhunderten gereift und gepflegt worden sei wie ein Weinberg und beklagt, daß die Sprache, die er selber gebrauche, weit davon entfernt sei, eine ähnliche Klarheit und Sicherheit erreicht zu haben; die Hälfte der deutschen Dichtung lebe von den Ungewißheiten der deutschen Sprache und vermehre sie. Allerhand willkürliche Wendungen seien nichts als eine Ausbeutung ihrer Schwächen, und manche »Kühnheiten« wären im Französischen einfach unzulässig und fehlerhaft. Deutschland habe immer eine Akademie gefehlt, die die Pflicht gehabt hätte, einer Sprache, die auf der Straße liege, ihre unbestreitbare Majestät zu geben: die einzige deutsche Akademie, die es je gegeben habe, sei das Werk Goethes und dasjenige Stefan Georges. Man könne Akademien wieder zerstören, wenn sie ihre Aufgabe erfüllt haben, so wie man gut daran tue, sich gegen senile und verschlafene Mächte aufzulehnen; aber das bedeute nicht, daß man von Anfang an ihr Joch entbehren könne. Im übrigen entspreche das beklagenswerte Schauspiel, das die deutsche Sprache biete, durchaus demjenigen, das das »Reich« dargeboten habe, in dem die verstreuten Kräfte auch nie geordnet und einer wirklichen Herrschaft untergeordnet worden seien – denn der Gehorsam gegenüber Bismarck und Wilhelm II. sei das Gegenteil davon gewesen; diese beiden autoritären Männer seien nicht Repräsentanten einer echten gesetzlichen Ordnung gewesen.

Ehe wir von der Übertragung von Valérys Gedichten sprechen können, ist die Bemerkung am Platze, daß die Übertragung von Kunstwerken der französischen Sprache für Rilke nichts Neues war; er hatte bereits Gedichte von Verlaine (1914), der Comtesse de Noailles (1915), Verhaerens (1919), Baudelaires (1921), von Moréas und Mallarmé übersetzt. Aber schon vor dem Weltkrieg hatte er sich intensiv mit dem literarischen Schaffen André Gides beschäftigt, mit dem ihn von seinem 35. Altersjahr bis zu seinem Tode eine nie getrübte Freundschaft verband, die, im Gegensatz zu der neuen Freundschaft mit Valéry, auf gegenseitigem Verstehenkönnen beruhte (eine demnächst erscheinende Ausgabe des Briefwechsels zwischen Gide und Rilke – von 1910 bis 1926 – ist berufen, diese Geschichte einer literarischen Freundschaft aufzuhellen). Rilke hatte mit kürzeren und längeren Unterbrechungen von 1902 bis 1914 in Paris gelebt. Die ersten Jahre standen unter dem Zeichen des Schüler-Meister-Verhältnisses zu Rodin, das Jahr 1907 war beherrscht von dem Eindruck, den Cézannes Malerei auf ihn machte. Die Neuen Gedichte und die Aufzeichnungen des Malte Laurids Brigge sind in diesen Pariser Jahren entstanden. Verhaeren, den er spätestens 1906 kennenlernte, war Rilkes erste persönliche Beziehung zu einem namhaften französischen Dichter. André Gide erwähnt er 1908 in einem Brief an Hofmannsthal wohl zum erstenmal, und in einem ein Jahr später geschriebenen Brief an den dänischen Kritiker Georg Brandes begründet er ausführlich seine Bewunderung für Gides Erzählung *La porte étroite:* sein Eindruck möge, schreibt er dort, »von einer gewissen Wesensverwandtschaft (um deretwillen ein naher Bekannter mir das Buch ins Haus trug) abhängig« sein. »Gides Mittel, die ich hier zum ersten Male bewundern durfte, sind der Welt, die er setzt, merkwürdig mächtig; sie erfüllen – scheint mir – seine Absichten ohne Rest, und daraus ergibt sich eine feinverzweigte Sicherheit, die das Buch gelassen und gleichsam vegetativ bis in seine inkommensurablen Ränder ernährt.«[24] Es ist kaum zweifelhaft, daß Gides frühere Werke einen Einfluß auf die vor dem Krieg in Paris entstandenen Arbeiten Rilkes ausgeübt haben, und man kann als sicher annehmen, daß bis zu seinem Ende Rilke in einem engen geistigen Bezug zu Gides literarischem Universum stand. Für beide bedeutete es eine Form enger Kommunion und die gegenseitige Anerkennung ihrer Leistung, wenn sie die Arbeit und Mühe nicht scheuten, einer des andern Werke zu übersetzen. Kaum war der Malte-Roman erschienen, als sich Gide hineinvertiefte und darüber an Rilke (im Oktober 1910) schrieb: »Ich lebe seit vierzehn Tagen mit Ihnen und wohne tief innen in Ihrem Buch. Wie dankbar bin ich ihm, daß es mich lehrt, Sie besser zu kennen, da es geschieht, um Sie mehr zu lieben.«[25] In der Juli-Nummer 1911 der *Nouvelle Revue française* erschienen lange, von Gide meisterhaft übersetzte Fragmente des

Malte Laurids Brigge zum erstenmal in französischer Sprache. Unter ihnen befindet sich auch der Abschnitt mit der schauerlichen Schilderung eines abgebrochenen Hauses in Paris, die in Gides Gedächtnis haftenblieb, so daß er sie noch 1929 (drei Jahre nach Rilkes Tod) in seinem Tagebuch erwähnt hat. Gide spricht dort von seiner Absicht, den Stadtrand von Paris zu beschreiben und sagt darüber: » . . . . nach meiner Art, die gar nicht diejenige von Huysmans wäre; eher diejenige von Rilke . . . «

Rilke hat zeitlebens André Gide Dankbarkeit für seinen literarischen Freundesdienst bewahrt; der Übersetzung Gides verdankte er seine Einführung in die französische Literatur. Im Fall der Beziehung Rilke–Gide war es zweifellos mehr und vor allem etwas anderes als Wesensverwandtschaft, was die beiden gegenseitig anzog: es war auch eine tiefgehende Verschiedenheit. Das Verbindende kann man unter anderem in jenem Zustand individueller Isolierung, der auch soziale Loslösung ist und den man etwa mit dem Wort Entwurzelung bezeichnet hat, erblicken; beide hatten sich gegen die familialen Ordnungsregeln und bürgerlichen Moralvorschriften aufgelehnt und aus ihrer Emanzipation die Voraussetzung ihres Werkschaffens gemacht. Gemeinsam war ihnen auch die »Disponibilität«, d. h. die fast unbegrenzte Offenheit und Empfänglichkeit für geistige und sinnliche Eindrücke, desgleichen die vollkommen unkonformistische und intensive Bereitschaft, auf die verschiedenartigsten Phänomene der Natur und des Geistes einzugehen und sie sich, nach dem Maß der Reizwirkung, die sie davon empfingen, anzuverwandeln. Endlich trafen sie sich in ihrer Daseinsgläubigkeit, mit der sie die Bejahung des Triebhaften rechtfertigten und aus der sie einen genießerischen, intellektuell sublimierten Beziehungsreichtum ableiteten, der ihnen zu einer Wirklichkeitserforschung ganz perönlicher Prägung diente. Allein, nichts ist verschiedener von Gides Bemühung um intellektuelle Aufhellung und Festlegung aller Dinge und um eine gleichsam graphische Verdeutlichung ihrer Perspektiven und Umrisse, als Rilkes bildhaft strömende Innigkeit des Gefühls, als die Atmosphäre des Geheimnisvollen, Phantastischen und Morbiden, in die sein Malte-Roman ganz und gar getaucht ist, als die existentielle Angst, die ihn in seinem Leben von einem Schrecken in den anderen trieb, und vor allem als die allem Zeichnerischen und Flächigen entgegengesetzte, raumerfüllte Kraft der Heraufrufung, in der alles schwebend, dynamisch, in reine Bezüge auf- und vom geometrischen und perspektivischen Sehen losgelöst, als eine Bilder und Assoziationen erzeugende Energie erscheint.[26] Vollends die unbeirrbare Subjektivität von Rilkes geistiger Gangart, die ihn befähigte, Aussage und Bild, Eindruck und Darstellung, Erkenntnis und Vision zu in ihrer bewegten Ganzheit unmittelbar einleuchtenden Bildern zusammenzuballen, die ihre Entstehung mehr einer Beschwörung als einem künstlerischen Willensakt zu verdanken scheinen, steht selbstverständlich in einem vollkommenen Gegensatz zu der disziplinierten und methodischen Geistesarbeit, mit der – jeder in seiner Art – ein Gide, ein Proust, ein Valéry vorgehen. Bei diesen Franzosen ist das Zeichnerische und Analytische, bei Rilke das Visionäre und Synthetische vorherrschend.

Es muß ferner festgehalten werden, daß Rilke die französische, genauer: cartesianische Geisteshaltung nie rezipiert oder »gelernt« hat; er hatte keinen logisch und philosophisch geschulten Geist, und nichts lag ihm ferner als die intellektuelle Neugier und der rationale Erkenntnisdrang eines Valéry, dem jedes und alles Mittel zur bewußten Innewerdung der natürlichen Erscheinungen und zu ihrer restlosen Erfassung mit dem menschlichen Verstand war. Gedichte zu machen, sagte Valéry mit seiner oft ins Paradoxe spielenden Ausdrucksweise, habe kein anderes unmittelbares Interesse für ihn gehabt, als daß sie ihm Gedanken über den Dichter eingaben; auch wollte er nicht den Begriff eines *poeta* für sich in Anspruch nehmen, sondern den eines *artifex*, im gleichen Sinn, wie Leonardo einer war, in dessen Methode Valéry ein Mittel zur Entzauberung und intellektuellen Aneignung der Welt und ihrer »Mechanik« sah. Für Rilke wurde, im Gegenteil, alles Verzauberung, auch die Mathematik, und wenn er, nachdem er die meisten Gedichte in dem Band *Charmes* übersetzt hat, im Februar 1924 ein Gedicht unter dem Titel D e r M a g i e r schreibt, dann ist es zwar nicht sicher, aber möglich, daß er damit Valéry meinte. Denn für Rilke wurde das Klare dunkel, das Helle geheimnisvoll, das Rationale magisch, und wo er der Nachtseite des Lebens begegnete, war er auch schon umgeben von Dämonen. Seine Beschäftigung mit den Gedichten Valérys hatte nichts an seiner Grundhaltung geändert, denn er schrieb (in einem andern Zusammenhang) im Sommer 1924 aus Muzot: »Im übrigen gehört es zu den ursprünglichen Neigungen meiner Anlage, das Geheime als s o l c h e s aufzunehmen, nicht als ein zu Entlarvendes, sondern als das Geheimnis, das so bis in sein Innerstes, und überall, geheim ist, wie ein Stück Zucker an jeder Stelle Zucker ist. Möglicherweise, so aufgefaßt, löst es sich unter Umständen in unserm Dasein oder in unserer Liebe, während wir sonst nur eine mechanische Zerkleinerung des Geheimsten erreichen, ohne daß es eigentlich in uns überginge.«[27] Rilkes Unbeholfenheit, logisch zu denken und methodisch zu unterscheiden, ist oft verblüffend und erklärt manche Unklarheiten und Unbestimmtheiten seines sprachlichen Ausdrucks, namentlich in seiner Briefprosa.

All das bedeutet, daß die französischen Einflüsse an Rilkes tieferer Natur nichts zu ändern vermochten. Er setzte sich bedeutenden Einwirkungen und Vorbildern aus, wie sich eine Pflanze dem Regen und der Sonne aussetzt, oder wie ein Stein, der in einem Bache liegt, von dem unablässig fließenden Wasser nach langer, langer Zeit geglättet wird. Rilke hat von diesen Einflüssen und Vorbildern viel gelernt, aber kaum etwas nachgeahmt – nichts war bei ihm Nachahmung, nichts bloß literarische Formulierung. Zwar war er zeitlebens ein Lernender, ein geradezu demütig Lernender, der niemals zögerte, Größe und Verdienst anderer anzuerkennen – besonders wenn es sich um französische Maler, Bildhauer und Schriftsteller handelte. Aber er ist doch auch durch sein ganzes Leben unverwechselbar und unentrinnbar er selber geblieben, aus dem innersten Kern seines Genies.

Seine Übersetzungskunst, die Rilke in dem Jahr, das dem Weltkrieg voraufging, an Gides »Rückkehr des verlorenen Sohnes« übte, zeigt ihn in seiner sprachlichen Doppelnatur: in seiner Bewunderung vor der Sicherheit und Präzision der französischen Sprache, und in seiner unwillkürlichen Begabung, einen fremden Text der deutschen Sprache, genauer: seiner eigenen spontanen sprachlichen Ausdrucksform anzuverwandeln. Die beste Kennerin der Beziehung zwischen Gides und Rilke, Madam Renée Lang, hat keineswegs unrecht, wenn sie von Rilkes Übertragung des *Retour de l'enfant prodigue* sagt, außer gewissen Unvollkommenheiten dieser Übersetzung sei sie von einer »melodiösen Schönheit. Aber vielleicht ist diese Schönheit ein wenig zu nahe an Rilkes eigenen Gedichten . . . Unter seiner Feder wird der verlorene Sohn ein unkörperlicher Pilger, ein metaphysischer Träumer.«[28] Eine Rilkesche Verdeutschung ist nie eine wörtliche Übersetzung: sie ist immer auch eine Dichtung Rainer Maria Rilkes – er kann nicht anders, als aus dem Aufgenommenen ein Eigenes zu machen, und es ist nötig, auch seine Übertragungen von Valérys Werken aus seinen Spätjahren in dieser Beleuchtung zu sehen, die dem Original eine andere Tönung verleiht. Auch der Hader mit der eigenen Sprache, in dem er seit seinen frühen Pariser Jahren lebte, ist nichts anderes als eine anstrengende und irritierende Begleiterscheinung seines Bemühens gewesen, sich seinen eigenen dichterischen Ausdruck mit dem Mittel eines oft widerstrebenden Sprachmaterials zu schaffen. Was in seinen oben erwähnten Aufzeichnungen des Jahres 1921 zu diesem Thema steht, hat er schon 1914 André Gide anvertraut, der darüber in sein Tagebuch schrieb: »Einmal mehr konnte ich die so aufschlußreiche Gereiztheit eines deutschen Schriftstellers gegen seine eigene Sprache feststellen; eine Gereiztheit, von der mir nicht bekannt ist, daß jemals irgendein Schriftsteller aus irgend einem andern Land sie gekannt hatte«.[29] Rilke war mit der Übersetzung der Michelangelo-Sonette beschäftigt, als er eines Tages bei Gide eintrat, um bei diesem das Grimmsche Wörterbuch zu konsultieren; dabei gestand er dem französischen Freund sein Erstaunen, daß es in der deutschen Sprache wohl ein Wort für den Handrücken, aber keines für das Innere der Hand gebe, das im italienischen *palma*, im französischen *paume* heißt. »Man kann höchstens Handfläche sagen. Das Innere der Hand eine Fläche!«, rief Rilke aus. »Umgekehrt ist Handrücken durchaus gebräuchlich. Was sie betrachten, ist also der Handrücken, diese belanglose, unpersönliche, unsinnliche, unzarte Oberfläche, diese Oberfläche, die sich entgegengestellt und die sie dem warmen, liebkosenden, weichen Innern vorziehen, der *paume,* die das ganze Mysterium des Menschen erzählt!« Rilke fand im Grimmschen Wörterbuch auch den Ausdruck Handteller. »Aber es ist doch die *paume* einer Hand«, sagte er zu Gide, »die man zum Almosen sammeln, zum betteln ausstreckt und die als Schale dient! Was für ein Geständnis in diesem Ungenügen unserer Sprache!«[30] Dieses kleine Augenblicksbild, das hier Gide von Rilke skizziert hat, ist von einer überwältigenden Authentizität – und gleich wie wir bereits bei anderen Gedichten aus Rilkes Spätzeit den Ursprung ihrer Gedanken- oder Bilderassoziation feststellen konnten, steht zu dieser Tagebucheintragung Gides als eine zehn Jahre später erfolgte Bestätigung Rilkes französisches Gedicht *Paume* (aus dem 1926 in Paris erschienenen Gedichtband *Vergers*):

Paume, doux lit froissé
où des étoiles dormantes
avaient lassé des plis
en se levant vers le ciel.
etc. etc.

Rilke hat mit seiner 1914 im Insel-Verlag erschienenen Übertragung der »Rückkehr des verlorenen Sohnes« seinerseits Gide einem breiteren deutschen Leserpublikum vorgestellt. Am Anfang des gleichen Jahres äußerte Gide seinen Wunsch, die Weise vom Cornet Christoph Rilke ins Französische zu übertragen, aber bereits im Juli teilte er Rilke die Gründe mit, die ihn auf diesen Plan verzichten ließen; es leuchtet ein, daß der künstlerische Weg Gides eine Richtung eingeschlagen hatte, die sich von dem musikalischen, romantischen, entzückenden aber undichten Jugendwerkchen Rilkes entfernte. Rilkes eigene Entwicklung führte ebenfalls davon weg und in eine ästhetische Richtung, in der er, bei aller persönlichen Eigenart seiner Produktion, mit dem betont unromantisch gewordenen künstlerischen Empfinden der Zeit Schritt hielt und mit seiner intuitiven Geistigkeit vielleicht über Gides eigentümlich eingegrenzte Welt hinauswies. Es überrascht nicht, daß Rilke, als Gide ihn im Dezember 1921 in einem Brief anfragte, ob er bereit wäre, seine *Nourritures terrestres* ins Deutsche zu übersetzen, seinerseits, wenn auch schweren Herzens, dem Freund einen ablehnenden Bescheid gab. Rilke stand nach dem Kriege nicht mehr dort, wo ihn Gide früher in Paris gesehen hatte. Dieser vermutete in seiner Erinnerung an den jüngeren Rilke, daß dieser in hervorragender Weise geeignet wäre, sein am stärksten lyrisch gefärbtes Werk ins Deutsche zu übertragen; er konnte nicht wissen, daß Rilkes innere Melodie sich gewandelt hatte und nach neuen Ausdrucksformen suchte. Außerdem war damals Rilkes Bestreben vor allem auf die ihm bevorstehende Vollendung der Duineser Elegien gerichtet. Gides Anfrage hatte ihn in Muzot erreicht, einige Wochen vor dem »Sturm«, in dem er die Sonette und Elegien niederschrieb – aber bereits, nachdem er Valérys *Cimetière marin* ins Deutsche übertragen hatte; wenn er in seinem Antwortbrief Gide mitteilt, er gehöre »mit seiner ganzen Kraft zwei Arbeiten – worunter eine Übersetzung«, dann wissen wir aus andern Aufzeichnungen Rilkes aus dem gleichen Monat, daß er sich vorgenommen hatte, noch andere Werke Valérys zu übersetzen, sobald er in seinem Eigenen gesichert sei. Seine Freundschaft mit Gide blieb unverändert bestehen, aber die ganze Intensität seiner Bewunderung gehörte fortan Paul Valéry, von dem er soeben den ersten Brief erhalten hatte.

»Wer am Ende des Krieges eine Zählung der geistigen Werte Frankreichs hätte durchführen wollen, wäre nicht auf den Gedanken gekommen, Valéry auch nur zu erwähnen«, schrieb Gide in einer Zeitschrift im Jahre 1922. »Man hatte kaum eine Erinnerung an seine Jugendgedichte bewahrt ... Dann, plötzlich, ereignete sich das bekannte außerordentliche Aufblühen. Innerhalb von zwei Jahren erschienen Schlag auf Schlag die *Jeune Parque,* der *Cimetière marin,* der *Serpent* – sicherlich die prächtigsten Gedichte, deren sich unsere Zeit rühmen kann – und viele Seiten einer Prosa, die zum reichsten, zum vollkommensten, zum sonorsten gehört, was wir seit langem lesen konnten.«[31] Es spricht einmal mehr für den hochentwickelten Spür- und Qualitätssinn Rilkes, daß er, ohne von dritter Seite darauf aufmerksam gemacht worden zu sein (wie 1899 für Hermann Hesse, 1902 für Thomas Mann, 1913 für Proust, 1914 für Kafka), spontan und unmittelbar das neue Werk und den neuen Namen erkannte. Da er von Valéry, der gleich alt war wie er und Gide, nur wußte, daß er geschwiegen hatte, ehe er, vollkommen ausgereift, mit formal vollendeten literarischen Werken hervortrat, bedeutete ihm dieser Dichter in erster Linie: Bestätigung und Aufforderung zu eigenem Schaffen. Den Zugang zu der überraschenden, fast rätselhaften Verbindung Rilkes mit dem andersgearteten Kosmos Valérys öffnet uns ein Sonett (das zehnte des Ersten Teils der Sonette an Orpheus), das an eine Erinnerung an Valérys südfranzösische Heimat anknüpft, wo Rilke vor vielen Jahren in Arles die Allee mit den römischen Sarkophagen gesehen hatte:

Euch, die ihr nie mein Gefühl verließt,
grüß ich, antikische Sarkophage,
die das fröhliche Wasser römischer Tage
als ein wandelndes Lied durchfließt.

Oder jene so offenen, wie das Aug
eines frohen erwachenden Hirten,
– innen voll Stille und Bienensaug –
denen entzückte Falter entschwirrten;

alle, die man dem Zweifel entreißt,
grüß ich, die wiedergeöffneten Munde,
die schon wußten, was schweigen heißt.

Wissen wirs, Freunde, wissen wirs nicht?
Beides bildet die zögernde Stunde
in dem menschlichen Angesicht.

Hier ist die Übertragung des Erlebnisses von der Wiedererwekkung eines Dichters aus todesähnlichem Schweigen in die Rilkesche Bildersprache, in die eigene Versmelodie und Sensibilität vollzogen: aus dem durchaus südlichen Bild römischer Sarkophage, das beim Vergleich mit dem Auge eines erwachenden Hirten ins Idyllische und Bukolische hinüberspielt, entspringt die Assoziation mit den »wiedergeöffneten Munde(n), / die schon wußten, was schweigen heißt«. (Die »zögernde Stunde / in dem menschlichen Angesicht« bedeutet ein Nachgeben und leichtes Verblassen gegenüber den ungebrochenen Tönen des Vorangegangenen.)

Die Geduld, die das schweigende, unbeirrbare Reifen der Frucht erfordert, hat – zwar ein anderes Bild, aber dennoch eine Parallele zu diesem Sonett – Valéry in der zweitletzten Strophe seines Gedichtes *Palme* gepriesen. Hier das Original und daneben Rilkes Übertragung:

Patience, patience,	Gedulden, Gedulden, Gedulden
Patience dans l'azur!	Gedulden unter dem Blau!
Chaque atome de silence	Was wir dem Schweigen verschulden,
Est la chance d'un fruit mûr!	macht uns das Reifen genau!
Viendra l'heureuse surprise:	Auf einmal lohnt sich der Glaube:
Une colombe, la brise,	ein Windhauch kommt, eine Taube,
L'ébranlement le plus doux,	ein leisester Anstoß geschieht,
Une femme qui s'appuie,	eine Frau neigt leicht sich entgegen
Feront tomber cette pluie	und bringt ihn zum Fall, diesen Regen,
Où l'on se jette à genoux!	in dem ein Gesegneter kniet!

Rilke sprach oft von der beglückenden Genauigkeit, mit der ihm die deutschen Äquivalente zu Valérys Gedichten eingefallen seien, und wie er es nicht einmal nötig gehabt habe, die Reihenfolge der Verse umzukehren. Von Gleichwertigkeit darf man bei diesen deutschen Nachdichtungen französischer Gedichte sicherlich sprachen; aber die »Werte« – im Sinne von »*valeurs*« – hat Rilke in der freiesten und oft überraschendsten Weise ver- und umgewandelt. Schon der Rhythmus und der größere Atem ist in der deutschen Wiedergabe ein anderer. Das viermal wiederholte »Gedulden« erzeugt einen anderen Ton, und die breiteren Verszeilen in der Übertragung holen weiter aus als das Original. Bei Valéry ist (wörtlich übersetzt) »jedes Atom der Stille die Chance einer reifen Frucht« – und hier hat sich Rilke mehr als eine Freiheit, eine eigentliche, ins Subjektive und Metaphysische hinübergebogene Verwandlung erlaubt, wenn er transponiert: »Was wir dem Schweigen verschulden, macht uns das Reifen genau!« Das ist schön, dunkel und tief, aber Valéry hat nichts dergleichen gesagt. In »*Viendra l'heureuse surprise*« spricht das Original hell und deutlich von einer kommenden »glücklichen Überraschung«: vier Wörter, aus denen im Deutschen ein »Glaube« wird, der sich gelohnt hat; Rilkes Gedankengang ist zweifellos ein anderer, ehe er in den nächsten, rein beschreibenden Versen das Original anschmiegsam wiedergibt – bis zum letzten, »wo man sich auf die Kniee wirft« (bei Valéry), und »in dem (bei Rilke) ein Gesegneter kniet«.

Dieses aus vielen und langen Gedichten von Paul Valéry, die Rilke ins Deutsche übertragen hat, herausgegriffene Beispiel wirft ein Licht auf die eigentümliche geistige und künstlerische Transformation, die von der Rezeption in der fremden Sprache zur Reproduktion in der eigenen vor sich geht. Es läßt uns begreifen, daß Rilke das scheinbar Widersprüchliche sagen konnte: einmal, diese Übersetzung habe ihn beglückt wie eigene produktive Arbeit, ein andermal, daß er Valérys Gedichte mit solcher Äquivalenz zu übersetzen vermochte, wie er sie zwischen den beiden Sprachen kaum für möglich gehalten habe. Es gibt hier natürlich keine »Übersetzungsfehler« aus ungenügender Kenntnis der französischen Sprache – wie sie Rilke an einzelnen Stellen seiner Übersetzung von Gides Rückkehr des verlorenen Sohnes zehn Jahre früher noch unterlaufen waren; denn inzwischen hatte er so große Fortschritte in der Kenntnis des Französischen gemacht, daß ihm auch Schwierigstes und Feinstes verständlich war. Sondern es handelt sich um das halb luzide, halb unbewußte Eintauchen der Lyrik eines Franzosen ins eigene lyrische Strombett, so daß jene fortgetragen wird auf eigenen Wellen und darin eine seltsame Metamorphose durchmacht: wie eine antike Gottheit,

Untere Mühle in Meilen
Phot. N. Wunderly-Volkart

die ihre Identität zwar nicht verliert, wenn sie sich in Tiere und Pflanzen verwandelt, aber eben doch als Tier und Pflanze erscheint und nicht in der ursprünglichen Gestalt ... . Sie sind unerhört nahe dem Original, Rilkes Übertragungen von Valérys Gedichten, und auch wieder unerhört fern ihrem originalen Ton, Metrum, Rhythmus, Ausdruck. Rilke ist nie ein Nachahmer gewesen, er wurzelte zu tief im Eigenen, um nachahmen zu können, und die – zahlreichen – Übersetzungen, die er in seinem Leben aus dem Englischen, Russischen, Italienischen, Dänischen, Schwedischen, aber vor allem aus dem Französischen gemacht hat, bilden einen Zuwachs zum eigenen Werk, den er sich jedesmal gestattete, wenn in seinen eigenen Einfällen und Stoffen eine Ebbe eingetreten war und fremdes Material in ihm die Lust zu produktiv-reproduzierender Arbeit anregte. Nie war er ein Kopist, wohl aber oft ein Neuschöpfer von Sujets, die er bei anderen entlehnt hatte. So erlebt man in immer neuen Wendungen, wenn man sorgfältig Valérys Texte neben Rilkes Übertragungen hält, wie das französische Original dem spontanen deutschen Gefälle Rilkescher Lyrik sich zauberhaft fügt. Es war schließlich wie bei allen Eindrücken, denen Rilke sich hingab, mochten sie ihm von Dingen, Menschen, Kunstwerken, Büchern, von der Natur zugetragen worden sein: wenn er sie wiedergab, sie »sang«, nahmen sie immer den unverwechselbaren Ton und den eigentümlich sublimierten Ausdruck an, die aus seiner Persönlichkeit stammte.

Valérys Lyrik ist ihm, wie das Französische überhaupt, nicht nur als das verwandte Andersartige, sondern als die höhere Art erschienen, die zu bewundern, von der zu lernen er ein Leben lang nicht müde geworden ist. Wenn man die verschiedenen Schaffensperioden Rilkes nebeneinanderhält, darf man feststellen, daß diese Arbeit an sich selbst gute Früchte getragen hat. Seine Übertragung von Valérys Gedichten hat ihn wegen ihrer Annäherung an das Original ungemein beglückt, denn er war ehrlich davon überzeugt, »einem ihm Nahen und Gemäßen in seiner Sprache den angemessensten Ausdruck« verliehen zu haben.[32] Ein mit den beiden Sprachen Vertrauter wird aber unschwer hören, daß in Rilkes Umdichtung ein Rhythmus und eine Versmelodie strömen, die in die viel bewußteren, viel ausgerechneteren und konstruierteren Gedichte Valérys einen lyrischen Klang hineintragen – als würde ein für das *Clavecin* geschriebenes Stück auf einer Orgel gespielt. Oder: »Als gehe in der Übersetzung eine

Verflüssigung der kristallinischen Form vor sich, eine Durchseelung des Gedanklichen, als trete an Stelle der denkerischen Vehemenz die Dynamik lebendigen Erfassens.«[33] Die Frage, ob Rilke selber das Unterscheidende wahrnahm, ist ziemlich nebensächlich – sie dürfte angesichts seiner begeisterten Zustimmung zu Valéry selbst und auch zu seiner eigenen Arbeit und seiner Interesselosigkeit (und vielleicht Unbegabtheit) für kritische Analyse eher zu verneinen sein.

Aber betrachten wir noch ein Beispiel (ein letztes) das auf die sonderbaren Verwandlungen weist, die Valérys Lyrik in dieser Umdichtung durchgemacht hat. In der zweiten Strophe des *Cantique des colonnes* (Der Gesang der Säulen) schreibt Valéry:

> *Douces colonnes, ô*
> *L'orchestre de fuseaux!*
> *Chacun immole son*
> *Silence à l'unisson.*

In Rilkes Schreibart:

> Selige Säulen, wie
> Spindeln der Melodie!
> Jede singt, da sie steigt,
> Schweigen, das einig schweigt.

Der Franzose ruft die süßen (»seligen«) Säulen an: »O das Orchester aus Spindeln!« Deutsch heißt es: »wie / Spindeln der Melodie!« – Bei Valéry bringen diese Spindeln, die zusammen ein stummes Orchester bilden, das Opfer ihres Schweigens dar: zweifellos eine Schwierigkeit für den Übersetzer und ein Bild, das sich seinem Vers nicht fügen konnte, so daß es auf deutsch heißt: »Jede singt, da sie steigt, / Schweigen, das einig schweigt« – eine Nuance nur, aber doch wie ein ganz schmaler Abgrund zwischen dem Original und der Übersetzung. Was Rilke beglückte, war die Treue seiner Übertragung zum Original – was seine Leser entzückt, ist, daß sie es nicht mit einer philologisch exakten Nachbildung, nicht mit einem Abguß zu tun haben, sondern mit einer schöpferischen Transkription, deren wärmere Beseeltheit, duftigere Tönung, musikalischere Schwingung ein leichtes Erstaunen erregen müßten, wenn man einem großen Dichter nicht die Freiheit einräumen wollte, fremdsprachige Gedichte in seine eigene

Tonart und für sein eigenes Instrument zu transponieren. Als ein letztes Beispiel der außerordentlichen Einfühlungsgabe und Übersetzungskunst Rilkes seien vier die überraschende Genauigkeit seiner Übertragung bezeugende Strophen aus dem Gesang der Säulen im Original und in der Übertragung hierhergesetzt (von der sechsten Strophe an):

Si froides et dorées	Meißel aus unseren Wiegen
Nous fûmes de nos lits	holten uns, golden und kalt,
Par le ciseau tirées	wie die Lilien stiegen
Pour devenir ces lys!	wir in diese Gestalt!
De nos lits de cristal,	Plötzlich erweckte man
Nous fûmes éveillées,	uns in dem Bett von Kristallen,
Des griffes de métal	und metallene Krallen
Nous ont appareillées.	faßten uns formend an.
Pour affronter la lune,	Daß wir den Mond bestehn,
La lune et le soleil,	Sonnen- und Mondglanz hätten,
On nous polit chacune	hieß es jegliche glätten
Comme ongle de l'orteil!	so wie Nägel der Zeh'n!
Servantes sans genoux,	Mägde wir, ohne Knie,
Sourires sans figures,	Lächeln ohne Gesichter,
La belle devant nous	Vor uns die Schöne: die
Se sent les jambes pures.	Schenkel werden ihr lichter.

Erste Krankheit

Die Übertragung der Gedichte Valérys, die Rilke zu Beginn des Jahres 1923 gelang, schließt sich als der dritte große Zyklus seiner Spätwerke ebenbürtig an die Duineser Elegien und die Sonette an Orpheus an. Er hatte sie sich von einem anderen Sprachufer herübergeholt, aber obschon er der aktive Teil bei diesem Unternehmen war, erschien ihm umgekehrt der französische Dichter als sein Lotse durch die Untiefen einer weniger guten, weniger ergiebigen Zeit und jedenfalls als derjenige, »der mir unter den Dichtern meiner Generation, wie ich immer mehr fühle, am nächsten steht«.[34]

Wenn diese Arbeit beendet ist: »Ich möchte so gerne ein paar freie Athemzüge thun; Muzot ist immer mehr e i n e s geworden, so eindeutig ›Zelle‹, ganz nach Maaß von Arbeit und Einsamkeit gemacht. So wie es geworden ist, erträgts den Gast nur noch als Gewürz, als kleinen Zusatz, als Tropfen, der sich gleich löst. Und manchmal frag ich mich, ob ichs nach dieser Eingewöhnung und Einübung ins Hiesige, je noch ertragen werde, irgendeinen Abend meines Lebens nicht allein zu sein?! –«.[35] Trotz körperlichem Unwohlsein bleibt Rilke im Wallis, und heiter, kindlich froh kann er Ostern feiern; den Besuch seines Gastfreundes Werner Reinhart und der Geigerin Alma Moody, die Muzot seine »Musik-Taufe« gab, machte er sich und ihnen zu einem kleinen Fest. Doch die »*Malaisen* aller Art« quälen ihn weiter, der Magen gibt ihm zu schaffen, und schon denkt er daran, weil er allein mit seinen körperlichen Gebrechen nicht fertig werden kann, sich im Sommer in ärztliche Behandlung zu begeben. »Muzot ist mit so viel Hartem und Schwerem verhaftet«, schreibt er im Mai, »und nur im Feuer der Arbeit, jedesmal, brennt es sich rein und restlos auf«.[36]

Keiner von den vielen, die nun Rilke im Frühsommer durchs Land fahren und da und dort auftauchen sehen: in Zürich, bei den Freunden in Meilen, am idyllischen Ufer des Greifensees, ja sogar auf dem Rennplatz in Thun am *Concours hippique,* im Automobil der Freunde auf Paßstraßen, dann wieder im Wallis und am oberen Genfer See, in Gruyères, in seinem Berner Bekanntenkreis – keiner kann vermuten, mit wieviel Bedrückungen dieser Mann beladen ist. Denn er scheint zum Plaudern und zum Gehen in Gesellschaft aufgelegt, Einladungen annehmend, Geschichten erzählend, abends, vor jungen Damen, ein wenig seltsam, wenn er sich in einem Sessel in einer Salonecke niederläßt, in seinem Smoking, die Hand aufs Knie gelegt, wie es seine Gewohnheit war. Nachdem Rilke am 5. Juli nach Sierre und Muzot zurückgekehrt war, ertrug er die Sommerhitze nicht lange. Eine Veränderung ist unerläßlich, und der kränkelnde Körper ruft immer unabweislicher nach Pflege. Ende August begibt sich Rilke in eine Kuranstalt am Vierwaldstätter See. Widerwillig muß er es geschehen lassen, daß ein Arzt ihn massiert – »und so tritt der groteske Fall ein, daß ein alter Herr jeden Morgen auf den Händen nachdenklich über meinen Leib spaziert. Eine Circus-Nummer«. Dem klassischen Vierwaldstätter See Goethes und Schillers vermag Rilke keinen Reiz abzugewinnen: »*quel lac en lambeaux que ce malheureux lac des Quatre Cantons*«, schreibt er, »wie vier Taschentücher, die nach verschiedenen Richtungen Abschied winken! . . . «[37] Zusagender als die verfehlte Kur sind kurze Aufenthalte in Luzern, wo er die Bequemlichkeit eines großen Hotels genießen kann: »*C'est délicieux ici*«, berichtet er von dort, »*toute la maison sent comme une belle fille qui sort du bain. Enfin, un hôtel voluptueux*«.[38] In dieser Stadt trifft Rilke mit deutschen Bekannten und mit dem von ihm geschätzten jungen Dichter Xaver von Moos zusammen.

Von Luzern führt ihn sein Weg nach Graubünden – nicht ins Hochland, sondern in die anmutige, vom Rhein durchströmte »Herrschaft«, wohin er in den letzten Jahren seines Lebens noch oft zurückkehren wird, in jene alten, gutbewohnten Häuser ansässiger Familien, die seinem Sinn für Stil und Überlieferung entgegenkamen: in Malans, in Maienfeld, in Zizers. Aber er fühlt sich nicht wohl genug, um zur Weinlese dort zu bleiben. Er fährt zurück, zu einem längeren Aufenthalt nach Meilen am Zürichsee im Hause Wunderly (Oktober), wo er sich von dem körperlichen Unbehagen, das ihn in Graubünden von neuem befallen hatte, erholt; von dort auf mehrere Tage nach Bern, der Stadt, die von allen Schweizer Städten, seitdem er in Muzot ansässig war, am häufigsten Rilkes Besuch erhielt; wo er einen recht großen Bekanntenkreis aufzusuchen pflegte, seine Einkäufe machte – und wiederholt zahnärztliche Behandlung in Anspruch nehmen mußte.

Endlich, wenn sich der Herbst hinüberneigt zum Winter, finden wir den Dichter wieder in Muzot. Und verstehen, wenn er von seinem eingeschneiten Turm aus auf die eben vergangenen Monate als auf einen »verlorenen Sommer« zurückblickt. Die Klagen über seine gestörte Gesundheit, seine spärlicheren Briefe, die dünnere Stimme, die Abstumpfung gegenüber der Landschaft, das ruhelose, sprunghafte Itinerar ließen es uns vermuten. Der Mann, der ungekannte Tiefen lotete – er war an die Oberfläche des Lebens zurückgekehrt, bis er, später, ganz tief ins Verhängnis eintauchen wird; in das Verhängnis, aus dem es keine Rückkehr in die Welt, unter die Menschen mehr gibt. –

Rilke schenkte zu Weihnachten seinem »Freund und Gastfreund« Werner Reinhart ein eigenhändig geschriebenes Heftchen mit dem Titel: »Sieben Entwürfe aus dem Wallis / oder Das kleine Weinjahr –als ein kleiner weihnachtlicher Ertrag seines Schloß-Gutes zu Muzot (1923)« – mit Gedichten, in denen er zum erstenmal die Landschaft besingt, die ihm zur neuen Heimat geworden ist. Diese Verse klingen klar und hell, als wären sie von der Trübung, die sich über Rilkes Gemüt gelegt hatte, völlig verschont geblieben. Zwei Vierzeiler aus diesen Erzeugnissen seiner Kelter mögen hier stehen:

> Weinbergterrassen, wie Manuale:
> Sonnenanschlag den ganzen Tag.
> Dann von der gebenden Rebe zur Schale
> überklingender Übertrag.

> Schließlich Gehör in empfangenden Munden
> für den vollendeten Traubenton.
> Wovon war die tragende Landschaft entbunden?
> Fühl ich die Tochter? Erkenn ich den Sohn?[39]

Doch ach, der Winter wird »fast schlecht« sein. So daß Rilke, traurig, davon zu berichten weiß: »ich habe offenbar ein paar minder gute Kapitel in meiner Natur aufgeschlagen; was hülft's! Sie wollen gelesen und begriffen sein!«[40] Zwischen Weihnachten und Neujahr begab er sich, da er leidend war, in die Klinik Valmont über Montreux – drei Stunden von Muzot – in ärztliche Pflege. Er blieb drei Wochen dort, und es bedeutete ihm Gewinn und Zuversicht, in Dr. Th. Haemmerli-Schindler einen Arzt gefunden zu haben, von dem er glaubte, er werde für ihn der medizinische Berater sein können, den er sich für die kommenden Jahre gewünscht hatte. In der Tat wird Rilke noch oft den Rat und die Behandlung dieses Arztes annehmen müssen. Trotz der anhaltenden objektiven Besserung, die dieser festgestellt hatte, dauerte Rilkes Müdigkeit noch an, als er am 20. Januar nach Muzot zurückkehrte.

An dieser Stelle rühren wir an den Bruch, den unheilvollen Bruch, der dieses Leben geknickt hat. Rilke fühlte, wußte es – obwohl ihn Dr. Haemmerli zu einer andern, zuversichtlicheren Ansicht zu überreden versuchte. Durch seine Natur, mitten hindurch, ging der Sprung. Die Erschütterung, sagte er, die im Dezember seine Gesundheit erlitten hatte, war schrecklich, ging bis ins Innerste, wie niemals früher eine Krankheit. Sie hatte ihn mit Schrecken und Furcht erfüllt: »Ich war wie auf eine andere Ebene des Lebens gehoben, vielleicht auf die, wo die Unheilbaren sind.« In Valmont hatte er begriffen, daß er es niemals verstehen werde, krank zu sein. Die Krankheit würde aus ihm einen andern Menschen machen – wie vor acht Jahren, als man ihn zwang, eine Uniform anzuziehen: »Ganz wie damals, von meinem Bett aus gesehen waren für meinen Blick Natur, Himmel, Bäume nicht mehr vorhanden, ich erreichte sie nicht mehr, ich war anderswo. Als ich Ihre Blumen erhielt, erfuhr ich es: ich war getrennt von ihnen wie durch eine Scheibe . . . , sie standen vor mir wie eine ferne, von meinem eingemauerten, verdeckten, unwilligen Wesen fast verleugnete Vergangenheit.« Er beklage sich nicht, versichert Rilke, er konstatiere nur. Sein Körper habe zu sehr Anteil gehabt an den Freuden des Geistes, er sei zu eng verbunden gewesen mit den Begeisterungen und »*élancements*« seinen Wesens, er habe ihm zu gut gedient, als daß er, Rilke, fortfahren könnte, er selber zu sein, wenn das »wunderbare Instrument« auf einmal sich weigern und widersprechen würde. »Ich werde nie zu denen gehören, die eine Vermehrung des Geistes herstellen konnten, indem sie ein Versagen des Körpers ausnützten; meine ganze Arbeit war nichts als eine immer dichtere Einheit meiner körperlichen und geistigen Fähigkeiten, und dieser Körper hat zu inbrünstig an den Reichtümern meiner Seele mitgewirkt, als daß ich sie in einem Augenblick ausbeuten dürfte, wo er nicht länger daran Teil hat. Ich habe dies alles mit einer gleichsam endgültigen Stärke empfunden.« Der Arzt widersprach jedoch dieser Auffassung. Und er, der Patient, wollte noch nicht jener Änderung in seiner Orientierung zustimmen, die das Kranksein mit sich bringen würde, sondern der bleiben, der er noch vor einigen Monaten war – wenigstens bis er fünfzig Jahre alt sein werde; denn sonst wär's eine »Abdankung«. Aber wird er sein Gleichgewicht wiederfinden und arbeiten können? Selbst noch während und nach seiner Kur am Vierwaldstätter See, vergangenen Sommer, sei er in seinem Normalzustand gewesen; in und nach Valmont aber nicht mehr.[41]

Rainer Maria Rilke, der vor allen ihm nicht ganz Nahestehenden seine Leiden mit äußerster Schamhaftigkeit zu verbergen pflegte, hat dieses furchtbare Geständnis in einem Brief an Frau Wunderly abgelegt. Er kam im Februar in einem neuen Brief an die gleiche Empfängerin darauf zurück, auf diese Sorge, die ihn fortan nie mehr ganz losläßt: »Mein Körper ist zu sehr mein Gefährte und mein Mitarbeiter gewesen, als daß ich mich jetzt schon, im 49ten Jahr!, entschließen könnte, eine geistige Verfassung zu üben, die über ihn weg oder w i d e r ihn, sich etwas abzuringen versuchte. Ich stehe da ja so ganz anders als die meisten Geistigen. Was ich hervorbringen durfte, dazu haben alle Elemente meines Daseins, wenigstens seit meinem 24ten oder 25ten Jahr, in unbeschreiblicher Gleichgesinntheit zusammengewirkt; Geist, Körper, Seele –, sie waren, als sei keines mehr, keines geringer, jedes köstlich in seiner Art, jedes vertraulich und göttlich zugleich –, und die Leistung ergab sich jedesmal an einem geheimnisvollen Höhepunkt ihrer Eintracht. Man muß das, diese Erfahrung und Einstellung, in Betracht nehmen, wenn man genau verstehen will, was mich seit Mitte Dezember erschüttert und in Sorge hält.«[42]

Auch andere Briefe Rilkes aus dieser Zeit enthalten – nicht eigentlich Klagen, denn nichts an diesen Krankheitsberichten läßt auf einen wehleidigen oder schwächlichen Menschen schließen, wohl aber zahlreiche Hinweise auf die »minder guten Kapitel« in seiner Natur, die er nun mit so großer Mühe zu lesen und zu verstehen unternimmt. Er stellt Vermutungen an über Ursachen und Zusammenhänge dieser Erschütterung; sie komme vielleicht von plötzlichen Veränderungen in den Verhältnissen der »inneren Sekretion« her, oder sie sei ein Rückschlag zweier Todesfälle und einer Geburt, die »rasch hintereinander im Bereich meines Bluts vor sich gingen und in meinen Gefäßen Druckveränderungen verursachten, Schwankungen und Unsicherheiten«. (Rilke war am 2. November 1923 Großvater geworden.) »Über beiden aber« – heißt es in seinen Betrachtungen – »wie sie auch seien, stünde, als Instanz, was ich nie vergesse, das einige Wunder des Lebens und des Todes!«[43]

(Wenn hier Rilke vom »Bereich seines Bluts« spricht, tut er es nicht in einem naturwissenschaftlich-medizinischen Sinn; tatsächlich aber ist er an einer Blutkrankheit gestorben.)

Schon stand der Genesende seinem Krankheitserlebnis als ein Betrachtender, Urteilender gegenüber. Zwar wird er niemals das wunderbare Gleichgewicht des Körpers und der Seele wieder unbefangen genießen können. Aber seine Natur wird noch oft zu jenen »Überschüssen fähig« sein, die ihm zu genußreichen Tagen und kleinen Siegen über das lauernde Leiden verhelfen können. Wie in den beiden Vorjahren schenkt ihm auch jetzt wieder der Februar-Monat (1924) einen, vorläufig noch spärlichen, Überfluß seines schöpferischen Geistes: die Niederschrift seiner ersten französischen Gedichte (*»quelques lignes de poésie qui me sont* *venues en français«)* fällt in jene Zeit.[44] Als ihn bald darauf Paul Valéry in Muzot besuchte, gewährte ihm die Anerkennung, die der französische Dichter seinen eigenen poetischen Erzeugnissen in französischer Sprache zollte, so viel Freude, daß sie ihn zu neuen Versuchen auf diesem Gebiet ermunterte. Ohne Valérys Aufforderung hätte Rilke wohl nicht daran gedacht, seine französischen Gedichte zu veröffentlichen. Die Pariser Zeitschrift *Commerce,* die Valéry zusammen mit Léon-Paul Fargue redigierte, hat im Herbst 1924 die ersten Proben von Rilkes Lyrik in französischer Sprache an die Öffentlichkeit gebracht.[45]

Leider kennen wir den Briefwechsel zwischen Valéry und Rilke noch nicht, aber in der Form eines posthumen Briefes an seinen toten Übersetzer hat Paul Valéry wenige Jahre später seine Erinnerung an seinen Besuch in Muzot festgehalten. »Erinnern Sie«, heißt es dort, »wie ich mich über diese äußerste Einsamkeit wunderte, in der ich Sie fand, als ich Ihre Bekanntschaft machte? Ich war auf der Durchreise; Sie haben mich auf dem Weg nach Italien angehalten und für einige Augenblicke bei sich aufgenommen. Ein schrecklich einsames, sehr kleines Schlößchen in einem großen, traurigen Bergland; altertümliche und nachdenkliche Zimmer mit dunkeln Möbeln, engen Fenstern: mir beklomm es das Herz. Meine Einbildungskraft konnte sich nicht enthalten, in Ihren Räumen den unendlichen Monolog eines völlig abgeschiedenen Gemüts auszuhorchen, das durch nichts von sich selber und von dem Bewußtsein seiner Einzigkeit abgelenkt wird. Ich hielt ein so zurückgezogenes Leben kaum für möglich, ewige Winter lang in solch überschwenglicher Initmität mit der Stille, so viel Raum für Träume, so viel Freiheit für die wesentlichen und allzu konzentrierten Geister, die in Büchern sind, für die wandelbaren Mächte der Schrift, für die Gewalten der Erinnerung. Lieber Rilke, Sie schienen mir eingeschlossen in die reine Zeit, und ich fürchtete für Sie die Transparenz eines allzu gleichmäßigen Lebens, das durch die Reihe ewig gleicher Tage deutlich den Tod erschauen läßt.«[46]

Im letzten Abschnitt dieses imaginären Briefes an seinen toten Freund berichtigt dann Valéry seinen ersten, damals empfangenen Eindruck: es sei töricht von ihm gewesen, Rilke zu bedauern, indessen »sein Geist in dieser Leere Wunder vollbrachte und die Zeit zur Mutter machte«. Heute erscheine ihm »dieser schreckliche Frieden, die übergroße Ruhe« als »herrliche Verhältnisse« –

und er nennt den »niederen Turm« eine »beneidenswerte« Behausung, den »Zauberturm von Muzot«. Und doch hatte Valérys erstes Gefühl so unrecht nicht. Rilkes Leben in Muzot, sein Dichterleben überhaupt, war vielleicht eine zu große Zumutung an das, was die Menschennatur ertragen kann.

Die Besuche, zu denen Valérys Erscheinen in Muzot das beglückende Vorspiel gebildet hatte, lösten sich in jenem dritten Walliser Frühling (1924) in kurzen Zwischenräumen ab: wieder Werner Reinhart und Alma Moody auf Ostern, dann Anton Kippenberg, andere mehr. Rilke ist, durch dieses Kommen und Gehen der Freunde angeregt, in aufgeräumter, gesprächiger Verfassung. Nachher fühlt er sich zwar etwas betäubt – aber er war von neuem der Vorzüge und Reize seines Wohnsitzes froh geworden. Wie rühmte er ihn seinen Besuchern, wie zeigte er ihnen die alten Winkel in Sierre, die umliegenden Dörfer und Kapellen und alle Wege durch das »von Hügeln bewohnte« große Tal! Wie hielt er an, wenn auf der Rückkehr von solchen Wanderungen die Pappel am Wegrand erschien, schräg dahinter das gedrungene, starke Gemäuer mit seinem stumpfwinkligen Satteldach. »Von hier aus müssen Sie's anschauen, sie gehören zusammen«, sagte er, indem er stillestehend seinen Begleiter aufforderte, das alte Muzot gleichsam mit seinen Augen zu betrachten.

Nach Ostern verließ Rilke Muzot wieder und blieb einige Wochen fern. Eine Reise im Automobil der Zürcher Freunde bescherte ihm die Behaglichkeiten beschaulicher Spazierfahrten durch die welsche Schweiz. Zur Erinnerung an diese gemeinsame Fahrt machte Rilke für Frau Nanny Wunderly ein Gedicht über die im Schloß Valangin (Kanton Neuenburg) gesehenen vier Klöppelkissen: diese wurden von einer eigentümlichen Lichtvorrichtung so erleuchtet, daß alle miteinander den Schein empfangen konnten. Das gab den Anlaß zu einem wie Filigranarbeit anmutenden Gedicht:[47]

Valangin

1

Die vier Lichter der vier Glasglocken
waren kreuzweis dicht herangeschoben
an die kleine Röhre mit dem Globen;
hinter den vier Wasserkugeln, innen,
stand das Licht.

2

Licht, für immer um dasingeschienen...
Hat es manchmal einer von den Knaben,
wie es sie verklärte? – Mag es ihnen
jenes Händewerk entwirklicht haben
und das zugenugte Angesicht.

3

Wer da sintmal, meinte er nicht, über
lauter nicht mehr Wirklichen zu sein?
draußen war sogar das Dunkel bunter, –
hier war nichts als Schein und Widerschein
von dem reinen Unterwasser-Licht

4

Ach, wie ging es in die Hitze über,
dieser Schimmer, der sich einzog.
Wenn sich aus der Mädchen vorwärtsbog,
war er manchmal so bangt, als sei er
selbst ein namenloses Angesicht.

5

Wie der Wasserball (ein Licht anfing
und es unbeschreiblich so vertheilte,
dass man nicht mehr wusste, ob es weilte
oder abschiednehmender erging —,
sieht es beinah innerliche Licht.

6

Lasst uns Licht in einem lichten Leben,
lasst uns schon vom Glück verbrauchtes Licht,
so verschenkt, so sinnlos hingegeben
und so nah schon wieder an Verzicht:
Licht für Hitze. Plötzliches Licht.

1.

Die vier Kissen der vier Klöpplerinnen
waren kreuzweis dicht herangeschoben
an die kleine Stufe mit den Globen;
hinter den vier Wasserkugeln, innen,
stand das Licht.

2.

Licht, für immer nun dahingeschieden ...
Sah es manchmal einer von den Knaben,
wie es sie verklärte? – mag es ihnen
jenes Händewerk entwirklicht haben
und das zugeneigte Angesicht.

3.

Wer da eintrat, meinte er nicht, unter
lauter nicht mehr Wirklichen zu sein?
Draußen war sogar das Dunkel bunter, –
hier war nichts als Schein und Widerschein
von dem reinen Unterwasser-Licht.

4.

Ach, wie ging er in die Spitzen über,
dieser Schimmer, der sich einbezog.
Wenn sich eins der Mädchen vorwärtsbog,
war er manchmal so bewegt, als hüb er
selbst ein namenloses Angesicht.

5.

Wie der Wasserball sein Licht empfing
und es unbeschreiblich so vertheilte,
daß man nicht mehr wußte, ob es weilte
oder abschiednehmender verging –,
dieses beinah innerliche Licht.

6.

Fast wie Licht in einem lichten Leben,
fast wie schon vom Glück verbrauchtes Licht,
so verschenkt, so sinnlos hingegeben
und so nah schon wieder am Verzicht:
Licht für Spitzen. Klöppellicht.

Über Bern kehrte der Dichter ins Wallis zurück. Im Mai sind seine Briefe wieder aus Muzot datiert. Sie berichten, daß Frau Clara Rilke ihn in Begleitung ihres Bruders besucht habe. (Rilke hatte die Gattin seit 1919, als er sich in München von ihr verabschiedete, nicht mehr gesehen; es war sein letztes Zusammentreffen mit ihr.)

Im Frühsommer nahm Rilke während mehrerer Wochen Aufenthalt im Badeort Ragaz, wo auch die fürstliche Freundin Marie von Thurn und Taxis zur Kur weilte. Der Dichter gewann diesen Ort, seine behäbige Atmosphäre, seine ein wenig biedermeierliche Gesellichkeit und die ganze, nähere und fernere Umgebung so lieb, daß er auch in den beiden nächsten (seinen letzten Lebens-)Jahren zu längerem Verweilen dorthin zurückkehren wird. Die Stunden im Kreis der alten Dame, der Liebreiz der kleinen Prinzessinnen Windischgraetz; der Besuch von Frau Wunderly; ein Ausflug in die Taminaschlucht (die er ausführlich in einem entzückenden Brief an die beiden jungen Mädchen beschrieben hat); mehrere Besuche bei den Bekannten in der »Herrschaft« auf den Schlössern Salenegg, Bothmar und Zizers; genußreiche Ausfahrten in dem zweispännigen, dort noch gebräuchlichen Landauer; die stärkenden Bäder: das waren, um kurz zu sein, die zusagenden Stellen dieser der Erholung gewidmeten, wirklich erholenden Wochen. –

Im Scherz und doch mit der ausmalenden Ausführlichkeit seiner Phantasie sprach Rilke einmal davon, wie es wäre, wenn er in Ragaz einen Buchladen eröffnen würde, wo er den Leuten Ratschläge für ihre Einkäufe erteilen und ihnen die Bücher, die er selber liebte, anpreisen und erklären könnte . . . Ein anmutiger Einfall seines Humors, aber auch ein Zeugnis für die Liebe zu schönen Büchern, die er zeitlebens im Herzen trug. Auch ohne Buchladen: wie oft, wie unvergleichlich erzählte Rilke Geschichten, die er in Büchern gelesen hatte; die Geister, die in Büchern schlummern, erweckte er zu neuem Leben, sie waren gegenwärtig in seinen Worten, man lauschte wie gebannt, wenn sie aus Rilkes Beschreibung heraustraten mit ihren Schicksalen, ihren Abenteuern, ihren Einfällen. Wie der Dichter so stark Eingebildetes herausrief, daß man atemlos war vor Zuhören und, von seinen Worten bezaubert, sich von ihm durch die Schrecken und Wunder dieser entmaterialisierten Welt führen ließ: das gehört zu den unvergeßlichsten Augenblicken jener Gesellichkeit im kleinen

Kreis, mit der Rainer Maria Rilke seine Einsamkeiten zu unterbrechen pflegte. Nie werde ich vergessen, wie er uns unter den üppigen Laubkronen der Kastanienbäume auf der Münster-Terrasse in Bern die Geschichte vom *Perroquet vert* der Princesse Bibesco erzählte – – –.

Nach dem gewohnten, wohltuenden Halt in Meilen ist's wieder das Wallis, wohin der Dichter zurückkehrt (August): er verbringt von neuem »Muzot-Tage *tout simplement,* an sich also gute«. Rilke schreibt Briefe, »aber auch eine Menge Überfluß, französische Gedichte und, denken Sie, *dédiés au Valais, de véritables ›Quatrains Valaisans‹ dont je me servirai pour appuyer ma future demande de nationalité suisse; je ne peux pas prouver mieux que j'ai ce pays dans le sang, et j'espère que ce sera parfaitement convaincant pour les autorités qui décideront de ma demande«* (:»›Walliser Vierzeiler‹, deren ich mich bedienen werde, um auf sie mein künftiges Einbürgerungsgesuch in der Schweiz zu stützen; ich kann nicht besser beweisen, daß ich dieses Land im Blut habe, und ich hoffe, daß dies vollkommen überzeugend für die Behörden sein wird, die über mein Gesuch zu entscheiden haben«). Dieser französische Gedichtzyklus, im Idiom des von ihm bewohnten Tals verfaßt und diesem gewidmet, läßt Rainer Maria Rilke von neuem seiner unversiegten Schaffenskraft froh werden. »Die *Quatrains Valaisans* sind nun selbst so sehr Überraschung und Beschenkung gewesen und mir so bestärkend durch das in mir Sprache werden des Lands, dem ich so viel verdanke«: mit diesen Worten bestätigt er im Postscriptum des gleichen Briefes seine glückhafte Mitteilung.[48]

Allein, von dieser Zeit an folgt auf jeden neuen Flugversuch ein Absturz, jäh, hart. Fünf Wochen, wenn's hoch kommt, hatten diese günstigen und produktiven Muzot-Tage gedauert. Gehetzt, ruhelos, von seiner Zerfallenheit mit sich selbst »beschämt und erniedrigt«, sucht Rilke im September Tröstung bei seinen Wiener Freunden Weininger, die ihn nach Ouchy eingeladen hatten. Dann weiß er wieder von »ausgezeichneten Stunden« zu berichten, die er mit Edmond Jaloux in Lausanne verbringt (unter den damaligen französischen Kritikern derjenige, der, nachfühlend und deutend, für Rilkes Werk am nachdrücklichsten eingetreten ist). Am Ausfluß des Sees »das glänzende, schimmernde Genf . . . . . (und so viel Erinnerung nah am Überhandnehmen)«.[49]

Sehr traurig war die Rückkehr nach Muzot: Rilke kommt sich in sein »Verhängnis« eingeschlossen vor, als atme er unter einem Schutthaufen. Ein Mensch, glaubt er, wäre unfähig, ihm Hilfe zu bringen: »sie müßte aus derselben Quelle kommen wie die Gnade zu einem großen Gedicht«. Im Wallis hatte es außerordentlich viel geregnet, das Wetter war kühl, die Weinlese, die in früheren Jahren zu Rilkes dortigen Freuden gehört hatte, fiel armselig aus. Erschütternd der Bericht über dieses Versagen selbst der Jahreszeiten: »Heuer sind Sommer und Herbst wie riesige Spiegel, durch die ein Sprung gegangen ist: und nun weiß man nicht, ob dieses Zerschlagensein das Bild des Weltalls verzerrt, oder ob es sich wirklich seltsam entstellt darüber neigt«.[50]

Wie willig und fruchtbar der Geist auch unter so verzerrten Verhältnissen noch war, beweist der Umstand, daß Rainer Maria, kaum nach Muzot zurückgekehrt, vom Blatt weg, aus dem Stegreif, einer Sekretärin, die er für die Abschrift seiner Übertragungen von Valérys Gedichten angestellt hatte, die Übersetzung von Paul Valérys Prosa-Werk *Eupalinos* diktieren konnte: 89 große Buchseiten in wenigen Tagen! So ward dem Dichter noch einmal – noch nicht ganz zum letztenmal – ein Gelingen beschert, das ihn glücklich machte.[51]

Allein, das Leidensmotiv hatte die Führung dieses Lebenslaufs übernommen. Es »drängte verdunkelt das Blut«, wie es im Sonett auf Weras Tod heißt, » . . . Bis es nach schrecklichem Pochen / trat in das trostlos offene Tor«. Wenn man in Rilkes Aufzeichnungen seine Krankengeschichte verfolgt, darf man versichern, daß er nicht aus Schwäche oder morbider Gefälligkeit der Krankheit Einlaß gewährt hat; er hat nicht durch Nachgiebigkeit seinem Leiden Vorschub geleistet – oder gar den Tod als Erlöser herbeigewünscht. Seine Zustimmung zum Dasein, seine Lebensbejahung war bis zuletzt ungebrochen. Als Eindringling, als Zerstörer hat ihn die Krankheit befallen, und die letzten zwei, fast drei Jahre dieses Lebens waren nichts als ein fortwährender, tapferer, still und ritterlich ertragener Kampf gegen ein furchtbares Verhängnis. Mit der größten, empfindlichsten Schamhaftigkeit hat er es vor den Menschen zu verbergen getrachtet. Aber mit der untrüglichen Helle seines Gefühls hatte er, früher als alle Ärzte, erkannt und gesagt: »Es ist etwas in mich eingebrochen.«

Wenige Tage, nachdem Rilke die Übersetzung von Valérys Eupalinos aus dem Stegreif diktiert hatte, geschah etwas, worüber er tief, vielleicht tiefer als er es gestanden hat, erschrak. Während er noch schlief, in der Frühe des 15. Oktober, hatten Bauern aus Muraz, denen das Grundstück gehörte, die Pappel gefällt! Jene herrliche Pappel, die ihm am Tag, als er Muzot entdeckte, zugerufen hatte: »Sieh, dies ist's!« Den hohen, hochaufgerichteten Baum, der wie ein Wahrzeichen an der Wegkehre stand, schräg vor dem niedern Turm und nach ihm wies. Eines Morgens war die Pappel nur noch ein versägter, zersplitterter Haufen Holz.

Rilkes kurzer Bericht über dieses Ereignis bildet ein trübes Gegenstück zu dem Brief, in dem er einst voll Glück und innerer Bestätigung die Entdeckung seines Schlößchens erzählt hat: »Da ich begriff«, schreibt er, »was geschah, und hinzukam, war's zu spät, sie zu retten. Und das Schlimmste, es scheint wirklich, ich hätte sie retten können. ›Si j'avais su que cela vous fait plaisir . . . !‹ sagte der Bauer, ein unbekannter, blasser, der schwarze Brillen trug und aussah, als hätte ihn der Tod selbst an dieses Werk bestellt . . . . Sie glauben nicht, wie sehr die Landschaft verändert ist seit sie diese große Maßeinheit des Vertikalen verloren hat, sie ist wie ins Flache eingestürzt – . . . Ich kann nur mit abgewendetem Gesicht an den Baumtrümmern vorübergehen. (Daß einem so tief Eingebildetes kann, von heut auf morgen, aus den Augen genommen werden!)«[52]

Das traurige Datum hat Rilke in das Gästebuch von Muzot eingetragen. –

1924 auf 1925 war der erste Winter und Frühling seit drei Jahren, den er nicht in seinem Schloß zubrachte. Das geheime innere Zerwürfnis, das von dem immer wiederkehrenden körperlichen Unwohlsein herrührte; die Schwierigkeit der Wohnverhältnisse, die ausschließlich durch die – unmöglich gewordene – Konzentration auf die literarische Arbeit gerechtfertigt war, hielten ihn fast ein Jahr lang fern von dem gewohnten Tal.

Nach einer zahnärztlichen Behandlung in Bern und kurzem Aufenthalt in Montreux begab sich Rilke Ende November wieder in die Klinik Valmont unter die Obhut seines verständnisvollen Arztes. Ein Abszeß an einem Zahn hatte ihn von neuem stark mitgenommen. Vor dem Fenster seines Krankenzimmers lag ein undurchdringlicher Nebel, der ihm »Paris versteckte«. »Denn«, schreibt er aus Valmont: »ich spiele zärtlich mit der Möglichkeit, den Sommer nicht verstreichen zu lassen, ohne Paris und die Alleen des Luxembourg und die schönen Schleifen der Seine bei

Sèvres wiedergesehen zu haben«.[53] Und einer Pariser Freundin berichtet er, das Herz schlage ihm höher bei dem Gedanken, es könnte ihm eines Tages wieder vergönnt sein, die rue de Seine hinaufzugehen, die rhythmische Landschaft des Luxembourggartens zu betreten und sich auf die kleine Balustrade über dem Medici-Brunnen zu stützen wie auf sein Stehpult, dort, wo er früher oft unter dem blühenden Weißdorn gearbeitet habe . . .

In diesem Dezember-Monat war Spittelers Prometheus der Dulder erschienen. Rilke las ihn sogleich – las ihn nach seiner Gewohnheit laut vor –, so daß sein Erlebnis am ersten Prometheus »belebt und abgewandelt wurde durch die Teilnehmung an dem ergreifenden Alterswerk, das von der gleichen, früh aufgetürmten Gestalt einen so tiefen Abschied nimmt . . . «[54] Wenige Tage nach dieser Lektüre, am 29. Dezember, erreichte und bewegte ihn die Kunde von Carl Spittelers Tod. Rilke war im Leben diesem einsameren, stolzen, verkannten Dichter, den er verehrte wie einen ganz Großen, nie begegnet; aber der Tod wird ihn dort, wo er im Geist von Spitteler Abschied genommen hatte, auf den Tag zwei Jahre später abberufen . . .

Sechs Wochen waren in Valmont vergangen, ohne daß in dem tiefen körperlichen Unbehagen und in der damit verbundenen Verstörung des Gemüts eine merkliche Besserung eingetreten war. Alles ließ eine längere Schonungs- und Pflegezeit empfehlenswert erscheinen. Für seine Umgebung kam Rilkes plötzlicher Entschluß, sich nach Paris zu begeben, völlig unerwartet. Am 6. Januar 1925 reiste er ab. Es geschah, wie er aus Paris an seine Berner Freunde schrieb, »in einem Augenblick der Müdigkeit und der Auflehnung«. Er war entschlossen, sein Leiden, dem man wochenlang so viel Aufmerksamkeit geschenkt hatte, durch das Gegenteil zu behandeln. Es war eine gewaltsame Ablenkung, eine Flucht. Ein Versuch, seinem Schicksal zu entrinnen.

Letzte Ernte

Rainer Maria Rilkes letzte Schaffensperiode läßt sich nicht so leicht überblicken und unter ein Stichwort zusammenfassen, wie mehrere seiner früheren und auch die wichtige späte, die mit den Elegien, Sonetten und vielen in ihrem Umkreis entstandenen Gedichten groß und deutlich unter dem Datum des Februar 1922 steht. Daß dann das Jahr 1923 ganz beherrscht war von dem Erlebnis der Valéry-Übertragungen, läßt uns verstehen, daß, außer verschiedenen Gelegenheitsgedichten, der Ertrag an Originalem in dieser Zeitspanne gering war. Wenn Rilke auf seiner Sommer-reise 1923 ein längeres Gedicht, Der Reisende, verfaßte, das er, mit einer huldigenden Widmung versehen, der Festschrift für An-ton Kippenberg zur Verfügung stellte, ferner ein Gedicht unter dem Titel Imaginärer Lebenslauf, in dem er rückschauend seine eigene Biographie auf die knappste Formel brachte, endlich den für Werner Reinhart geschriebenen Zyklus Das Kleine Weinjahr, den erst lange Jahre nach Rilkes Tod eine Zeitschrift veröffent-licht hat: dann sind das alles Produkte von »Nebenstunden«, in denen allerdings das »Hauptgefühl« immer wieder durchbricht. Aber man darf nicht übersehen, daß Rilke in seinem Leben un-zählige solcher Widmungs- und Freundschaftsgedichte gemacht und in alle Winde verstreut hat, wobei er, der Ordnungsliebende, sich meistens nicht die Mühe nahm, eine Abschrift davon zu ma-chen und sie aufzubewahren. Dem Rilke-Kenner bedeuten sol-che *opera minora* immer wieder Bereicherung und Aufschluß; dem Dichter selber genügte fast immer nur das, was sich zu einem »Werk« fügte – ein Ausdruck, von dem er sagte, daß er ihn (ob es sich um Eigenes oder um Hervorbringungen anderer handelte) sparsam gebrauche.

Das Jahr 1924 war ergiebiger. Merkwürdigerweise ist es wieder der Februar-Monat (nun zum drittenmal in Muzot), aber auch der März, das Frühjahr, der Juni, in denen Gedichte entstanden sind. Es war die Zeit, in der Rilke sich von dem ersten, bedrohli-chen Einbruch seiner Krankheit erholte und, bereits wieder gelö-ster, auf die schlimme Episode seines Aufenthaltes in der Klinik Valmont zurückblickte. Wie im Kleinen Weinjahr entsprangen mehrere dieser Verse dem unmittelbaren Landschaftserlebnis in und um Muzot: Rilke beginnt – zuerst auf deutsch –, Walliser Gedichte zu schreiben. Das hier folgende ist Vorfrühling betitelt:

> Härte schwand. Auf einmal legt sich Schonung
> an der Wiesen aufgedecktes Grau.
> Kleine Wasser ändern die Betonung.
> Zärtlichkeiten, ungenau,
> greifen nach der Erde aus dem Raum.
> Wege gehen weit ins Land und zeigens.
> Unvermutet siehst du seines Steigens
> Ausdruck in dem leeren Baum.

Weiter ausholend sind die (im Februar entstandenen) Entwürfe aus zwei Winterabenden, die er Kippenberg zu seinem 50. Geburtstag gewidmet hat, mit ihren hundertvierunddreißig Versen; bedeutungstief das kurze Gedicht Der Magier (vom 12. Februar), das dem Wesen des Dichters – so wie Rilke ihn auffaßte – forschend nachgeht. Und schon, im gleichen Monat, entstehen die ersten französischen Verse. Nachdem Rilke von seiner Kur in Ragaz und den ihn entspannenden und stärkenden, unter Menschen in der freien Welt verbrachten Sommerwochen nach Muzot zurückgekehrt ist, verbringt er den August-Monat damit, französische Gedichte zu schreiben. Sie schließen sich zum Kreis, und endlich liegt wieder ein Gedicht-Zyklus vor: die *Quatrains valaisans*. Was deutsch begonnen hatte: das unmittelbare Beschreiben, Auslegen, Besingen einer Landschaft, hat sich erst in der »geliehenen Sprache«, die die Sprache des heimatlich empfundenen Tales war, zu einem blühenden Kranz von Walliser Gedichten gefügt. Aber die Walliser Vierzeiler bilden nur e i n e n Zyklus unter mehreren französisch geschriebenen. Er hat ihn als Anhang oder zweiten Teil seinem Bändchen *Vergers* eingefügt; der erste Teil, dem er diesen Titel gab, umfaßt neunundfünfzig Gedichte, deren Motive, Themen und Stoffe mannigfaltig sind, die *Quatrains Valaisans* nur sechsunddreißig Nummern.

Der Haupttitel *Vergers* deutet allerdings an, daß für das Gefühl des Dichters diese französische Produktion unter dem Zeichen einer bukolischen Inspiration stand. Es hieße aber, Rilke Gewalt antun, wenn man in seinen französischen Gedichten geradezu eine »neue, entscheidend wichtige Entwicklungsphase« erblikken wollte, wie es O. F. Bollnow tut. Dieser glaubt, daß sich in den französischen und auch in den deutschen, im gleichen Zeitraum entstandenen Gedichten »eine ganz bestimmte einheitliche Welt- und Lebensdeutung ausspricht«, die fast einen Widerruf, jedenfalls eine Überwindung der in den Elegien ausgesprochenen Auffassung bedeute.[55] Rilke hat sich zu diesen leichteren, freundlicheren Gebilden nicht anders »überwunden«, als ein Symphoniker, der zwischen pathetischen Sätzen ein entzückendes Scherzo einschiebt. Schon in den Sonetten an Orpheus erklingt oft ein Ton solch zustimmender Heiterkeit, einer weltfrommen, die Erde und alle ihre Erzeugnisse kindlich liebenden und preisenden Musizierfreudigkeit. Umgekehrt fehlt es in den französischen Gedichten nicht an dunkleren, elegischeren Tönen.

Wir können uns nicht mit der Interpretation Bollnows befreunden, der nachzuweisen sucht, daß hinter dem »späten Rilke«, demjenigen also, der die großen Zyklen des Jahres 1922 geschrieben hat, ein bisher nicht beachteter, noch späterer Rilke erscheine, den er den »reifen Rilke« nennt, dessen »Weltbild« ein anderes geworden sei. Gabriel Marcel hat – nach unserer Meinung mit Recht – gesagt, »wir sollten uns unbedingt vor einer letzten Endes rationalisierenden Art der Interpretation hüten«, wie sie uns Bollnow von Rilkes Denken vorzuschlagen versuche.[56] Es ist zweifellos richtig, wenn Bollnow aus den Duineser Elegien »die bedrängende Erfahrung der Verlorenheit des Menschen innerhalb einer auf ihn einstürzenden unheimlich gewordenen Welt« heraushört, in der den Menschen ein Gefühl verzweifelter Einsamkeit ergreift. Es ist auch richtig, daß die Walliser Gedichte in eine »ganz andere, beglückende und befreiende Atmosphäre« gehoben sind, in der das menschliche Fühlen inmitten einer sommerlichen, reifen Landschaft leichter und freundlicher wird. Aber an gewissen Grundvorstellungen Rilkes hat sich in jener kurzen Zeitspanne nichts geändert. Er hatte erleichtert aufgeatmet, als die Elegien, deren Visionen ihn zehn Jahre lang bedrängt hatten, da waren, und sich vorgenommen, fortan nur noch handliche, besonnene Arbeiten zu machen. Die ersten dieser Arbeiten waren bereits die vor und nach den Elegien entstandenen Orpheus-Sonette. Die nächsten waren die Valéry-Übersetzungen und zahlreiche deutsche, aber noch zahlreichere französische Gedichte. Von den Elegien hatte er gesagt, noch ehe sie beendet waren, ihre Worte seien »schwer und massig von Natur«; von dem Wort *verger*, in das er geradezu verliebt war und das er als Titel über die französischen Gedichte setzte, sagte er, es klinge »leicht, hell und saftig«. Die französischen Gedichte haben nicht die tragische Größe der Duineser Elegien, noch den tiefen, gedanklich und formal ausgeglühten Glanz der Sonette an Orpheus. Auch nicht den großen Schwung und die Kraft der *Charmes*-Nachdichtung. Aber sie schließen sich, vertraulich, süß und ein wenig scheu, diesen Werken großen Formates an wie entzückende Miniaturen, Skizzen, Landschaften und Gedankenspiele, die den Meister verraten und in denen der unveräußerliche Ton von Rilkes Eigenart und Einzigartigkeit auch auf dem fremden Sprachinstrument erklingt.

Der für Rilke neue – und auch nicht ganz neue – Versuch, in einer fremden Sprache Gedichte zu machen, beschäftigte ihn stark und anhaltend in seinen schon von der Krankheit und ihren verstörenden Bedrängnissen unterbrochenen, letzten Lebensjahren. Die Entdeckung, daß ihm das Dichten auch in einer anderen Sprache gegeben war, gehörte zu seinen letzten, größten Freuden. Sie wurde ihm zwar, als seine ersten französischen Gedichte in den Pariser Zeitschriften *Commerce* und *Nouvelle Revue française* erschienen, durch Angriffe vergällt, mit denen ein mißgeleiteter, törichter Chauvinismus sein unschuldiges Vorhaben zu verdächtigen versuchte. Dieser wahrhaft europäische Dichter, der eine Heimat gegen die Schätze mehrerer Länder, verschiedener Sprachen und Kulturen eingetauscht hatte, war in seiner Arglosigkeit nicht auf die Angriffe und den Tadel gefaßt, mit denen seine literarischen Versuche in französischer Sprache damals in Deutschland aufgenommen wurden; am tiefsten kränkten ihn die Vorwürfe Kippenbergs, der als deutscher Verleger für den Ruf seines Autors fürchtete – aber in späteren Jahren seine unbegründete Ängstlichkeit ablegte, als er in einer Prachtausgabe des Insel Verlags auch Rilkes französische Gedichte in einem Band vereinigte. Für den Biographen und für Rilkes Leser besteht einfach die Tatsache, daß unter dem Namen dieses Dichters vier Bändchen französische Gedichte erschienen sind: das erste, *Vergers, suivis des Quatrains valaisans* zu seinen Lebzeiten (1926); zwei andere, *Les Roses* und *Les Fenêtres,* kurz nach seinem Tod, aber in Übereinstimmung mit seinem Wunsch und Willen (1927); ein viertes, *Carnet de poche* betiteltes, gleichsam als Nachlese und Nachtrag, von französischen Freunden pietätvoll aber vielleicht ein wenig eigenmächtig – jedenfalls ohne die sichtende Strenge, die der Verfasser hätte walten lassen – herausgegeben (1929).[57]

Versuche, in fremden Sprachen zu schreiben, ja Gedichte zu gestalten, hat Rilke schon in seiner Jugend unternommen. Von einem solchen Versuch, russische Verse zu machen, berichtet Lou Andreas-Salomé; Rilke verfaßte sie während der gemeinsamen langen Reise durch Rußland, »aus tiefem Verlangen und, obwohl grammatikalisch arg, doch irgendwie unbegreiflich dichterisch«.[58] Einige Jahre später, in Paris, schreibt er an Rodin, es seien ihm französische Verse eingefallen. Aus seinem zweiten Schweizer Winter wissen wir, daß ihm in Berg am Irchel »Graf C. W.« italienische Verse »diktieren« wollte – wogegen er sich aber sträubte.

Deutlicher als diese schüchternen Ansätze zu eigenen poetischen Versuchen weisen Rilkes Verdeutschungen fremder Werke der Dichtkunst auf seine intensive Beschäftigung mit anderem Sprachmaterial hin. Auf die Übersetzungen aus dem Französischen brauchen wir nicht zurückzukommen. Aus dem Italienischen übertrug er die Sonette des Michelangelo, und seine Abänderungsvorschläge zu den italienischen Übersetzungen, die Marie von Thurn und Taxis von seinen, Rilkes, Elegien angefertigt hatte, verraten seine intime Vertrautheit mit den Feinheiten dieser Sprache. Auch Leopardi und d'Annunzio hat er übersetzt, aus dem Russischen Lermontow und anderes. Rilke konnte auch genug dänisch, um Kierkegaard zu lesen und um Jens Peter Jacobsen zu übersetzen; eine Zeitlang las er allwöchentlich in der Kopenhagener Zeitung »Politiken« die Aufsätze von Georg Brandes (was er selbst in seinem Brief an Brandes aus dem Jahre 1909 diesem mitteilt). Englische Bücher konnte sich Rilke nur in Übersetzungen aneignen, da er dieser Sprache nicht genug mächtig war. Trotzdem hatte er sich an die Übertragung der Sonette der Elizabeth Barret-Browning gewagt; diese Dichterin, eines Tages, begeisterte ihn, und gleichsam erratend und intuitiv erwarb Rilke gerade genug englische Sprachkenntnisse, um mit der Hilfe eines Mitarbeiters ihre Portugiesischen Sonette zu übertragen. Nachher beschäftigte er sich nicht mehr mit der englischen Sprache. Daß er sie nicht ganz vergessen hatte, geht aus einem Bericht aus seinem Freundeskreis hervor, wonach einmal Rilke, als sich die Konversation um Dinge der englischen Sprache drehte, plötzlich den gesuchten Ausdruck oder die richtige grammatikalische Form mit einem maliziösen Lächeln ins Gespräch warf. Ähnlich war es ihm in Ägypten und Tunis ergangen, wo er vorübergehend gerade so viel arabisch lernte, daß er einfühlender die bereisten Gegenden Nordafrikas und die Welt des Islam aufnehmen, arabische Gedichte und den Koran lesen konnte. Bei seinem letzten Pariser Aufenthalt (1925) bedeutete es ihm Freude und Bestätigung, als er in Dr. Mardrus den Mann kennenlernte, der, nachdem er eine kritische Ausgabe von Tausendundeiner Nacht im arabischen Originaltext veröffentlicht hatte, das ganze Werk noch einmal in einer von ihm verfaßten Übersetzung herausgab. Aus dem Spanischen gibt es zwar keine Übersetzungen Rilkes, aber wir wissen aus Gebsers Buch über Rilke und Spanien, wie beschaffen und auch wie wichtig in den Jahren un mittelbar vor dem Ausbruch des Weltkrieges sein Erlebnis mit Spanien war; bereits zwischen 1902 und 1906 stand er in einem Briefwechsel mit dem spanischen Maler Don Ignacio Zuloaga.[59]

Rilkes Internationalismus – oder besser Universalismus – war wunderbar frei und unbeschwert von nationalen Bedenklichkeiten und Engigkeiten, wahrhaft weltläufig – und wenn er den Deutschen seiner Zeit einen Vorwurf machte, dann war es vor allem der, sie seien »weltlos«; eigentlich kannte er zwischen dem Menschen und der Welt keine Zwischenstufen, keine Gehege, sondern nur einen unendlich abwandelbaren Reichtum von Bezügen, die er als Schwingungen empfand. Seiner Sprachenbegabung waren grundsätzlich keine Grenzen gesetzt, und überall, wo ihn Verwandtes ansprach, war seine Erwiderung von der einfühlendsten Zuwendung, ohne daß bei diesem Eingehen auf anderes das ihm eigene die geringste Einbuße erlitt. Von jeher hatte ihm das Leben in einer Doppelkultur tiefe Befriedigung gewährt. Er pflegte sie in seiner Jugend in seiner böhmischen Heimat, wo ihm seine Sympathie für die Tschechen von den Prager Deutschen, zu denen auch seine Familie gehörte, sehr verübelt wurde. Seine Beschäftigung mit der tschechischen Sprache in seinen jungen Jahren bedeutet in Rilkes Leben die früheste Stufe seines sprachlichen Expansionsdranges. In der Schweiz, wo sich Rilke einzubürgern gedachte, fühlte er sich nicht zuletzt deshalb wohl und heimisch, weil er sich dort unbefangen und ohne die Gefahr, mißverstanden oder verdächtigt zu werden, zweier Sprachen bedienen konnte. Ich habe ihn ebensooft französisch wie deutsch sprechen hören. Rilkes französische Konversation war fließend und sehr reizvoll, ein wenig fremdländisch klingend, etwa wie von einem Russen, der sehr gut französisch spricht und mit den feinsten Nuancen dieser Sprache vertraut ist. In seiner französischen Briefprosa ist Rilke ein wenig unsicher im Satzbau, er gebraucht Wendungen, die überraschen, und seine Grammatik war immer etwas seltsam, das heißt gerade dort, wo es um elementare Sprachkenntnisse geht, fehlerhaft. Seine Gedichte legte er vor ihrer Veröffentlichung zur Durchsicht und Auswahl seinen kundigen französischen Freunden vor.

Wir haben wiederholt vernommen, daß ihm an gewissen Stellen die deutsche Sprache unbefriedigend und lückenhaft vorkam. Daß Rilke aber von ihr, die seine Muttersprache war, wie ein voll gerütteltes Gefäß erfüllt war und mit ihrem Geist vertraut bis in die geheimsten Winkel ihrer Heimlichkeiten und Möglichkeiten, bedarf keiner Beweise. In seiner Dichtung sei, meint der sicherlich nicht unkritische Kaßner, »vielleicht manches Zierat, Schnörkel, Ornament und Spiel, aber nichts, nichts Klischee. Daher die köstliche, wundervolle Einheitlichkeit . . . . . Das, was viele in seinem Kunstwerk für Ästhetentum halten möchten, war auch nicht Mangel an Größe, sondern Fehlen des Klischees der Größe. Oder: seine wirkliche Größe war die Einheit von Form und Inhalt.«[60] Wie stellte es sich Rilke aber vor, wenn er der deutschen Sprache noch mehr abgewinnen wollte, als sie hergab? Er hat es einmal in diesen Sätzen gesagt: »(ich denke immer im Sinne von *le soleil* und *la lune,* und das umgekehrte in unserer Sprache ist mir konträr, so daß ich immer machen möchte ›der‹ große ›Sonn . . .‹ und die Möndin!) Jacobsen schrieb einmal, es wäre ihm unrecht gewesen, seine merkwürdige Novelle, die an der Salzach spielt, ›Zwei Welten‹ zu nennen, es hätte ihn immer wieder angetrieben, zu sagen: ›Zwei Welt‹, so geht es einem oft, daß man mit dem äußerlichen Benehmen der Sprache uneins ist und ihr Innerstes meint, oder eine innerste Sprache, ohne Endungen, womöglich, eine Sprache aus Wort-Kernen, eine Sprache, die nicht gepflückt ist, oben, auf Stengeln, sondern im Sprach-Samen erfaßt – müßte nicht in dieser Sprache die vollkommene Sonnenhymne erfunden sein, und ist das reine Schweigen der Liebe nicht wie das Herz-Erdreich um solche Sprach-Kerne?«[61] Hier geht es allerdings um ein metaphysisches Ungenügen der Menschensprache überhaupt, um das »Ahnen, wie sich d o r t reden ließe, wo das Schweigen ist« – und nicht um die Lücken oder Unbeholfenheiten einer einzelnen Nationalsprache. Um solche handelte es sich in Rilkes Vorstellung, als er nach der Vollendung der Elegien darüber klagte, bestimmte Wörter hätten ihm gefehlt, wie »*verger*«, »*offrande*«, »*absence*« in einem positiven Sinn, wie Valéry dieses Wort gebrauche.

Das Wort »*verger*« liebte Rilke so sehr, daß er von ihm sagte, es hätte ihm den Mut gegeben, die »geliehene Sprache« zu schreiben. Was sich Rilke darunter vorstellte, hat er in einem Brief ausgesprochen: » . . . Eine mit Obstbäumen bepflanzte Wiese, weder Garten noch Feld, oder vielmehr beides miteinander, – die Bäume, das Summen der Bienen, der süße Duft der Feldblumen, die Frische der Gräser, ausgedrückt alles in diesem Wort, das leicht, hell und saftig ist wie ein Gedicht von Francis Jammes –

wie wäre ich nicht in Versuchung gekommen, diese Sprache zu schreiben?«[62]

Das Gedicht *Verger* lautet:

> Peut-être que si j'ai osé t'écrire,
> langue prêtée, c'était pour employer
> ce nom rustique dont l'unique empire
> me tourmentait depuis toujours: Verger.
>
> Pauvre poète qui doit élire
> pour dire tout ce que ce nom comprend,
> un à peu près trop vague qui chavire,
> ou pire: la clôture qui défend.
>
> Verger: ô privilège d'une lyre
> de pouvoir te nommer simplement;
> nom sans pareil qui les abeilles attire,
> nom qui respire et attend . . .
>
> Nom clair qui cache le printemps antique,
> tout aussi plein que transparent,
> et qui dans ses syllabes symétriques
> redouble tout et devient abondant.

Rilke konnte nicht genug betonen, daß seine französischen Gedichte nicht aus dem deutschen »übersetzt«, sondern wirklich im Geist der versuchten Sprache gedacht und geformt seien. Dazu erzählte er uns einmal in Bern eine merkwürdige Begebenheit. Er hatte die Gewohnheit, in einem Notizbuch alles aufzuschreiben, was ihm einfiel, selbst wenn zunächst Sinn und Zusammenhang dieser Einfälle nicht offenbar waren. Derartige bruchstückhafte Eintragungen fügten sich dann manchmal nachträglich in unerwartete Zusammenhänge. In diesem Notizbuch blätterte er, als er ein Gedicht zu Hugo von Hofmannsthals 50. Geburtstag verfassen wollte. Bei den Worten *Corne d'abondance,* die er in seinen Aufzeichnungen fand, hielt er inne. Er wählte sie als Thema seines Glückwunsches und sandte dem österreichischen Dichter deutsche Verse unter dem Titel Das Füllhorn. Nachträglich schien es ihm nicht ohne Bedeutung, daß seine Eintragung französisch verfaßt war: *Corne d'abondance;* und es drängte ihn, das gleiche Thema noch einmal in französischen Versen zu behandeln. Er überließ sich seinen Eingebungen, wie es ja seine Art war, nichts vorsätzlich zu konstruieren, sondern fügsam dabeizusein, wenn Verse sich in seiner Vorstellung und unter seiner Feder bildeten. Wie überrascht war er, als das, was nun wurde, eine andere Richtung einschlug als das deutsche Füllhorn und ein von diesem Gedicht ganz verschiedenes, französisches entstand![63]

Diese Begebenheit, schloß Rilke, sei bezeichnend dafür, wie verschieden die Anforderungen und geheimen Gesetze der beiden Sprachen seien. Wenn er gelegentlich auch bemerkte, wie herrlich es sei, »alles noch einmal sagen zu können«, auf dem anderen Sprachinstrument, dann ist dies ein weiterer Hinweis auf die Ähnlichkeit – mindestens der Thematik – seiner französischen Gedichte mit derjenigen der deutschen. Ihre Form ist die gleiche oder eine ähnliche, die die kurzen, schlichten, sparsam instrumentierten, das Hymnische und Pathetische abstreifenden deutschen Gedichten der Jahre 1923 bis 1924 kennzeichnet, in denen Rilke der vierzeiligen Strophe den Vorzug gibt (insofern, also künstlerisch, formal gesehen, handelt es sich zweifellos um eine neue Periode in seinem Werkschaffen). Man sucht, wenn man Rilkes französische Verse literarhistorisch einreihen möchte, vergeblich nach einem Vorbild in der neueren französischen Lyrik; sie kommen nicht von Rimbaud, Moréas, Mallarmé, oder Valéry her – a u c h nicht von Valéry, was einmal mehr die eigentümliche Unbeirrbarkeit Rilkes beweist, selbst in einer Zeit, wo er einem »Einfluß« hingegeben scheint. Diese französischen Gedichte stehen in der französischen Literatur recht allein, seltsam und fremd da. Wie einst die russischen, hatte sie Rilke aus tiefem Verlangen gemacht, und auch von ihnen darf man sagen, sie seien »irgendwie unbegreiflich dichterisch«. Edmond Jaloux, der sie mit freundschaftlich gesinnter Kennerschaft beurteilt hat, sagt von ihnen: »Die Verse Rainer Maria Rilkes sind von einer äußersten Flüssigkeit: wenn sie an etwas erinnern, so ist es an Gides *Nourritures terrestres*«. (Gide hatte wohl so unrecht nicht, als er vermutete, Rilke wäre der ideale und innerlich dem Original am nächsten stehende deutsche Übersetzer dieses Werkes gewesen.) »Aber wie flüchtig ist solcher Eindruck!« fährt Jaloux fort. »Wie immer, so ist auch hier Rilke ganz er selber. Seine Dichtung drückt – wenigstens auf französisch – eine große Demut aus; eine zitternde Unterordnung unter den Gegenstand; eine Frage, die halb ängstlich, halb zärtlich klingt. Nirgends eine präzise Kante; alles ist im Werden; kaum hat das Auge ein Ding erblickt, gewahrt es schon dessen Veränderung; ein rührender Duft webt um jedes Bild; ein Verlangen nach flüchtiger Vereinigung wittert in jedem Gedicht, aber es zerschmilzt fast in der Luft, so los und leicht ist es. Von was für einer wunderbaren Zartheit zeugt solche Dichtung!«[64]

Pariser Vergangenheit und Walliser Gegenwart hatten beide teil an der Entstehung von Rilkes französischen Gedichten. Erinnern wir uns seiner Bemerkung, das Wort »*verger*« klinge »wie ein Gedicht von Francis Jammes« – und damit kommen wir seinem eigenen Ton vielleicht etwas näher. Von Francis Jammes ist die Rede, wenn Rilke seinen Malte Laurids Brigge schreiben ließ: »Ihr wißt nicht, was das ist, ein Dichter? – Verlaine . . . Nichts? Keine Erinnerung? Nein. Ihr habt ihn nicht unterschieden von denen, die ihr kanntet? Unterschiede macht ihr keine, ich weiß. Aber es ist ein anderer Dichter, den ich lese, einer der nicht in Paris wohnt, ein ganz anderer. Einer, der ein stilles Haus hat im Gebirge. Der klingt wie eine Glocke in reiner Luft. Ein glücklicher Dichter, der von seinem Fenster erzählt und von den Glastüren seines Bücherschranks, die eine liebe, einsame Welt nachdenklich spiegeln. Gerade der Dichter ist es, der ich hätte werden wollen; denn er weiß von den Mädchen so viel, und ich hätte auch viel von ihnen gewußt. Er weiß von Mädchen, die vor hundert Jahren gelebt haben; es tut nichts mehr, daß sie tot sind, denn er weiß alles. Und das ist die Hauptsache . . . . . «[65] Auch hier gilt Rilkes Frage: Wann ist Gegenwart? Was ist Zeit? Es scheint, als wäre nach vielen Jahren Maltes Wunschtraum in Rilkes Leben in Erfüllung gegangen; er war zwar ein anderer Dichter als Francis Jammes geworden, aber auch er hatte ein stilles Haus in einem Bergland. Die Fenster, aus denen er ins Land schaute, die Obstbäume und Rosen in seinem Garten, die Weinberge ringsum und die Weinlese, die er mit den Einheimischen feierte, die alten Burgtürme auf den Hügeln und das Geläute der Kirchenglocken, die Wege, die weit ins Land gehen und es zeigen, das Geriesel der Bäche, die zu Tal stürzen, über allem die glühende Sonne des schon südlichen Sommers und der große Mittag auf der heroischen Landschaft: dieser Umkreis täglichen und vertrauten Umgangs mit einer Umgebung, die er liebgewonnen hat, lieferte Rilke die Motive und Bilder seiner Walliser Gedichte. In ihnen wird das Land Sprache und Gesang; es ist Rilkes Natur- und Daseinsverbundenheit, die sich Feiertage bereitet, wenn er in einem bukolischen Einverständnis mit der ihn umgebenden Welt seine *Quatrains valaisans* niederschreibt. Für diese schwerelose und zärtliche Rühmung der Landschaft möge, anstelle von vielen, folgendes Gedicht stehen (das übrigens, wie die meisten seiner *Quatrains,* nicht bloß aus einer einzigen vierzeiligen Strophe besteht):

> *Pays, arrêté à mi-chemin*
> *entre la terre et les cieux,*
> *aux voix d'eau et d'airain,*
> *doux et dur, jeune et vieux,*
>
> *comme une offrande levée*
> *vers d'accueillantes mains:*
> *beau pays achevé,*
> *chaud comme le pain!*

Die sechsunddreißig *Quatrains valaisans* hat Rilke einer Dame aus seinem Walliser Bekanntenkreis, Madame Jeanne de Sépibus-de-Preux in Sierre, gewidmet.[66] Robert de Traz, der Schriftsteller und damalige Herausgeber der *Revue de Genève,* hat, ehe das Bändchen *Vergers* herauskam, einige Proben aus den Walliser Vierzeilern in dieser in Genf erscheinenden Zeitschrift veröffentlicht (April 1926).

Wie nun Rilke auch an d i e s e m Ertrag seines Schaffens andere teilnehmen ließ, ist für seine damalige Lebensweise so bezeichnend, daß wir hier einige Zeilen aus einem Erinnerungsblatt hinsetzen möchten: »Im folgenden Herbst«, heißt es dort, »trafen wir uns wieder mit Rilke in Sierre zur Weinlese. Wir holten ihn in Muzot ab, er empfing uns mit seiner gewohnten Herzlichkeit. Seine Munterkeit ließ niemanden ahnen, daß seine Gesundheit ernstlich angegriffen sei. – Wir hatten geplant, mit einigen Freunden in unserm Rebberg zu essen. Rilke nahm unsere Einladung freudig an, er schien von dem Ausflug entzückt zu sein . . . . . Der Rebberg oben auf dem kleinen Hügel nahm uns auf, und, vor dem bunten Land zu unsern Füßen, reich in seinem herbstlichen Schmuck, hoch über dem goldgelben Tal, das die Rhone silbern durchschlängelt, las uns Rilke auf unsere Bitte seine Walliser Gedichte vor . . . . . «[67]

War aus dem Heimatlosen ein Heimatdichter geworden? Hatte sich der Meister des deutschen Verses dem welschen Wort verschrieben? Ist Rilke in der Zeit seiner künstlerischen Reife ein schöpferischer Dichter in französischer Sprache gewesen? Es wird wahrscheinlich bei seiner eigenen bescheidenen Einschätzung bleiben, seine französischen Gedichte seien eine »Nebenleistung« gewesen – wenn man sie an der Gesamtheit seines deutschen Werkes mißt; doch ist die außerordentliche Bescheidenheit, mit der er sich wiederholt in seinen Briefen aus Muzot über diese Dichtungen geäußert hat, nicht ein in jeder Hinsicht verpflichtender Maßstab für die Kritik. Diese entzückenden Arbeiten eines Kleinmeisters, die er auf seine Bitte Paul Valéry zur Sichtung und Herausgabe anvertraut hatte, schließen sich, eine pastorale Kammermusik, seinen größeren Werken nicht unwürdig an. Dem auf der Sprachgrenze des Wallis wohnenden Dichter – dessen niederer Turm durch ihn recht eigentlich zu einem bleibenden Merkstein der glückhaften Begegnung zweier großer Kulturen geworden ist – war es gegeben, in beiden Sprachen zu künden, zu rühmen, zu singen. Und auch auf der fremden Leier – obschon er sie bei weitem nicht mit der gleichen Sicherheit und Meisterschaft handhabt wie die eigene – finden wir immer wieder die unveräußerliche Melodie von Rilkes Persönlichkeit.

Die Werke seiner Schweizer Jahre bilden eine zweisprachige Einheit. Ob deutsch, ob französisch: den Duktus von Rilkes Gedichten wird man immer aus Hunderten erkennen. Sie klingen wie von der gleichen Stimme gesprochen, sie stammen aus einer in sich geschlossenen Gefühls- und Gedankenwelt, die sich unmittelbar und ungesucht in Bilder umsetzt, aus ein und derselben Werkstatt – und sind doch auch verschieden voneinander. Verschieden wie die beiden Sprachinstrumente, denen sich der Dichter abwechselnd anvertraut hat. Die Walliser Gedichte sind nicht in einem »Sturm« entstanden. Sie waren »Überfluß«. Für das Orgelrauschen der Elegien hatte er »Signale aus dem Weltraum« empfangen. Ein Talwind hatte ihm die Verse in der Sprache der Wahlheimat zugetragen, wie reife Töne eines Glockenspiels. Was sich Rilke an dem Siegestag des 11. Februar 1922 gewünscht hatte, als das kleine Heft aus Soglio, endlich, mit den Duineser Elegien beschrieben, vor ihm auf seinem Stehpult lag: » . . . ruhige gelassene Arbeiten, menschliche, nicht mehr, die über alles Bürgerliche und Ver-bürgte hinausgehen«, war ihm gelungen. – Die zahlreichen französischen und deutschen Gedichte, die im Umkreis der bedeutenderen Werke in Rilkes letzten Lebensjahren entstanden sind, stehen geschwisterlich nebeneinander. Sie in »späte« und »reife« aufzuteilen, wäre künstlich und gewaltsam; alle haben an der Reife seiner Spätzeit teil.

Übrigens fehlt es in den französischen Gedichten nicht an Anklängen an die Sonette an Orpheus. In den folgenden beiden Vierzeilern erkennen wir vertraute Motive:

> *Vues des anges, les cîmes des arbres peut-être*
> *sont des racines, buvant les cieux;*
> *et dans le sol, les profondes racines d'un hêtre*
> *leur semblent des faîtes silencieux.*

> *Pour eux, la terre, n'est-elle point transparente*
> *en face d'un ciel, pleïn comme un corps?*
> *cette terre ardente, où se lamente*
> *auprès des sources l'oubli des morts.*

Diese Vision des Himmels und der Erde, von den Engeln gesehen; die Erde der Toten und der Quellen; das Mysterium der Bäume mit ihren Kronen und Wurzeln: wir finden diese Motive einer überirdisch-unterirdischen Welt in den deutsch geschriebenen Sonetten (und in den Elegien) allenthalben wieder. Daß sie einmal bedrohlicher, bedrängender erscheinen, ein anderes Mal in der Transparenz eines unbeschwert zustimmenden Gemüts, liegt keineswegs ausschließlich an der Verschiedenheit der Sprachen – oder gar in der zeitlichen Ablösung eines Weltbildes durch ein anderes; eine solche, evolutionistische Interpretation wäre ganz und gar im Widerspruch mit Rilkes Zeitgefühl, das an Stelle einer zeitlichen Abfolge von Vergangenem, Gegenwärtigem und Zukünftigem lauter Gegenwarten unmittelbar empfand, auch die Gegenwart des nicht Daseienden: »*la présence absente*«. Die wechselnden Tönungen, dunkle und helle, in denen manchmal das gleiche Bild erscheint, dürften auch mit dem Auf und Ab von Rilkes Stimmungen zusammenhängen. Wohl war es sozusagen die »Lehre« Rilkes, die in seinen Briefen in allen möglichen Abwandlungen zum Ausdruck kommt, daß das Schwere und Arge Zustimmung verlange, damit es, endlich angeeignet und begriffen, sich auflöse und wandle in eine Daseinsbejahung, aus der er »Jubel und Ruhm aufsingen« konnte »zustimmenden Engeln«

(deshalb verlangte Rilke auch immer wieder von seinen Lesern, sie möchten den Malte-Roman »gegen den Strom« lesen). Die Polarität dieses Weltbildes, die aber auch eine Ambivalenz ist, ist nicht wegzuleugnen; sie kommt zum Ausdruck in den miteinander alternierenden Registern von Jubel und Klage in den Elegien. Strömung und Gegenströmung flossen wechselreich durch die Leitungen dieser äußerst empfindlichen Natur, in der das Musische das Denkerische, das Sensible das Rationale bei weitem überwog, und erzeugten die Spannungen, von denen Rilkes literarisches Lebenswerk Kunde gibt. Man darf vermuten, daß aus dieser furchtbaren Spannung seines Menschentums sein Künstlertum immer wieder fruchtbringende Kräfte geschöpft hat. In einem »philosophischen« Gedicht, in dem von dem »heiligen Gesetz des Kontrastes« die Rede ist, hat Rilke – nicht scharfsinnig systematisierend, aber tastend und deutend – von dem »bewegten Gleichgewicht« und von dem »Spiel und Gegenspiel« gehandelt. Auch dieses Gedicht steht in dem Bändchen *Vergers*:

> Combien le pape au fond de son faste,
> sans être moins vénérable,
> par la sainte loi du contraste
> doit attirer le diable.

> Peut-être qu'on compte trop peu
> avec ce mouvant équilibre;
> il y a des courants dans le Tibre,
> tout jeu veut son contre-jeu.

> Je me rappelle Rodin
> qui me dit un jour d'un air mâle
> (nous prenions, à Chartres, le train)
> que, trop pure, la cathédrale
> provoque un vent de dédain.

Ein Mensch, der ein Leben lang das Erhabene, das Reine, das Absolute gesucht hat, empfand zutiefst die Gefahren seines verwegenen Vorhabens; wenn er versuchte, die Welt mit den Augen der Engel, dieser von allen Unvollkommenheiten der Menschennatur befreiten »Verwöhnten der Schöpfung« zu betrachten, wohnten die Dämonen und ihre Schrecken gleich um die Ecke. Aber auch, was Rilke auf Erden geliebt hat, was seinem Wesen

Auftrieb gab, es in Begeisterung versetzte, verfiel oft mit überraschender Plötzlichkeit seinem Überdruß, so daß es ihm schal und reizlos, wenn nicht geradezu unerträglich oder unheimlich vorkam (es konnte eine geliebte Frau, eine bewunderte Stadt oder Landschaft, ja sogar ein Rosenstrauß sein). Die schönen Briefe und Gedichte, die Rilke zum Ruhm des Wallis und seines ihm liebgewordenen Wohnsitzes in diesem Bergland geschrieben hat, dürfen uns nicht darüber täuschen, daß sein Verhalten gegenüber der Walliser Landschaft und allem, was mit Muzot zusammenhing – von den Tagen seines Einzugs in das harte kleine Haus an –, ambivalent war. Wir haben bereits gehört, wie er bald nach der Niederschrift der *Quatrains valaisans* aus Muzot berichtete, Sommer und Herbst seien in diesem Jahr »wie riesige Spiegel, durch die ein Sprung gegangen ist«, und man wisse nun nicht, »ob dieses Zerschlagensein das Bild des Weltalls verzerrt, oder ob es sich wirklich seltsam entstellt darüber neigt«. Diese Umkehrung des landschaftlichen Motivs – um das sich im gleichen Sommer und Herbst die französischen Walliser Gedichte gebildet hatten – vom Heiteren ins Tragische erfolgte ziemlich abrupt, nicht nur wegen des nassen Wetters und der schlechten Weinernte, mit denen es Rilke in diesem Brief begründet, sondern zweifellos auch im Zusammenhang mit neu auftretenden gesundheitlichen Störungen und peinigenden menschlichen Zerwürfnissen, an denen er damals litt. Der Spiegel ist ein Attribut des Magischen, sein Zerspringen ein Riß durch das Bild, das der Dichter-Magier beschworen hatte. Geborgenheit und Bedrohung: beides erfuhr er oder empfand er mit gleicher Intensität, am gleichen Ort, am gleichen Objekt, in den gleichen Verhältnissen. Von beiden kündet sein Werk.

Da Rilke ein tapferes Herz hatte und arglos, auch immer guten Willens war, hat er es abgelehnt, sich zu einer pessimistischen »Weltanschauung« zu bekennen oder gegen die unergründlichen Ordnungen der Schöpfung zu rebellieren. Die Zustimmung zum Diesseits erschien ihm im Gegenteil als der begrifflich nicht beweisbare, aber subjektiv, aus der Stärke des Lebensgefühls abgeleitete Auftrag des Menschen. Er las mir in Muzot (im gleichen Jahr, da die französischen Gedichte entstanden sind), eine Eintragung aus seinem Taschenbuch vor, die mir nicht dem Wortlaut, aber dem Inhalt nach in lebhafter Erinnerung geblieben ist. Es war eine kurze Aufzeichnung zu einer Rede über die Gegenliebe

Gottes. Die eigentliche Leistung des Gottsuchenden, hieß es dort ungefähr, sei die Bejahung, das »große Ja« zu der Gesamtheit der Dinge und der Erscheinungen. Zu dieser Gesamtheit aber müßten, zunächst ununterscheidbar, auch die Werke Gottes gehören. Gott müsse in dem »großen Ja« irgendwo inbegriffen sein. Doch der Suchende und Ringende könne ihn nur finden, wenn die Gegenliebe Gottes wirke und ihm entgegenkomme. (Zwei Jahre früher hieß es im Brief des jungen Arbeiters: »Wenn ich sage: Gott, so ist das eine große, nie erlernte Überzeugung in mir. Die ganze Kreatur, kommt mir vor, sagt dieses Wort, ohne Überlegung, wenn auch oft aus tiefer Nachdenklichkeit«.) Rilke, der in seinen späten Werken das Wort »Gott« äußerst sparsam verwendet und es am liebsten verschwiegen hat, brauchte es in einem französischen Vierzeiler, den er der Urenkelin Lamartines gewidmet hat (er gehört zu den posthum, im *Carnet de Poche,* veröffentlichten Sachen):

> *Pour trouver Dieu il faut être heureux*
> *car ceux qui par détresse l'inventent*
> *vont trop vite et cherchent trop peu*
> *l'intimité de son absence ardente.*

»Im Glücklichsein findet man Gott; die ihn aus Not erfinden, gehen zu schnell und suchen zu wenig die Vertraulichkeit seines glühenden Fernseins.« Solche Epigramme in metrischer Fassung kommen in Rilkes letzten, besonders den französischen Gedichten ab und zu vor. In dem obigen Vierzeiler erscheint nicht ohne eine gewissermaßen formelhafte Deutlichkeit sein in den Muzot-Tagen oft abgewandeltes Anliegen, der Weg zu Gott führe über das »große Ja«, über die glückhafte Zustimmung zu allen Werken des Kosmos und der Erde; derjenige aber, der sich aus Not, Schmerz und Leid an ihn klammere, wie ein Ertrinkender an einen Strohhalm, könne mit seinem zu raschen Griff nicht in die Vertraulichkeit des entrückten Gottes eingehen. Es scheint hier noch etwas von der seltsamen Auffassung vom »Nachbar Gott« aus dem Stunden-Buch herüberzuwirken: dieser Gott ist glutvoll und innig, entrückt und nah vertraut, auch er ist die Gegenwart eines nicht Daseienden, dunkel und in seiner geheimnisvollen Dunkelheit als »nie gelernte Überzeugung« einfach vorhanden; die ganze Kreatur sage das Wort »Gott« – und dem Kreatürlichen gab Rilke im m e r recht. Aber dieser Gott kann niemals, da er für Rilkes Empfinden nicht ein objektiv dem Menschen und der Schöpfung Gegenüberstehender ist, der Gegenstand einer Theologie sein, die um ihn herum ein Gebäude von Glaubenssätzen baut und von ihm Regeln der Moral ableitet. Das Wesen der Moral kam Rilke gottfern, wenn nicht geradezu religionsfeindlich vor. Gott muß dem Menschen durch seine Gegenliebe entgegenkommen – es war die Tragödie Maltes, daß er die Gegenliebe Gottes nicht fand –, und Rilke bekannte von seiner eigenen Kindheit, damals sei er imstande gewesen, »auf den Steinen zu liegen, damit Gott sich zu mir eher überwände«. Es ist hier unmöglich, zwischen der Subjektivierung Gottes und einem offenbar doch auch aktiv gedachten, also objektiv vorhandenen Gott zu unterscheiden.

Rilke sagt alle diese Dinge mit großer Bestimmtheit, wie alles, was er schon in den Gesängen des Jahres 1922 ausgesagt hatte; er verband mit ihnen Vorstellungen, die er aber nur unvollkommen ausgedrückt hat – oder, wie Lou Andreas, von der »Esoterik« von Rilkes späten Dichtungen sprechend, meint: tatsächlich hörbar geworden sei Rilkes Ausdruck, sobald sein »Thema mehr und mehr dem Material des Innersten, nicht mehr sinnenfällig Wiedergebbaren, entnommen wurde, ... nur für die, welche Erlebnisse von gleicher Mächtigkeit und Tiefe, unerlöst und wartend, mit sich herumtrugen. Den übrigen«, sagt Lou, »mochte manchmal der Dichter vorkommen wie Moses, der, vom Gebirg niedersteigend, über der ihn ganz hinnehmenden Offenbarung versäumt hätte, die zehn Tafeln in extenso vollzuschreiben . . . . «[68] Etwas Ähnliches deutet Gabriel Marcel an, wenn er bemerkt, zwischen dem, was Rilke gesagt habe und dem, was er sagen wollte, bestehe oft ein Abstand, seine Ausdrücke seien manchmal »enttäuschend und nahe an der Rhetorik«; aber, fährt der französische Philosoph fort, »die geheime Größe Rilkes ist vielleicht in diesem Intervall zwischen der Bestimmtheit«, mit der er etwas ausspricht, »und den stets unvollkommenen Bedingungen, unter denen sie sich ausdrückt«. Das sei seltsam und wäre absurd, wenn es sich bei ihm um einen geschulten Philosophen handeln würde.[69]

– – – – –

Wenn man Rilkes Gedichte aus seinen letzten Lebensjahren – insbesondere auch die französischen, da die deutschen bei weitem nicht alle bekannt sind – gleichsam naiv so nimmt, wie sie sind, dann erkennt man einen blühenden Kranz von Variationen zu einigen, immer wiederkehrenden Themen – es heiße nun Engel, Rose, Fenster, Fontäne, Frucht, Baum oder wie immer – und eine sehr eigentümliche Bemühung, die Dichtung als einen gleichzeitigen »Gebrauch« aller fünf Sinne aufzufassen. In unbeschreiblich mannigfaltigen Abwandlungen kommen dieselben Bilder, Gedanken, Motive darin vor. Es sind die gleichen, die man auch in Rilkes Briefen und Prosastücken findet. Zum Beispiel erinnert *La Fontaine* im Band *Vergers* an einen Brief aus Schloß Berg, in dem Rilke den Springbrunnen vor seinem Fenster beschreibt, zuerst in seinen akustischen Abwandlungen, dann in seiner optischen Gestalt. Wie erstaunt entdeckte ich bei einem engeren Vertrautwerden mit Rilkes Lyrik, daß seine Gespräche an ihren unvergeßlichsten Stellen nichts waren als reiche Paraphrasen zu diesen Gedichten! Denn alles floß bei ihm aus der gleichen Quelle und kehrte zum gleichen Mittelpunkt zurück: Quelle und Mittelpunkt waren sein Selbst, aus dem er ein Leben lang ein völlig individuell erfülltes Weltbild aufgebaut hatte. Die Gesetze, denen dieses Weltbild gehorchte, waren das Geheimnis dieses Dichters.

Wir haben schon erwähnt, wie Rilke im Jahre 1920 anläßlich eines Ausflugs nach Freiburg i. Ue. den Einfall hatte, Fenstergedichte zu machen; seine Begleiterin, Frau Baladine Klossowska, sollte dazu Illustrationen entwerfen. Diese gemeinsame Arbeit von Rilke und Baladine ist sieben Jahre später unter dem Titel *Les Fenêtres* – einige Monate nach des Dichters Tod – in einer erlesenen Ausgabe in Paris erschienen. Diese zehn Gedichte sind alle um das e i n e Motiv gruppiert: das Fenster. Dieses unscheinbare Motiv genügt Rilke, um Wesentliches zu sagen:

> *N'es-tu pas notre géometrie,*
> *fenêtre, très simple forme*
> *qui sans effort circonscris*
> *notre vie énorme?*

> *Celle qu'on aime n'est jamais plus belle*
> *que lorsqu'on la voit apparaître*
> *encadrée de toi; c'est, ô fenêtre,*
> *que tu la rends presque éternelle.*

> *Tous les hasards sont abolis. L'être*
> *se tient au milieu de l'amour,*
> *avec ce peu d'espace autour*
> *dont on est maître.*

Oder das gleiche Motiv wird ihm Anlaß zu einem unvermuteten Vergleich: das Fenster, heißt es im Siebenten Gedicht, schließt unsere weite Aussicht wie eine Schnalle:

> *Boucle qui ferme*
> *la vaste ceinture de notre vue.*

Ist's Spiel? Ist's Ornament? Vielleicht. Aber es wird sinnvoll unter der Berührung dieses Dichters. Niemals verdirbt es zum bloßen Ästheten- oder Artistentum. Denn er hatte sein Herz zu allem, was er tat, auch zum Geringfügigsten, und darum ist alles echt. Auch noch, wenn er einen zierlichen Schnörkel malte, war Rilke Persönlichkeit. Selbst wenn er ein Fenster aufschloß, hatte er sein Herz noch zu dem Fenster. Ohne eine Spur von Theatralik und Pose ist dieses Benehmen. Es ist ganz unauffällig. Und plötzlich werden wir gewahr, daß diese Handvoll Zaubersprüche um einige Fenster uns sehen lehren. Oder ein Fenster steht offen und leer, und wir vernehmen ein leises Schluchzen:

> *Sanglot, sanglot, pur-sanglot!*
> *Fenêtre, où nul ne s'appuie!*

Zu den Zyklen *Vergers*, *Quatrains valaisans* und *Les Fenêtres* trat als vierter ein Zyklus *Les Roses*. Im Garten von Muzot hatte Rilke eine Rosenpflanzung. Wie ein Gärtner, mit eigenen Händen, betreute, begoß und schnitt er sie. Wie alles, was er tat, tat er auch das mit Liebe. Der Garten, die Rosen, erwiderten diese Liebe. Für sie kehrte er immer wieder nach Muzot zurück. Als er mit sich zerfallen war, leidend, kränkelnd, und nichts mehr ihn aufrichten konnte, trösteten ihn seine Rosen:

> *Amie des heures où aucun être ne reste,*
> *où tout se refuse au coeur amer;*
> *consolatrice dont la présence atteste*
> *tant de caresses qui flottent dans l'air.*

219

Si l'on renonce à vivre, si l'on renie
ce qui était et ce qui peut arriver,
pense-t-on jamais assez à l'insistante amie
qui à côté de nous fait son œuvre de fée?

Rilke hatte noch selber das Manuskript seiner vierundzwanzig Rosengedichte dem holländischen Verleger A.A.M. Stols geschickt, der sie kurz nach dem Tod des Dichters in einer Ausgabe für Bibliophile veröffentlicht hat. Ein Vorwort von Paul Valéry – in der Form eines imaginären Briefes an den toten Rilke – beschreibt in wundervollen Worten die ihn unheimlich berührende Einsamkeit, in der er den Dichter in Muzot angetroffen habe.

Rilke hat in seinem Leben konsequent den Grundsatz befolgt, nichts zu lesen, was über ihn und seine Werke veröffentlicht wurde. Er hätte die Anfeindungen in deutschen Zeitungen und Zeitschriften, zu denen die Veröffentlichung seiner französischen Gedichte in zwei Pariser literarischen Zeitschriften den Anstoß gegeben hatten, nicht bemerkt, wenn er nicht von befreundeter Seite darauf aufmerksam gemacht worden wäre. Nachdem jüngere Freunde ihm ihre Waffenhilfe zur Abwehr dieser Angriffe angeboten hatten, entschloß er sich, selber in der »eigenen Sache« zu plädieren. Es lag ihm um so mehr daran, die unerwarteten Mißdeutungen seiner dichterischen Bemühungen in französischer Sprache zu berichtigen, als ihm bereits brieflich gemachte Vorwürfe von befreundeter deutscher Seite viel Kummer und Verdruß bereitet hatten. Rilke wählte den Weg, in einem persönlichen Brief, den er an den damaligen Literaturkritiker der Neuen Zürcher Zeitung, Dr. Eduard Korrodi richtete, die Genesis seiner französischen Gedichte zu erläutern. Da die bevorstehende Herausgabe des Bändchens *Vergers* eine Wiederholung der schon erhobenen Vorwürfe erwarten ließ, wollte er sich in dem Zürcher Kritiker einen »Mitwisser schaffen«; denn »irgendwo sollte«, schrieb er von seinem Krankenlager in Valmont (am 20. März 1926), »für früher oder später der Maßstab aufbewahrt sein, der denjenigen, die die Ordnung lieben, erlaubt, das Ereignis *Vergers* in die mich betreffenden Zusammenhänge angemessen einzufügen. Mit denen, die an dem kleinen Buch Ärgernis nehmen, habe ich nichts zu schaffen; mit solchen, die es erstaunt, bin ich durch mein eigenes frohes Staunen verwandt.«[70]

Im folgenden Abschnitt dieser ausführlichen Verteidigungsschrift werden noch einmal die letzten Lebens- und Schaffensjahre Rainer Maria Rilkes in knappen Worten aufgerufen. Er schreibt: »Es ist schließlich niemand (nicht wahr?) verpflichtet zu wissen, welche Bedeutung die große schweizerische Gastfreundschaft, nach jenen Jahren tiefster Verstörung und Unterbrechung, für die Fortsetzung meines Lebens und meiner Arbeit mehr und mehr annehmen sollte; und ich frage mich, ob für mich eine Pflicht besteht, mich über diese Fügungen auszusprechen? Ich hielt es für hinreichend, ihre Ergebnisse, nach und nach, vorzulegen. Zu diesen gehört, nach den Sonetten an Orpheus und dem Band der Elegien, auch diese Sammlung französischer Verse, die ich recht passend mit dem (von der Königin Christine von Schweden für gewisse Aufzeichnungen gewählten) Titel ›Nebenstunden‹ hätte benennen dürfen. Nebenstunden: in denen gleichwohl ein Hauptgefühl sich geltend machte. Das Gefühl für die reine und groß geartete Landschaft, aus der mir, in Jahren der Einsamkeit und Zusammenfassung, ein unaufhörlicher und unerschöpflicher Beistand zugewachsen war. Abgesehen von jenen früheren jugendlichen Versuchen, in denen die Einflüsse meiner Prager Heimat sich durchsetzen wollten, hatte ich mich nie mehr hingerissen gefühlt, eine erlebte Umgebung unmittelbar im Gedicht zu rühmen, sie zu ›singen‹; nun erhob sich, im dritten Jahr meines dort Angesiedeltseins, aus mir eine Walliser Stimme, so stark und unbedingt, daß die unwillkürliche Wortgestalt in Erscheinung trat, bevor ich ihr das mindeste gewährt hatte. Nicht um eine beabsichtigte Arbeit handelt es sich hier, sondern um ein Staunen, ein Nachgeben, eine Überwältigung. Um die Freude, mich unvermutet an einer mehr und mehr erkannten Landschaft zu bewähren; um die Entdeckung, mit ihr umgehen zu dürfen im Bereich ihrer eigenen Laute und Akzente. Und ganz zuletzt, wenn alles erwähnt sein soll, um die beglückende Erfahrung, jünger zu sein, fast jung im Gebrauch einer zweiten Sprache, in der man bisher nur aufnehmend oder praktisch betätigt gewesen war und deren steigender Überfluß (wie man das ähnlich, in jungen Jahren, an der eigenen erfahren hatte) einen nun, im Raume des namenlosen Lebens, zu tragen begann« . . .

Vergers sei, heißt es dort noch, »zunächst ein schweizerisches Buch«, dessen Veröffentlichung (in einer von Pariser Freunden getroffenen Auswahl) so unbeabsichtigt wie seine Entstehung

gewesen sei. Aber der Wunsch, dem Kanton Wallis seine Dankbarkeit für Empfangenes auszusprechen, und »der andere
Wunsch, Frankreich und dem unvergeßlichen Paris, die in meiner
Entwicklung und Erinnerung eine Welt bedeuten, als ein bescheiden Lernender und unbescheiden Verpflichteter, sichtbarer
verbunden zu sein«, hätten ihn dazu bekehrt, dem Wagnis einer
Veröffentlichung seiner französischen Gedichte seine Zustimmung zu geben. –

Als Rilke, im Juni 1926, das erste Exemplar des kleinen, gehef-
teten, olivgrünen Bandes *Vergers* endlich in Händen hielt, drück-
ten seine Züge staunendes Glück aus.

Rilkes Erscheinung

Rilkes äußeres Benehmen war immer, aus Neigung und Überzeugung, das eines Privatmannes. Nichts lag ihm ferner als die
propagandistische Geschäftigkeit, die in den literarischen Sitten
seiner Zeit eingerissen war. Auch der Hang zur Repräsentation
war ihm fremd. Wohlgemeinte Vorschläge, sich feiern zu lassen,
lehnte er ausnahmslos ab. Man konnte ihn in Privathäusern und
in Hotels antreffen, ihm in der Stadt bei Einkäufen begegnen, ihn
– so überraschend es klingt – Fabriken und Handelshäuser besichtigen sehen, aber nie, nie suchte er ein Literatenkaffee auf.
Und wenn er in einem Salon unter literarische Snobs geriet, war
er von der ausgesuchtesten, weil abwehrendsten Höflichkeit. Er
war wohl zu jung, um den Nobelpreis für Literatur zu erhalten –
und wenn er daran dachte, dann war es nur, um ein wenig von fi-
nanzieller Unabhängigkeit zu träumen. Aber öffentliche Anerkennung blieb dem Lebenden nicht versagt. 1925 drückte ihm die
Universität Edinburg ihre Bewunderung aus, und ein Jahr später
erfreute den Kranken ein in Paris herausgegebener Band *Reconnaissance à Rilke,* den französische Schriftsteller zusammengestellt hatten und in dem auch deutsche, dänische, spanische, hol-
ländische, tschechische, ungarische, italienische, polnische,
schwedische, schweizerische Stimmen zum Worte kamen.[71] Der
Dichter wurde bereits Gegenstand von Abhandlungen, Disser-
tationen und Vorlesungen. Sowenig er nach ihrem Erscheinen
derartige Arbeiten las: seine Höflichkeit verbot ihm, Anfragen
von Literarhistorikern, Übersetzern seiner Werke und anderen

Beflissenen unbeantwortet zu lassen. Die Auskünfte, die er seinem polnischen Übersetzer Hulewicz, seinem französischen Übersetzer Maurice Betz, dem deutschen Rilke-Philologen Hermann Pongs und anderen gab, sind heute für die Rilke-Kritik wertvoll. Jedoch lag ihm persönlich nichts ferner, als sich in der Art des alten Goethe selber historisch zu sehen.

Es gab immer auch solche, die ihn tadeln und allerlei an ihm bekritteln zu müssen glaubten. Der damalige George-Kreis war Rilke nicht freundlich gesinnt, und auch andere literarische Schulen und Gruppen ließen ihn sein Freibleiben von jeder Bindung, sein stolz-demütiges Einzelgängertum entgelten. Aber man kann sich Rilke nicht »unliterarisch« genug vorstellen. Er gehörte zu denen, die nicht ausgehen, um die Welt zu gewinnen – und denen aus solcher Haltung echter Gewinn kommt. Rilke war berühmt. Es war eine Berühmtheit, von der ein großer, ein wenig geheimnisvoller Glanz ausging, weil nun auch sie einfach geworden war, die Strahlung erwidernd, die von diesem Werk und diesem Menschen ausgegangen war. Es war offenkundig, daß »Rainer Maria Rilke in der zeitgenössischen europäischen Literatur eine gewissermaßen zentrale Stellung einnahm; er ist ein geometrischer Mittelpunkt, oder besser, ein Vorposten, er steht in inniger Beziehung zu den Strömungen, die seit 1900 in den verschiedenen Ländern Furchen gezogen haben. Dieser Mann, der immer einsam und von allem zurückgezogen gelebt hat, gehört zu denen, die am stärksten Anteil hatten an dem höheren Leben ihrer Zeit.«[72]

Wenn Rilke geflissentlich Kommentare und Kontroversen, zu denen seine literarischen Arbeiten Anlaß gegeben hatten, zu übersehen pflegte, hielt er es (wenigstens in Briefen und Gesprächen) anders mit dem, was gelegentlich über seine Frühzeit und seine ersten jugendlichen Versuche gesagt wurde. Geradezu entsetzt war er, als ein gutgemeinter Privatdruck ihn in seinem ersten Walliser Winter an die literarischen Hervorbringungen des »jungen Rilke« unliebsam erinnerten. »Ich werde«, schrieb er an Frau Wunderly, »ein ein-zi-ges Exemplar verschenken, dieses . . . . Ihrige, das Sie nun, wenigstens in der Gebärde, zu Weihnachten bekommen. Vielleicht lesen Sie doch etwas Verwandtes, noch irgendwie Gültiges heraus, trotzdem (für mein Bewußtsein) nur Vermummungen drinnen vorkommen aus Hülflosigkeit, Unbeholfenheit, Verlegenheit, Weltlosigkeit, Ungeschick, aus hundert Un- und -los, aus u und o. Man hats nicht besser gewußt damals. – Diese Dokumente des ›jungen Rilke‹, Sie wissen, wie ich sie ansehe: *inavouable!* Ich möchte sie nach und nach ersetzen durch . . . . . . den noch jüngeren Rilke, nicht durch d a s, was etwa schriftlich aus seiner Kindheit überstünde (auch dies ist voll ratlosester Verstellung, verstellt aus Nothwehr –); aber was ich selber heut und später von ihm zu erzählen wüßte, d a s hätte am Ende eine gewisse posthume Wahrhaftigkeit.«[73] Diesem Brief legte Rilke eine erste, im Jahre 1914 geschriebene Probe seiner Kindheitserinnerungen bei. – Dies und andere Hinweise auf seine innere Beschäftigung mit seinen frühen Erlebnissen, besonders mit den in der Militärschule gehabten, erlauben vielleicht den Schluß, daß sich Rilke mit dem Gedanken an eine autobiographische Kindheitsgeschichte trug. Es war kaum, wie Kassner meint, seine dichterische Produktion in französischer Sprache, die Rilke an der Ausführung dieses Planes verhindert hat. Sondern alles deutet darauf hin, daß immer noch die Erinnerung an die eigene Kindheit und an die Kadettenschule mit ungeheurer Schwere auf ihm lastete; die künstlerische Bewältigung dieses »Stoffes« war dem weniger als Fünfzigjährigen noch nicht möglich, sondern er fing erst an, bekannte er einmal, die Distanz dazu – und damit die nahende Bereitschaft zu einem neuen Arbeitsanfang in dieser Richtung – zu spüren, als die Krankheit alles unterbrach. So wie Rilke in seinen frühesten Pariser Jahren seinen damaligen Bekannten die Geschichten erzählt hat, die er später in den Malte-Roman aufnahm: so, dürfen wir annehmen, waren die Geschichten aus seiner Prager Kindheit, aus seinem Elternhaus und Verwandtenkreis und aus der Militärschule von St. Pölten, die er in seinen Schweizer Jahren gern und oft erzählte, Bausteine zu den ungeschrieben gebliebenen Kindheitserinnerungen. Aus allen diesen mündlichen Erzählungen ging, trotz ihrer Vermischung mit skurrilen Zügen und humorigen Einzelheiten, das schwere, bittere Leid des sensiblen Kindes hervor.

Doch e i n e schöne Erinnerung aus seiner Jugend bewahrte Rilke mit Dankbarkeit: es war die Vorbereitung auf das Abitur. Nach dem Austritt aus dem Kadettenhaus hatte ihn der Vater zuerst auf die Handelsschule nach Linz geschickt – eine widersinnige Episode, die Rilke ohne Worte, aber mit einer vielsagenden Handbewegung kommentierte; daraufhin ermöglichte ihm der Rechtsanwalt Max von Rilke-Rüliken, der wohlhabende Oheim des in seinem 17. Altersjahr stehenden Jünglings, sich durch Privatunterricht auf die Reifeprüfung vorzubereiten. Rilke bestand sie nach ungewöhnlich kurzer Vorbereitungszeit. Er erzählte mir, daß Mathematik sein Liebslingsfach gewesen sei und daß er abends oft mit seinem Lehrer, das vorgeschriebene Pensum überschreitend, bis in die späten Nachtstunden dem Studium der Probleme obgelegen habe. Doch nachher, fügte er hinzu, habe das Bedürfnis nach eigener literarischer Produktion bald die Oberhand gewonnen, so daß er das Universitätsstudium noch vor der Erlangung eines akademischen Grades wieder aufgegeben habe. An der Berliner Universität interessierten ihn eigentlich nur die Vorlesungen Simmels – doch habe er auch diese nach einiger Zeit nicht mehr besucht, da, wie er sich ausdrückte, zu viele Leute im Auditorium gewesen seien, »die es nichts anging«. Aus Rilkes Andeutungen und den von ihm erzählten Begebenheiten ging hervor, daß die Auflehnung gegen die elterliche Umgebung, die revoltierende Lösung von seinem sozialen Milieu, die gewaltsame und befreiende »Entgleisung« aus der vorgeschriebenen Bahn das entscheidende Erlebnis seiner Jugend war.

Da Rilke selber ganz »Art« war und diese seine Art im Verlauf eines langen und entsagungsvollen Individuationsprozesses gefestigt hatte, konnte er auf Äußerlichkeiten, auf jegliche »Fassade« verzichten. Er tat alles und beurteilte alles aus seiner eigenen Mitte, niemals aus Rücksicht auf irgendwelche herrschenden Ansichten und Konventionen. Das war es, was ihm gestattete, wie Proust in angemessener »Ferne vom Erfolg« zu leben und auch dem literarischen Treiben nur von fern zuzuschauen; er eignete sich aus dem literarischen und künstlerischen Bildungsgut das an, was ihn etwas »anging« – das übrige ließ er auf der Seite liegen. Es gab für ihn nichts, nicht einmal Klassiker, die man gelesen haben »mußte«, und es kümmerte ihn wenig, daß er sogenannte Bildungslükken hatte – denn auch von der Bildung und von der Kultur hatte er keine Vorstellung, die den üblichen Klischees verpflichtet war. Das gab seinen Urteilen eine wunderbare Frische und Unbefangenheit. Ob Shakespeare, Velasquez, oder Goethe: wenn sie ihm nicht zusagten oder nicht das boten, was ihn innerlich befriedigte, nahm er ihre Werke mit kühlem Respekt zur Kenntnis – oder auch nicht. Von den Menschen verlangte er eigentlich nur, ihrer Art gemäß und ihrer Kondition treu zu sein. Ein Bauernmädchen, eine Magd waren ihm soviel wie eine Fürstin, ein Arbeiter so wichtig wie ein Künstler – wenn sie nur wirklich und ganz Bauernmädchen, Magd, Fürstin, Arbeiter und Künstler waren.

Schwerer zugänglich als der Adelige, als der Künstler, als der Handarbeiter und als der Bettler war ihm der Bürger, weil das Bürgerliche die Zurückdrängung des Phantasievollen und menschlich Spontanen zugunsten eines sozialen Kanons verlangt. Mit zunehmenden Jahren lernte Rilke, auch dem Bürgerlichen gerecht zu werden und dessen Lebensart – sofern sie echt war – zu schätzen. Es ist kein Zufall, daß er in den gleichen Jahren auch Goethe besser zu verstehen lernte – so daß er über das Verhältnis Goethe–Bettina in seinen reifen Jahren gegenteilige Ansichten als die im Malte-Roman ausgedrückten äußerte. Da die Schweiz auf allen Stufen der sozialen Schichtung von bürgerlichen Lebensauffassungen geprägt ist, und da Rilke in einer Umgebung nicht leben konnte, ohne in verstehende Beziehung zu ihr zu treten, hat er auch dazu einen Zugang gesucht. Nach der Lektüre eines Buches, das die Geschichte einer ostschweizerischen Bürgerfamilie zum Gegenstand hat, schrieb er in einem Brief: »Der schlichte und dabei so echte Wert derartiger Familien-Geschichten ist hoch einzuschätzen. Die Schweiz (und auch diesen Vorzug teilt sie mit den ihr in mancher Beziehung verwandten skandinavischen Staaten), die derartiges Material in vielen Fällen verhältnismäßig unzerstört aufzuweisen vermag, liefert damit die Beiträge zu einer eigentlich bürgerlichen Geschichte, deren anonyme, aber stete Leistungen im Ganzen übersehen worden sind zu Gunsten der auffallenderen Begebenheiten, der Kriegs-Aktionen, der Staats-, Renommier- und Prunkhandlungen, aus denen sich das Ornat der Historie zusammensetzt. Wie viel erfährt man vom Menschen aus einem solchen Buch, und das in einem Sinne, der wieder dem einzelnen in seinem stilleren Wesen entscheidend und fruchtbar werden könnte; hier wirkt das Stille der Vergangenheit in das Stille der Gegenwart herüber, und so ist kaum zu bezweifeln, daß der Familiengeist und das Bewußtsein, zu einer bestimmten Menschengruppe herkömmlich und unzufällig zu gehören, aus solchen Blättern heraus, auf die, die es zunächst angeht, auch wieder beratend, bereichernd und beruhigend weiterwirkt.«[74] Solch stillerem Menschentum, wenn man auch aus ihm viel vom Menschen erfährt, solchem Familiengeist, wenn er durch die Zugehörigkeit zu einer bestimmten Menschengruppe gerechtfertigt ist, stand Rilke auf der Höhe seines Lebens keineswegs ablehnend gegenüber – wenn er auch dort echte Werte zu erkennen vermochte. Er fühlt sich eins mit dem alten Goethe, der auch »seinen großen Begriff des Echten und seine Ehr-furcht dem Überlieferten gegenüber« an Gegenständen entwickelt habe, die den unternehmenden Menschen, den Kaufmann und den Fabrikanten, im »Umgang mit dem Strukturellen der Welt« zeigen. Echt: darauf allein kam es Rilke an – und wo immer er es zu entdecken glaubte, konnte er sich zu ihm bekennen.

Mit Rilkes völliger Vorurteilslosigkeit dem Menschen und dem Menschlichen gegenüber hatte es eine ähnliche Bewandtnis wie mit seinem unbefangenen Eingehen auf verschiedene Sprachen und Nationalkulturen. Ein Wort, das bei ihm oft wiederkehrt und mit dem er eine bestimmte Haltung meinte, war »Arglosigkeit«. Er ließ sich nicht in eine soziale oder nationale Zwangsjacke stekken und besaß nicht die Hemmungen, die standes- oder klassenbewußte Personen oder Menschen mit einem ausgeprägten Nationalbewußtsein zur reinen Menschlichkeit hin überwinden müssen. Das Schlichte, Offene, Unfeierliche in seinem Wesen bemerkte soziale oder nationale Hindernisse kaum. Rilkes Arglosigkeit ist von der Art des »Idioten« in Dostojewskis gleichnamigem Roman, den ich zu der Zeit, wo ich mit Rilke in persönlicher Beziehung stand, nicht lesen konnte, ohne durch die Figur des Fürsten Myschkin mit fast zwanghafter Stärke an »Rainer Osipowitsch« (wie sich Rilke einst in Rußland anreden ließ) erinnert zu werden. »Man könnte sehr wohl sagen«, hieß es damals in einer Besprechung des Malte-Romans von Edmond Jaloux, »daß die Aufzeichnungen des Malte Laurids Brigge die Eintragungen und Gedanken einer Figur aus Dostojewski vorstellen, der dieser nicht das Leben geschenkt hat«.[75] Ein Urteil, das Rilkes freudige Zustimmung fand, als Freunde ihn darauf aufmerksam machten. Von den Russen sagte er, hinter allem menschlichen Schicksal und Leiden, selbst wenn es unerhört und unleistbar scheint, erblickten sie eine Fügung Gottes; in dieser wehrlosen und leidenden Demut zu Gott, gleichgültig, ob Rilkes Ansichten über Rußland zutrafen oder einfach von der ehemaligen slawophilen Schule übernommen waren, erblickte er das höchste religiöse Ideal. Was ihm als Heldentum und Heiligkeit vorschwebte, ist etwas von dem kämpferischen Heroismus europäischer Kriegsmänner und Religionshelden vollkommen verschiedenes; unter den christlichen Heiligen war ihm Franz von Assisi wegen seiner

Sanftmut und seiner liebenden Zustimmung zu den Wundern der Schöpfung und zur Kreatur der liebste.

Der Dienst an der Kunst war zweifellos das einzige Gesetz, das Rilke für seine eigene Lebensführung anerkannte, was dieser Lebensführung ihre Härte und ihre Schwingung, ihre Not und ihre Beglückung gab. Da sein Naturell gutartig und empfänglich (nicht weich) und sein Wesen bescheiden und zugänglich (doch weder verstiegen noch verspielt) war, stellte Rilke mühelos die Beziehung zu seiner Umwelt an Menschen und Dingen, an Büchern und Tieren, an Landschaften und Kulturen, an Häusern und Kunstwerken her. Man hat oft von seiner Scheu, seinen Fluchten in andere Umgebungen, von seinen Ängsten und von seiner Abschließung in schützende Einsamkeiten gesprochen. Seine hochgradige Empfindsamkeit oder Sensibilität, auch die Ermüdbarkeit seines schmalen, schütteren Körpers schufen zweifellos Komplikationen und Schwierigkeiten ohne Ende in seinen Auseinandersetzungen mit den konkreten Gegebenheiten des Lebens. Um so höher muß das Gelingen, das ihm beschieden war, eingeschätzt werden, denn es setzt eine ungeheure Anspannung seiner Kräfte, eine Selbstüberwindung, eine Disziplin, eine Genauigkeit im kleinen wie im großen, eine Art leidenden Heroismus voraus. Wenn man die vollkommene Ichbezogenheit eines ausschließlich der dichterischen Arbeit gewidmeten Lebens gelten läßt, muß man auch seine mangelhafte Bezogenheit auf das Soziale gelten lassen. Man täusche sich nicht: Besessenheit und Dämonie hatten teil an dem hart seiner Natur abgerungenen Werk. Aber auch auf den unteren Stufen seiner Betätigung – in den Nebenstunden und Nebenleistungen – überließ er nichts dem Ungefähr. Die Skizze verriet die Meisterhand. Der Alltag war von der Kunst geadelt. Die Vertraulichkeit bewahrte Leuchtkraft und Wärme. Die Sublimierung aller Vorgänge war bei Rilke eine Art höherer Selbstverständlichkeit und wirkte daher echt. Deshalb berührte das Wesen dieses Dichters diejenigen stark, die seinen Weg kreuzten, ihm begegneten, in sein Gespräch gezogen oder mit seinen Briefen beglückt wurden. Das Wort ist nicht zu stark. Man empfand ein Zusammensein, einen Spaziergang, ein Gespräch, einen Briefwechsel mit Rilke als Beglückung. Aber alles führte zurück zu dem Einen, Zentralen: zu der Dichtung. Nicht zum literarischen Gewerbe. Ein neuerer französischer Dichter, der Rilke in manchen Zügen verwandt ist und ihm begegnet war, Pierre Jean Jouve, sagt von ihm: »Ich glaube, daß das Dauerhafteste zwischen uns eine Auffassung von der Dichtung ist – als ein Priestertum und als eine vollkommen unabhängige und rituelle Beschäftigung verstanden, die alle Kräfte der Erfindung, alle Formen der Liebe in einer Kraftanstrengung voll Bescheidenheit vereinigen muß«.[76]

*

Es ist der Vorzug der Jugend, die Welt mit weit offenem Gemüt zu erleben. Als ich Rilke kennenlernte, hatte ich fast nichts von ihm gelesen. Gemeinsame Freunde hatten ihm meinen Besuch in Muzot angemeldet. Ein zweiundzwanzigjähriger Student trat bei dem berühmten Dichter ein. An jenem Vorfrühlingstag, nach einem in der Abgeschiedenheit seines Schlößchens verbrachten Winter, war Rilke mitteilsam, lebhaft, beweglich, zum Fragen und Reden, zum Gehen im Freien und zum Zusammensein bis in eine vorgerückte Nachtstunde aufgelegt. Das jugendliche Aussehen der Erscheinung und die weltmännische Ungezwungenheit des einsam hausenden Dichters überraschten mich (in einer Zeit, wo der auf Kothurnen schreitende Stefan George von seinen Anhängern als das Idealbild des Seher-Dichters gefeiert wurde). Auf dem feingliedrigen, eher kleinen Körper wirkte der Kopf groß, fast schwer, und die Gesichtsbildung war äußerst auffallend durch die Trennung zwischen der oberen und der unteren Gesichtshälfte. Alle Geistigkeit schien in der prächtigen Wölbung der klaren Stirn und den groß blickenden malvenblauen Augen gesammelt, während die Nase in breiten Nüstern endete und der Mund übermäßig groß war; ein hängender dünner Schnurrbart milderte den Eindruck der fleischigen Lippen. Das Kinn war klein und in die Rundung der Wangen einbezogen. Aber es gibt kein völlig befriedigendes Porträt von Rilke, und er selbst hielt keines für gültig. Wie bei allen sensitiven und labilen Naturen war sein Mienenspiel äußerst beweglich und sein Gesichtsausdruck sehr veränderlich, bei ihm allerdings der überraschendsten Wandlungen fähig. Mehr als einer hat die tiefe Bekümmerung gesehen, die sein Gesicht in weniger guten Stunden ausdrückte, wenn seine Lider sich schwer über unbeschreiblich traurige Augen senkten. Einige haben schon das maskenhaft Abwesende und Erloschene beschrieben, das Rilkes Gesicht so auffallend machte, wenn er leidend, abweisend, in sich selbst zurückgezogen war, so daß er vollkommen einsam und ohne Beziehung zu seiner Umwelt schien. Ich habe ihn einmal so erblickt, in einen Sessel in einer großen Hotelhalle versunken. Es war erschreckend, und wir wissen seither, daß er damals bereits an den Vorboten seiner tödlichen Krankheit, an einer allgemeinen Erschöpfung und einem quälenden Unwohlsein litt. Aber das war anderthalb Jahre nach meinem ersten Besuch in Muzot.

Rilke kleidete sich stets mit Sorgfalt und vermied in seinem Äußeren alles Auffällige. Meist erschien er in hellgrauer Hose, hellen Gamaschen und einer dunkelblauen Jacke oder in einem dunklen Anzug; nie eine bunte Kravatte. Ein runder, niederer, weicher Filz diente als Kopfbedeckung; immer ein Hakenstock in der Rechten, manchmal eine kleine Ledermappe. Eine Mischung von einem österreichischen Aristokraten und einem westeuropäischen Intellektuellen. Eine enorm moderne Geistigkeit und Manieren aus einer früheren, höflicheren Zeit. Rilke hatte noch ein anderes Gesicht: seine Hand. Es war eine der ausdrucksvollsten, die ich je gesehen habe. Sie war schmal und braun und konnte greifen: Werkzeug und Physiognomie in einem. Mit mehr Kraft begabt, und es wäre die Hand eines Malers oder eines Bildhauers gewesen. Man weiß, wie genau und hinhaltend Rilke bei den manuellen oder bildenden Künsten und Künstlern (auch den Handwerkern: »bei dem Seiler in Rom, oder beim Töpfer am Nil«) in die Lehre gegangen war. Alles Ding und alles Dingliche war ihm wichtig und vertraut. Demgegenüber besaß Rilke kein musikalisches Ohr. Wenn er über Musik sprach, waren seine Ausdrücke allgemein und vage, er besaß in der Musik nicht die Sachkenntnisse, die er sich über Plastik und Malerei in der Künstlerwerkstatt (früh in Worpswede, dann vor allem bei Rodin in Paris) angeeignet hatte. Die Musikalität seiner Lyrik ist eine diffuse, strömende, ihre Bildhaftigkeit eine beobachtete und genaue. Auch der Tastsinn, der Geruch und der Geschmack waren bei ihm stärker ausgebildet oder empfindlicher als das Gehör. Die innere Leuchtkraft Rilkes, seine Sicherheit im Gebrauch der Metapher, die eigenartige, den Ausdruck verflüssigende Gewalt seiner Rede fesselten das Gegenüber auch im Gespräch. Er, der so tief schweigen konnte, redete an guten Tagen viel und über die verschiedensten Gegenstände, aber nicht wie andere Menschen, sondern mit einer Unmittelbarkeit, die immer zum Ganzen und zum Wesenhaften ging. Die Stärke der sinnlichen Wahrnehmung und ihrer Wiedergabe im Wort kam auch in Rilkes Gesprächen zum Ausdruck – die freilich beginnen, in der Ferne zu verblassen und sich im Gedächtnis der Überlebenden zu verlieren.

Vielleicht darf ich davon Zeugnis ablegen, daß er fähig und bereit war, sich einem seine Berufung noch nicht kennenden, seinen Weg suchenden jungen Menschen großmütig aufzuschließen, ihn an seiner Erfahrung und Reife teilnehmen zu lassen. Das Eingehen auf einen ungeformten, keimenden Geist, das Teilnehmen an einem werdenden Schicksal, die Treue zu einer einmal eingegangenen Freundschaft sind Fähigkeiten, die von gewissen Kritikern Rilkes doch auch angemerkt werden sollten, wenn sie seine Furcht vor menschlichen Bindungen, seine Lösung von bestehenden Beziehungen, kurz, seinen Egoismus rot anstreichen zu müssen glauben. Er verstand es, mit gütigem Wohlwollen, aber nie gönnerisch, die Schüchternheit des jungen Gegenübers ins Vertrauen zu ziehen, indem er sich ihm offenherzig mitteilte und dadurch dessen Mitteilsamkeit herausforderte. Rilke war ein guter Fragesteller, und er wußte es oft so einzurichten, daß er in der Form einer Bitte den anderen um einen Dienst bat, was ihm gestattete, bei dem sich ihm verpflichtet Fühlenden den Eindruck zu erwecken, er selber sei ihm zu Dank verpflichtet.

Raffiniertes Feingefühl diktierte ihm die Verhaltensweise gegenüber anderen Menschen; eine aufs äußerste kultivierte, aber dem Herzen nie entfremdende Höflichkeit. Ein Beispiel für viele: eine Klavierspieler-Neuritis hatte seit einigen Jahren meiner pianistischen Betätigung ein Ende gesetzt, und trotz der Heilung empfand ich Widerstände gegen einen neuen Anfang in dieser Kunst. Rilke erteilte keine Ratschläge, er unterließ es, einem gut zuzureden. Im Laufe jener Tage im Wallis sprach er von einer Vertonung seines Cornets Christoph Rilke, die der dänische Komponist Paul von Klenau gemacht und die er, Rilke, nie gehört hatte; er sei auch, sagt er, nicht fähig (Rilke konnte keine Noten lesen), sich ein Urteil darüber zu bilden – ob ich ihm dazu behilflich sein könnte? Es wäre ihm lieb, wenn ich den Klavierauszug mitnehmen und ihm schreiben würde, wie ich über diese Komposition denke. Was blieb anderes übrig, als zu Hause den Klavierauszug zu spielen und Rilke darüber einen Brief zu schreiben? Die Zuständigkeit meines Urteils auf diesem Gebiet beiseite gelassen: war es möglich, mich rücksichtsvoller und unentrinnbarer wieder ans Klavier setzen zu heißen?

Scheinbar Nebensächliches ist oft aufschlußreich für die Kenntnis von Rilkes Persönlichkeit, vor allem deshalb, weil er es auch mit dem Kleinen genau nahm (was freilich von der Exaktheit bis zur Kompliziertheit reichte). In Muzot war ich damals Zeuge eines etwas aufgeregten Hin und Her mit Telegrammen und Telefonaten an die Fahnenfabrik in Bern, mit denen Rilke Frieda beauftragt hatte (da kein Telefon im Hause war, mußte die Haushälterin zu diesem Zweck mehrmals nach Sierre gehen). »Die guten Ideen kommen oft etwas spät«, erklärte mir Rilke lachend diese Geschäftigkeit; da Werner Reinhart seinen Besuch auf Ostern angesagt habe, wolle er seinem Gastfreund auch äußerlich die Festlichkeit seines Empfangs bekunden, indem er an seinem Turm eine Schweizer Fahne aufziehe. Rilke besaß aber keine – und deshalb mußte im letzten Augenblick das fehlende Emblem in Bern bestellt werden.

Kurz nach meinen damaligen, in Sierre verbrachten Ferientagen erwartete Rilke den Besuch Kippenbergs, der ein großer Zigarrenraucher war (Rilke selbst rauchte nie). Nun hatte ich eine der letzten Havannas, die in Muzot für Gäste aufbewahrt wurden, geraucht, und Rilke bat mich, in Bern ein Kistchen der gleichen Sorte zu besorgen. Diese war aber nicht mehr vorhanden. Auf meine diesbezügliche Mitteilung erhielt ich das folgende erstaunliche Telegramm – und es braucht nicht mehr als dieses kurze Zitat, um Rilkes Abscheu vor dem sogenannten Telegrammstil zu dokumentieren: »Dank, lieber junger Freund, für Ihren guten Brief. Was die eine, aktuelle Angelegenheit betrifft, so belästige ich Sie in der Tat mit der Bitte, doch recht umgehend ein kleines Kistchen echter Havanna in Werth und Geschmack den nicht erhältlichen ungefähr entsprechend, an mich absenden zu lassen, da der betreffende Freund schon morgen ankommt. Grüße, Rilke.«[77] Er verfehlte, obschon er »immer weiter neuen Besuch« erwartete, nicht, mir »ein Wort und einen Handdruck des Dankes« zu senden und den »vorzüglichen, von meinem Freunde überaus geschätzten Inhalt« meiner Besorgung hervorzuheben. Vielleicht ein Nichts? Dürfen aber solche Kleinigkeiten aus einer versunkenen Welt nicht doch am Rande vermerkt werden?

Zu der Gelöstheit von Rilkes Gemüt in jenen Vorfrühlingstagen des Jahres 1924 trugen verschiedene Umstände bei. Vor allem war er ganz erfüllt von dem Besuch, den ihm kurz vorher Paul

Valéry in Muzot gemacht hatte, und so hatte ich das Glück, ihn leuchtenden Auges und mit herzlicher Freude von seiner Begegnung mit dem von ihm so bewunderten Dichter erzählen zu hören. Als ich ihm sagte, ich hätte in Montpellier, Valérys Vaterstadt, studiert und dessen Bruder, der dort Professor war, gekannt, wurde Rilkes Interesse für Südfrankreich neu geweckt: der *Cimetière marin*, habe ihm Valéry gesagt, befinde sich in Cette (oder Sète), der Hafenstadt bei Montpellier, und so bezog Rilke meine Kenntnis jener Städte und Gegenden in Südfrankreich (dem die Sehnsucht seiner letzten Lebensjahre galt) in das Gespräch ein. Er sprach ausführlich von seinen Valéry-Übersetzungen, von ihrer Genauigkeit, die ihm bei früheren Übersetzungen nie mit der gleichen Vollkommenheit gelungen sei, und wie sich ein Vers nach dem anderen gefügt habe. »Ich empfand bei dieser Übersetzung die gleiche Befriedigung wie bei der eigenen produktiven Arbeit«, sagte er mit einer Art Hingerissenheit, als wir auf der Straße im Tal wanderten. Viele dieser Übersetzungen seien auf Spaziergängen entstanden, dann habe er seine Einfälle mit Bleistift auf irgendein Papier, das er in seiner Brieftasche fand, auf die Rückseite eines Briefumschlags oder dergleichen gekritzelt. Nur e r könne diese Zettel entziffern und zur Reihenfolge zusammenfügen.

Es ist mehrmals erzählt worden, wie Rilke, hinter seinem Stehpult aufgerichtet, seinen Besuchern vorlas. Ich denke an dieses schlichte Ritual als an einen großen, von den seither vergangenen Jahren verschonten Augenblick meines Lebens zurück. Wir hatten uns nach dem einfachen Nachtmahl ins Arbeitszimmer im oberen Stockwerk begeben, wo ich erwartungsvoll auf dem Sofa sitzend den Hausherrn beobachtete, wie er die Petrollampe anzündete und auf dem Tisch im Hintergrund des Raumes stehenließ, während zwei Kerzen ihr Licht über die Blätter auf dem Stehpult verbreiteten. Er las zuerst das französische Original, dann seine Übertragung einiger Gedichte von Paul Valéry (Der Gesang der Säulen, Der Friedhof am Meer, andere . . .). Die bleibendste Erinnerung an den mit starken Betonungen und einer sehr reinen, sehr klangvollen Baritonstimme vortragenden Rilke ist der Eindruck souveränen Künstlertums. Hier las nicht nur ein Dichter, hier stand auch ein Mann. Dieser Eindruck war mir immer das zuverlässigste Dementi einer empfindsam verzärtelnden Verniedlichung Rilkes, die einem in manchen, besonders von

Frauenhand geschriebenen Rilke-Reminiszenzen und in allerhand sentimentalen Girlanden, die um sein Bild geflochten wurden, vorgesetzt wird. Er mag an diesen Randerscheinungen seines Ruhms und seiner Legende nicht ganz unschuldig gewesen sein, und es bleibt schließlich den Männern immer verborgen, wie sein Gehaben mit Frauen war. Aber vom Rande her sollte das posthume Bild des Dichters nicht allzusehr überwuchert werden; denn Rilke war ein starker Künstler, ein Mann mit seiner Härte – und das hat ihn, den Hypersensibeln, und sein literarisches Werk gerettet.

Die Valéry-Übersetzung hatte ein Nachspiel, das allerhand Komplikationen bereitete. Rilke hatte mit seiner auf das sorgfältigste und bewußteste ausgeformten Handschrift diese Gedichte in einen prächtigen Band abgeschrieben: ihre Überschriften auf französisch, darunter die deutsche Nachdichtung. Er hütete diese Reinschrift wie einen kostbaren Besitz, nahm sie auf seine Reisen mit und zeigte sie seinen Vertrauten. Der Buchhändler Morisse in Zürich hatte Rilke davon benachrichtigt, daß sich Paul Valéry lebhaft für seine Übersetzung der Gedichte aus »Charmes« interessiere; zwar könne Valéry das Deutsche nicht lesen, aber er wäre zweifellos glücklich, eine Abschrift dieser Übertragungen zu besitzen. In einem Brief vom 7. Februar 1924, also zwei Monate vor Valérys Besuch in Muzot vom 6. April, schrieb ihm Rilke, er schicke ihm »sein eigenes Manuskript« *(»mon propre manuscrit«)* dieser Übersetzungen. So hatte Rilke seine eigene Reinschrift im Überschwang der Freude weggeschenkt. Sein Feingefühl verbot ihm, Valéry nachträglich zu bitten, ihm dieses Manuskript vorübergehend auszuleihen, und diesem Umstand verdankt folgender Brief, den mir Rilke am 9. Mai 1924 schrieb, seine Entstehung:

»Lieber Freund,
          es ist gewiß nicht so sehr das Bewußtsein Ihrer rasch und genau ausgeführten Besorgung, vielmehr die Neigung und Freude, unsere Verbindung fortzusetzen, was mich Ihnen von einer Überlegung berichten heißt, mit der ich, im Stillen, seit gestern umgehe; Sie werden selber beurtheilen, ob, was ich da vor Sie bringe, Ihnen irgendwie versuchbar scheint. In diesem Fall ist's dann allerdings eine neue Bitte, die, aus dieser Einleitung, Ihnen entgegenspringt. Nämlich:

Neulich, beim Hiersein meines Verlegers, haben wir uns geeinigt, was an Valéry-Übertragungen bei mir vorliegt, so bald wie möglich an den Tag zu geben. Dieser Entschluß verpflichtet mich nun zur raschen Herstellung einer druckfertigen Niederschrift meiner Übersetzungen. Mir steht (da ich mich immerfort, oder doch immer wieder, wenig wohl fühle, auch an anderen Schreibereien niemals Mangel ist) dieses tagelange Abschreiben von Bestehendem recht drückend bevor, und so sähe ich in dem (für mich seltenen) Ausweg des Diktierens eine willkommene Erleichterung. Es fragt sich nun: fände sich eine Person – etwa eine im Handschreiben oder in Maschinenschrift geübte Studentin – die abkömmlich wäre, für acht bis zehn Tage nach Sierre zu kommen, um mit mir, ein paar Stunden täglich, zu arbeiten? Ich würde diese Gehülfin nicht zu sehr ermüden: so wärs im Übrigen eine kleine Ferienreise in den hier, über ausführlichen Regengüssen, sich endlich durchsetzenden Frühling. Meinen Sie, bei einigem Umsehen, eine solche Person ausfindig machen zu können? Ich spreche immerfort in der weiblichen Form von ihr, weil ja das Schreibmaschinen-métier sich zu einem Frauen-Beruf ausgestaltet hat; weil meine bisherigen Diktier-Erfahrungen an die Verwendung weiblicher Kräfte gebunden erscheinen –, und nicht zuletzt, weil die Gegenwart eines liebenswürdigen Mädchens das einzige Mittel wäre, die Dürre und den Eigensinn der reproduktiven Beschäftigung (für beide Theile schließlich) zu mildern. Das Wort ›liebenswürdig‹ schließt hier, wie immer, einige Bedingungen des Geistes ein; denn die Texte sind ja nicht leicht und setzen, um nicht voller Fehler aus dem Gehör in die schreibende Hand zu fallen, eine gewisse geübte und nüancierte Auffassung voraus. Zudem wäre es mir lieb, wenn die betreffende Mitarbeiterin, nicht nur deutsches, sondern auch französisches Diktat ebenso leicht aufzunehmen verstünde; da ich dann auch einige kleine französische Arbeiten in den endgültigen Zustand der Druckfertigkeit überführen könnte. (Eine russische oder polnische Studentin z. B. dürfte für eine solche Leistung durchaus geschickt und geeignet sein.) Die so beschaffene erwünschte Person existiert vermuthlich –, aber wie sie finden? Ein Inserat, woran ich diesen Morgen dachte, ist ein zu ungenaues Mittel . . . ; vielleicht eher ein Anschlag in der Universität, in einem Studentenverein, im Lyceum-Klub?

Es müßte in jedem Falle jemand sein, der, (bald) für acht Tage sein Abkommen ermöglichen könnte; denn da ich Paul Valéry meine eigentliche klare und genaue Niederschrift geschenkt habe, bleiben mir von mehreren Gedichten nur zerstreute Zettel mit für mich allein lesbaren Entwürfen, so daß ich auf das mündliche Diktieren angewiesen bleibe und nichts aus der Hand geben könnte.

Ich schreibe von alledem als von einer Möglichkeit, die Sie nicht bemühen noch belasten soll; höchstens daß Sie (gelegentlich) einen Versuch machen oder jemanden zu Rathe ziehen. Vielleicht richte ich noch alles anders ein . . . .«[78]

Natürlich richtete Rilke wirklich noch alles anders ein. Drei Wochen nach dem zitierten kam ein neuer Brief als Antwort auf die meine, in dem Rilke mitteilte, er habe den Besuch von »Frau Rilke und deren Bruder« erhalten, denen er bis vor zwei Tagen ganz gehört habe, so daß er »während diesen Wochen . . . kaum zum Diktieren gekommen« wäre. – Alle diese Einzelheiten und Kleinigkeiten berichte ich nicht um der Einzelheiten willen; doch mögen sie hier stehen, weil sie die Mühen und Schwierigkeiten illustrieren, die die Tücken des Lebens diesem Menschen bereiteten. Er begegnete ihnen recht hilflos, aber wie diese Hilflosigkeit sich ausdrückte, wie auch sie wieder ihre sorgfältig bedachten Mäander hinterließ, rechtfertigt vielleicht ihre Erwähnung. Der Leser von Rilkes Werken hat schließlich nur fugenloses Gelingen unter seinen Augen – von den kleinen, aber fortwährend am Lebensmark dieses Dichters zehrenden Leidensgeschichten weiß er kaum etwas.

Das Bedürfnis, sich einem damals Jungen mitzuteilen, ihn an dem Schatz seiner Erinnerungen und Erfahrungen teilnehmen zu lassen, von den Dichtern zu erzählen, die er gekannt hatte, über Religion und Kirche zu sprechen, auch über Politik, und sich über die Funktion der Erfindungen und der Technik in der modernen Welt zu äußern, war auch Rilke auf der Höhe seines Lebens eigen. Da einiges davon inzwischen in die deutsche und abendländische Geistesgeschichte eingegangen ist, habe ich in diesen Blättern gelegentlich mündliche Äußerungen Rilkes verwendet, wobei zu sagen ist, daß diese offenbar sehr einheitlich waren, da diejenigen, die er zu mir tat, mit ähnlichen Mitteilungen in anderen Erinnerungsbüchern und besonders mit dem übereinstimmen, was wir aus seinen Briefen aus den Schweizer Jahren wissen. Da ich ihm zur Zeit der Valéry-Übertragungen begegnet bin, ist es nicht erstaunlich, daß dieses Thema im Vordergrund seiner damaligen Gespräche stand. Aber er sprach auch ausführlich über deutsche Dichtung, Sprache und Literatur Berlins, wo ich eben ein Jahr verbracht hatte und an das Rilke viele Erinnerungen bewahrte, wobei ihm übrigens der Geist dieser Stadt nicht zusagte, wurde ausführlich gedacht. Er bedauerte aufrichtig das Schicksal Gerhart Hauptmanns, der damals ein Objekt offizieller und endloser Geburtstagsfeiern geworden war; Rilke hatte einst Hauptmanns erstes Hervortreten und seine Kämpfe miterlebt und blieb ihm persönlich herzlich zugetan.

Ausführlich sprach er von Stefan George – und die anerkennende Verpflichtung, die er als der Jüngere und einst Lernende ihm gegenüber empfand, sollte eigentlich genügen, um die leidige und einst modische Angewohnheit von Berufsliteraten, George gegen Rilke auszuspielen und umgekehrt, vor der historischen Gegebenheit der geistigen Begegnung dieser beiden bedeutenden Dichter verstummen zu lassen. Rilke erzählte mir nicht ohne einen Anflug von Humor, wie er als junger Student in Berlin einer Vorlesung Stefan Georges im Hause Lepsius habe beiwohnen dürfen; im Geschmack des Jugendstils sei eine efeubekränzte Kanzel für den Dichter im Salon bereitet gewesen, wo dieser in angemessener Distanz vor den andächtig lauschenden Hörern seine Gedichte vortrug. Der ganze Vorgang war mit der Aura des Geheimnisvollen und Feierlichen umgeben. Weder vor noch nach seiner Lesung mischte sich der Meister unter die geladenen Gäste. Frau Lepsius führte nachher einige Auserwählte, unter denen sich auch der junge Rilke befand, in ein Zimmer, wo sie George die Hand reichen durften; dieser richtete an jeden der also Ausgezeichneten einige konventionelle Worte »in der Art einer Fürstlichkeit«. Später, erzählte Rilke, habe ihn ein Zufall mit George in einem Park in Florenz zusammengeführt; dieser erkannte den Jüngeren wieder und begann mit ihm ein Gespräch, in dessen Verlauf er ihm vorwarf, zu früh Gedichte veröffentlicht zu haben. Rilke gab ihm dies ohne weiteres zu, was George offenbar ein wenig erstaunte; daraus ergab sich ein zwangloses längeres Gespräch. Seither sind die beiden einander nicht mehr begegnet. Doch sprach Rilke von diesem Meister seiner dichterischen Anfänge stets mit aufrichtiger Verehrung; er erblickte in ihm eines der größten Vorbilder einer höheren deutschen Sprachkunst.

Es sei, sagte er, für die damals Jungen wie eine Erlösung gewesen, als in der allgemeinen Verrottung des Geschmacks und der Dichtkunst Stefan George in den 1890er Jahren auftrat und der deutschen Dichtung ihre Würde zurückerstattete. »In meiner Jugend war der Trompeter von Säckingen das dichterische Ideal der Deutschen!«, fügte er nicht ohne grimmige Ironie hinzu. Über Friedrich Gundolfs George-Buch, das damals die Bibel des Kreises war, sagte Rilke, es sei sehr schön überall dort, wo Gundolf recht habe; nur wolle er manchmal auch dort recht haben, wo er irre. Von dem Spätwerk des Dichters, Der siebente Ring, sagte Rilke, er könne es nicht verstehen, vielleicht sei es nur für die eingeweihten Mitglieder des Kreises geschrieben und verständlich. Die gegen ihn selbst gerichteten Angriffe der George-Schüler überhörte Rilke mit vornehmem Schweigen; sie hatten aus der Lehre des Meisters ein national betontes Ideal von einem »höheren Leben« abgeleitet (– und niemand ahnte damals, daß die meisten von ihnen, weil sie Juden waren, weniger als ein Jahrzehnt später Opfer einer nationalistischen Diktatur würden, vor der George selbst ins Ausland floh).

Als ich Rilke erzählte, daß aus diesem Kreis (durch die Feder von Edith Landmann-Kalischer) ein über alle Maßen heftiger und gehässiger Angriff auf Carl Spitteler erfolgt sei, antwortete er betroffen: »Daß sie sich auch an Spitteler vergreifen würden, hätte ich doch nicht für möglich gehalten«. Und: es wundere ihn manchmal, daß George in seinem Namen gewisse Dinge geschehen lasse; aber vielleicht sei ihm selbst nichts davon bekannt. Rilke gehörte zu Spittelers Verehrern. Wir saßen in Muzot beim Abendbrot, als er mit einer Ergriffenheit, mit der ich ihn sonst nur von Tolstois Krieg und Frieden habe sprechen hören, davon sprach, wie in einer Zeit, in der man sich den Kopf über das Problem der Mythenbildung zerbrochen habe, plötzlich ein unter uns lebender Dichter aus einzelner Kraft einen Mythos geschaffen habe. Von Spittelers Sprache wußte Rilke am meisten zu sagen, und es war packend, wie er aus der Schilderung dieser Sprache, in einer Reihe von überraschenden Assoziationen, fast visionär vor seinem staunenden Gast den Prometheus mit einigen Worten noch einmal mächtig aufbaute. Mit einer jener überraschenden Wendungen, die seinem Gespräch so merkwürdige Akzente verliehen, schloß Rilke: »Ich glaube, wenn die Menschen die Sprache zurückgeben würden an die Natur, dann würde die Natur so sprechen wie Prometheus.« Das schreckliche Erlebnis des jungen Spitteler (er war 35 jährig, als 1880 sein Prometheus und Epimetheus erschien), nach der Veröffentlichung dieses Buches kein Echo, keine Anerkennung zu finden, betrachtete Rilke als ein großes Unglück in diesem Dichterleben; vielleicht, meinte er, sei es diesem Erlebnis zuzuschreiben, wenn im olympischen Frühling, der ihm weniger zusagte, die dichterische Inspiration stellenweise gebrochen und getrübt erscheine. Im allgemeinen bedauere er zwar den Künstler nicht, der lange Zeit keine Anerkennung findet, ja, manchem wäre dies sogar zu wünschen; »aber«, sagte Rilke, »der Welt den Prometheus schenken, und die Welt geht ihren Gang weiter, als ob nichts geschehen wäre, das ist furchtbar!« Daß Rilke nicht bloß vor einem willigen und gleichgestimmten jungen Menschen so sprach, ist erwiesen. In Soglio und auf dem Schönenberg hatte ihn dieses Buch lange nicht losgelassen, er nahm es auf seinen Ausgängen mit und las seinen Freunden die Partien »von geradezu dantesker Größe« vor; sie »überraschten und erfüllten« ihn wieder und wieder »völlig mit ihrer erhabenen großen Herrlichkeit«. »Was für ein Dichter!«, schrieb er in einem Brief. »Der Dichter, dort wo's auf den großen Namen nicht mehr ankommt, sage man nun Dante oder Spitteler –, es ist dasselbe, es ist der Dichter, denn im letzten Sinne giebt es nur Einen, jenen Unendlichen, der sich da und dort durch die Zeiten in einem, ihm unterworfenen Geiste geltend macht«.[79]

In Urteilen über andere Genien und Werke spiegelt sich immer etwas vom eigenen Wesen eines hervorragenden Geistes. Um die beiden großen Probleme von Rilkes Spätzeit: Sprache und Mythos, kreisen auch seine Gespräche über bedeutende Dichter. Er nannte mir in Muzot voll Bewunderung auch die Prosa von Adalbert Stifter, dessen Werke er damals wieder las; desgleichen Goethes Prosa, die er zu derselben Zeit in den Unterhaltungen deutscher Ausgewanderten in sich aufnahm. Aus seinem Leben erzählte er mit nie verblassender Frische von Rußland, besonders von Moskau und von Jasnaja Poljana. Seitdem Lou Andreas-Salomés Lebensrückblick vorliegt, sind wir über ihre und Rilkes Rußland-Reisen und insbesondere über den Besuch bei Tolstoi so genau unterrichtet, daß meine eigenen Erinnerungen an Rilkes mündliche Berichte vor diesem großen Buch einer großen Frau zurücktreten dürfen. Was ihm freilich ganz gehörte, war die Art, von Personen eines Romans zu sprechen wie von Menschen, die er gekannt haben könnte, und da er aus Krieg und Frieden am meisten Pierre Besuchow liebte, war Rilke überzeugt, in Moskau einem Doppelgänger dieser unvergleichlichen Romanfigur begegnet zu sein; ob es diese oder ein Russe aus Fleisch und Blut war, der ihm auf einer Wagenfahrt durch die Stadt die Sehenswürdigkeiten von Moskau zeigte, mit ihm in die Schatzkammer des Kremls ging und allerlei merkwürdige Reden hielt, war am Ende von Rilkes Bericht kaum mehr auseinanderzuhalten ... Scharf ablehnend äußerte er sich über die Christlichkeit des alten Tolstoi, aber auch neuerer französischer Dichter, wie Claudel. Die Skandinavier empfand Rilke als die den Russen am nächsten stehenden Westeuropäer und liebte sie darum. In Dänemark hatte er bemerkt, wie selbst die unerklärlichsten Erscheinungen ihre Freiheit haben und daß das Übernatürliche und daher auch das Poetische ein ungewöhnliches Gastrecht genießen. Wahrscheinlich hat Rilke darum seinen Romanhelden Malte Laurids Brigge einen Dänen sein lassen. –

Es ist treffend bemerkt worden, Rilkes Gespräche über Literatur und Dichtung seien nicht das Ungewöhnlichste an den Unterhaltungen mit ihm gewesen, sondern daß er auch über andere – über alle Dinge, auch die scheinbar unbedeutendsten, wie ein Dichter gesprochen habe. Seine Persönlichkeit und die Atmosphäre, die er um sich verbreitete, waren in jedem Augenblick vorhanden. Was mit der Erinnerung an Rilkes Gespräche verlorengeht, sind vielleicht weniger die Gegenstände, über die er sich äußerte – denn er hat in seinen Briefen die gleichen gültiger und dauernder abgewandelt; verloren sind diejenigen Augenblicke, die ausschließlich dem Gespräch, oder besser: Rilkes ebenso unaufdringlicher wie einhüllender Gegenwart vorbehalten waren. Denn auch seine Zurückhaltung und sein Schweigen waren eindrücklich.

Sehr merkwürdig hat mich auch berührt, wie er sich in der Pension, in der ich in Sierre einige Tage gewohnt hatte, von mir verabschieden kam. Ich fand Rilke, als ich von einem Ausgang heimkehrte, in dem Salon, wo die Gäste auf die Abendmahlzeit warteten, auf einem Sofa neben der Eingangstür sitzend, beinah unscheinbar, mit irgendeiner Schreibarbeit beschäftigt. »Sie haben Ihren Namen nicht in mein Gästebuch eingetragen«, sagte er mir, seine unerwartete Anwesenheit erklärend. »Ich habe mir den Tag vorgemerkt, zwischen meinen letzten Besuchen.« Dann zeigte er mir in dem in Leder gebundenen Buch die Stelle, wo ich meinen Namen eintragen sollte. Als dies geschehen war, blätterte Rilke die Seiten durch, auf denen Name und Dank manchen Gastes vermerkt waren; glücklich und stolz zeigte er mir den Namenszug Paul Valérys. Rasch, und wie wenn er einer Danksagung zuvorkommen wollte, gab mir der seltsame Mann einen schmalen Band, den er aus seiner Mappe herausgenommen hatte: »Ich glaube, ich habe Ihnen mein Buch noch nicht gegeben . . . « Dann erhob er sich, stieg noch zu mir in mein Zimmer hinauf, wo er heiter plaudernd kurz verweilte. Zum Abendbrot wollte er nicht bleiben; er müsse zu Hause noch arbeiten. Von der Freitreppe blickte ich Rilke nach, wie er behende, mit Mappe und Stock, durch den dunkelnden Garten schritt. Seine Sonette an Orpheus, die er mir, mit einer Widmung versehen, in der vor einigen Monaten erschienenen Erstausgabe geschenkt hatte, las ich, vom ersten bis zum letzten, noch in der gleichen Nacht.

R. M. Rilke und Paul Valéry
in Anthy bei Thonon am 13. September 1926
im Hintergrund der Bildhauer Henri Vallette
Momentaufnahme von J. P. Monod

Krankheit und Tod

Er war ein Dichter und haßte das Ungefähre.
Rainer Maria Rilke in den Aufzeichnungen
des Malte Laurids Brigge.

Das andere Paris

Rilkes Reise nach Paris in den ersten Tagen des Januars 1925 war ein Ausweichen vor der Krankheit, eine gewaltsame Ablenkung. Sie war eine Aufbegehrlichkeit, wie sie nur in einem Augenblick vollständigster Ratlosigkeit ein sonst in allen Dingen geduldiger und genauer Mensch begehen kann. Rilke verweigerte in diesem Augenblick dem Schicksal den Gehorsam, weil er sich nicht länger mit seinem schleichenden, hemmenden Leiden auseinandersetzen mochte. Und vielleicht war es wirklich noch nicht an der Zeit, die große Auseinandersetzung zu beginnen. – Für die Monate, die der Dichter nun in einem ruhigen, freundlichen Hofzimmer des alten Hôtels Foyot in der Nachbarschaft des *Luxembourg*-Parks zubrachte, war jedoch diese Flucht aus einer Klinik in halbkrankem Zustand eine recht ungünstige Voraussetzung.

   Während dieses Pariser Aufenthaltes, der sein letzter sein sollte, war Rilkes Lebensweise von derjenigen vollkommen verschieden, die vor dem Krieg, im Laufe langer Jahre, seine gewohnte, ihm zusagende gewesen war. Er hatte früher nur wenige Menschen gekannt, zurückgezogen gelebt, ungestört gearbeitet. Wirklichen Verkehr, sagte er einmal, habe er in Paris vielleicht mit acht Menschen gehabt, und auch diesen Verkehr müsse man sich auf mehrere Jahre verteilt vorstellen. Er lebte damals wie so viele ausländische, unbekannte Schriftsteller und Künstler in der bezaubernden Atmosphäre der *Rive gauche,* zwischen dem Observatorium und den Quais der Seine, im Umkreis des *Boulevard Saint-Michel* und des *Luxembourg*-Gartens. Er kannte einige Russen, hielt sich viel bei Rodin in Meudon auf, lernte Emile Verhaeren kennen, befreundete sich mit André Gide. Er liebte die bescheidenen, ein wenig traurigen Vorstadtviertel beim *Boulevard Port-Royal,* besuchte Museen, blieb lange Nachmittage in der Nationalbibliothek, folgte den Anatomie-Vorlesungen in der

Ecole des Beaux-Arts. Man hätte ihn in alten Kirchen, in den Alleen abgelegener Friedhöfe, im volkstümlichen Gedränge der Jahrmarktsbuden antreffen können. Er beobachtete mit dem Auge zugleich des Naturwissenschaftlers und des nachschaffenden Künstlers die Tiere im *Jardin des Plantes*. Er begleitete Frauen, die mit ihren Kindern spazierengingen, auf ihren Ausgängen und erzählte ihnen seltsame Geschichten. Er nahm sich liebevoll eines Mädchens an, das Marthe hieß und fast noch ein Kind war. Von diesem Paris wissen wir viel – aus den Briefen des jungen Rilke und aus den Aufzeichnungen des Malte Laurids Brigge. Dieser Roman und die Neuen Gedichte sind in jenen früheren Pariser Jahren entstanden.

Abgesehen von den kurzen Tagen im Herbst 1920 hielt sich Rilke zum erstenmal nach elfjähriger Abwesenheit wieder längere Zeit in Paris auf. Sein Schriftstellerruhm war ihm vorausgeeilt. Schon 1911 hatten ein Artikel von Frau Mayrisch im Juliheft der *Nouvelle Revue française* und die von Gide übersetzten Bruchstücke aus dem Malte-Roman die literarischen Kenner in Frankreich auf Rilke aufmerksam gemacht. Doch erst die 1923 als Broschüre herausgegebene, von Florent Fel und Maurice Betz besorgte Übersetzung größerer Bruchstücke aus seinem Prosawerk machte Rilkes Namen in weiteren französischen Kreisen bekannt. Einer der ersten Pariser Kritiker, Edmond Jaloux, erkannte in ihm einen Vorläufer von Proust, von Giraudoux und anderer moderner französischer Schriftsteller. Und im November 1924 – also wenige Wochen vor Rilkes Pariser Reise – hatte die von Paul Valéry und Léon-Paul Fargue herausgegebene Zeitschrift *Commerce* zum erstenmal französische Gedichte von ihm veröffentlicht.

Nun war es nicht Rilkes Art, sich feiern und beweihräuchern zu lassen. Öffentliche Sitzungen oder Empfänge zu seinen Ehren, wie sie andern deutschen Schriftstellern in der Nachkriegszeit gelegentlich in Paris bereitet wurden, lehnte er trotz dem wohlgemeinten Zuspruch der Freunde ab. Und doch war es unvermeidlich, daß seine neue Berühmtheit ihm viel gesellige Inanspruchnahme eintrug. Es versteht sich von selbst, daß Rilke seinerseits mit gewissen Schriftstellern, die er schon aus ihren Büchern kannte und denen er seine Zuneigung geschenkt hatte, bekannt zu werden wünschte. Außerdem arbeitete Maurice Betz an seiner Übersetzung des vollständigen Textes des Malte Laurids Brigge, was zu langen gemeinsamen Arbeitsstunden des Dichters und seines Übersetzers im Foyot-Zimmer Anlaß gab.[1]

Allein in diese literarischen Begegnungen und Austausche mischte sich, besonders in den ersten Wochen, das mondäne Element, so daß der Dichter vor lauter Ausgehen und Heimkehren, Sprechen und Konversieren keine stille Stunde, geschweige denn Gelegenheit zum Schreiben oder Lesen mehr fand. »Ich sehe alle Welt«, berichtet er aus Paris, »mit Ausnahme der beiden einzigen Menschen, die ich täglich sehen möchte: Valéry und Frau Pozzi«.[2] Daß er im Verlauf dieser Monate Paul Valéry nur selten zu Gesicht bekam, war eine Enttäuschung für Rilke; er entschuldigte dieses Verhalten mit den Verpflichtungen, die damals seinem illustren Freund aus seiner Kandidatur auf einen Sitz in der Französischen Akademie erwachsen waren. – Aber er sah die Dichterin Anna de Noailles wieder, die sich seiner erinnerte, nahm sich des jungen Jacques Sindral (recte Alfred Fabre-Luce) an, hatte lange Gespräche mit dem Islam-Kenner Dr. Mardrus, fand in Jules Supervielle eine verwandte Seele, besuchte Giraudoux in seinem Bureau im Ministerium der Auswärtigen Angelegenheiten – und bewegte sich eine Zeitlang fast täglich in den Salons des Faubourg Saint-Germain, das ihn in bezug auf Prousts *Côté de Guermantes* interessierte. Amüsiert und mitleidig beobachtete er diese *Comédie humaine* im kleinen, die das gesellschaftliche Treiben von Paris seinem Geist und Auge darbot; dabei fragte er sich täglich tausendmal, ob er nicht alles tat, um sein altes Paris zu verlieren . . .[3]

In seinem Buch über Rilke in Paris sagt sein Übersetzer Maurice Betz: »Andere Zeugnisse bestätigen die Belästigung, die Rilke manche Bekanntschaften bereiteten, oder das Unverständnis, dem er in gewissen Kreisen begegnete. Jacques Benoist-Méchin, der ihn zum erstenmal in einem Pariser Salon traf, versichert: ›Vom ersten Augenblick an war mir sein Aussehen unendlich schmerzlich. Alles schien ihm weh zu tun: der zu lebhafte Glanz der Lüster, der zu stürmische Lärm der Gespräche. Als ich ihn dem Schweigen entriß, schien es mir förmlich, daß ich ihm Übles zufügte, daß ich eine überflüssige Grausamkeit gegen ihn beging. Ich fühlte, daß er bei jedem meiner Worte litt, wie jene Pflanzen, deren wunderbare Feinfühligkeit ihre Blätter entfalten oder zusammenziehen läßt, je nach den unmerklichsten Schwankungen von Licht und Schatten.‹ Selbst da, wo ein etwas weniger zusammengewürfelter Kreis ihm günstigeren Gedankenaustausch hätte gestatten können, fand Rilke nicht immer das Gehör, das er nötig hatte. Raymond Schwab, der ihn bei einem Pariser Schriftsteller gesehen hatte, ... beschreibt die Wirkung, die von Rilkes Worten ausging, folgendermaßen: ›Zuerst hatte sich im Salon ein Kreis um ihn gebildet, nach und nach entfernten sich aber die Leute, die von seiner Redseligkeit bald ermüdet waren; Rilke sprach gerade vor sich hin, ohne auf die Wirkung seiner Worte zu achten, und erklärte, mit welchem Automatismus sich seine Vision in ganz unkontrollierten Worten ausdrückte, sobald er von Prosa zu Versen überging, zwei Gestaltungsarten, die er für wesentlich verschieden hielt; nie habe ich jemanden diesen Unterschied in solcher Weise hervorheben hören, und nie jemanden durch allzu großzügige Ableitung so wichtiger Dinge seine Hörer schneller und unbekümmerter verjagen sehen. Nach einigen Minuten war ich als sein einziges Publikum verblieben, ich, der ich selbst, wie ich bekennen muß, seinem Glauben an den Automatismus mit einiger Skepsis gegenüberstand.‹«[4] – Rilke ist nie ein Mann der Salons gewesen und die Unterhaltung im größeren Kreis war nicht seine Stärke.

In den ersten Wochen wird Rilke das Großstadtleben schwierig. Alles sei kompliziert geworden: »Wie einfach, solid und aufrichtig kommt mir die liebe Schweiz neben diesem ständigen Blendwerk vor.« Die Hast, die Unsicherheit, die Lieblosigkeit in den menschlichen Beziehungen, die er in diesem andern Paris entdeckte, beelendeten ihn: »ich erschrecke, wie Malte früher erschrocken ist ... «[5] Aber mitten in diesem ständigen Wechsel, der seine Zeit verschlingt, erkennt er, wie wenig er sich selber verändert hat. Seine inneren Zerwürfnisse, sein gesundheitliches Versagen zehrten unablässig an ihm. Aber tapfer und schamhaft verbarg er sein Leiden vor all den Menschen, mit denen er zusammenkam. Dann, vom März an, geht er weniger aus. Eine Freude bereitet ihm das Wiedersehen mit den Russen, die er früher in Paris gekannt hatte. Von Zeit zu Zeit sieht er Edmond Jaloux. Er trifft mit Hugo von Hofmannsthal zusammen, der sich nach Marokko begibt. Sehr ungehalten äußert sich Rilke über Fritz von Unruhs damals erschienenes Buch Flügel der Nike, das eine Art Rechenschaftsbericht dieses Schriftstellers über seine Pariser Eindrücke sein sollte: »Es ist schade, daß dieser Deutsche, den man hier mit soviel Rücksicht und Vertrauen empfan-

gen hat, seine eigentümliche Dankbarkeit in einer Weise ausdrückt, die jedermann verletzt. Seine Sprache, die er für selbster-
fundene Figuren und für allegorische Vergrößerungen konstru-
iert hat, ist ganz ungeeignet, um den leisesten Abglanz der Wirklichkeit zu erfassen: alles ist Übertreibung, und von welchem Geschmack! Sogar die wenigen Persönlichkeiten, denen er gütigst
sein pompöses Wohlwollen geschenkt hat, fließen vollkommen
lächerlich aus dieser Feder, die den Anspruch erhebt, nur Helden
zeichnen zu können. Zum Beispiel Valéry! –«[6]

Die ersten Anemonen, die ihm Frieda aus Muzot schickt, und
die Nachricht, die Rosen in seinem Garten seien von den winterlichen Tannreisern befreit worden, erwecken in ihm den Wunsch
nach einer baldigen Heimkehr und Rückkehr in »sein« Leben. Er
sah ein, daß er ein »unverbesserlicher *campagnard*« war. Und
doch war Rilke erst zwei Monate in Paris; er blieb noch ein halbes
Jahr im Haus Foyot. Zwar ist er »manchmal nahe am Nachhause-
gehen«: der Turm, sein Garten, die Bücher, das Arbeitszimmer –
alles zieht ihn weg. Der fürsorglichen Schweizer Freundin legt er
immer von neuem ans Herz, sie möchte ihm Muzot bereit- und
die ungeduldig werdende Hausbesorgerin zurückhalten. Aber
dann kommt es ihm wieder vor, er müsse in Paris noch etwas erwarten; er spürte in diesem fortwährenden Zuviel seiner geselligen und nur aufs Mündliche eingestellten Lebensweise einen
heimlichen Mangel; er wollte versuchen, hinter all den Verwandlungen doch noch sein früheres Paris, sein altes Leben zu entdek-
ken. Da war es ein Brief der Witwe Emile Verhaerens, der im
Frühling den Bann brach: sie forderte Rilke auf, sie in Saint-
Cloud zu besuchen. Endlich schließen sich die Kreise. Der vom
Erfolg abgelenkte Dichter findet seine Kontinuität wieder. Er
kann bleiben. Und die erwachende Blütenpracht des *Luxembourg*-Gartens und der *Champs-Elysées* ist voll Erwiderung.

Aber an zwei Dingen konnte Rilke nichts mehr ändern: an dem
beständigen Wechsel einer Inanspruchnahme, die er wie eine
Abbüßung seiner zu großen Freiheit während der eben vergangenen Jahre der Einsamkeit und der Arbeit auffaßte; und an seinem tiefinnersten, geheimnisvollen Unglück, das ihn unentrinnbar umklammert hielt. Sein einziger Trost in alledem: »daß unser
teures Muzot besteht und daß ich bald dort sein werde, um die
Beute meiner unzähligen Erinnerungen zu ordnen, oder um sie,
wer weiß? in eine fruchtbare Vergessenheit zu versenken. Was

würde ich machen ohne Muzot!«[7] Aber immer wieder, zwischenhinein, richtete er sich auf an entgegenkommenden und bedeutenden Menschen, die ihn freundschaftlich aufnahmen und ihm seine große Bewunderung für die zeitgenössische französische Literatur bestätigten. »Manche Fragen und Anspielungen zeigten«, berichtet Maurice Betz, »wie sehr sie ihn anzog und wie gut er sie kannte. Er hatte nicht bloß Proust vom ersten Augenblick an geliebt, sondern er las auch die Arbeiten vieler junger Schriftsteller der Nachkriegszeit. Er ahnte in diesen Büchern ein drängendes Streben, eine wachsende Kraft, die ihn zu den höchsten Erwartungen zu berechtigen schienen. Selbst für die Jüngsten, vom Kriege Verstörten, die mit bitterer Heftigkeit ihre ersten Erlebnisse darstellten, hegte er eine tiefe Zuneigung. Überhaupt hatte er nichts von jenem großzügigen Hochmut an sich, den man bei so vielen bedeutenden Schriftstellern antrifft, die alt geworden und zu Ruhm gekommen sind und schließlich nichts anderes mehr kennen als sich selbst. Obwohl seine Lektüre natürlich von seinen Vorlieben und von seiner jeweiligen Geistesverfassung abhängig war – derart, daß manche Bücher monatelang warten mußten, bis die ihnen günstige Stunde kam –, las er gern und sehr Verschiedenartiges. Während seines Pariser Aufenthaltes las er im Durcheinander, je nach der augenblicklichen Laune, Giraudoux, Colette, Saltykow-Schtschedrin, Ramuz, Aragon, Emanuel Bove, Supervielle, Alain Fournier. Wie fern sie ihm auch stehen mochte, schätzte er doch an Colette das sinnliche Feuer, die natürliche Frische und die Ursprünglichkeit der Bilder. Giraudoux hielt er für einen unserer besten Schriftsteller; er warf ihm aber vor, daß er seine besten Eigenschaften verkenne und sich manchmal in allzu billige Spielereien verliere.«[8] Als Rilke erfuhr, daß sich Ramuz zur gleichen Zeit auch in Paris befinde, versuchte er zweimal, ihn aufzusuchen, doch traf er ihn nicht zu Hause an. Da Ramuz sich nicht herbeiließ, in irgendeiner Form auf die Besuche Rilkes zu reagieren, ließ dieser von seinen Bemühungen, ihn kennenzulernen, ab. Rilke bewunderte Ramuz' Werke; er nannte ihn mir gegenüber einmal in Verbindung mit Spitteler »die beiden großen Schweizer«.

Nie in seinen letzten Jahren hat der Dichter so spärliche Briefe geschrieben und so wenige Aufzeichnungen gemacht wie in diesen acht Pariser Monaten. Er bedauerte das, aber er war durch anderes zu sehr in Anspruch genommen. Seine Lebensweise war in jeder Hinsicht eine vollständige Abkehr von seinen bisherigen Gewohnheiten, und man darf vermuten, daß er ein ungeheures, aus den Jahren der Einsamkeit herüberwirkendes Bedürfnis nach Ablenkung zu befriedigen hatte. Vielleicht hätte Rilke weniger unter einer gewissen Nötigung zur Geselligkeit und Abwechslung gelitten, wenn sie nicht über seine Kräfte gegangen wäre; denn er spürte, wie sein »*malheur tout intérieur*« ihn nie verließ und unbeweglich den Mittelpunkt seiner Lebenskräfte besetzt hielt. Selbst in den seltenen, vertraulichen Nachrichten, die er von sich gibt, will er nicht von sich selbst sprechen – »*pour ne pas trop tristement me répéter*«.[9] Nun zögert er noch, ob er auf dem geradesten Weg nach Muzot zurückkehren oder über Südfrankreich fahren soll, um die Heimat Valérys – Montpellier, Cette – aufzusuchen. Auf das Ende seiner Pariser Tage hatte er das Wiedersehen mit Marthe verschoben; sie bedeutete ihm die zarteste Stelle seiner frühen Pariser Erinnerungen und seiner innigen Verbundenheit mit der großen Stadt. Rilke verließ diese, wie er gekommen war: plötzlich, für seine dortigen Bekannten, denen er nicht Lebewohl sagte, überraschend. Gide, der sich mit politischen und sozialen Fragen zu beschäftigen begann, war nach Afrika abgereist, wo er die Verhältnisse in den französischen Kolonien zu studieren wünschte; Valérys Unabkömmlichkeit und – wie Betz sagt – »ein wenig allzu äußerliche Höflichkeit« dürften dazu beigetragen haben, Rilke die Distanz spüren zu lassen, die das tägliche Leben zwischen diesen beschäftigten Männern, die ihm als Schöpfer von Kunstwerken so eng vertraut waren, und ihm geschaffen hatte. Am 5. September datiert Rilke wieder einen Brief aus Sierre. Die inzwischen eingelaufene Post bildete ganze Berge auf seinem Tisch in Muzot.

Als ich in Bern eines Herbstabends jenes Jahres 1925 nach Hause kam, fand ich Rainer Maria Rilkes Visitenkarte vor, auf deren Rückseite, da er mich nicht angetroffen hatte, mit Bleistift geschrieben stand: »Lieber Freund, ich habe ein arges Gewissen: lassen Sie mich gutmachen, soviel Ihre Nachsicht ein Gutmachen gelten läßt. Sie finden mich im Bellevue, heute nach Tisch, ab 8 Uhr.« Es wurde meine letzte Begegnung mit dem Dichter. Bei meinem Eintreten in die Halle des Hotels bot sich mir ein merkwürdiger Anblick dar: eine seltsame Abwesenheit des Ausdrucks ließ von Rilke nur noch die undurchdringliche Hülle der auffallenden, fast häßlichen Gesichtsbildung übrig. Man gewahrte mit

Beklemmung, daß dieser Mann nicht mehr jung war, aber auch nicht alt aussehen konnte. Rilke saß, klein und schütter, in einem tiefdunklen Anzug, in die Polster eines mächtigen Sessels versunken; sein maskenhaft verschlossenes Gesicht erzeugte den Eindruck völliger, leidender Abgeschiedenheit. Das Lächeln wurde ihm offenbar schwer, er schien sehr müde. Ich habe erst nach seinem Tode aus vertraulichen Briefstellen erfahren, wie er damals bereits »eingeschlossen mit seinem Verhängnis« lebte. Dennoch bewahre ich an Rilkes Erzählungen über seine Pariser Erlebnisse eine klare, gute Erinnerung. Besonders lebhaft steht mir sein Besuch bei André Gide in einer Klinik, wo dieser sich von einer Operation erholte, im Gedächtnis. Die breite Stirn, das Götterhaupt, das aus den Kissen ragte, hatte auf Rilke einen tiefen Eindruck gemacht; als die Pflegerin auf einem Tablett dem hungrigen Rekonvaleszenten sein Essen brachte, habe es ausgesehen *»comme une offrande«* (wir sprachen deutsch, aber Rilke mischte französische Ausdrücke in das Gespräch). Die plötzliche Abreise des alten Freundes an den Kongo, am 14. Juli, hatte Rilke tief bewegt und beinahe erschreckt. Über die Stadt Paris, ihr Licht, ihr Leben, ihren Zauber, sprach Rilke mit jener Beschwingtheit, die man aus seinen Briefen kennt, wenn er darauf zu reden kommt. Mich fragte er nach den deutschen Büchern, die im Laufe der letzten Monate erschienen waren und die er wegen seiner Abwesenheit noch nicht gesehen hatte. So konnte ich ihm von Thomas Manns Zauberberg berichten, der das literarische Ereignis des Jahres und im höchsten Grade repräsentativ für die geistige Problematik jener damaligen Nachkriegszeit war; Rilke hatte mir früher in Muzot von der Bedeutung erzählt, die die Buddenbrooks für seine jüngeren Jahre gehabt hatten. Vielleicht verband im Leben diese beiden deutschen Schriftsteller und Dichter, die jedenfalls das eine gemein haben, daß sie von allen ihren deutsch schreibenden Zeitgenossen der nichtdeutschen Welt am bekanntesten sind, kaum eine andere persönliche Beziehung, als daß sie das gleiche Geburtsjahr hatten: sie waren damals fünfzigjährig. – An jenem Abend verließ ich den großen, bewunderten Freund früh, und da ich selbst einige Wochen später nach Paris übersiedelte, wozu er mich sehr ermuntert hatte, habe ich ihn nicht wiedergesehen.

Über Sierre – wo er im Hotel abstieg, um von dort aus in Muzot zum Rechten zu sehen – und Bern, wo trotz Müdigkeit und Bedrückung der Heimkehrende so schöne Dinge über Paris, die dortigen Begegnungen und die neuen französischen Bücher zu sagen wußte, begab sich Rilke im September zur Erholung nach Ragaz. Aber anstatt die erhoffte Linderung zu finden, befiel ihn während seines Kuraufenthaltes ein peinvolles Leiden. An den Schleimhäuten innen im Mund und am Gaumen traten Schwellungen auf, die ihn beim Sprechen stark behinderten, so daß er nicht mehr laut lesen konnte, wie es seine Gewohnheit war. Die »Phobie«, wie Rilke diese plötzliche, das Mundleiden überdauernde Hemmung im Gebrauch seiner Sprechwerkzeuge nannte, quälte ihn monatelang und erzeugte bei ihm eine verängstigte Menschenscheu. Es war eine Eigentümlichkeit seiner Sensibilität und seiner Auffassung vom Kranksein, daß sich sein Schamgefühl an das physische Leiden heftete, das er wie eine Demütigung empfand – ärger als alle Demütigungen, die ihm von außen hätten zugefügt werden können.

Die wenigsten Menschen wußten zu jener Zeit überhaupt um Rilkes leidenden Zustand; und das Wenige, was er den Freunden davon anvertraute, ließ zwar eine beklemmende Kümmernis erraten, war aber so gedämpft, so vornehm verhalten, daß man immer wieder von der Stärke dieses vergeblich kämpfenden Mannes erschüttert ist. Und doch müssen ihn die Schrecknisse und Ängste während dieses endlosen Abstiegs in die Hölle der Krankheit unbeschreiblich gepeinigt haben. Monique Saint-Hélier hat in ihrem *Souvenir de Rilke,* das sich auf die damalige Zeit bezieht, in wenigen treffenden Worten ein Augenblicksbild des leidenden Dichters gezeichnet: »Er wußte viel vom Leben, viel von der Furcht, aber die Angst war seine Bekanntschaft, seine qualvolle und ruhlose Welt, und nichts, was sie betraf, konnte ihm entgehen. Aber seine Selbstbeherrschung war so groß, daß er dazu gelangt war, die Angst mit seinem klaren Blick zu betrachten – einem Blick, den er als Arzt gebraucht hätte, um eine ihn nicht betreffende Krankheit zu beobachten; er war unbeweglich, schrecklich gegenwärtig und gleichzeitig voll Aufmerksamkeit für jene Welt, die wir wenig kennen; nur waren in solchen Augenblicken seine Hände wie die Hände einer Leiche.«[10]

Daß es sich bei den Zuständen, die ihn derart quälten, nicht um Einbildung, nicht um Autosuggestion handelte, geht wohl am deutlichsten aus dem Umstand hervor, daß ein Jahr später, beim Ausbruch seiner akuten Leukämie, das Krankheitsbild des Patienten wieder durch die Schwellungen der Mund- und Nasenschleimhäute – allerdings in einer viel virulenteren Form – gekennzeichnet war. In Ragaz war das Mundleiden schon sehr schlimm, es bereitete ihm schwere Sorgen, so daß Rilke fürchtete, es könnte sich um eine Krebserkrankung handeln. Anfang Oktober begab er sich in verstörter Verfassung nach Meilen, wo er im Haus Wunderly acht Tage blieb und von wo aus er in Zürich zwei Ärzte konsultierte, die ihm seine Furcht vor Krebs auszureden versuchten. –

Man weiß seither, daß Rilke an Leukämie, einer selten vorkommenden Krankheit des Blutes litt, die durch eine Vermehrung der weißen und eine Abnahme der roten Blutkörperchen gekennzeichnet ist. Bei der akuten Leukämie handelt es sich um eine Krankheit, zu deren Bekämpfung die medizinische Wissenschaft über keine wirksame Therapie verfügt. Diese Parenthese möge als nachträgliche Erkenntnis bereits hier stehen, zum besseren Verständnis von Rilkes in jenem Herbst 1925 noch unerklärlichen, rätselhaften Leiden.

Nach dem Zwischenhalt in Meilen und Zürich kehrte Rilke am 14. Oktober nach Muzot zurück. Ein Jahr war vergangen, seitdem unter krachenden Axthieben das Wahrzeichen seines Hauses, die Pappel, zusammengebrochen und mit ihr die Landschaft »ins Flache eingestürzt« war. Eine neue Kümmernis erwartete den Dichter in dem entzauberten Turm, als ihm seine Haushälterin Frieda eröffnete, sie müsse ihn verlassen. »Friedas Abschied war seltsam diesmal«, berichtet Rilke; »sie war wirklich, wie sie sich einmal zuerst genannt hat, ein ›Geistlein‹, und es war merkwürdig, wie sie mir zuletzt in den Spiegeln erschien, von denen ich jetzt umstellt bin«.[11] Es gab keine Spiegel in Muzot; auf eine Rückfrage antwortete der Dichter: »... als ich von ›Spiegeln‹ sprach, nein, leider, da waren nicht die Spiegel gemeint, deren ich mich einmal zu bemächtigen gedachte, sondern ... Aber wozu immer das schildern und beschreiben wollen, was einfach da ist, um ertragen zu sein.«[12]

Einige Tage nach seiner Rückkehr nach Muzot schrieb Rilke sein Testament. Er schickte es in einem großen, verschlossenen

Umschlag nebst einigen wichtigen Paketen an Frau Nanny Wunderly-Volkart. In einem erklärenden Begleitbrief bat er die Empfängerin, wenn nötig den großen Umschlag später zu öffnen; er enthalte, schrieb er dort, »*quelques indications pour le cas qu'une grave maladie me priverait de la possibilité de prendre certaines dispositions. De savoir ce papier, Chère, entre vos mains, fidèles entre toutes, est une de ces rares consolations que je peux m'offrir en ces jours infiniment douloureux et difficiles . . .* « Das Testament selbst ist deutsch geschrieben. Es befindet sich im Besitz der von Rainer Maria Rilke eingesetzten Testamentsvollstreckerin.

Der vollständige Text dieser letztwilligen Verfügung hat folgenden Wortlaut:

Auf dem Umschlag: »Einige persönliche Bestimmungen für den Fall einer mich mir mehr oder weniger enteignenden Krankheit.

(Muzot, im Oktober 1925)«.

Auf einem beidseitig beschriebenen großen Blatt:

»1. Sollte ich in eine schwere Krankheit fallen, die am Ende auch den Geist verstört, so bitte, ja be schwöre ich meine Freunde, jeden priesterlichen Beistand, der sich andrängen könnte, von mir fernzuhalten. Schlimm genug, daß ich, in den körperlichen Nöthen meiner Natur, den Vermittler und Verhandler, im Arzte, zulassen mußte; der Bewegung meiner Seele, aufs Offene zu, wäre jeder geistliche Zwischenhändler kränkend und zuwider.

2. Geschieht es, daß ich auf Muzot oder überhaupt in der Schweiz sterbe, so wünsche ich, weder in Sierre noch etwa in Miège beigesetzt zu sein. (Dies letztere ist es vielleicht, was wir, nach der unverständlichen Aussage der unbekannten alten Frau, n i c h t thun dürften, um das ruhlose Nachtwandern der armen Isabelle de Chevron nicht neu aufzuregen.)

3. Sondern ich zöge es vor, auf dem hochgelegenen Kirchhof neben der alten Kirche zu Rarogne zur Erde gebracht zu sein. Seine Einfriedung gehört zu den ersten Plätzen, von denen aus ich Wind und Licht dieser Landschaft empfangen habe, zusammen mit allen den Versprechungen, die sie mir, mit und in Muzot, später sollte verwirklichen helfen.

4. Nun verabscheue ich die geometrischen Künste der heutigen Steinmetzen; es wird vielleicht möglich sein, einen alten Stein (etwa des Empire) zu erwerben (wie dergleichen, in

253

Raron
Blick von Rilkes Grab aus
Phot. v. Gugelberg

Wien, für das Grab meines Vetters geschah). Ebnet man die früheren Inschriften ab, so trage dieser dann:
das Wappen
(: in der, von meinem Urgroßvater geführten älteren Form, die das kürzlich aus Paris mitgebrachte silberne Petschaft wiederholt),
den Namen
und, in einigem Abstand, die Verszeilen:
Rose, oh reiner Widerspruch, Lust
Niemandes Schlaf zu sein unter soviel
Lidern.

5. Ich halte, unter den Möbeln und Gegenständen auf Muzot, nichts für mein eigentliches persönliches Eigenthum; es sei denn, was an Familienbildern da ist: als welche meiner Tochter Frau Ruth Sieber, Vorwerk Alt-Jocketa bei Jocketa (in Sachsen), zukommen. Über alles Übrige hätte, soweit es nicht von vornherein zum Hause zugehört, Frau Nanny Wunderly-Volkart in der Unteren Mühle zu Meilen, im Einklang mit ihrem Vetter, Herrn Werner Reinhart, Rychenberg-Winterthur, dem mir freundschaftlich-großmüthigen Eigentümer von Muzot, zu verfügen.

6. Da ich, von gewissen Jahren ab, einen Theil der Ergiebigkeit meiner Natur gelegentlich in Briefe zu leiten pflegte, steht der Veröffentlichung meiner, in Händen der Adressaten etwa erhaltenen, Korrespondenzen (falls der Insel Verlag dergleichen vorschlagen sollte) nichts im Wege.

7. Von meinen Bildern halte ich kein anderes für wesentlich gültig, als die bei einzelnen Freunden, in Gefühl und Gedächtnis, noch bestehenden, vergänglichen.

Rainer Maria Rilke.

Château de Muzot,
am Abend des 27. Oktober 1925.«

Klaren Geistes, in rechtskräftiger Form und verpflichtenden Worten hat Rilke seinen Letzten Willen niedergeschrieben und sein Haus bestellt; allerdings hat er nicht ausdrücklich erwähnt, was mit seinem dichterischen Nachlaß, mit seinen eigenen Manuskripten und Büchern und den bei ihm verwahrten Briefen seiner Korrespondenten und Korrespondentinnen zu geschehen habe. – Als dies getan war, dachte Rilke daran, sich wieder in ärztliche Pflege zu begeben. Es sei gleich bemerkt, daß die von ihm offenbar als Möglichkeit in Betracht gezogene »Enteignung« seines Willens oder Geistes nie, auch nicht einmal vorübergehend, während seiner letzten Krankheit eingetreten ist. Lieber litt er die furchtbarsten Schmerzen, als daß er seinem Arzt die Anwendung von narkotischen Mitteln gestattet hätte. Im Verlauf seiner ganzen Leidenszeit hat Rilke ununterbrochen Anordnungen treffen, seinen Willen kundgeben und bis zuletzt mit vollkommen hellem Geist die Entwicklung seiner Krankheit verfolgen können.

Im November erhielt Rilke aus Paris Kisten, die seine aus der Vorkriegszeit stammenden Papiere enthielten: »Da kommt manches Merkwürdige an den Tag«, schrieb er zu diesem kleinen Ereignis, »manches, was mein Gedächtnis vor mir bloßstellt.« Es sei »trist, bestürzend oft«, aber, »seltsam, (es) heißt mehr: ›Ich‹, totes Ich, aber doch ›Ich‹, als was die Briefe und Papiere des letzten pariser Aufenthalts mir zu bedeuten vermögen, wenn ich sie an mich halte«. Denn während dieser vor kurzem in Paris verbrachten Zeit »war ich schon der«, bekennt nun Rilke, »der ich jetzt mehr und mehr geworden bin, ein mir Unbekannter, so unbekannt, daß ich mich manchmal, Monate lang, auf einen außer mir verlasse, der ›Ich‹ sein müßte, jenes andere, auch im Trüben irgendwie tiefer versicherte Ich, als das ich mich doch sonst zuverlässig erfuhr«. – Alles mündet von nun an in Rilkes Leben in das allgegenwärtige Elend ein, in dem ihm das Alleinsein schwerfällt und er sich doch auch wieder keinen Menschen denken könnte, mit dem er sich vertrüge. »Ich bin wie eine leere Stelle, ich bin nicht, ich bin nicht einmal identisch mit meiner Noth, die ich nur bis zu einem gewissen Grad legitimieren kann. Da mir das Sprechen wegen der Mundverhältnisse (die Störung und die gewisse Phobie sind immer die gleichen) mühsam ist, kann ich nicht mal laut lesen, was mir sonst immer am Meisten zu mir hilft.« – Und doch ordnet Rilke seine Papiere, liest er Bücher, erwähnt er voll Lob die *Grande Peur dans la Montagne,* das damals neue Buch des »großen Ramuz«.[13]

Wochen vergehen in Muzot, wo Rilke sich allein mit seinem Verhängnis eingemauert vorkommt. Nur die Angst steigt, steigt. Als er Ende November sich endlich dazu entschließen will, wieder nach Valmont zu gehen, vernimmt er, daß Dr. Th. Haemmerli – sein dortiger gewohnter Arzt – soeben verreist sei. –

Am 4. Dezember vollendete Rainer Maria Rilke sein fünfzigstes Lebensjahr. Er hatte im voraus seine Freundin in Meilen inständig gebeten, alles von ihm fernzuhalten, was auf dieses Datum Bezug haben könnte. Denn nun gibt er endlich zu – welche Überwindung muß es ihn gekostet haben! –, daß er sich wirklich krank fühle. Von seiner Natur erwarte er keinen Trost mehr, er habe die größte Mühe, sein Gleichgewicht zu bewahren. Besuch zu seinem Geburtstag verbittet er sich, weil er fürchten müßte, dann seine Verzweiflung nicht mehr zurückhalten zu können. Dennoch: unverkennbare Anzeichen sprechen dafür, daß sich dieser Mann beherrschte, daß er aus ganzer Kraft gegen das Leiden ankämpfte und daß all diese Mühe vergebens war. – Zum 4. Dezember kamen natürlich Stöße von Briefen und Telegrammen in Muzot an. Nach verschiedenen Seiten hin muß Rilke danken: »*Quelle corvée, quelle inutilité!*« ruft er aus. »Dabei ist eine warme Sonne über dem vielen Schnee, und ich muß da mit Papier rascheln in der Stube. Natürlich, wenn man's gerecht ansieht, war Liebes dabei, aber wo ist das Liebe, das nicht wieder Mühe macht?«[14] Zu allem Überfluß leidet Rilke nun auch unter der Gegenwart seiner neuen Haushälterin. Vor allem darf sie nichts von seinem Unwohlsein erfahren – der Gedanke, sie könnte anfangen, ihn zu pflegen, ist ihm entsetzlich. Sie sei eine gute Person, aber ohne den Takt der Frieda, die er »*irremplaçable*« nennt.

Als Andenken an seinen 50. Geburtstag hatte Rilke eine fromme Stiftung gemacht. Aus seinen eigenen Mitteln hatte er 1000 Franken (eine tollkühne Ausgabe, sagte er) für die Restaurierung der Sankt-Anna-Kapelle gegenüber von Muzot geschenkt. Seine Verhältnisse waren übrigens derart, daß er nachträglich seinen Verleger in Leipzig um die Ersetzung dieses Betrages bitten mußte; aber er rechnete damit, von 1926 an regelmäßige Einnahmen aus einer ihm zugefallenen tschechischen Erbschaft beziehen zu können, und seine jüngsten Publikationen würden ihm auch etwas vom Insel Verlag eintragen (was dann für Valmont dienen sollte). Es betrübte den Dichter schon lange, dem fortschreitenden Verfall der nahen Kapelle zusehen zu müssen, und so traf er unverzüglich die nötigen Anordnungen, damit der Winter (der besonders hart war in jenem Jahr) die Schäden nicht vermehre. Das kleine Heiligtum gehörte einer dort ansässigen Familie Winkelried, und Rilke war glücklich bei dem Gedanken, daß man im nächsten Frühjahr zur großen Freude der guten alten Frau Winkelried und der Leute von Veyras, von Miège und von Venthône wieder in der Kapelle die Messe werde lesen können.[15]

Kurz vor Weihnachten begibt sich Rilke endlich in die Klinik Valmont, wo er fünf Monate in Behandlung bleibt. Sein Arzt, der zurückgekehrt war und sich seiner wieder annehmen konnte, ging in langen Gesprächen auf alle Gedankengänge und Mitteilungen des Kranken ein – der nun seinerseits wieder mit seinem, vom eigenen Zustand abstrahierenden Beobachtungsvermögen zuschaut, wie ihm Dr. Haemmerli eigentümlich nachfühlend auf den Wegen seiner Natur und seiner Sensibilität zu folgen versucht. Denn so groß war die geistige Freiheit dieses schwer Kranken, daß er an diesen Dialogen mit seinem Arzt und an den sorgfältigen Untersuchungen, die dieser anstellte, nun auch wieder eine gewisse Anregung fand. – Auch für die literarische Kritik ist das Verhalten Rilkes seinem eigenen Leiden gegenüber aufschlußreich; denn oft hatten Kritiker ihm vorgeworfen, sein Werk verrate eine schwächliche, sich zum Krankhaften hingezogen fühlende Natur. Jaloux hielt dies für einen Irrtum und schrieb in bezug auf die Aufzeichnungen des Malte Laurids Brigge, man verdächtige oft gewisse Schriftsteller der Morbidität, weil sie vom Tod und von Krankheiten sprechen: »Viele Geister«, sagt Jaloux, »stellen diese Verwechslung zwischen dem behandelten Gegenstand und der Art, ihn zu behandeln, an . . . Es gibt nichts helleres, richtigers und stärkeres, d. h. gesunderes, als die Art, wie Rilke gewisse Angstzustände oder gewisse nervöse Störungen beschreibt. Seine Größe besteht darin, die Messung der Seele in jenen Augenblicken vorzunehmen, wo sie ihre gewohnten Bahnen verläßt und sich zum Unbekannten hin bewegt . . . «[16] Diese Bemerkung ist zweifellos richtig, sofern sie die geistige Luzidität und die klare Beobachtungsgabe des Dichters betrifft; doch konnte dieser natürlich nur selbsterlebte psychische Störungen, also ein krankhaftes Gefälle der eigenen Natur, auf diese Art beschreiben.

Was dieser Kritiker einmal in bezug auf des Dichters Prosawerk ausgesagt hatte, bestätigte sich nun in den ungleich erschütternderen Verhältnissen von Rilkes eigenem Leiden: vielleicht litt der Kranke weniger an den subjektiv erlittenen und objektiv vorhandenen Krankheitserscheinungen, als an dem allzu hellen Bewußtsein, seiner aus den Bahnen des Gewohnten geschleuderten Natur auf ihrem Weg ins Unbekannte nicht mehr folgen zu können. Aber dazu sollte ihm eben der Arzt verhelfen, dessen Beruf es nach Rilkes Auffassung in erster Linie war, der aufklärende Berater und der Mittler zwischen der dem Kranken entgleitenden Natur und seinem wahren Ich zu sein.

In Valmont stellte der Arzt nach seinen ersten Untersuchungen eine ernste Affektion fest. Noch am ersten Tag berichtete Rilke darüber: »Die Schwellungen im Munde, die so störend und quälend sind, sind noch ausgebreiteter als ich dachte, bieten aber, wie er (Dr. Haemmerli) mir wieder versichert, keinen Anlaß für die Phobie, die ich damit verbinde . . . Ich bin jetzt am meisten von diesen Übelständen gestört und gehemmt und es ist schade, daß man, wie es scheint, so gar nichts thun kann, die Beschwerlichkeiten, die mir daraus entstehen, zu mildern.«[17] Der Arzt sei lieb und aufmerksam, könne ihm aber keine Erleichterung gewähren. Am 29. Dezember spricht Rilke in einem Brief von dem etwas monotonen Leben, zu dem er verurteilt sei; denn trotz der unzähligen Bücher, mit denen er sich umgeben habe, fühle er sich sozusagen vom wahren Leben abgeschlossen. Dennoch: »*il y avait quelques instants supportables de temps en temps*«.

Etwas beunruhigt ist der Patient von der raschen Gewichtszunahme, die man bei ihm feststellte. Bei seiner Ankunft habe er 52,900 kg gewogen, sechzehn Tage später waren es bereits 55,200. Rilke fürchtete, er werde »*un personnage lourd*«. Ende Januar berichtet er von dem großen Abstand zwischen der Auffassung des Arztes, der eine objektive Besserung feststellen konnte, und dem eigenen Gefühl, das keine Änderung in den verschiedenen Störungen zu spüren vermöge. – Eine Laryngitis hatte den Patienten von neuem hart mitgenommen. – Mitte Februar versichert er, es gebe keinen Tag, wo er ein wenig »Ich« und einverstanden mit sich selbst sei: » . . . ich bin bekümmert, der Zustand meines Mundes macht mich immer noch mißtrauisch, und da Lesen und Arbeiten für mich gleichbedeutend ist mit dem Gebrauch dieses recht gewöhnlichen Apparates, fühle ich mich immer noch in meinen Gewohnheiten gehemmt . . . «[18] Nach der Auffassung Dr. Haemmerlis sollten die feststellbaren Symptome den Patienten nicht in diesem Grad belästigen; dazu machte Rilke die feine Bemerkung: » . . . *personne ne peut changer le degré de sensibilité d'autrui, ni arrêter les combinaisons d'esprit et d'humeur que cette sensibilité entraine*«.[19]

An Ostern (Anfang April) erhofft Rilke Rat und Beistand vom Besuch Frau Wunderlys: »Denn wirklich«, schreibt er ihr, »ich weiß nicht weiter . . . Selbst wenn der gute Dr. H. dasitzt, mir seine Trostargumente (ich will es gerne annehmen, ehrlich und sachlich!) aufzählend, selbst während er spricht, merke ich keine Besserung an den verschiedenen Bruchstellen meiner Schadhaftigkeit, Mund- Leib- und alles Übrige . . . bereiten mir weiter die gleichen Beschwernisse, und der Schrecken wohnt gleich um die Ecke . . . Eher (vor mir selber) scheint mir alles ärger (nach mehr als drei Monaten!), als da ich herkam, und mein ganzer Zustand ungeeignet für das Leben in der Freiheit . . . ; so weit hinter der immerhin netten Summe von verfügbarer neutraler Natur, mit der ich, voriges Jahr, fast ungehemmt, Paris bestritt. Dieses Mund-malheur, das in Ragaz begann, hat mich verschüchtert.«[20]

Trotzdem möchte der Kranke hinaus aus der Atmosphäre der Klinik und einige freie Schritte wagen. Da sein Arzt verreisen muß, will er die Gelegenheit benutzen und in ein nahes Hotel hinüberziehen. Tatsächlich dehnte sich nun allmählich die objektiv seit längerer Zeit festgestellte Besserung auch auf sein subjektives Befinden aus. Heiterer und freier klingt ein Bericht vom 26. April, in dem Rilke erzählt, er sei »ausgeflogen«. Er war nach Lausanne hinuntergefahren, wo er eine Ausstellung von Bildern des Malers Auberjonois besucht hatte; von diesen sagte er: »*(ils) compteront dans l'histoire picturale de cette époque embrouillée.* [21] Bei der gleichen Gelegenheit hatte ihm ein Zusammentreffen mit Edmond Jaloux eine große Freude bereitet; die Freundschaft dieses Schriftstellers gehörte zu den Tröstungen seiner Leidensjahre.

Tatsächlich hatte sich Rilkes Zustand im Frühjahr so weit gebessert, daß ihm der Arzt zu einem vollständigen Wechsel und zur Annahme einer Einladung der Fürstin Taxis riet, die ihm Gelegenheit geboten hätte, nach Rom zu fahren. Andererseits wollte sich Rilke im Sommer nach Wien begeben, zur Erledigung von geschäftlichen Angelegenheiten, die mit seiner tschechischen Erbschaft zusammenhingen. Aber das vergangene Mundleiden hatte eine Schreckhaftigkeit in Rilkes Gemüt zurückgelassen, die ihm noch nicht erlaubte, so weite Reisen zu wagen. Er fühlt, wie sein »geheimes Leiden« in ihm geblieben ist, ihm immer wieder Unwohlsein verursacht und ihn des »Elans« beraubt, den er seinet- und der Freunde wegen wiederfinden möchte: »*Quel mysté-*

rieux malheur où je me traîne«, schreibt er noch im Mai aus Valmont, *»tournant en rond dans un cercle mortel«.*[22]

Die besten Stunden waren wieder solche, die er im Haus Jaloux in Lausanne verbrachte, als er dort mit einem bekannten schwedischen Neurologen zu Tisch geladen wurde. »Wars nur Lausanne?« ruft Rilke nachher aus. »Es war fast Paris!«[23] Am 1. Juni finden wir ihn endlich wieder in Muzot, wo er nun besseren Mutes, ja beglückt vom Wiederbeginn seines Schaffens, abwechselnd mit dem Hotel Bellevue in Sierre mehrere Wochen lang wohnt.

Physisches und Metaphysisches

Als Rainer Maria Rilke zwei Jahre früher, Anfang 1924, auf seine erste Erkrankung zurückblickte und Vermutungen anstellte über die möglichen Ursachen dieser plötzlichen »Schwankungen und Unsicherheiten«, schrieb er an einer vertraulichen Briefstelle die bedeutungsschweren Worte: »Über beiden aber, wie sie auch seien, stünde, als Instanz, was ich nie vergesse, das einige Wunder des Lebens und des Todes.« – Nun ist es auffallend, daß, je größere Verwüstungen das Leiden in seiner Natur anrichtete, er desto verschwiegener wurde den letzten, mit unentrinnbarer Andringlichkeit auf ihn einstürmenden Fragen gegenüber. Ein Satz wie der soeben zitierte wäre kaum mehr aus seiner Feder geflossen, als die Krankheit ihn in ihren grausamen Fängen hielt. Diese Haltung hat er bis zuletzt bewahrt. Das Wort »Tod« sprach er seltener aus. Er hat es sogar in seinem Testament mit anderen Ausdrücken umschrieben. Wenn seine Zwiesprachen mit dem Arzt sich dem unvermeidlichen Problem näherten, gab er dem Gespräch eine andere Wendung. Bis fast zuletzt hat er sich vor seiner Umgebung über die Zukunft in einer Art geäußert, die seine Hoffnung auf Genesung voraussetzte. Nie ist ein Wort des Abschieds über seine Lippen gekommen.

Der Mann, der seit jungen Jahren als der Dichter des Leidens und des Todes hervorgetreten war, vermied soviel wie möglich die Aussprache über die großen Rätsel, als sie sich seiner eigenen Existenz bemächtigten. Wir werden die geheime Zwiesprache mit sich selbst nie kennen, die er vor den Menschen verschwiegen hat. Man sollte sich hüten – mit der gleichen Schamhaftigkeit vor dem Unaussprechlichen hüten, die er in seiner langen Leidenszeit beobachtet hat –, in Bildern und mit Worten von »seinem« Tod zu sprechen, die seinen eigenen Dichtungen entnommen sind. Vielleicht war der, dessen Zugriff er zuletzt erlegen ist, ein anderer Tod als der, von dem Malte schrieb? Wir wissen es nicht. In unserm Gedächtnis haftet das Gebet aus dem Stundenbuch: »O Herr, gib jedem seinen eignen Tod . . . « Die Vorstellung, daß jeder Mensch seinen ihm bestimmten Tod im Leben in sich trägt, hat Rilke nie widerrufen. Aber es ist auffallend, daß er in seinen letzten Jahren und in seinen reifsten Werken die berühmten alten Bilder nie mehr brauchte, die er einst im Malte-Roman und im Stundenbuch geprägt hat, um den Tod zu bezeichnen. Der Tod als »Frucht«, die der Mensch schon immer in sich trägt, von Schale und Blatt des Lebens nur zugedeckt: diesen Tod hat er unseres Wissens nicht mehr erwähnt. Und die ein wenig literarischen Auslassungen Maltes über den »gut ausgearbeiteten« Tod sollte man nicht zu nahe an das elementare Geschehen rücken, das Rainer Maria Rilke während der letzten Krankheit in seinen Wirbel riß. Es war keine literarische Krankheit und kein literarischer Tod, die sich seiner bemächtigt haben, und er erlitt beide als ein mannhafter, tapferer Mensch.

Wie der Tod, mehr als der Tod, hatte der Name Gottes für ihn »etwas unbeschreiblich Verschweigbares«. Auch darin hatte sich der Dichter des Stundenbuches (wenigstens der verbalen Form nach) gewandelt. Gott wird in den Elegien nur ein einziges Mal erwähnt. Die von der Rilke-Kritik geprägte Formel, die Engel in den Elegien seien ein »Pseudonym Gottes«, ist nicht ganz zutreffend, denn diese Engel sind nicht auf Gott, sondern auf den Menschen bezogen, als Allegorie für das dem Menschen unerreichbare Vollkommene. Wie Rilke sich in seiner Leidenszeit zur Religion gestellt hat, wissen wir eigentlich nur aus zwei Taten, die übrigens deutlicher reden als Worte und zwischen denen ein scheinbarer Widerspruch besteht: aus dem Testament, in dem er die Freunde inständig bittet, jeden priesterlichen Beistand von seinem Sterbelager fernzuhalten, und aus der Restaurierung der St.-Anna-Kapelle bei Muzot. Man weiß zur Genüge, daß Rilke die Mittlerrolle Christi und die Lehren der christlichen Bekenntnisse entschieden ablehnte. Konfessionelle Glaubenssätze und kirchliche Handlungen empfand er als Hindernisse auf dem Weg zu Gott. Er überwand seinen Unmut gegen Kirche und Dogma fast nur dort, wo er einen natürlichen, alten Volksglauben fand.

In Muzot sagte er mir, religiösen Handlungen, die man verstehen und denen man sich anschließen könne, habe er in Rußland und in Nordafrika beigewohnt; er erwähnte namentlich die Prozessionen durch die unterirdischen Gänge der Klöster von Kiew, wo die Gläubigen mit brennenden Kerzen in der Hand an den unverwesten Leichen der heiligen Mönche vorüberzogen, und gewisse Moscheen, die auf ihn einen ebenso ergreifenden Eindruck gemacht hatten. Von einer ähnlichen Art war auch die Beziehung, die Rilke zum Volksglauben der Walliser gefunden zu haben wähnte. Sein im tiefsten Grund gläubiges und frommes Gemüt freute sich an der Freude, die er den Talleuten mit der Wiederaufrichtung des Altars in der Kapelle der heiligen Anna beschert hatte. Denn sein unmittelbarer Glaube und seine besondere Frömmigkeit waren so beschaffen, daß sie überall dort am religiösen Erleben teilhatten, wo dieses frei war von den – die Gegenwart Gottes einschränkenden – Fesseln konfessioneller Auffassungen. Die Natürlichkeit ihres Gottesglaubens, die selbstverständliche Einheit des Volkslebens und der Religion im katholischen Wallis gehörten zu den Dingen, die Rilkes heimatliches Zugehörigkeitsgefühl zu diesem fremden Boden geweckt hatten. Deshalb wollte er dieser Erde, am Fuß einer Walliser Dorfkirche, seinen Leib anvertrauen, und die Freunde durften für ihn ein den religiösen Gebräuchen des Landes entsprechendes Begräbnis in Anspruch nehmen. –

Fremder als die katholische Form des Christentums, der er durch Geburt und Herkommen zugehörte, war ihm die protestantische. Im Pfarrhaus zu Flaach, wo er zur Zeit seines Aufenthaltes im Schloß Berg manchmal Einkehr hielt, kam ihm seine Ferne von dem dortigen, puritanisch geprägten Protestantismus zum Bewußtsein. In diesem Haus hing ein altes Bild, das einen Herrn mit einem Blumenstrauß darstellte: »der herrliche Blumenstrauß vor dem Manne im braunen Rock«, erzählte Rilke, »war als ›Zeichen der Vergänglichkeit‹ auf dem kleinen Zettel angemerkt, ohne das rechte Verständnis dafür, *que cette gerbe magnifique et joyeuse voulait dire en même temps: comme ce qui passe est beau pourtant!*« [24] Dem dortigen Geistlichen, mit dem er noch von Muzot aus in einem Briefwechsel stand, setzte er die Gründe auseinander, warum er das Christentum, besonders in seiner protestantischen Form, ablehnen müsse: von hoher Warte gesehen werde die christliche Einstellung »gewiß immer noch als einer der wunderbarsten Versuche erscheinen, den Weg zu Gott offen zu halten; daß es der glücklichste Versuch sein möchte, das zu beweisen wären wir und unsere Zeitgenossen leider durchaus nicht befähigt, denn das Christliche ist fortwährend, vor unseren Augen, außer stand, den Übergewichten der Noth die reinen Gegengewichte zu stellen. . . . Mir persönlich stehen alle jene Religionen näher, in denen der Mittler weniger wesentlich oder fast ausgeschaltet erscheint . . . Es giebt so wunderbare Griffe nach Gott, und wenn ich der Menschheit zusehe, so mein ich, es handle sich nur darum, ihr unzählige Möglichkeiten bereitzuhalten, Ihn zu erfassen oder durch Ihn überrascht zu sein.«[25]

In dieser Auffassung hatte den Dichter ein anderes Mal die Anhörung von Bachs Matthäuspassion im Basler Münster bestärkt: »Die in mir zunehmende Schwierigkeit, am christlichen Erlebnis unmittelbar betheiligt zu sein, hat mich verhindert, zum Gegenstande selbst diejenige Hingerissenheit zu fassen, die die Aufnehmung des Ganzen zum Ereignis machen müßte«.[26] Immer ist es die Leidensgestalt Christi, die ihm das Geheimnis Gottes sowohl wie des Menschen einzuschränken scheint, denn wenn die Passion dem Menschen zwar Erleichterung schafft, wird Gott, »der immer neue Mittel der Rettung hat«, nach christlicher Auffassung an diesen einzigen Heilsweg gebunden. In Rilkes Vorstellung erträgt Gottes alles überflutende Kraft nicht diese Zusammenfassung in die Kanäle kirchlicher und theologischer Auffassungen, nicht diese Bindung an die Gestalt des einzigen, alle andern Wege vertretenden Erlösers. Um auf die Matthäuspassion zurückzukommen: »Und gerade dieses elementarische Zuviel Gottes hat so große Verwandtschaft mit der Natur der Musik, daß ich dieser größesten protestantischen immerhin das programmatisch eingeschränkte Gemüth vorwerfen möchte, aus dem sie hervorgegangen ist, wenn man auch fortwährend zugeben muß, daß sie in ihr *Métier* so rein und redlich eingesetzt war, daß sie, über alle Vorsätze hinaus, ans Gewaltigste hinreichen konnte«.[27]

Es war nicht Rilkes Art, seine Erfahrungen und Einsichten in ein philosophisches System zu spannen und, abstrahierend, aus ihnen Theorien abzuleiten. Philosophen hat er nie gelesen. Theoretischen Gedankengängen war er unzugänglich. Begriffliches Denken war ihm fremd, es fehlte ihm die wissenschaftliche Schulung. Er bedurfte völliger Freiheit, um seine flutenden Kräfte strömen zu lassen. Er hat wunderbare Dinge eingesehen und ausgesagt, wie ein Sterndeuter in der Nacht, aber wenn er sie mit dem Verstand ordnen und erklären wollte, blieb er hinter dem Geschauten zurück. Rilke gehörte, weder verpflichtet noch verpflichtend, keiner philosophischen Schule, keiner literarischen Gruppe, keiner politischen Richtung und – strenggenommen – keinem religiösen Bekenntnis an. Keine Ideologie kann ihn für sich in Anspruch nehmen. Seine Lauterkeit hätte keinen Kompromiß, keine Halbheit, keine Konvention in Kauf genommen, um sich irgendeinem Programm, irgendeinem Konformismus einzufügen. Seine Demut erstreckte sich nicht auf die Satzungen irdischer Instanzen, zu denen er auch die Kirchen rechnete. »Er war ein Dichter und haßte das Ungefähre«, schreibt Malte Laurids Brigge, vom Dichter Félix Arvers sprechend.

In seinem Brief eines jungen Arbeiters hatte Rilke, ohne Systematik, in wundervoller Verwebung des Gedanklichen in die persönliche Erlebnissphäre des modernen Fabrikarbeiters, aber ohne Gedankenschärfe, seine Argumente gegen die herkömmlichen Glaubenssätze der christlichen Bekenntnisse abgewandelt. Wie er, unbeschwert von philosophischen, theologischen und soziologischen Lektüren, den Finger auf einen wunden Punkt: nämlich die historische Gebundenheit des christlichen Glaubens legt, zeugt übrigens von der Sicherheit, mit der sich dieser scheinbar zeitferne Geist in seiner Zeit bewegte. Den Unterschied, den er unausgesprochen zwischen dem natürlichen, überlieferten Glauben des konservativen Walliser Bauernvolkes und dem Unglauben der neuzeitlichen städtischen Fabrikarbeiter zu machen versteht, könnte kein Soziologe sicherer fühlen als dieser »naive« Dichter: »Es treibt mich zu sagen«, schreibt sein Arbeiter, »wer, ja, – anders kann ich es jetzt nicht ausdrücken, wer ist denn dieser Christus, der sich in alles hineinmischt? – Der nichts von uns gewußt hat, nicht von unserer Arbeit, nicht von unserer Noth, nichts von unserer Freude, so wie wir sie heute leisten, durchmachen und aufbringen –, und der doch, so scheint es, immer wieder verlangt, in unserm Leben der erste zu sein. Oder legt man ihm das nur in den Mund? Was will er von uns? Er will uns helfen, heißt es. Ja, aber er stellt sich eigentümlich ratlos an in unserer Nähe. Seine Verhältnisse waren so weitaus andere. Oder kommt es wirklich auf die Umstände nicht an, wenn er hier einträte, bei mir, in meinem Zimmer, oder dort in der Fabrik – wäre sofort alles anders, gut? Würde mein Herz in mir aufschlagen und sozusagen in einer andern Schicht weitergehen und immer auf ihn zu? Mein Gefühl sagt mir, daß er nicht kommen kann. Daß es keinen Sinn hätte. Unsere Welt ist nicht nur äußerlich eine andere, – sie hat keinen Zugang für ihn. Er schiene nicht durch einen fertig gekauften Rock, es ist nicht wahr, er schiene nicht durch. Es ist kein Zufall, daß er in einem Kleid ohne Naht herumging, und ich glaube, der Lichtkern in ihm, das, was ihn so stark scheinen machte, Tag und Nacht, ist jetzt längst aufgelöst und anders verteilt. Aber es wäre ja auch, mein ich, wenn er so groß war, das mindeste, was wir von ihm fordern können, daß er irgendwie ohne Rest aufgegangen sei, ja ganz ohne Rest – spurlos.«

Der Arbeiterbrief, auf den man immer zurückgreifen muß, wenn man Rilkes Stellung zur Religion kennenlernen will, ist eine reiche Paraphrase zu diesem Thema.

Der gemütvolle, ein wenig schwärmerische Arbeiter spricht dort von seinem Gotteserlebnis, von seiner Auffassung des Christentums, von schönen Kirchen, die er mit seiner jungen Freundin Marthe besucht habe. Marthes Vorstellung von der Freiheit sei grenzenlos gewesen, sie habe darum Gott gefürchtet wie den »Patron« in der Fabrik, bis sie einmal entdeckte, »daß Gott einen in den Kirchen in Ruhe läßt, daß er nichts verlangt« und daß in alten Kirchen und auf ihren Glasfenstern alles vorkommt, »auch das Arge und Böse und das Fürchterliche, das Verkrüppelte, das, was in Noth, das was häßlich ist – und das Unrecht, und man möchte sagen, daß es irgendwie geliebt sei um Gottes willen«. In diesen Kirchen, zwischen den Engeln und den Teufeln, die es nicht gebe, erscheine ihm der Mensch, den es gibt, gewissermaßen wirklicher . . .

In diesem als Brief an Verhaeren gedachten Prosastück deutet der Name Marthe – der kleinen Pariser Arbeiterin, mit der Rilke in seinen jungen Jahren Kirchen besuchte – auf seine Identifikation mit dem Briefschreiber hin. Sehr aufschlußreich ist es, daß er seinen Arbeiter sagen läßt, es gebe keine Engel und Teufel, aber es gebe den Menschen.

Der Mensch, so wie er ist und wie er lebt und arbeitet, müsse vor allem »anwendbar sein an Gott« und nicht in einem fort von ihm abgedrängt werden: Gott, sagt der Arbeiter in seiner Einfalt, könne man alles bringen, man könne ihm die Maschine bringen und ihren Erstling, »wie es für die Hirten einmal leicht war, den Göttern ihres Lebens ein Lamm zu bringen oder die Feldfrucht oder die schönste Traube«. Das aber kann man Christus nicht, denn: »er behält nicht«. – Sehr merkwürdig die Worte, mit denen Rilke hier seinen lebenslangen Protest gegen das Christliche formuliert hat: »Ich will mich nicht schlecht machen lassen um Christi willen, sondern gut sein für Gott. Ich will nicht von vornherein als ein Sündiger angeredet sein, vielleicht bin ich es nicht. Ich habe so reine Morgen! Ich könnte mit Gott reden, ich brauche niemanden, der mir Briefe an ihn aufsetzen hilft.« – Und das letzte Wort des Arbeiters, der seinen Brief an einen Dichter richtet: »Mein Freund sagte einmal: Gebt uns Lehrer, die uns das Hiesige rühmen. Sie sind ein solcher.«

Wenn im Augenblick, wo wir uns anschicken, Rainer Maria Rilke auf der letzten Strecke seines Erdenwegs zu begleiten, eine Sache not tat, so war es diese: noch einmal von ihm zu vernehmen, wie er das große Wagnis seines Dichterlebens erklärte und rechtfertigte. In seinem Brief eines Arbeiters an Verhaeren, diesen Förderer seiner eigenen literarischen Anfänge, hat Rilke ein Licht aufgesetzt, das über so manches, was seltsam oder gar unbegreiflich scheint an seinem Leben und Dichten, einen hellen Schein verbreitet. Die ihm eigentümliche, leben- und erdebejahende Spiritualität spricht aus diesem Prosastück. Daß für ihn das Dasein, das »Hiesige«, das Lernen am Leben, der Mensch und seine Aufgaben, das Ich, das sich durch den richtigen Gebrauch des Lebens gleichsam vermehrt, im Vordergrund stand, muß als Rilkes großes Anliegen erkannt werden. Er lehnte es ab, die seelischen Erfahrungen auf ein Jenseits zu beziehen. Da er aber zutiefst spiritualistisch und gottgläubig war, tut sich in seinem Weltbild ein Widerspruch auf, der durch nichts überbrückt werden kann – durch nichts als durch herrliche dichterische Bilder, durch magische Beschwörungen und durch die Wort gewordenen Gesichte eines Dichters von ursprünglicher Einbildungskraft. Denn das objektiv außerhalb des Menschen und des irdischen Daseins Vorhandene – das wesenhaft Metaphysische – ist in Rilkes Gottesbegriff nicht faßlich; er hat von allem »Gegen-über« immer mit Geringschätzung gesprochen, das wesenhaft »Gegen-sätzliche« ließ er nicht gelten, die Teilung in Himmel und Erde war ihm schon an der Landschaft zuwider, er zog das flutende Licht vor, das in seinen Schwingungen beides einbezog und in bezug zueinander brachte – und die Leugnung oder Bekämpfung eines »Jenseits« im transzendenten Sinne gehört zu diesem Lebensgefühl, das Rilke eigentümlich und offenbar in ihm primär vorhanden war. Dennoch hat er nicht die logische Konsequenz gezogen – sei es diejenige des philosophischen Materialismus, der das Metaphysische aus seinem Weltbild streicht (denn Rilke war Metaphysiker aus Instinkt), oder diejenige Nietzsches, der davon sprach, Gott sei tot (daher wohl die verschwiegene aber entschiedene Abwendung Rilkes von Nietzsche, um dessen Lehre er gewußt haben muß, aber dessen Namen er nicht nannte und dessen Werke er nicht lesen wollte).

Mit dem tief überzeugten Glauben an die Existenz Gottes aber verband Rilke seine Ablehnung der christlichen Lehre, weil nach seiner Meinung das Christentum der Welt und der Kreatur einen ewigen Krieg erklärt habe; es habe die Welt schlecht gemacht und den Genuß der Liebe verdächtigt. Gott suchte und liebte er, weil er sich in der Kreatur, in ihrer Not und in ihrer Seligkeit fortwährend offenbare. Vom Kreatürlichen aus suchte Rilke Gott, und das brachte ihn auf den mehr als einmal ausgedrückten Gedanken, wenn sich das religiöse Gefühl der Menschheit wieder einmal zu Bildern und Mythen zu verdichten die Kraft haben werde, müßte die erste auf diesem Weg entstehende Gottheit eine phallische sein; denn in der geschlechtlichen Liebe glaubte er eine Befähigung des Menschen zu höchster Entzückung entdeckt zu haben, deren Sündhaftigkeit oder Schuld er leidenschaftlich in Abrede stellte.

Wenn Rilke seinem innersten Wesen nach dort daheim war, wo Dichter und Heilige ihre Lebenskreise ziehen, so war er doch kein Mystiker, der nach der Vereinigung in einem transzendenten Gott strebte, sondern ein Anbeter und ein Sänger des Irdischen und des Kreatürlichen. In der Schöpfung und in den Geschöpfen sei, glaubte er, auch Gott irgendwie enthalten. Rilke selber war ein Geist, der von allerhand Offenbarungen erfüllt war und dessen Werk voller Hinweise ist, ein Geist, der eine Richtung wies und Wege in die Tiefen der Seele aufschloß, ein Geist voll Ahnungen über die Stellung des Menschen im Kosmos; aber auch in ihm war – was er von Christus sagt – kein Raum, »wie in jedem Weisenden, der eine Gebärde ist und kein Aufenthalt«. Auch er nahm nicht in sich auf – auch er »behielt nicht«. Darin lag aber auch die Fragwürdigkeit seiner Auffassungen, aus denen Rilke alle festen Punkte, an denen der Mensch sich orientieren und halten, jeden festen Standort, von dem aus er das Leben bestehen kann, entfernt hatte. Das Bewegende, der reine Bezug waren seine Elemente, und in ihnen hat er eine Schwingung und eine Ingeniosität erreicht wie kein Dichter vor ihm. Allein, die Frage bleibt offen, um was das Leben sich zu bewegen hat und worauf es sich beziehen soll.

Aufschub

Seit seiner Rückkehr aus Valmont wohnte Rilke abwechselnd in Muzot und im Hotel Bellevue in Sierre. Seine angegriffene Gesundheit ertrug den Aufenthalt in dem beschwerlichen Schlößchen nicht mehr in der einstigen Hindauer. Es scheint auch, daß Muzot in Rilkes Vorstellung eine von der früheren etwas verschiedene Rolle zu spielen begann. Wohl bedeutete das alte Gemäuer für ihn immer noch sein Heim, seine Zuflucht, das schützende Dach und den tröstlichen Garten; wir wissen, wie ihn während der langen Pariser Monate immer wieder die Sehnsucht danach ergriffen hatte. Allein, während er aus dem Turm in den früheren Jahren den Mittelpunkt seiner Existenz gemacht hatte, in den eingehalten zu sein ihm Sicherheit für sein Leben und Schutz für seine Arbeit bedeutete, erblickte er später in ihm mehr und mehr eine Durchgangsstation. Was ihm früher nicht aufgefallen war, jetzt erwähnte er es vor seinen Besuchern: Muzot liege am Weg nach Italien, nach dem Süden, nach dem er Sehnsucht empfand. Dieser Gedanke beruhigte ihn, und er sagte, er werde inskünftig die Gelegenheit benutzen, im Winter ab und zu nach dem unweiten Mailand zu fahren und dort Aufenthalt zu nehmen. Früher genügte ihm das »große Tal«, und er genoß die Abgeschiedenheit seines Bergschlößchens. Jetzt bemerkte er mit Zufriedenheit, daß am Bahnhof von Sierre der Orient-Expreß durchfährt, daß sein Haus nahe bei der Linie Paris – Konstantinopel steht. Das Vertikale der verschwundenen Pappel ersetzte er allmählich in seiner Vorstellung durch das Horizontale des Weges durch die Welt. Andererseits sprach er immer wieder davon, er möchte sich nach Südfrankreich und ans Mittelmeer begeben. Er kannte wohl die Provence, deren berühmte Städte in seinem Werk vorkommen: Les Beaux im Malte, Arles in den Sonetten an Orpheus (die »antikischen Sarkophage« hatte er dort gesehen), Avignon im Brief des jungen Arbeiters. Aber das Languedoc kannte er noch nicht, und diese Ebene, dieser Meeresstrand hatten für ihn als die Heimat Paul Valérys eine neue Bedeutung erlangt: er wollte den *Cimetière marin* mit eigenen Augen sehen, Cette und Montpellier besuchen . . .

Von den Juni- und Juliwochen 1926, die Rilke wieder in der alten, vertrauten Walliser Umgebung zubrachte, darf berichtet werden, daß es erträgliche, fast gute waren. Die Ankunft des ersten Exemplars seines französischen Gedichtbandes *Vergers* bereitet ihm eine große Freude. Während er im Hotel weilt, wird oben im Schlößchen, nach seinen Angaben, sein Arbeitszimmer neu gestrichen: »*mon cabinet de travail est une merveille à présent*«. [28] Vor allem aber war ihm seit seiner Rückkehr aus Valmont die Übersetzung der *Fragments du Narcisse* von Valéry gelungen, die kurz vorher in der neuen Ausgabe der *Charmes* (1926) erschienen waren. Wie glücklich ihn diese Arbeit machte – die ihm noch einmal die gleiche Befriedigung wie eigenes Schaffen gewährte – verrät diese Briefstelle: »*Ma traduction est terminée: c'était, – vous l'avez deviné – de Valéry encore: les trois fragments de ›Narcisse‹ qui se trouvent dans la nouvelle édition de ›Charmes‹. C'est beau, c'est magnifique, et ma traduction me contente à souhait. De la faire était une félicité entre toutes les félicités.*« [29] – Sogar sein Mundleiden und die damit verbundene »Phobie« waren so weit verschwunden, daß der Dichter im Juli in Ragaz, nach alter Gewohnheit, sein neues Werk vorlesen konnte: immer zuerst den französischen Text, dann seine deutsche Übersetzung. Diese ist denn auch prachtvoll und stark, und wieder ist in die Übertragung etwas von seinem Eigensten, von dem Ur-Klang seiner deutschen Lyrik eingegangen. Von einem Nachlassen der Gestaltungskraft ist nichts zu spüren.

Am 19. Juli hatte sich Rilke zuerst nach Zürich und am nächsten Tag in Begleitung von Frau Wunderly nach Ragaz begeben, wo die Fürstin von Thurn und Taxis ihn erwartete. Die Angst vor dem Mundleiden und seine davon herrührende Menschenscheu hatte er so weit überwunden, daß er die intime Geselligkeit der Ragazer Kur und der nahen Bündner Schlösser wiederaufnehmen konnte. Die dortige Gegend und »*cette vie au ralenti*« bereitete ihm wiederum eine innige Freude; nach einem Aufenthalt von mehreren Wochen an diesem Badeort fiel ihm die Trennung davon sonderbar schwer. Obwohl er sich »*abîmé dans mon secret et ridicule malheur*« vorkam, ahnten seine Freunde auf Schloß Salenegg in Maienfeld keineswegs, wie krank der Dichter schon

270

war, als er ihnen am 6. August ein Gedicht, Die Weide von Sale-negg betitelt, in ihr Gästebuch schrieb. Es ist das letzte, das mit Rilkes Einwilligung zu seinen Lebzeiten in einer Schweizer Zeit-schrift erschienen ist.[30] Nicht nur weil es eines seiner letzten ist, nicht nur weil er zu den Gastfreunden mit lächelndem Humor sagte: »Ich habe es aber richtig für Sie gedichtet, nicht nur so aus dem Ärmel geschüttelt!«, drucken wir hier diese zwölf, von wei-tem an den Nachlaß des Grafen C. W. erinnernden Strophen noch einmal ab. Sondern in diesem gegenständlich schildernden Ge-dicht kommt, wie vom deutlichen Licht der Herbstsonne beschie-nen, ein Bild und ein Gedanke zum Ausdruck, der zum Herzbe-reich Rainer Maria Rilkes gehört:

Ein Baum – eine Weide –, der vor fast drei Jahrhunderten von dem damaligen Herrn auf Salenegg aus der Familie Salis ge-pflanzt worden war, dessen Wappenbild er darstellte, war im Laufe der Zeit verdorrt; in seinem Stamm klaffte ein breiter Riß. Als man diesen Baum schon für abgestorben hielt, »regte sich, er-staunlich genug, neues Leben, zeigten sich einige ganz junge Triebe und frisches Laub in der Baumkrone, was man sich gar nicht erklären konnte. Als man der Ursache nachforschte, konnte man feststellen, daß die Baumkrone eine junge Wurzel durch das faule Innere des eigenen Stammes getrieben hatte ... Das mor-sche Holz im Inneren des Stammes brach nach und nach heraus, die Wurzel kam an die Luft, es bildete sich eine Rinde und sie wurde selbst zum neuen Stamme, der nun die alte Baumkrone er-nährt. Vom alten Stamm ist nur noch die nun völlig leblose Rinde da, durch darum rankendes Efeu zusammengehalten ... Der neue Stamm wächst nun rasch im Schutze der alten Hülle und wird in absehbarer Zeit ganz an Stelle des alten Stammes treten können.«[31]

Die Symbolik des Stamm-Baums (Rilke hat dieses Motiv schon in seinem Stammbaum-Gedicht in den Sonetten an Orpheus: »Zu unterst der Alte, verworrn ...« verwendet) hatte von jeher Rilkes Geist beschäftigt. Das Naturphänomen in Salenegg mußte gerade in jener Zeit einen tiefen Eindruck auf ihn machen. Rilke hielt sich für den letzten Sproß eines alten Hauses, mit dessen Verschwinden auch der Stamm selbst absterben würde. Er war der letzte männliche Nachkomme seines Urgroßvaters, und der Name Rilke sollte mit dem Dichter dieses Namens aussterben. In den Nöten seiner gefährdeten Gesundheit, aber mit seinem Le-

bensmut, der auf die nie ganz enttäuschende Natur vertraute und
an »die Souveränität des Wunders« glaubte, war das Schicksal
des aus seinem eigenen Absterben neues Leben zeugenden Wei-
den- und Wappenbaumes ein willkommener Anlaß für Rilke, ein
ganz auf Hoffnung und Zuversicht gestimmtes Gedicht zu schreiben. Hier stehe es:

DIE WEIDE VON SALENEGG

Einstens pflanzten sie die Wappen-Weide,
eine Frage an der Zukunft Heil.
Lebende und Tote, schien es, beide
nahmen an des Wachsthums Hoffnung theil.

Sie gedieh. Der Erde Kraft bejahte
das dem Baum verbundene Geschlecht:
jedesmal wenn sich ein Frühling nahte
gab der Himmel seinem Antrieb recht.

Wie nicht an des Baumes Überwinden,
wie nicht an des Stammes Überstehn
einen Glauben, eine Deutung binden?
Wenn wir ein Vertrautes dauern sehn,

Dauern wir mit ihm; so wuchs der Baum.
Aus dem immer stärkern Stammgebäude
warf er jährlich seine grüne Freude
in den freudig zugestimmten Raum.

Aber wachsen heißt auch Altern. Endlich
gab die greise Baumgestalt sich auf,
und mit Sorge sah man unabwendlich
den sich still erschöpfenden Verlauf.

Des vergreisten Stammes Rinde klaffte:
man gewahrte durch den dürren Riß
mehr und mehr die ganz unwesenhafte
saftverlaßne leere Finsternis.

Unter Sturm und Überwintern immer
weiter offen stand die Höhle lang,
schließlich zog in dieses schwarze Zimmer
obdachlos ein fremder Untergang.

272

Nur durch einer letzten Wurzel Leitung
(in dem Hohlraum hängend, wie verjährt)
schien des heitern Laubes Zubereitung
noch für eine kleine Zeit gewährt.

Niemand achtete der welken Fäden,
selbst des Gärtners Sorgfalt täuschten sie,
denn wir leben näher an den Schäden,
als an eines Wunders Melodie.

Dies vollzog sich dennoch. Wunderbares
atmete im Armsein des Verfalls;
heimlich stieg die Stimme jedes Jahres
innen auf und stärkte diesen Hals.

Langsam markte er sich aus zum Stamme,
und nun steht die Wandung, die verfällt,
schützend da, wie man um eine Flamme,
welche kämpft, die hohlen Hände hält.

*Envoi: Möge nun des starken Baumes Häutung
weithin für den Stammbaum gültig sein:
mit dem Baum erneut sich die Bedeutung*
und der heimlich wirkende Verein.

Wie eine große, freudige Bejahung des Lebens steht dieses Gedicht, dessen Form, ähnlich wie die der in Berg am Irchel im Winter 1920-21 entstandenen, nicht aus Rilkes bester Inspiration
stammt, nah am Ende seiner irdischen Laufbahn.[32] Er hatte die
Hoffnung auf ein harmonisches, künstlerisch fruchtbares Alter
nicht verloren. Die Erinnerung an den greisen Rodin hatte auch
damals noch eine Art Beweiskraft für ihn, »daß man Zeit haben
wird und daß man sich, hart und geduldig, auf die Meisterschaft
zu bewegt, wenn das Leben nicht zu früh unterbrochen wird. –
Aber ach«, fügt er nachdenklich hinzu, »man muß nicht zu lange
dauern wollen, weder die Einzelnen, noch die Familien; . . . für
die überdauernden Dinge ist die Natur milder. Die ›dementia se-
nilis‹ von Muzot, – wenn die Menschen sie nicht ungeschickt verhindern oder ablenken –, kann noch ein freundlicher und unge-
trübter Zustand sein, der die Vögel und die Rosen nicht erschrek-
ken wird«.[33]

In den ersten September-Tagen weilt Rilke wieder bei seinen

Wiener Freunden Weininger in Ouchy am Genfer See. Von dort aus besucht er Valéry, der sich damals auf dem savoyischen Ufer aufhielt und mit dem er sich über das Narziß-Fragment und über gewisse Schwierigkeiten unterhält, denen er bei seiner Übersetzung dieses Werkes begegnet war. – Es war das letzte Zusammentreffen der beiden Dichter, und Valéry fand Rilke in aufgeräumter, gesprächiger Stimmung. Natürlich bietet nun auch dieser Aufenthalt Gelegenheit zu neuen Begegnungen mit Edmond Jaloux in Lausanne. – Im »Bellevue« in Sierre finden, Anfang Oktober, Freunde, die ihn besuchen kamen, Rilke nicht besser, aber auch nicht kränker als in früheren Jahren, wenn er zeitweise weniger gut disponiert war. Er sagte ihnen, daß er sich nun wieder ganz seinen früheren Erinnerungen und Eindrücken aus Rußland zuwende und sich von seiner neuen Sekretärin, einer Russin, die Memoiren des gewesenen Intendanten der kaiserlichen Theater, Fürsten Wolkonski, auf russisch vorlesen lasse. Übrigens geht aus diesem Hinweis der Grad der Vertrautheit Rilkes mit dieser Sprache hervor. Es fiel seinen Besuchern auf, daß Rilke sie nicht zum Bahnhof begleitete, wie es sonst seine Gewohnheit war, sondern nur aus dem Fenster des Hotels Abschied winkte – was aber auch nicht einen besorgniserregenden Eindruck auf die Scheidenden machte.

Rilke erkrankte, nachdem er sich in seinem Garten in Muzot, beim Rosen Schneiden, Verletzungen durch Dornen an zwei Fingern zugezogen hatte, die eine eiternde Infektion und starke Schmerzen zur Folge hatten. Es waren die ersten Symptome einer akuten Leukämie, wie sich bald herausstellen sollte. Rilke schrieb noch am 30. Oktober, er möchte während des Winters »im Leben« bleiben und nicht die endlosen Monate in Valmont wiederholen. Aber der ganze Brief klingt sehr unglücklich, Rilke sagt, er habe große Mühe, sich von seiner Indisposition zu erholen. Im Hotel stört ihn der Lärm, den Arbeiter vollführen. Doch hat er Angst, nach Muzot zurückzukehren, obschon er am liebsten sich zu Hause einschließen möchte. Aber könnte er, angegriffen wie er sich fühlt, »l'*endroit rude et solitaire*« ertragen? »*Et puis, et puis . . . je filerai vers la mer, vers le midi de la France . . . Peut-être qu'un grand changement me sauve de tous les démons dont je suis le jeu par trop facile.*« [34]

Am 7. November erschien Rilkes letzte Publikation: es war die in den Spalten der Neuen Zürcher Zeitung abgedruckte Übersetzung des Prosastücks *Tante Berthe* von Paul Valéry. –

Die Krankheit breitete sich rasch aus, die neu auftretenden Schwellungen der Mund- und Nasenschleimhäute verursachten ihm nun Halsbeschwerden und einen furchtbaren Husten. Es sei keine Erkältung, berichtet Rilke, er habe weder Fieber noch Kopfschmerzen, es sei ein »Luxushusten«, ähnlich wie Keuchhusten. Auch die Verdauungsorgane waren nicht in Ordnung. Der Dichter hat den Eindruck, er habe »eine schwere Vergiftung oder eine Grippe« gehabt, er fühle, daß seine Natur »*se débarrasse de quelque chose*«. Doch will er keinen Arzt sehen und keine Medikamente nehmen. Dabei ist es ihm arg, die Pflege seiner Sekretärin in Anspruch nehmen zu müssen. Der stets beschäftigte Mann teilt im gleichen Brief mit, er lese mit großem Interesse den Roman *Le démon impur* seines französischen Übersetzers Maurice Betz.[35]

Noch ein Brief von des Dichters Hand an Frau Wunderly – dann gibt ihr seine Sekretärin, Fräulein Genia Tschernoswitow, am 1. Dezember Nachricht von der Verschlimmerung, die in seinem Befinden eingetreten war: »Ich schreibe Ihnen im tiefsten Kummer. Herr Rilke ist seit gestern Nachmittag wieder in Valmont. Ich habe ihn hinaufbegleitet . . . Dieses Warten auf eine Besserung, die nicht kam, die Schmerzen, die Tag für Tag ärger wurden, – was für ein Albdruck! Ich werde Ihnen von den Leiden der letzten vierzehn Tage nie einen Begriff geben können, der sich der Wirklichkeit nähern würde. Seit letzten Samstag, wo er Dr. T. gesehen hat, litt Herr Rilke grauenhaft; erst gegen Ende des Nachmittags hatte er einen Augenblick Ruhe, – aber der Abend, aber die Nacht, aber der Morgen, besonders der Morgen! – Da es ihm schrecklich zuwider war, einen neuen Arzt – wer er auch sei – in sein Leiden und in seine Befürchtungen einzuweihen, erblickte er in seiner Übersiedelung nach Valmont die einzige Zuflucht. –

. . . Als ich ihn gestern abend verließ, war er aschfahl und konnte er in keiner Lage Ruhe finden . . .

Während der ganzen letzten Zeit in Sierre war er von einem außerordentlichen Mut, und trotz seiner Schwäche vor dem körperlichen Schmerz – die er offen eingesteht – kämpfte er wie ein starker Mann.

P. S. Wegen der zu starken Schmerzen konnte er heute morgen noch nicht untersucht werden. Ihn in diesem Zustand zu verlassen, ist unsagbar schrecklich.«[36]

Während der ersten Tage wurde Rilke in Valmont von einem andern als seinem gewohnten Arzt behandelt, der erst am 9. Dezember von einem medizinischen Kongreß aus dem Ausland zurückkehrte. – Seine Krankheit wollte er abgeschlossen von aller Welt durchmachen. Das einzige, was vor der Todesnachricht die Öffentlichkeit von ihm erfuhr, war eine kurze Zeitungsnotiz, Rainer Maria Rilke habe seine Wahl in die Deutsche Dichterakademie abgelehnt. Bis zuletzt ist er seiner Freiheit treu geblieben. – Am 8. Dezember schrieb er mit Bleistift einen Brief an Frau Wunderly, dessen Schrift äußerst mühsam und ganz unregelmäßig, beinahe unkenntlich ist. Die Empfängerin begab sich unverzüglich nach Valmont. Rilke hatte ihr geschrieben (am Morgen):

»*Très Chère,*
 jour et nuit, jour et nuit: . . . l'Enfer! on l'aura connu!
 Merci que de tout votre être (je le sens) vous m'accompagnez dans ces régions anonymes.
 Le plus grave, le plus long: c'est d'abdiquer: devenir ›le malade‹. Le chien malade est encore chien, toujours. Nous à partir d'un certain degré de souffrances insensées, sommes-nous encore nous? Il faut devenir le malade, apprendre ce métier absurde sous l'oeil des médecins. C'est long! Et je ne serai jamais assez rusé pour ›en tirer profit‹. Dans cette affaire je perds.« [37]

Der Rest des Briefes ist deutsch. Er enthält verschiedene Aufträge und Bestellungen. Rilke schreibt, er müsse für die Auslage in Valmont vorderhand Werner Reinharts Hilfe in Anspruch nehmen, und was die Anlage seines kleinen geerbten Vermögens betreffe, möchte er einem Vorschlag des Wiener Freundes Weininger zustimmen und eine diesbezügliche, von diesem aufgesetzte Erklärung unterschreiben. Nur könne er »jetzt nichts veranlassen, nicht mal richtig signieren. An alles Geschäftliche zu denken unmöglich«. Da er vor kurzem zur Mitwirkung bei der Gründung eines internationalen Literaturpreises aufgefordert worden war, schreibt er noch, er könne, krank wie er sei, in dieser Sache vorderhand nichts versprechen, obgleich er bereit wäre, sich mit Valéry in das Preisrichteramt zu teilen – wenn sich das machen ließe.

Vom gleichen Tag (einige Stunden später) ist der Schluß des Briefes, wo außer neuen Aufträgen in Klammern die Worte stehen: »*encore un autre chapitre d'Ènfer depuis ma lettre de ce ma-tin!*« Die letzten Worte: »*Le Dr. Théodore Haemmerli doit ren-trer demain. Quelle surprise que je lui ménage là.*

Le pauvre,

Adieu, Chère,

Merci Merci

R.«

In Valmont waren die Ärzte, die Pflegerin und Frau Wunderly die einzigen Zeugen des langen, schweren Sterbens. Besuche, von wem es auch sei, auch von den ihm im Leben früher Nächsten, verbat sich der Kranke wiederholt fast flehentlich. Der Gedanke, man könnte ihn in diesem Zustand besichtigen und bemitleiden kommen, war ihm ganz unerträglich. Auch den Wunsch, keinen Priester zu sehen, äußerte er von neuem. Mitten in den furchtba-ren Qualen, die er litt, beschäftigte ihn der Gedanke an seine Reise nach Südfrankreich, ans Mittelmeer, unablässig. Er dik-tierte mit seiner gewohnten Genauigkeit alle Bestellungen an die Haushälterin in Muzot: er wünschte vor allem Wäsche und eine Menge Bücher für die Reise, die er so bald wie nur möglich antre-ten wollte.

Seine Äußerungen zu den letzten Vertrauten, die ihn umgaben, wechselten mit der Situation und mit dem Zustand des Leidens. Mit dem freudigen Ausruf: »Sie bringen mir das Leben!« emp-fängt er bei ihrer Ankunft in Valmont die fürsorgliche Freundin. Ein anderes Mal aber: »Verhelfen Sie mir zu meinem Tod, ich will nicht den Tod der Ärzte – ich will meine Freiheit haben!« Und in der Hölle der Krankheit findet er die Kraft zu sagen: »Vergessen Sie nie, Liebe, das Leben ist eine Herrlichkeit!« –

Wenn Weihnachten näher kommt, verlangt er einen Schreib-block und einen Bleistift, um einigen Freunden und Freundinnen Nachricht zu geben; keiner dieser ziemlich zahlreichen, aber mühsam, mit schmerzendem, verbundenen Arm, bei hohem Fie-ber geschriebenen Zettel ist im wörtlichen Sinn ein Abschieds-brief; und doch waren diese letzten Zeilen treuen, unsäglich trau-rigen Gedenkens fast unmißverständlich für die, die sie erhielten. Krankheitsberichte durften nur an Lou Andreas-Salomé ge-schickt werden, der Rilke eine fast übernatürliche Fähigkeit zu-traute, die Vorgänge in seinem Körper und das Wesen seiner Krankheit zu verstehen; drei Briefe kamen von ihr, aber keiner enthielt die Lösung des Rätsels, das ihn beschäftigte – und ein

277

trauriges Kopfschütteln war alles, als er den Brief der alten Freundin in der Hand hielt. – Nein, Menschen konnten ihm nicht mehr helfen . . .

Während sich bei seinen früheren Erkrankungen Symptome im Blut nicht feststellen ließen, konnte nach Rilkes Ankunft in Valmont eine akute Leukämie diagnostiziert werden – eine unheilbare Krankheit, die bei ihm eine besonders schwere, dem gewöhnlichen medizinischen Bild fremde Form angenommen hatte. Der Krankheitsbeginn war zwar so, wie er bei der akuten Leukämie oft vorkommt: daß sich an der äußeren Stelle einer leichten Körperverletzung eine septische Hautinfektion einstellt. – Für Rilke war es ein tröstlicher Gedanke, daß sein Leiden von einer Verletzung an einem Rosendorn herrührte. – Während des Krankheitsverlaufs bildeten sich schwarze Blasen an verschiedenen Stellen seines Körpers, die aufbrachen und bluteten; die Nasen- und die inneren Mundschleimhäute waren bis in die Speiseröhre hinein mit solchen kleinen Blasen besetzt, so daß es schwer wurde, den furchtbaren Durst des Kranken zu stillen. (Man versuchte, ihm durch kleine Glasröhren Flüssigkeit zuzuführen.) – Nach dem Zeugnis des behandelnden Arztes hat er furchtbare Schmerzen gelitten. – Die schwarzen Geschwüre wurden täglich abgetupft und der Geschwürsgrund behandelt, dann leicht kokainisiert (auch im Innern des Mundes). Er hatte noch zweimal gewünscht, rasiert zu werden, was mit großer Mühe geschah. Die Pflegerin und Frau Wunderly mußten ihm abwechselnd vorlesen; wenn an den Nachmittagen Frau Wunderly aus einem Band der *Cahiers verts,* oft stundenlang, laut las und, wenn sie glaubte, der Kranke schlafe, innehielt, rief er mit fast herrischer Stimme: »*Continuez!*«

Den heimkehrenden Arzt, Dr. Haemmerli, hatte er mit den Worten begrüßt: »Lieber Freund, wie gut, daß Sie da sind, daß Sie wissen, was es ist und ich doch sicher bin, daß Sie es mir nicht sagen.« Und ein anderes Mal: »Es ist mir ein Trost, daß Sie wissen, was für unerhörte Qualen ich leide.« Worte des Trostes lehnte er unbedingt ab, er wollte, daß man dieses Leiden wisse. Rilke beurteilte seine Krankheit nicht nach medizinischen und anatomischen Maßstäben. Er glaubte, es hätten sich ungeheure Geschehnisse in ihm aufgestaut, die nun diesen körperlichen Ausbruch zum Vorwand für ihr Hervortreten nahmen: »Wir waren so wunderbar gute Freunde, mein Körper und ich; ich weiß gar nicht, wie es kam, daß wir uns getrennt haben und einander fremd wurden. Seit zwei Jahren habe ich das Gefühl und die absolute Gewißheit gehabt, daß etwas ins Unermeßliche aufsteigt, das nun ausbricht.« – Das Auftreten der Geschwüre hatte ihn erschreckt, aber auch in der Auffassung bestärkt, daß es für jeden Menschen seine besondere und eigentümliche Krankheit gebe. Auch wollte er durchaus nicht wissen, an welcher Krankheit er litt. An bakterielle Ursachen glaubte er nicht; auch dieses Furchtbarste noch sublimierte er, wie er alles sublimiert hatte im Leben, und verlegte es in den Ablauf eines metaphysischen Vorgangs. Er wünschte nicht, daß man ihm Verschlechterungen mitteile, noch daß man ihm Medikamente oder Betäubungsmittel gebe. (Während der Behandlung wurde darauf geachtet, daß die notwendige Schmerzdämpfung durch narkotische Mittel die Grenzen der Bewußtseinstrübung nicht überschritt.) Nur mit Mühe konnte man ihn dazu bewegen, den Besuch eines Konsiliarius zu empfangen; Dr. Haemmerli mußte ihm versprechen, daß es ein Arzt sei, der nicht den Dünkel habe, seine Krankheit wie ein Schulmeister einzuordnen: »er soll nur, wenn Sie es wünschen, das Blut für sich anschauen, aber um Gottes willen keine professionelle Erklärung machen wollen. Denken Sie, wie schrecklich es wäre, wenn irgendein Pedant kommen und dies alles zerstören würde, mit der banalen Tröstlichkeit einer Medizinervisite.« – Es kamen zwei Professoren, aus Zürich und aus Leipzig, der letztere im Auftrag des Insel Verlags, zu Konsultationen an das Krankenbett des Dichters. – Ärztliche Untersuchungen bereiteten ihm die größte Qual. Er war buchstäblich nur noch ein Geschundener.

In Rilkes Gesprächen mit seinem Arzt kam immer wieder die Sorge zum Vorschein, daß dies niemandes Krankheit sei. Seine alten Vorstellungen von Krankheit und Tod als von geheimnisvollen, großen Ereignissen, die irgendwo ihren tiefen Grund und Sinn haben und sich deshalb an verschiedenen Menschen nicht einfach wiederholen können, scheinen seinen Geist bis zuletzt unablässig beschäftigt zu haben. Merkwürdig, erzählt Dr. Haemmerli, seien diese Gespräche gewesen, die immer bis an die Grenze gingen, wo der Kranke vom Tod das Wort hätte sprechen müssen und er plötzlich behutsam abbrach – aus Angst, vielleicht, man könnte das Unfaßbare mit einem medizinischen Ausdruck präzisieren oder gar mit einem Trostwort unterbrechen. Es sei jedesmal schön und ergreifend gewesen, wenn beim Eintreten des Arztes in sein Zimmer Rilke zu ihm sagte: »Sie sind da, lieber Freund. Nicht wahr, Sie halten alles fern.« – Einige Male, an den zwei letzten Tagen, sagte er zu seinem Arzt: »Vielleicht wird die Lou Salomé doch begreifen, woran es gelegen hat.« Nur von ihr glaubte er, daß sie die Ursachen dieses Krankheitsverlaufs verstehen könne. – – –

Die vorstehende Schilderung verdanke ich Dr. Haemmerli, der sie mir diktiert hat. Da dieser kurze Wochen nach Rilkes Tod, am 25. Februar 1927, für die Fürstin Marie Taxis einen ausführlichen Bericht über Rilkes letzte Krankheit verfaßt hat, lasse ich hier (in deutscher Übersetzung) einen Teil dieser Ausführungen des behandelnden Arztes folgen: » . . . Es handelt sich um eine sehr seltene Affektion, die sich bei Rilke in einer besonders schmerzhaften Form in den Därmen lokalisiert und daraufhin auf der Haut schwarze Geschwüre wie bei einer allgemeinen Sepsis hervorgetrieben hat. Nachher ergriff diese Eruption die Mund- und Nasenschleimhäute; kurz, unser armer Freund litt während drei Wochen unter den schmerzhaftesten Erscheinungen. Eine einfache Pflegerin aus Lausanne, die er gern hatte, betreute ihn, und Frau Wunderly, die in Valmont wohnte, war täglich mehrere Stunden bei ihm. Trotz seinem leidenden Zustand hatte er bis zu den drei letzten Tagen seiner Krankheit nie den Gedanken, man könnte ihn nicht retten. Er machte sogar den Plan, diesen Winter am Meer zu verbringen. Der Gedanke, sterben zu müssen, war ihm so schrecklich, daß er ihn von sich wies und nicht einmal fragte, an welcher Krankheit er leide, und nicht ein einziges Mal sprach er von der Möglichkeit des Todes, obschon wir jeden Tag – wenn ich auf seine Bitte allein bei ihm verweilte – sehr vertraulich von seinem Zustand und von seinen Freunden miteinander sprachen. Im Verlauf dieser Gespräche bat ich ihn, mir zu erlauben, Ihnen Nachricht zu geben, und auch Frau Wunderly bat ihn darum, aber dieser Gedanke entsetzte ihn; er hatte den einzigen Wunsch, niemanden zu sehen, der in ihm den Gedanken an den Ernst seines Zustandes hätte aufregen können, den er mit Willen vor sich selber verbarg. Ich habe in der Tat den Eindruck, daß er jeden Morgen sehnsüchtig von mir die Versicherung erwartete, man könne ihn retten . . . Die letzten acht Tage lag er ruhig, mit halbgeschlossenen Augen, klaren Geistes, trotz einem Fieber von fast ständig 40°. Bis zum fünften Tag vor seinem Tod bat er die

Pflegerin, ihm am Nachmittag ein wenig vorzulesen, keine tiefe Lektüre, sondern eher Nachrichten aus literarischen Zeitschriften, der *Revue des deux Mondes* usw. Den größten Teil des Tages zog er es vor, ruhig und ohne die Augen zu öffnen nachzudenken.

Er schickte sich in seine Krankheit gleichsam wie in ein unvermeidliches Mysterium, das man nicht zu sehr analysieren sollte. – Am Morgen, nach der Behandlung seiner Wunden und nach der Untersuchung, liebte er es, wenn ich bei ihm blieb, sei es einfach daß ich ihm seine Hände hielt und ihm meine Gesichtspunkte über seine Konstitution, seine Krankheit und vor allem die Möglichkeiten einer Genesung darlegte, sei es, daß er selber mir seine Gedanken über die Medizin und über die Ärzte und vor allem über das, was in seinem Innern vorging, mitteilte. Da ich ihn sehr oft und lange behandelt hatte, kannte ich seine völlig ablehnenden Meinungen über die medizinische Wissenschaft; es war diesem armen Freund angenehm, in aller Offenheit davon sprechen zu können, da er wußte, daß mich dies nie verletzte und auch nicht die Einbildungskraft des Mediziners zu seiner Rettung lähmen würde.

Wie Sie vielleicht wissen – und auch er wußte es –, war er in dieser Hinsicht ganz unlogisch. Es war ihm lieb, daß man seine Ideen kannte und trotzdem in seinen Bemühungen fortfuhr, unter der Bedingung, daß man ihn nicht fühlen ließ, daß das, was man tat, in einem Gegensatz zu seinen Meinungen stand . . . Wenn wir uns geeinigt hatten, ergriff er immer meine Hände und sagte mit ermutigendem Tonfall: ›Ja, mein lieber Freund, nun wollen wir alles so tun.‹

An den zwei letzten Tagen war er äußerst schwach. Am 28. Dezember begann er von 3 Uhr an zu schlummern, und er bat uns, ihn so lange wie möglich in diesem Zustand zu lassen, ohne ihn vollständig sein Bewußtsein verlieren zu lassen. Wir hatten verabredet, daß er meine Hände drücken würde, anstatt zu antworten, denn Antworten brachten ihn außer Atem. Man konnte durch Zuführung von Sauerstoff diese Atembeschwerden gut beheben. Er schlummerte so bis gegen Mitternacht, als er das Bewußtsein verlor; während dreieinhalb Stunden lag er noch so mit geschlossenen Augen da, ruhig aber immer schwächer atmend. Um 3 Uhr 30 hob er ein wenig seinen Kopf mit groß geöffneten Augen und fiel tot in meine Arme zurück. Frau Wunderly und die Pflegerin waren im Zimmer.«[38] – – –

Die Frage ist erlaubt, ob nicht gewisse Widersprüche in den Berichten über Rilkes letzte Krankheit vorhanden sind. Dr. Haemmerli war überzeugt, daß sein Patient bis drei Tage vor seinem Ableben ans Sterben nicht gedacht habe, oder doch, daß ihm der Gedanke an einen frühen Tod schrecklich war und er sehnsüchtig auf einen ermutigenden Bescheid des behandelnden Arztes wartete. Es ist auch erwiesen, daß er noch von seinem Schmerzenslager aus Anordnungen traf, um nach dem Süden reisen und den Rest des Winters in einem milden Klima am Mittelmeer zubringen zu können. Ferner hat Rilke in keinem seiner vorweihnachtlichen, kurzen, mühsam mit Bleistift geschriebenen Grüße an die ihm nahestehenden Menschen ein Wort des Abschieds gesagt oder eine Andeutung über die hoffnungslose Schwere seiner Krankheit gemacht. Trotzdem hatte ich, als ich in Paris an einem Tag in der zweiten Hälfte des Dezembermonats eine dieser freundschaftlichen Karten las, das Gefühl, daß Rilke todkrank sei; man konnte seine traurigen Worte kaum anders auslegen. Auch hat Rilke zu Frau Wunderly das Wort vom Tode gesprochen: »Verhelfen Sie mir zu meinem Tod – ich will nicht den Tod der Ärzte – ich will meine Freiheit haben.« An der Wahrhaftigkeit dieses Berichtes seiner vertrautesten Freundin kann nicht gezweifelt werden. Aber warum sollte er nicht trotzdem immer von neuem die Hoffnung gehegt und in sich genährt haben, der Arzt könne ihn retten? Vom Arzt erwartete er, daß er ihm helfe, und er selber wollte dem Arzt dabei behilflich sein. Rilke stand in einem Alter, das bei einem gesunden Mann das beste Mannesalter ist: am 4. Dezember hatte er sein 51. Lebensjahr vollendet. Seine Sensibilität, die außerordentlich empfindlich war, hatte trotzdem keinen Zug zur Hypochondrie. Wir wissen, daß er gern gelebt hätte; als er sich im Herbst schon sehr schlecht fühlte, rief er gleichsam den alten Rodin zum posthumen Zeugen auf, daß das Alter eines Künstlers noch fruchtbar sein könne. Rilke war sich aber auch bewußt, daß er alle Höhen und alle Tiefen des Lebens gekannt hatte und daß vielleicht das Leben ihm nichts wirklich Neues mehr zu bieten vermochte. Aber es war bis zuletzt seine Überzeugung, daß das Leben eine Herrlichkeit sei. Er sehnte sich sicher nicht danach, es zu verlassen, ja er sträubte sich gegen das grausame Verhängnis, aber er mußte allmählich fühlen, daß das Leben ihn verließ, und Dr. Haemmerli selbst schrieb der Fürstin Taxis (und sagte auch mir), drei Tage vor seinem Tode habe der Kranke in seinem Innersten gewußt, daß er sterben werde. Rilkes eigentümliche Einstellung zum Kranksein und seine Abneigung gegen die medizinische Auffassung vom Kranksein war es vor allem, die ihn wünschen ließ, der Arzt möge ihm nicht sagen, an welcher Krankheit er litt; die mit einem fremden Namen beschriebenen Etiketten, die die Wissenschaft an die verschiedenen Krankheiten heftet, waren ihm in der Seele zuwider. Nach einer Aussage Dr. Haemmerlis, die ich unter seinem Diktat niederschrieb, bat ihn Rilke an einem der letzten Krankheitstage: »Nicht wahr, Sie sagen mir nicht, wie es mir geht. Wenn Sie hereinkommen und ich schlafe, sprechen Sie mich nicht an. Aber drücken Sie mir die Hand, damit ich weiß, daß Sie da sind, und ich drücke Ihnen wieder die Hand – so in dieser Form – dann wissen Sie, daß ich wach bin. Wenn ich Ihre Hand nicht drücke, versprechen Sie mir, mich aufzusetzen und etwas zu tun, damit ich wieder an meine Grenze komme.« –

Am 29. Dezember 1926, einem Mittwoch, in einer frühen Morgenstunde, ist Rainer Maria Rilke gestorben. Als einer der Anwesenden das Fenster öffnete, wehte vom Genfer See durch die Winternacht ein kalter Wind herüber.

Denen, die sie gesehen haben, hat die Leiche dieses Dichters einen tiefen Eindruck hinterlassen: das magere, fast braune Gesicht, auf dem die Brandblasen schwarze Flecken hinterlassen hatten, die wunderbare Stirn, die den entschwundenen Geist in ihrer edlen Fassung noch auszudrücken schien, am Kinn der neue Bart beinahe schwarz, und die schweren, über das große Geheimnis gesenkten Lider – ein hieratischer Kopf wie von einem vornehmen Perser oder Inder, von einem Weisen, der von weit her gekommen war für ein kurzes Leben und der jetzt, nach überstandenem Martyrium, unfaßlich leblos auf seinem Sterbebett lag . . . Ein kleines, silbernes russisches Kreuz, das er im Leben immer bei sich getragen hatte, schmückte die Brust des Toten. Zweige von einem Lorbeerbaum, der zu jener Zeit mitten im Schnee in Valmont blühte, umrahmten sein Antlitz.

In einer rauhen Winternacht wurde der Sarg aus der Klinik getragen und auf einen Schlitten gehoben. Die drei Menschen, die ihn mit aufopfernder Treue bis zu seinem letzten Atemzug gepflegt und umgeben hatten, geleiteten den Toten bis zu einer Kapelle, wo er aufgebahrt wurde. Das alte Jahr verging, ein neues begann, ehe er diese Stätte wieder verließ. In einem Automobil

Rilkes Grab an der Kirche zu Raron
Phot. E. Gyger

wurde die sterbliche Hülle des Dichters ihrer letzten Ruhestätte zugeführt.

Dem Wunsch und Willen Rilkes entsprechend, hatten die Zürcher Freunde am Fuß der Kirche von Raron für ihn ein Grab »auf ewige Zeit« ausbedungen. Zwar hatte er sie testamentarisch mit der Bereitung seiner Grabstätte und mit der Regelung seiner gesamten in Muzot aufbewahrten Hinterlassenschaft betraut; über die Form seines Begräbnisses jedoch hatte Rilke nichts Bestimmtes verfügt. Daß dieses katholisch sein würde, ergab sich aber aus der Lage des Grabes an der Mauer des alten Kirchleins zu Raron und aus der angestammten Religion des Dichters von selbst. Diese hochgebaute Bergkirche und ihr schlichter Friedhof, von dem aus Rilke einst mit zustimmendem Herzen das weite Tal und die silberne Rhone bewundert hatte, waren ihm als die Ruhestätte erschienen, der er seinen müden Leib, wie einer Heimaterde, anvertrauen durfte.

Sonntag, den 2. Januar 1927, waren die Freunde des Dichters, die die Reise nicht gescheut hatten und eine trauernde Welt vertreten mußten, in dem kleinen Walliser Bergdorf versammelt. Ohne Gepränge, ohne offizielle Ehrungen, wie es sich für einen in seinem Leben fern von allen irdischen Eitelkeiten wohnenden Toten geziemte, wurde Rainer Maria Rilke zur Erde gebettet. »Das Wallis ist voller Glockengeläute, eigentlich voller Glockenspiel und Melodie. Fast erschrocken schaut das Auge zu den Türmen, wo Männer schwindelfrei auf den Glocken stehen und über die Turmmauern hinausschwingen. Vier Männer tragen den Sarg den vereisten, steilen Fußpfad in das Kirchlein von Raron, ihnen voran der Gemeindeammann mit dem hölzernen Kreuz. Es gilt, die schönen, uralten Gebräuche zu achten. Keine Seele von Raron kennt den Dichter, und doch, wieviel Ehrfurcht umgibt den Toten.«[39] – Während der stillen Messe war der Sarg in der Kirche aufgebahrt. Orgelspiel und die Meistergeige Alma Moodys erfüllten den Raum mit der Musik Johann Sebastian Bachs. – Mit Mühe hatten die derben Totengräber die vereiste Erde für das Grab aufgebrochen. Nach Bauernsitte bildeten Kinder einen Kreis um die offene Grube. »Ohne Schonung kollerten und hämmerten die steinigen Erdknollen auf den versenkten Sarg. Aber wen die Härte dieses Augenblicks erschütterte, den mochte dafür der Anblick der ländlichen Kinder trösten, die während der Grablegung des Fremdlings mit rührender Ausdauer die schweren Kränze in frostblauen Händen so hoch hielten, daß sie die Erde nicht berührten, bis wir die Kränze auf das Grab senkten, nicht, daß sie es überbürden, sondern übergrünen.«

Im Auftrag des Schweizerischen Schriftstellervereins und der Schweizerischen Schillerstiftung sprach Eduard Korrodi Worte der Rühmung, der Trauer und des Abschieds:[40] » . . . Ein paar Menschen nur stehen wir am Grab des doch von ungezählten Menschen geliebten Dichters. Sein höfliches Herz hat die ihm sehr Entfernten und ihm doch so Nahen nicht an sein Grab berufen noch bemühen wollen, indem er zwischen sie und sich die Ferne setzte, die ihm nie ›schwierig‹ war. Jeder von uns ist darum Stellvertreter für viele ungestillte, über weite Länder ausgesäte, durch die Frage verbrüderte Gemüter, wo denn der nie Beheimatete auf ›ewige Zeit‹ herbergen sollte. Wenn ich in irgendwelchem Namen ein gefühltes Wort wage, in welchem Auftrag dürfte ich es denn, wenn nicht im Namen der Namenlosen, die einer Stimme, sei sie noch so unzulänglich, Trauer und liebende Empfindung anvertrauen, dem Toten in die aufgewühlte Erde nachrufen möchten, daß Liebe, ›die die Welt überwiegt‹, unverbrüchlich an ihm hängt, an ihm, der aus Großmut nie versäumte, Menschen auf- und anzunehmen, die nun über sein Nichtmehrsein mit der ihn übertönenden und überdauernden Fuge seines Werkes sich müssen trösten lassen.« – Mit einem Wort wandte sich der Redner auch an »jene, mit deren lieben Toten der Fremdling in die Gemeinschaft der Erde eingeht«. Er legte den Wallisern diesen Edelmann, diesen Dichter ans Herz, »vor dem jeder preisende Laut verstummt« und der in seinen *Quatrains Valaisans* ihr Land gepriesen hat, in dessen ländlichem Frieden er von seinem großen, stillen Leben ausruhen wollte. – In den deutschen Lauten – die in Raron die heimischen, treu bewahrten bleiben – wollte der Redner von Rainer Maria Rilke scheiden, der im französischen Gedicht das Wallis besungen hatte. Er schloß seine Abschiedsworte mit den Versen aus der Ersten Elegie:

Schließlich brauchen sie uns nicht mehr, die Frühentrückten,
man entwöhnt sich des Irdischen sanft, wie man den Brüsten
milde der Mutter entwächst. Aber wir, die so große
Geheimnisse brauchen, denen aus Trauer oft
seliger Fortschritt entspringt: – K ö n n t e n wir sein ohne sie?

Für die Freunde aus dem französischen Landesteil sprach René Morax, als er am Rand des offenen Grabes die Worte sagte:

»Adieu, grand poète!«

Über diesen Liebling der Menschen schloß sich die rauhe Wintererde eines schlichten Landfriedhofs. Der Dichter war seinem größten, dem endgültigen Alleinsein zurückgegeben. Ihm, der im Leben nie eine Wohnstätte dauernd für sich in Anspruch genommen hatte, war von seinen Freunden ein Grab »auf ewige Zeit« ausbedungen worden.

*

Über alles Erwarten groß war die Bewegung und Trauer, die der Hingang Rainer Maria Rilkes überall hervorrief. Es ist unmöglich, das große Echo einzufangen, das damals auf die Totenglocke eines fernen Bergkirchleins antwortete. Wenige Beispiele nur gibt es in der Geschichte der Dichtung, die von einer so einstimmigen, in fast allen Ländern Europas irgendwo, von irgendwem ausgesprochenen oder niedergeschriebenen Verehrung eines Dichters zu berichten wüßten. In Österreich und in der Tschechoslowakei, in Deutschland und in der Schweiz, in Frankreich, in Italien, in den skandinavischen Ländern, in Polen, selbst in England, das Rilke nie gesehen hatte, erhoben sich Stimmen zur Klage und Huldigung. Viele Zeitungen und Zeitschriften widmeten Rilke Gedenkblätter oder Sondernummern. Alle enthielten Nachrufe. In zahlreichen Städten wurden Gedächtnisfeiern abgehalten. Im Theater in der Josephstadt, in Wien, wurde am 23. Januar 1927 eine Szene zur Totenfeier für Rainer Maria Rilke von Alexander Lernet-Holenia aufgeführt. In Paris sagte Edmond Jaloux seinen Lesern noch einmal von diesem Dichter, »in welchem Grad seine Gegenwart eine Ausnahmeerscheinung war; er schien in der Welt, in der wir leben, wie ein beständiges Wunder vorhanden zu sein . . . « In Zürich sprach Robert Faesi in einer Gedenkrede Worte, deren feinabgewogene Wahrheit, früher als alle Forschung, dem Bild des Dichters seine gültige Prägung verlieh:

»Verhehlen wir uns nicht: dieses Leben war Passion; ein schweres Dasein hat er leise, aber innig bejaht. Wessen Geburt unter solchen Gestirnen stand, der ist zum Dulder bestimmt. Wie sehr er Dulder war, hat er auf eine unsäglich vornehme, stolz-bescheidene, demütig-keusche Art verhehlt. Wo seine Dichtung Elegie ist: Klage, klagt sie um die Welt, nicht um ihn.

›Ich war etwas erschöpft, man kann wohl sagen angegriffen . . . ‹ ›Ich habe es augenblicklich etwas schwer . . .‹ Diese durch Abschwächung leise verratenden Geständnisse der Qual in den Aufzeichnungen des märtyrerhaften Brigge entsprechen fast wörtlich den diskret-verschleiernden Wendungen, mit welchen Thomas Manns ›Königliche Hoheit‹ die mühsam getragene Erschöpfung andeutet. Und wie der größte deutsche Erzähler unserer Tage diesen seinen Helden verstanden haben will, so müssen wir Rilke verstehen, nämlich als einen erlauchten Vertreter nicht der robusten Größe, sondern dessen, was Hoheit zu nennen ist: ›erlesener und schwermütig-isolierter Lebensformen, denen man sich gefälligst mit der zartesten Teilnahme zu nahen hat‹, als einen Helden der Schwäche, des Durchhaltens.

Wie sich bei Rilke alles verinnerlicht, so verinnerlicht sich ihm auch der Begriff der Haltung. Die gefaßte und gesammelte Würde aristokratischer Kulturen, die er in seinen dichterischen Portraits von Fähnrichen, Feldherrn und Dogen, in seinen Evokationen biblischer Könige und abendländischer Granden noch einmal zum Leben erweckt, war ihm selber zu eigen, nur ohne den leisesten Zug der Repräsentation, schlichter, stiller, keinen Augenblick übertrieben und keinen preisgegeben, doch unverkennbar.

Diese Haltung umkleidete die Fallbewegung des Schicksals, ja sein langes Sterben mit ritterlicher Standhaftigkeit. Er drängte zu keiner Zeit fort aus der bangen Umklammerung und dem Läuterungsfeuer des ›Hiesigen‹.

Ohne das leiseste Ressentiment gegen das Leben, ja in schmerzlich-zärtlicher Liebe zu ihm blieb er der Erde treu. Wahrlich, das ist eine Entscheidung von letzter Tragweite, und, wenn wir den Grad seiner Schmerzempfindlichkeit und seiner Sehnsucht erwägen, von doppeltem Verdienst. Die Erde war ihm das Gegebene, das Aufgegebene. Sein Ethos: nicht widerstreben, mehr: bereit, willig, offen sein. Es ist das passive Heldentum der Schicksalsliebe, das weibliche der Hingabe.«[41]

Was an den Nachrufen, Reden und Totenklagen auf Rainer Maria Rilke – sie mochten kommen von wo und wem auch immer – am meisten auffällt, ist ihre wahrhaft erstaunliche Einheitlichkeit. Die verschiedensten Menschen sagten Ähnliches, wo nicht Gleiches aus über das Wesen dieser einzigartigen Seele, dieses beglückenden Dichters, seiner wunderbar ausgewogenen Menschlichkeit, der Weite und Milde seines Geistes und seiner unfaßlich verfeinerten Kunst. Alle bezeugen, daß er seine Zeitgenossen Dinge sehen, Bezüge erkennen, Köstlichkeiten lieben, Abgründe ahnen, geheime Wege der menschlichen Psyche entdecken gelehrt hat, und daß er es mit einer sanften und doch sicheren Überzeugung tat. Der Tote blieb unter den Menschen wie ein Wegweiser, wie ein Sehender und ein Wissender, aber auch wie ein unnachahmliches Beispiel adeliger Art und Haltung, dem nachzuahmen nicht möglich und nicht nötig ist – wenn nur die Richtung, in die er gewiesen hat, jenen stillerer, tieferen Bezirken des menschlichen Geistes und Gemütes, die sein wunderbares Reich waren, bekräftigend zugute kommt. Vergessen wir nie dieses Wort des todkranken Dulders auf seinem Schmerzenslager: »Das Leben ist eine Herrlichkeit!«

Anmerkungen

Orthographie und Interpunktion: Wir haben in allen Fällen, wo unseren Zitaten Originalmanuskripte oder Photokopien von solchen zugrunde lagen, Rilkes Orthographie und Interpunktion philologisch treu wiedergegeben. Das gleiche tat Ernst Zinn in seiner Bearbeitung von Rilkes Briefwechsel mit der Fürstin Marie von Thurn und Taxis, so daß auch unsere Zitate nach dieser Ausgabe als philologisch genau bewertet werden dürfen. Bei unseren Zitaten nach gedruckten Quellen, namentlich nach den Briefausgaben des Insel Verlags, mußten wir die von den Herausgebern korrigierte Schreibweise übernehmen, da uns die Originale nicht zur Verfügung standen.

Abkürzungen: A. W. = Rainer Maria Rilke, Ausgewählte Werke, herausgegeben von Ernst Zinn, 2 Bände, im Insel-Verlag 1948. G. Br. = Rainer Maria Rilke, Gesammelte Briefe in sechs Bänden, im Insel-Verlag zu Leipzig (es handelt sich hauptsächlich um die Bde. IV, V und VI, erschienen 1936, 37 und 38). Briefwechsel Thurn und Taxis = Rainer Maria Rilke und Marie von Thurn und Taxis, Briefwechsel, 2 Bände, bearbeitet von Ernst Zinn, im Niehans- & Rokitansky-Verlag und im Insel-Verlag, 1951. Bassermann = Dieter Bassermann, Der späte Rilke, 2. Aufl., Verlag Dr. Hans von Chamier, Essen und Freiburg i. Br., 1948.

Rainer Maria Rilke in der Schweiz

1 R. M. Rilke, Briefe, Insel-Verlag 1950, 2. Bd., S. 14
2 An Dr. Wilhelm Mühlon, Soglio, 19. August 1919 (unveröffentlicht)
3 Briefe an eine Reisegefährtin, Eine Begegnung mit R. M. Rilke, hrsg. von Ulrich Keyn, Alfred Ibach-Verlag, Wien 1947.
4 Briefwechsel Thurn und Taxis, S. 430-431
5 Ibid., 521-522
6 Ibid., 557
7 Ibid., 541
8 Zitiert von Bassermann, 172
9 Ibid., 51, und G. Br. II, 336
10 Bassermann, 70
11 Briefwechsel Thurn und Taxis, 345
12 R. M. Rilke, Briefe, Insel-Verlag 1950, 2. Bd., 201
13 Ibid., 61
13 Über die Jahre 1914-16, d. h. über Rilkes Leben in München, in Wien und in Rodaun und seinen Verkehr mit dem Ehepaar Hofmannsthal, vgl. Lou Albert-Lasard, Wege mit Rilke, S. Fischer-Verlag, Frankfurt a. M. 1952

14 Vgl. das Rilke gewidmete Sonderheft der Pariser Zeitschrift »*Les Lettres*«, 4. Jahrgang, Nrn. 14, 15, 16, Paris 1952

15 Briefwechsel Thurn und Taxis, 543

16 Bassermann, 61

17 R. M. Rilke, Briefe, 2. Bd., 109

18 Ibid., 110

19 Ibid., 111

20 An Dr. K., München, 15. November 1918 (unveröffentlicht)

21 R. M. Rilke, Briefe, 2 Bd., 113

22 Ibid.

23 Briefwechsel Thurn und Taxis, 570

24 Lou Andreas-Salomé, Rainer Maria Rilke, Insel Verlag zu Leipzig 1928, 87

25 G. Br. VI (Briefe an seinen Verleger) 303

26 Zitiert von Bassermann, 142

27 G. Br. IV, 251-252

28 Ibid. 269

29 Ibid. 264

30 Briefe an eine Reisegefährtin 22-23. Datum: Zürich, Eden au Lac, 13. Juni 1919

31 G. Br. IV, 259

32 Briefe an eine Reisegefährtin, 39-40

34 G. Br. IV, 271-272

35 Briefe an eine Reisegefährtin, 66-74. Es handelt sich um den zu jener Zeit erfolgreichen Tänzer Alexander Sacharow, mit dem Rilke seit seiner Münchner Zeit bekannt war. – Ferruccio Busoni hat eine musikästhetische Schrift Rilke gewidmet.

36 Wie 2

37 Inga Junghanns, Persönliche Erinnerungen an R. M. Rilke, »Orplid«, Rilke-Sonderheft, 3. Jahrgang, 1927

38 G. Br., VI, 304

39 »Der kleine Bund«, Bern, 9. Januar 1927 (nicht in die G. Br. aufgenommen)

40 Wie 2 und 36

41 G. Br. IV, 248

42 G. Br. IV, 253

43 G. Br. 259

44 Wie 2, 36, 40. – In Soglio lernte Rilke Frau G. Nölke kennen, die mit ihren Kindern im gleichen Haus wohnt wie der Dichter und mit der er seither in Verbindung blieb und Briefe wechselte, die zu seinen besten, klarsten und aufschlußreichsten aus seinen Schweizer Jahren gehören. Sie sind im Insel Verlag erschienen unter dem Titel: R. M. Rilke, Briefe an Frau G. Nölke, Ein Beitrag zur Biographie von Rilkes Schweizer Jahren, Herausgegeben von Paul Obermüller, Wiesbaden 1953.

45 Erinnerung, in A. W. II, 271

46 Ibid.

47 Ur-Geräusch, in A. W. II, 284

48 Bassermann, 204

49 An Frau Nanny Wunderly-Volkart, Locarno, ohne Datum (Februar 1920), (unveröffentlicht).

50 wie 39

51 G. Br. IV, 273-276

52 G. Br. IV, 275. – Marthe Hennebert heiratete später den Maler Lurçat.

53 Briefe an eine Reisegefährtin, 103, aus Zürich, 4. November 1919

54 Mskr. im Rilke-Archiv, zit. von Bassermann, 375-376 (Sperrungen von Rilke)

55 Briefe an eine Reisegefährtin, 101

56 G. Br. VI, 298

57 An Frau Nanny Wunderly-Volkart, Bern 18. November 1919 (unver.)

58 An dieselbe, Luzern, 14. November 1919 (unver.)

58 Vom gleichen Tag in einem Brief an Frau G. Nölke diese Bemerkung über Frau Wunderly: »Menschen habe ich mir mehrere zugezogen, – aber einen einzigen gewonnen, der gleich wirklich und unmittelbar war, eine Frau, Mutter eines schon ganz großen Sohnes . . . aber klein, zierlich, jung.«

59 An Frau Nanny Wunderly-Volkart, Locarno, 17. Januar 1920 (unver.)

60 An dieselbe, Locarno, 28. Dezember 1919 (unver.)

61 An dieselbe, Locarno, 9. Januar 1920 (unver.)

62 An dieselbe, Locarno, 12. Dezember 1919 (unver.). Die Frau, die in Locarno Rilkes Mitleid herausforderte, der er sich hilfreich erwies und bis zur eigenen Ratlosigkeit beistand, hieß Angela Guttmann. Er hat diese Beziehung nicht fortgesetzt.

63 An dieselbe, Locarno, 25. Dezember 1919 (unver.)

64 An dieselbe, Locarno, 24. Februar 1920 (unver.)

65 Der »Schönenberg« bei Pratteln (Basel-Land) gehörte Frau Burckhardt-Schazmann. Deren Tochter, Frau Dory Von der Mühll, hatte sich Rilkes angenommen und ihm diesen Wohnsitz bereitet, und auch mit ihrem Sohn, Carl J. Burckhardt, trat Rilke in eine nahe Beziehung. Vgl. Regina Ullmann, Erinnerungen an Rilke, Tschudy-Verlag, St. Gallen, 2. Aufl. (o. D.), wo eine Ansprache Carl J. Burckhardts abgedruckt ist, in der erzählt wird, wie Rilke im Schönenberg seinen Gastfreunden Regina Ullmanns meisterliche Erzählung »Von einem alten Wirtshausschild« vorlas. Bei diesen Freunden traf Rilke in Basel mit Hugo von Hofmannsthal zusammen.

66 An Frau G. Nölke, Schönenberg bei Pratteln, 46.

67 An dieselbe, Schönenberg bei Pratteln, 49.

68 Ibid.

69 Ibid.

70 Briefwechsel Thurn und Taxis, 602

71 An Frau G. Nölke, Venedig, Palazzo Valmarana, 56.

72 Briefwechsel Thurn und Taxis, 611

73 Ibid.

74 Lou Andreas-Salomé, Rainer Maria Rilke, 73

75 An Frau Nanny Wunderly-Volkart, Venedig, 6. Juli 1920 (unver.)

76 Rilke hat diesen Gedanken in einem Gespräch mit dem Verfasser in Muzot (1924) entwickelt. Ähnlich in einem Brief an Anton Kippenberg aus Venedig, G. Br. VI, 306

77 G. Br. VI, 306

78 An Frau Nanny Wunderly-Volkart, Venedig, 6. Juli 1920 (unver.)

79 An dieselbe, Venedig, 8. Juli 1920 (unver.)

80 An dieselbe, Genf, 20. August 1920 (unver.)

81 Briefe Rilkes an Frau Klossowska aus den Jahren 1919-1922 sind in einer Auswahl erschienen unter dem Titel: *Lettres françaises à Merline,* Paris, *Editions du Seuil,* 1950. Eine umfassendere, aber nicht vollständige Ausgabe des Briefwechsels zwischen Rilke und Frau Klossowska ist 1954 im Max Niehans-Verlag in Zürich erschienen.

82 wie 80

83 An Frau Nanny Wunderly-Volkart, Bern, 22. August 1920 (unver.)

84 Ibid.

85 An Frau Nanny Wunderly-Volkart, Bern, 27. August 1920 (unver.)

86 Rainer Maria Rilke, *Les Fenêtres,* mit Radierungen von Baladine (Frau Klossowska), *Librairie de France,* Paris 1927 (seither in den Bänden *Poèmes français* und Gesammelte Gedichte abgedruckt)

87 Rilke, der die Gastfreundschaft des Schlosses Berg am Irchel einer Initiative von Frau Wunderly-Volkart verdankte, lebte dort als Gast des Obersten Richard Ziegler und seiner Frau Lily Ziegler, denen dieses Schloß damals gehörte.

88 An Frau Lily Ziegler, Bern, 17. Oktober 1920 (unver.)

89 Ibid.

90 G. Br. VI, 311. – Rilke sagt in verschiedenen Briefen, er sei sechs Tage in Paris gewesen. Er ist dort am 22. Oktober 1920 eingetroffen. Am 30. Oktober gab er wieder Nachricht aus Genf. Er dürfte am 29. abgereist sein. – Es ist bezeichnend für ihn, daß er sich während dieser Tage nicht um den Verbleib seines 1914 zurückgelassenen, im Krieg versteigerten Hausrates kümmerte, von dem zwei Kisten mit Papieren und persönlichen Sachen dank der Hausbesorgerin gerettet worden waren. Davon erfährt er erst sieben Monate später in der Schweiz durch einen Brief aus Paris.

91 G. Br. VI, 311

92 An Frau Nanny Wunderly-Volkart, Paris, Hôtel Foyot, 33 rue de Tournon, 25. Oktober 1920 (unver.). In das gleiche Hotel ist Rilke im Jahre 1925 zurückgekehrt, als er mehrere Monate in Paris verbrachte. Das Hotel Foyot ist seither abgerissen worden.

Heilung und neuer Anfang

1 Aus Berg am Irchel mehrere Briefe in den G. Br. IV und VI und im Briefwechsel Thurn und Taxis.

2 »Der Kleine Bund« (Bern) vom 9. Januar 1927.

3 Ibid.

4 Ibid.

5 An Frau Lily Ziegler, Berg am Irchel, 20. November 1920 (unver.)

6 An Georg Reinhart, Berg am Irchel, 30. Dezember 1920, in »Das Graphische Kabinett« XII. Jahrgang 4. Heft 1927 (Winterthur).

7 G. Br. IV, 345-346.

8 Briefwechsel Thurn und Taxis, 627.

9 Ibid., 628.

10 Wie 5

11 Wie 5 und 10

12 An Frau Lily Ziegler, Berg am Irchel, 2. Dezember 1920 (unver.)

13 An dieselbe, Berg am Irchel, 26. Dezember 1920 (unver.)

14 Das von Rilke beschriebene Wappen ist das der Familie Hirzel aus Zürich.

15 Wie 7

16 Wie 7 und 15

17 An Frau Nanny Wunderly-Volkart, Berg am Irchel, 21. November 1920 (unver.)

18 An Frau Lily Ziegler, Berg am Irchel, 23. Dezember 1920 (unver.)

19 Vgl. Robert Faesi, Rilke der Briefschreiber, in Festschrift für Emil Ermatinger »Dichtung und Forschung«, Huber & Co., Frauenfeld und Leipzig.

20 An Frau Nanny Wunderly-Volkart, Locarno, 17. 1. 1920 (unver.)

21 *Mitsou, Quarante images par Baltusz, Préface de Rainer Maria Rilke,* Rotapfel-Verlag, Erlenbach-Zürich und Leipzig 1921.

22 An Charles Vildrac, Berg am Irchel, 13. Dezember 1920, Original französisch, in »*Les Lettres*«, Sonderheft Rainer Maria Rilke, Paris 1952, S. 35.

23 Anton Kippenberg, dem Rilke diese Begebenheit anläßlich von dessen Besuch in Berg (22.-24. Januar 1921) erzählt hat, hat sie mir nach dem Tode des Dichters wiedererzählt. Kippenberg hat sie – mit unwesentlichen Modifikationen – in den Anmerkungen zu Rilkes »Briefen an seinen Verleger« neu bestätigt. Vgl. G. Br., VI, Anm. 326.

24 Jetzt als X. Gedicht der Ersten Reihe in dem Bändchen: Rainer Maria

Rilke, Aus dem Nachlaß des Grafen C. W., Ein Gedichtkreis, Im Insel Verlag 1950.

25 Erlebnis, aufgezeichnet Anfang 1913, in A. W. II, 256 ff.

26 Lou Andreas-Salomé, Lebensrückblick, Insel Verlag Frankfurt am Main ²1974, insel taschenbuch 54, S. 134 f. Über Rilkes Verhältnis zum Okkultismus sein einläßlicher Brief an Nora Purtscher-Wydenbruck, G. Br. V, 288 ff. und sein Briefwechsel mit der Fürstin von Thurn und Taxis. Vgl. die Abhandlung von Gabriel Marcel, *Rilke et l'occulte,* in dem Rilke-Sonderheft »*Les Lettres*«, Paris 1952, 136 ff.

27 An Frau Nanny Wunderly-Volkart, Berg am Irchel, 30. November 1920 (unver.)

28 Ibid.

29 In dem in Anm. 24 genannten Bändchen vollständig veröffentlicht.

30 An Frau Nanny Wunderly-Volkart, *Prieuré d'Etoy,* 26. und 27. Mai 1921 (unver.)

31 An Frau G. Nölke, Berg am Irchel, 74.

32 Ibid.

33 Briefwechsel Thurn und Taxis, 638-639. Ähnlich in G. Br. IV, 380-381.

34 Bassermann, 205-206

35 G. Br. IV, 376-377

36 An Frau Lily Ziegler, Berg am Irchel, 3. Februar 1921 (unver.)

37 An dieselbe, Berg am Irchel, 23. November 1920

38 Ibid.

39 Rilke bezeichnet selber seine aus Etoy an Frau Wunderly-Volkart gerichteten Briefe als »*Journal*« und »Tagebuchbriefe« (unver.)

40 An Frau Nanny Wunderly-Volkart, *Prieuré d'Etoy,* Pfingstmontag (Poststempel 17. Mai) 1921, (unver.)

41 Ibid.

42 Am 3. Februar 1914 erwähnt Rilke in einem Brief an Anton Kippenberg den Band »*Du côté de chez Swann*« von Marcel Proust (damals im Verlag von Bernard Grasset, Paris); er nennt ihn »ein unvergleichlich merkwürdiges Buch von einem neuen Autor« und empfiehlt dem Insel Verlag, »unbedingt« das Übersetzungsrecht zu erwerben (G. Br. VI, 216). An die Fürstin Taxis schrieb Rilke zum erstenmal ausführlich über diesen Roman am 21. Januar 1914 (Briefwechsel Thurn und Taxis, 348 ff.). Rilke hat aus der Fürstin Taxis eine begeisterte Bewunderin Prousts gemacht, so daß in diesem Briefwechsel die Bände von Prousts »*A la recherche du temps perdu*« immer wieder erwähnt werden. In den unveröffentlichen Briefen Rilkes an Frau Wunderly-Volkart ist ebenfalls mehrmals von Proust die Rede, am ausführlichsten anläßlich von Prousts Tod. Eine wichtige Würdigung Prousts findet sich ferner in Rilkes Brief an den Prinzen Hohenlohe, wo er schreibt: »Ich war, durch einen Zufall . . . einer der ersten (1913!), »*Du côté de chez Swann*« zu lesen, und daher auch

einer der ersten, Marcel Proust zu bewundern, was die natürliche, sofortige Folge jener Lektüre war. Gelegentlich seines Todes neulich erinnerte mich André Gide daran, daß ich unter den frühesten Bewunderern dieses großen Dichters meinen Platz habe . . . « (G. Br. V, 175-176).

43 Die *Cahiers verts,* herausgegeben von Daniel Halévy, erschienen im Verlag Bernard Grasset, Paris.

44 An Frau Nanny Wunderly-Volkart, ohne Datum, »*Vendredi*« (unver.). Einige Briefe Rilkes an Pfarrer Rudolf Zimmermann sind abgedruckt in einer Veröffentlichung der Vereinigung Oltner Bücherfreunde, unter dem Titel: Rainer Maria Rilke, Briefe, Olten 1945.

45 Briefwechsel Thurn und Taxis, 662-663

46 An Frau G. Nölke, *Prieuré d'Etoy,* 81f.

47 Wie 40

48 Treue und Ehre, Geschichte der Schweizer in fremden Diensten, von P. de Vallières, Verlag Zahn, Neuchâtel (seither ist eine Neuauflage dieses Werkes erschienen).

49 Mit dem »Almanach« ist das Schweizerische Geschlechterbuch (*Almanach généalogique suisse*) gemeint.

50 L. B. de Muralt, 1665-1749, Verfasser der *Lettres sur les Anglais et les Français* (1728) und der *Lettres sur les voyages et sur l'esprit fort* (postum 1753).

51 Wie 40 und 47

52 Rilke hat in Muzot zum Verfasser von der großen Bedeutung gesprochen, die Thomas Manns Roman vom Niedergang einer Familie für seine jungen Jahre gehabt habe. Bei ihrem Erscheinen hat Rilke die Buddenbrooks im Bremer Tageblatt vom 16. April 1902 besprochen (diese Rezension ist abgedruckt im Band: Rainer Maria Rilke, Bücher, Theater, Kunst, Privatdruck herausgegeben von Richard von Mises, 1934).

52ᵃ Hans Egon Holthusen, Der späte Rilke, Verlag der Arche, Zürich 1949, 12-13.

53 Briefwechsel Thurn und Taxis, 651.

54 Wie 46. Lernets Kanzonnair ist im Insel Verlag erschienen.

55 G. Br. IV, 400-403 und 419. Rolf Freiherr von Ungern-Sternbergs Übertragung der Stanzen von Jean Moréas ist erschienen im Wir-Verlag, Berlin 1922.

56 Marie von Thurn und Taxis, Erinnerungen an Rainer Maria Rilke, Verlag Oldenbourg, München-Berlin-Zürich 1932, 89.

57 Ibid., 89-90. Vgl. Rilkes Briefe an »Merline« (Frau Klossowska), von der hier die Rede ist (vgl. Anm. 81 des vorhergehenden Kapitels).

58 Wie 46. Rilke war nie in Kärnten.

59 G. Br. IV, 399

60 Marie von Thurn und Taxis, Erinnerungen, 83

61 Wie 40, 47, 51

62 Wie 60

1 An Frau Nanny Wunderly-Volkart, Genf, 14. Oktober 1920 (unver.)

2 An dieselbe, Lausanne, 4. Juli 1921 (unver.)

3 An dieselbe, Sierre, 15. Juli 1921 (unver.)

4 Ibid.

5 Unsere Beschreibung trifft auf die Zeit zu, während der Rilke Muzot bewohnte; seither sind verschiedene, den Charakter des Hauses übrigens nicht beeinträchtigende Veränderungen vorgenommen und Bequemlichkeiten, wie fließendes Wasser, elektrisches Licht und Telephonanschluß eingerichtet worden.

6 An Frau Nanny Wunderly-Volkart, Sierre, 20. Juli 1921 (unver.)

7 An dieselbe, Sierre, 25. Juli 1921 (unver.)

8 Ibid.

9 G. Br. VI, 341, 348

10 An Frau Nanny Wunderly-Volkart, Locarno, 28. Dezember 1919 (unver.)

11 Es handelte sich um einen 15jährigen Knaben aus der Gegend, der Alphonse Essayé hieß.

12 An Frau Nanny Wunderly-Volkart, Muzot, 30. Juli 1921 (unver.)

13 Ibid.

14 G. Br. V, 15

15 G. Br. V, 25

16 An Guido von Salis-Seewis, Muzot, 30. November 1921 (unver.)

17 Briefwechsel Thurn und Taxis, 677

18 G. Br. VI, 349. – In der neueren Ausgabe von Rilkes Briefen an seinen Verleger befinden sich Lücken, die vermutlich davon herrühren, daß nicht nur Familiendinge und andere Angelegenheiten, die mit Rilkes intimem Leben zusammenhängen, sondern auch die finanziellen Fragen ausgelassen wurden. Anton Kippenberg, der fürchtete, es könnte der Eindruck entstehen, der Insel-Verlag habe nicht genügend für Rilke gesorgt, schrieb mir nach der Veröffentlichung der ersten Auflage dieses Buches, er habe »unserem Dichter kleinere Frankenbeträge überwiesen, kleine von der Schweiz aus gesehen, sehr große, wenn man die damaligen deutschen Währungsverhältnisse in Betracht zieht«. Während der Inflationszeit habe der Insel Verlag auch für Rilkes in Deutschland gebliebene Angehörige gesorgt. Von 1924 an und bis zu seinem Lebensende konnte ihm der Verlag wieder ziemlich große Beträge in die Schweiz überweisen. Rilke sagte mir in Muzot (April 1924), während der Inflationszeit in Deutschland seien Überweisungen an ihn schwierig und zeitweise unmöglich gewesen; er sagte ferner, Werner Reinhart stelle ihm Muzot zum Bewohnen zur Verfügung, für alles andere komme er selbst auf. C. A. Mennicke, Der Mensch im All, eine Einführung in das Verständnis Rainer Maria Rilkes, Amsterdam 1937, S. 9-10, schreibt zutreffend über die

materiellen Lebensverhältnisse des Dichters: »Auch der *äußere* Gang dieses Lebens mutet unwahrscheinlich an in einer Zeit, da die materielle Lebenssicherung im Individuellen wie im sozialen Bereich so viele Kräfte bindet. Hier aber ist ein Mensch, der sich hartnäckig jedem Beruf entzieht – und der doch keineswegs so reich ist, daß er unabhängig leben könnte. Hier ist einer, der darauf besteht, daß er an der Vollendung seines Wesens und seiner Schöpfung arbeiten kann, dem seine Studien und seine Reisen, seine Eindrücke und seine Begegnungen zuletzt zu nichts anderem dienen. Dieser Mensch fordert durch die Unbekümmertheit um seinen äußeren Lebensgang das Schicksal heraus – und doch trifft ihn kein Verweis. Seine Freunde können gar nicht anders als ihm immer wieder die Voraussetzungen für die Erfüllung seiner künstlerischen . . . Sendung zu schaffen – auch als er ihre Geduld und ihren Glauben auf harte und härteste Proben stellte. In diesem Leben wird die äußere Existenz ganz von innen her getragen und bestimmt – und werden damit Möglichkeiten der Lebensführung in Erinnerung gebracht, die fast geschwunden schienen.«
19 G. Br. V, 51 – Im gleichen Brief äußert sich Rilke liebevoll über seine Tochter Ruth zu einer gemeinsamen Bekannten in München (ibid. S. 46-47). Rilkes Enkelin Christine Sieber, die er in seinen Briefen erwähnt, ist nach dem Zweiten Weltkrieg jung gestorben. Seine beiden anderen Enkel, ein Mädchen und ein Knabe, kamen nach seinem Tod zur Welt.
20 Lou Andreas-Salomé, Lebensrückblick, 136
21 Dieses Gedicht ist erst vor kurzem bekanntgeworden. L. Albert-Lasard hat es neben fünfzehn anderen, während der Kriegsjahre entstandenen, die ihr Rilke schenkte, in ihrem Buch, Wege mit Rilke (1952) S. 82 veröffentlicht.
22 Ibid., 81
23 Zit. von Bassermann, 358
24 G. Br. V, 35-36
25 Bassermann, 248
26 Monique Saint-Hélier, *A Rilke pour Noël,* Berne, *Editions du Chandelier,* 1927, 21.
27 G. Br. V, 83. Der Brief ist aus Muzot vom 29. Dezember 1921 datiert und an Lou Andreas-Salomé gerichtet. Am 26. November sagt Rilke in einem anderen Brief nichts von dieser Übersetzung, obschon er dort ausführlich von Valéry spricht (G. Br. V, 53). Marie von Thurn und Taxis erzählt ihrerseits, Rilke habe ihr in Etoy (also im Juni 1921) die Übertragung des »*Cimetière marin*« vorgelesen (Erinnerungen an R. M. Rilke, 89). Es ist aber wahrscheinlich, daß hier eine Verwechslung vorliegt und Rilke erst im Dezember in Muzot dieses Gedicht übersetzt hat.
28 An Frau Nanny Wunderly-Volkart, ohne Datum, erste Tage Januar 1922 (unver.)
29 Ausführliche Schilderung der Beziehungen Rilkes zur Familie Oukkama Knoop bei Bassermann, 428-436, der Kenntnis vom Bericht der

Frau Ouckama Knoop über Weras Sterben hat und dem Einfluß dieses Krankenberichts auf Rilkes Sonette an Orpheus nachgeht.

30 Diese Angaben sind den eigenhändigen Eintragungen Rilkes in das Frau Wunderly-Volkart gewidmete Exemplar der Duineser Elegien entnommen. Im übrigen folgen wir bei der Datierung von Rilkes Gedichten den Angaben Ernst Zinns in den Ausgewählten Werken.

31 An Frau Nanny Wunderly-Volkart, Muzot, Poststempel vom 8. Februar 1922 (unver.)

32 G. Br. V, 112. Das Telegramm an dieselbe hatte Rilke in Sierre, 9. Februar, 17 Uhr 10, aufgegeben.

33 An Frau Nanny Wunderly-Volkart, Muzot, 10. Februar 1922, am Morgen, »*Vendredi*« (unver.). – Nach der Datierung von Ernst Zinn (A. W. I, 423) sind am 9. Februar die 6. und die 9. Elegie entstanden, ferner die ursprünglich 5. (»Gegen-Strophen«), die er nachmals durch die *Saltimbanques* ersetzt hat. Ältere Bruchstücke waren von der 6., 9. und 10. Elegie vorhanden, nicht von der 8. Mit der 7. Elegie hatte Rilke am 7. Februar begonnen, die 8. folgte am 7.-8. Februar, endlich die 10. Elegie am 11. Februar. Die *Saltimbanques,* die als 5. Elegie die »Gegen-Strophen« ersetzte, entstand am 14. Februar.

34 G. Br. VI, 354-355

35 *Lettres françaises à Merline,* 179

36 Wie 33

37 Briefwechsel Thurn und Taxis, 697-698

38 An Frau Nanny Wunderly-Volkart, Muzot, 12. Februar 1922 (unver.)

39 An dieselbe, Muzot, 15. Februar 1922 (unver.)

40 Rilke hat sich anderen Menschen gegenüber, in Briefen und Gesprächen, selten über Lou Andreas geäußert; er wahrte streng das Geheimnis seines auf das Jahr 1897 zurückgehenden Liebeserlebnisses mit dieser um vierzehn Jahre älteren Frau, die es erst in ihrem posthum erschienenen Band »Lebensrückblick« (1951) preisgegeben hat (S. 173 ff.: » April, *unser* Monat, Rainer – . . . «) Wie aber trotz der kurzen Unterbrechung, die durch Rilkes Vermählung mit Clara Westhoff (1901) verursacht wurde, die briefliche und persönliche Beziehung zwischen Rilke und Lou von 1903 bis zum Tode des Dichters weiterging, vom grenzenlosen Vertrauen Rilkes und seiner berechtigten Bewunderung für diese überlegene und um sein innerstes Wesen wissende Frau getragen, ist heute bekannt. Aus den sehr seltenen Äußerungen des Dichters über Lou möchten wir, als durchaus charakteristisch für seine Einschätzung dieser Frau, folgende aus dem Jahre 1913 herausgreifen: »Dann war ich acht Tage in Göttingen bei Lou Andreas-Salomé, da hätte ich viel zu erzählen –, das Wunderbarste, was für Herrlichkeiten weiß diese Frau einzusehen, wie wendet sie sich alles, was ihr Bücher und Menschen im rechten Moment zutragen, zum seeligsten Verständnis, begreift, liebt, geht furchtlos in den glühend-

sten Geheimnissen umher, die ihr nichts thun, die sie nur anstrahlen mit
reinem Feuerschein. Ich weiß und wußte seit jenen fernen Jahren, da sie
mir zuerst zu so unendlicher Bedeutung begegnet ist, niemanden, der so
das Leben auf seiner Seite hätte, im Sanftesten wie im Furchtbarsten die
eine Kraft erkennend, die sich verstellt, die aber immer, selbst wo sie tötet
noch, gebend sein will . . . « (Briefwechsel Thurn und Taxis, 303-304).

Wenn man von einer der vielen Frauen, die in Rilkes Leben eine Rolle
gespielt haben, sagen kann, sie sei die Frau seines ganzen Lebens gewesen, dann sicher von Lou Salomé. Daß das Urteil des Dichters über ihr
Wesen nicht nur vom Emotionellen her bestimmt ist, geht aus dem Eindruck hervor, den diese Frau auf andere hervorragende Zeitgenossen
gemacht hat, von denen Nietzsche und Sigmund Freud die bekanntesten
sind. Daß Rilke Nietzsche verschwieg und vor sich selber verbarg, indem
er seine Werke nicht las, mag nicht zuletzt auf die ungerechtfertigten und
recht schmählichen Angriffe zurückzuführen sein, die von Nietzsches
Schwester Elisabeth Foerster und ihrem Mitarbeiter am Nietzsche-Ar-
chiv, Peter Gast, gegen Lou gerichtet wurden. Der Herausgeber von Lous
»Lebensrückblick«, Ernst Pfeiffer, hat diese Dinge richtiggestellt, nachdem diese noble Frau ihr ganzes Leben dazu geschwiegen hatte. Es war
auch Rilkes Art, zu schweigen, wo er menschlich Ungutem und Häßlichem begegnete; er schwieg sich über die Anwürfe der Foerster gegen
Lou Andreas aus, während er von fern zustimmend an ihrer Freundschaft
mit Sigmund Freud teilnahm. Es ist schade, daß ernsthafte Rilke-Kom-
mentatoren, unter ihnen auch Bassermann, die haltlosen Verdächtigun-
gen des Charakters von Lou Andreas sich zu eigen gemacht oder, wie Dr.
Else Buddeberg, aus Abneigung gegen die psychologische Betrachtungs-
weise, den bedeutenden Beitrag von Lou Andreas zur Kenntnis Rilkes
verkannt haben.

41 Rilke spielt hier auf ein gemeinsames Erlebnis an, das er und Lou
während ihrer Reise nach Rußland i. J. 1900 hatten. Den »zu seiner
Nachtherde entlassenen Gaul, der einen strafenden Holzklotz am Fuße
trug« – schreibt Lou Andreas in ihrem »Lebensrückblick«, 142, – hatten
sie auf einer Wiese beim Dorf Kresta-Bogoródskoje bei Jaroslawl an der
oberen Wolga gesehen, wo Rilke und Lou zusammen einige Tage in einer
Isbá verbrachten.

42 Ernst Zinn in seinem Nachwort zu Rilkes Ausgewählten Werken, Bd.
II, 408.

43 Wie 39

44 Vom 20. Februar 1922, G. Br. V, 119

45 Zit. von Bassermann, 476 (Original im Rilke-Archiv)

46 G. Br. V, 50 (vom 28. Juni 1915, München, Widenmayerstraße 32). –
Pablo Picassos Gemälde gehörte damals Frau Hertha König, der Rilke
die Fünfte Elegie zugeeignet hat. Es ist unter dem Namen »*La famille des
saltimbanques*« bekannt und entstand 1905. Heute gehört es der *Courtesy*

of the Art Institute of Chicago. Vgl. den Aufsatz von Peter H. von Blanckenhagen »Rilke und ›*La famille des saltimbanques*‹ von Picasso« im Heft: R. M. Rilke und die bildende Kunst, Band 24 der Kunstwerk-Schriften, W.-Klein-Verlag, Baden-Baden 1951 (mit einer Reproduktion des Gemäldes).

47 Hans Egon Holthusen, Der späte Rilke, Arche-Verlag, Zürich 1949, 18. – Neben den großen Elegien-Interpretationen von E. Mason, D. Bassermann, R. Guardini, E. Buddeberg u. a. halten wir dieses schmale Bändchen für eine der in ihrer dichten Kürze und geistigen Weite besten Interpretationen von Rilkes Spätwerk; es ist eine eigentliche geistige Ortsbestimmung dieser Dichtungen, die ihnen nicht nur in der deutschen Dichtung – vielleicht zum erstenmal mit so souveräner Sicherheit –, sondern auch in der heutigen Weltliteratur, vor allem der französischen, englischen und amerikanischen, ihren hervorragenden Platz anweist.

48 Ibid., 19

49 An Frau Nanny Wunderly-Volkart, Muzot, Samstag, Poststempel 18. Februar 1922 (unver.)

50 G. Br. V, 120 (an Lou Andreas-Salomé, vom 27. Februar 1922)

51 Wie 47-48, S. 15

52 G. Br. V, 119-120

53 Lou Andreas-Salomé, Rainer Maria Rilke, 98-99

54 Ibid., 80

55 Widmung im Exemplar der Duineser Elegien für Nanny Wunderly-Volkart. Jetzt: A. W. I, 404. Von Ernst Zinn datiert: Januar 1922 und Dezember 1923.

Der Zauberturm

1 G. Br. V, 156

2 G. Br. V, 415

3 Maurice Martin du Gard, *Une heure avec Rainer Maria Rilke,* in den »*Nouvelles Littéraires«,* Paris 1925

4 An Frau Nanny Wunderly-Volkart, Sierre, 28. Juni 1922 (unver.)

5 An Lulu Albert-Lasard, in Wege mit Rilke, 46. – Ähnlich äußerte sich Rilke zu diesem Attentat in einem Brief an Frau Wunderly.

6 An Frau G. Nölke, Muzot, 31. Oktober 1922. Die tätige und praktische Fürsorge, die Rilke den beiden Knaben Klossowski angedeihen ließ, geht aus seinen Briefen an Frau Nölke hervor, die damals den älteren der beiden Brüder, Pierre, auf Rilkes Veranlassung zu sich genommen hatte.

7 An Frau Nanny Wunderly-Volkart, Muzot, 29. Oktober 1922 (unver.)

8 An Frau G. Nölke, Muzot, 1. Dezember 1922

9 An Frau Nanny Wunderly-Volkart, Muzot, Poststempel vom 15. Dezember 1922 (unver.)

10 Ibid.

11 An Frau G. Nölke, Locarno, 22. Februar 1920

12 G. Br. V, 180-181

13 An Frau G. Nölke, Muzot, 12. Februar 1923

14 Ibid.

15 An Frau Nanny Wunderly-Volkart, Muzot, ohne Datum (Januar 1923), (unver.)

16 Ibid.

17 An Frau Nanny Wunderly-Volkart, Muzot, 11. Februar 1923 (unver.)

18 G. Br. V, 385 (vom 18. Dezember 1925)

19 G. Br. V, 236 (vom 15. Februar 1924)

20 Wie 12

21 An Frau Nanny Wunderly-Volkart, Muzot, ohne Datum (Januar 1923), (unver.)

22 In einem Privatdruck der »Neuen Zürcher Zeitung«: *In Memoriam R. M. Rilke*, Zürich 1927

23 Rudolf Kassner im Rilke-Gedenkheft des »Inselschiffs«, April 1927, 121-122

24 Der Brief Rilkes an Georg Brandes aus Paris, vom 28. November 1909, ist nur in der Erstausgabe von Rilkes Briefen aus den Jahren 1907-1914 (Insel Verlag 1933) abgedruckt. In der unter dem nationalsozialistischen Regime »gesäuberten« Ausgabe der Gesammelten Briefe kommt dieser Brief an den jüdischen Dänen Brandes nicht mehr vor. Auch derjenige an André Gide aus dem Jahr 1914 wurde in den G. Br. ausgelassen. – Wir folgen in unsern Ausführungen über die Beziehungen zwischen Gide und Rilke der Abhandlung von Madame Renée Lang in dem Rilke-Sonderheft von »*Les Lettres*« (1952), 148 ff. Madame Lang muß heute als die beste Kennerin der Beziehungen Rilkes zum literarischen Frankreich, namentlich zu Gide und Paul Valéry, gelten; eine größere Veröffentlichung über dieses Thema aus der Feder dieser Literarhistorikerin steht bevor.

25 »*Les Lettres*«, a.a.O., 150

26 J. Gebser hatte das Verdienst, als erster das »Aperspektivische« in Rilkes dichterischer Vision festzustellen und mit der gleichzeitigen Veränderung des modernen Weltbildes, vor allem in der theoretischen Physik, in Verbindung zu bringen. Holthusen bestätigt in seinem Essay »Der späte Rilke« diese Parallele zwischen Rilkes eigentümlicher Erneuerung des dichterischen Weltbildes mit der Abwendung der modernen Wissenschaft von der euklidischen Geometrie.

27 G. Br. V, 294

28 Renée Lang »*Les Lettres*«, a.a.O., 154

29 André Gide, *Incidences*, Paris, Verlag *NRF*, 1924, 65

30 Ibid.

31 Ibid., 207

32 Bassermann, 415

33 Ibid. – Leider ist der Briefwechsel zwischen Rilke und Paul Valéry, der 1921 einsetzte, noch nicht bekannt.

34 Wie 13

35 An Frau Nanny Wunderly-Volkart, Muzot, 26. März 1923 (unver.)

36 An dieselbe, Muzot, 16. Mai 1923 (unver.)

37 An dieselbe, Kuranstalt Schöneck (Vierwaldstättersee), 23. August 1923 (unver.)

38 An Frau Nanny Wunderly-Volkart, Luzern, Grand Hôtel National, 20. August 1923 (unver.)

39 »Das kleine Weinjahr« ist abgedruckt in der Zeitschrift »Corona«, V. Jahrgang, 6. Heft, 1935 (keines dieser Gedichte ist in die A. W. übernommen).

40 An Marie Elizabeth und Guido von Salis-Seewis, Muzot, 3. März 1924 (unver.)

41 Diese Angaben sind einem ganz französisch geschriebenen Brief an Frau Nanny Wunderly-Volkart entnommen, den Rilke eine »confession sans retenue« nennt. Die Schrift erscheint hier zum erstenmal merkwürdig unregelmäßig und unsicher; das Schreiben scheint ihm Mühe bereitet zu haben.

42 An Frau Nanny Wunderly-Volkart, Muzot, 8. Februar 1924. Original deutsch (unver.)

43 Ibid.

44 Ibid.

45 Zeitschrift »Commerce« Nr. II, automne 1924, 167 ff.

46 Vorwort von Paul Valéry zu R. M. Rilke, Les Roses, The Halcyon Press (A. A. M. Stols, Editeur), Bussum 1927. Deutsche Übersetzung von Eduard Korrodi.

47 Aus dem Besitz von Frau Wunderly-Volkart.

48 An Frau Nanny Wunderly-Volkart, Muzot, 18. August 1924. Nur das Postskriptum ist in diesem französisch geschriebenen Briefe deutsch (unver.)

49 An dieselbe, Ouchy, 9. September 1924 (unver.)

50 An dieselbe, Muzot, 4. Oktober 1924 (unver.)

51 Eupalinos oder die Architektur. Eingeleitet durch Die Seele und der Tanz. Diese Übertragung Rilkes erschien nach seinem Tode im Insel Verlag zu Leipzig 1927. – Vgl. Marga Wertheimer, Arbeitsstunden mit Rainer Maria Rilke, Verlag Oprecht, Zürich-New York 1940. Es ist die Sekretärin, der Rilke seine Valéry-Übersetzungen im Herbst 1924 in Muzot diktiert hat.

52 An Frau Nanny Wunderly-Volkart, im Oktober 1924 (unver.)

53 An Frau Contat-Mercanton, Ende 1924, in »Der kleine Bund«, Bern, 29. Dezember 1929. Original französisch. Nicht in den G. Br.

54 An Prof. Jonas Fränkel, Paris (Frühjahr) 1925, im »Inselschiff«, April 1927.

55 O. F. Bollnow, Das Weltbild des reifen Rilke, »Universitas«, Stuttgart, Juli 1952

56 Gabriel Marcel, *Rilke et l'occulte*, »*Les Lettres*«, a.a.O., 141

57 Wir zitieren nach den Erstausgaben von Rilkes französischen Gedichten. Seither sind diese in der Prachtausgabe der Gesammelten Gedichte, Insel Verlag zu Leipzig 1933, und unter dem Titel *Poèmes français,* Verlag Paul Hartmann in Paris 1935, herausgegeben worden.

58 Lou Andreas-Salomé, Rainer Maria Rilke, 90

59 J. Gebser, Rilke und Spanien, 2. Aufl., Verlag Oprecht in Zürich 1946, wo auch Rilkes Briefe an den Maler Zuloaga abgedruckt sind.

60 »Inselschiff«, April 1927, 125

61 An Frau Nanny Wunderly-Volkart, Locarno, Februar 1920 (unver.)

62 Wie 53

63 Das Füllhorn, Geschrieben für Hugo von Hofmannsthal, in R. M. Rilke, Späte Gedichte, Insel-Verlag zu Leipzig 1934, 133 (nicht in die A. W. übernommen). *Corne d'abondance,* in R. M. Rilke, *Vergers,* Verlag *NRF,* Paris. 1926, 17.

64 Edmond Jaloux, Rainer Maria Rilke, Verlag Emile Paul, Paris 1927, 27 ff.

65 Francis Jammes ist von einem Literarhistoriker als der im Malte-Roman nicht mit Namen genannte Dichter identifiziert worden. Charles Guérin hatte die Fenster und Glastüren am Bücherschrank in Francis Jammes' Haus in den Pyrenäen besungen:

> *Ta fenêtre pensive encadre l'horizon;*
> *Une vitrine ouverte auprès d'elle, reflète*
> *La campagne parmi tes livres de poète.*

Diese drei Verse schildern die Situation, die Rilke im Malte-Roman beschreibt, wenn von dem Dichter in den Bergen die Rede ist. Das Fenster-Motiv, das im ersten dieser Verse anklingt, hat Rilke in seinen französischen Fenster-Gedichten abgewandelt.

66 Rilkes Briefe an Madame Jeanne de Sépibus-de Preux sind abgedruckt bei Maurice Zermatten, *Les années valaisannes de Rilke,* 2. Aufl., Verlag O. Amacker, Sierre 1951

67 Wie 53 und 57

68 Lou Andreas-Salomé, Rainer Maria Rilke, 88-89

69 Wie 56, S. 142

70 G. Br. V, 413 ff. (aus Valmont, 20. März 1926)

71 *Reconnaissance à Rilke,* Verlag Emile Paul, Paris 1926

72 E. Jaloux, a.a.O., 36

73 An Frau Nanny Wunderly-Volkart, Muzot, zu Weihnachten 1921 (unver.)

74 G. Br. V, 178-179
75 E. Jaloux, a.a.O., 3
76 Pierre Jean Jouve, *Souvenir,* »*Les Lettres*«, a.a.O., 235
77 An den Verfasser, Sierre, 24. April 1924, 18 Uhr 40 (unver.)
78 An den Verfasser, Muzot, 9. Mai 1924 (unver.)
79 An Frau Nanny-Volkart, ohne Datum, Poststempel Pratteln, 29. Juli
1920 (unver.)

Krankheit und Tod

1 Vgl. Maurice Betz, Rilke in Paris, übersetzt von Willi Reich, Arche-
Verlag Zürich 1948. Das Buch enthält wertvolle Auskünfte über Rilkes
Pariser Aufenthalt 1925 und über seine Mitwirkung an Betz' französischer Übersetzung der Aufzeichnungen des Malte Laurids Brigge.
2 An Frau Nanny Wunderly-Volkart, Paris, Hôtel Foyot, Poststempel
28. Januar 1925. Original französisch (unver.). – Madame Pozzi, eine
Freundin von Paul Valéry, die an einer chronischen Krankheit litt und
deshalb selten Besuch empfing, war die geschiedene Gattin des Dramati-
kers Edouard Bourdet.
3 Ibid.
4 Maurice Betz, a.a.O., 95-96
5 An Frau Nanny Wunderly-Volkart, Paris, 3. Februar 1925. Original
französisch (unver.)
6 An dieselbe, Paris, 5. März 1925. Original franz. (unver.)
7 An dieselbe, Paris, 26. Juni 1925. Original franz. (unver.)
8 Maurice Betz, a.a.O., 129-130
9 An Frau Nanny Wunderly-Volkart, Paris, 31. Juli 1925 (unver.)
10 Monique Saint-Hélier, *Souvenir de Rilke,* »*Revue universelle*«, Paris,
15. April 1935, 190. Es handelt sich um eine Schilderung des schon leidenden Dichters aus seinen letzten Lebensjahren, als er die nachmals als
Romanschriftstellerin hervortretende Madame Saint-Hélier in Bern aufzusuchen pflegte. Der Verfasser, der seine Bekanntschaft mit Rilke dieser
Frau verdankte, traf, nachdem er den Dichter zuerst in Muzot aufgesucht
hatte, wiederholt mit diesem im Hause von Madame Saint-Hélier zusammen.
11 An Frau Nanny Wunderly-Volkart, Muzot, 29. Oktober 1925 (unver.)
12 An dieselbe, Muzot, 7. November 1925 (unver.)
13 An dieselbe, Muzot, Poststempel 12. November 1925 (unver.)
14 An dieselbe, Muzot, Poststempel unleserlich, unmittelbar nach dem
4. Dezember 1925 (unver.)
15 Aus folgenden Sätzen ersieht man den Sinn, den Rilke seiner Stiftung
gab: »*Je suis tout heureux d'avoir pu exécuter cette petite action de dévotion*

qui se prolongera et dont profitera tout cet humble monde qui aime encore
remettre son obole et sa prière à cet endroit sacré par l'intention de son pieux
fondateur et par l'usage« (an Frau Wunderly-Volkart, Muzot, 10. Dezember 1925, unver.)

16 E. Jaloux, a.a.O., 21-22

17 An Frau Nanny Wunderly- Volkart, Valmont, 21. Dezember 1925 (unver.)

18 An dieselbe, Valmont, 18. Februar 1926. Original franz. (unver.)

19 Ibid.

20 An Frau Nanny Wunderly-Volkart, Valmont, Ostermontag, Poststempel 6. April 1926 (unver.)

21 An dieselbe, Valmont, 26. April 1926 (unver.)

22 An dieselbe, Valmont, 11. Mai 1926 (unver.)

23 Ibid. Original französisch.

24 An Frau Nanny Wunderly-Volkart, Etoy, ohne Datum (1921)

25 An Pfarrer Rudolf Zimmermann, Muzot, 16. Januar 1922, in R. M. Rilke, Briefe, Olten 1945, 57-58. Eine am 19. Januar 1922 an Frau Wunderly-Volkart geschickte Abschrift dieses Briefes von Rilkes Hand enthält den Satz, der in diesem Druck nicht vorkommt: »Es gibt so wunderbare Griffe nach Gott.«

26 An Frau Nanny Wunderly-Volkart, Schönenberg bei Pratteln, »Montag (22. März 1920)«, (unver.)

27 Ibid.

28 An Frau Nanny Wunderly-Volkart, Sierre, 25. Januar 1926 (unver.)

29 Ibid.

30 »Bündner Monatsblatt«, Chur, September 1926. Dieses Gedicht ist bisher nicht in die Ausgaben von Rilkes Gedichten aufgenommen worden.

31 Dem »Bündner Monatsblatt« (wie 30) von Oberst H. L. Gugelberg von Moos mitgeteilt.

32 Aus dieser Zeit kennen wir nur das vier Tage nach der Weide von Salenegg, am 10. August 1926, entstandene Gedicht zu einem Vers von Karl Graf Lanckoronski: »Nicht Geist, nicht Inbrunst wollen wir entbehren«. In A. W. I 400-401. Rilkes lyrische Produktion in deutscher und französischer Sprache reicht bis Ende September 1926. Das Gedicht »Komm du, du letzter, den ich anerkenne« ist die letzte Eintragung im letzten Taschenbuch, die Rilke wohl gegen Mitte Dezember 1926 in Valmont vornahm.

33 An Frau Contat-Mercanton, in »Der kleine Bund«, Bern, 29. Dezember 1929 (Original französisch).

34 An Frau Nanny Wunderly-Volkart, Sierre, 30. Oktober 1926 (unver.)

35 An dieselbe, Sierre, ohne Datum, erste Hälfte November 1926 (unver.)

36 Genia Tschernoswitow an Frau Nanny Wunderly-Volkart, Glion, 1. Dezember 1926 (aus dem Französischen übersetzt). Diese letzte Sekretärin Rilkes erzählt in »*Les Lettres*« (a.a.O., 214 *ff.*) ihre Erinnerungen an Rilkes letzte Monate. Am 15. Oktober habe er die Übersetzung von Valérys *Tante Berthe* begonnen. Daraufhin ordnete Rilke mit Hilfe der Sekretärin seine Briefschaften; mit einer unglaublichen Geduld habe er im Hotel Bellevue in Sierre die Stöße von erhaltenen Briefen, die ihm jene aus Muzot herunterbrachte, geordnet. Sie wurden in großen gelben Umschlägen verwahrt, auf die die Sekretärin den Namen des Absenders zu schreiben hatte. Da viele Briefe nach Rilkes Tod in grünen Umschlägen gefunden wurden, auf die er mit eigener Hand den Namen des Absenders geschrieben hatte, muß man annehmen, daß Rilke diese Arbeit bereits früher begonnen hatte. Von Gide las er noch die soeben erschienene Autobiographie *Si le grain ne meurt* (in deutscher Übersetzung unter dem Titel »Stirb und werde« erschienen). Fräulein Tschernoswitow bestätigt, sie habe Rilke die Erinnerungen des Fürsten Wolkonsky, ferner Abschnitte aus Turgenjew, endlich, als er schon bettlägerig war, *Dominique* von Fromentin vorgelesen. Dann ging er wieder aus, und eines Abends fand ihn die Sekretärin in seinem Hotelzimmer auf- und abgehend; mit einem verzweifelten Ausdruck seines Gesichts habe er ihr gesagt: »Ich kann nicht mehr, ich kann nicht mehr – und kein Arzt der Welt wird mir helfen können!« Am 30. November begleitete sie ihn in die Klinik Valmont. Am 4. Dezember – seinem 51. Geburtstag – schrieb er ihr in einem Brief aus Valmont: » . . . *Je suis livré jour et nuit à d'indicibles tortures*«.

37 An Frau Nanny Wunderly-Volkart, Valmont, 8. Dezember 1926. Es war das letztemal, daß Rilke Frau Wunderly Nachricht von sich gab, da diese sogleich nach Valmont eilte und bis zu seinem Tode bei ihm blieb.

38 Dr. Theodor Haemmerli-Schindler an die Fürstin Marie von Thurn und Taxis, Valmont 25. Februar 1927. In: Briefwechsel Thurn und Taxis, 954-958. Original französisch. Dem Verfasser diktierte Dr. Haemmerli in einem späteren Jahr seine Erinnerung an Rilkes Krankheit und Sterben; desgleichen erzählte mir Frau Wunderly-Volkart ihre Eindrücke und Erinnerungen. –

Eine seltsame und, wenn man den Dingen auf den Grund geht, zweifellos gegenstandslose Kontroverse hat sich daraus ergeben, daß Lou Andreas-Salomé in ihrem Buch über Rilke (S. 112) als einen von ihm auf seinem Krankenbett geschriebenen Satz die Worte zitiert: »Aber die Höllen!« Das Wort entspricht dem am 8. Dezember von ihm an Frau Wunderly geschriebenen: » . . . *l'Enfer! on l'aura connu!*« – und: »*encore un autre chapitre d'Enfer depuis ma lettre de ce matin!*« Ruth und Carl Sieber-Rilke baten im Jahre 1936 Frau Andreas-Salomé um eine Erklärung, da der Eindruck entstanden sei, »es handle sich hier um das letzte Wort Rilkes«. Frau Andreas schrieb in ihrer Gutmütigkeit der besorgten Tochter des Dichters einen beruhigenden Brief, in dem sie sagte, es handle sich nicht um ein »letztes Wort«, es hänge mit vielen Erinnerungen an ihre Gespräche mit Rilke zusammen. In einer deutschen Zeitschrift teilte 1936 das Rilke-Archiv diese »Berichtigung« mit, die Bassermann in seinem Buch Der späte Rilke (S. 529) als »eine Art richtigstellenden Widerruf« von Lou Andreas-Salomé bezeichnet. Es kann sich selbstverständlich nicht um einen »Widerruf« von Lou Andreas handeln, da sie in ihrem Buch nicht behauptet hat, »Aber die Höllen!« sei Rilkes »letztes Wort« gewesen. Tatsächlich hat dieser die unerhörten Qualen, die er in seinen letzten Lebenswochen litt, mit Wörtern wie »Folter« *(torture)* und »Hölle« *(Enfer)* bezeichnet. Der behandelnde Arzt und die Zeugen von Rilkes Sterben haben von den furchtbaren Schmerzen berichtet, die er leiden mußte, ehe er zu der großen Ruhe eingehen konnte.

39 Da der Verfasser bei Rilkes Begräbnis nicht zugegen war, entnimmt er seine Angaben den Aufzeichnungen Dr. Eduard Korrodis (»Inselschiff«, April 1927) und den mündlichen Mitteilungen von Frau Wunderly und des inzwischen verstorbenen Werner Reinhart.

40 Korrodis Grabrede auf Rilke im Privatdruck der »Neuen Zürcher Zeitung«, *In memoriam Rainer Maria Rilke,* Zürich 1927.

41 Robert Faesi, Gedenkrede beim Tod Rainer Maria Rilkes, »Philobiblon«, 8. Jahrgang, Nr. 4, 1935, 7 ff.

Verzeichnis der erwähnten Werke

Werke in deutscher Sprache

Werke in französischer Sprache

Übertragungen Rilkes

Namenregister

Albert-Lasard, Loulou 16, 129, 290, 301
Andreas-Salomé, Lou 7, 16, 22, 23, 28, 42, 61, 85, 109, 124, 128, 133, 139, 140, 143, 151, 164, 167, 201, 217, 239, 277, 280, 291, 293, 295, 298 ff., 304, 307 f.
Annunzio, Gabriele d' 133, 205
Aragon, Louis 248
Arnim, Bettina von 45, 226
Arven, Félix 265
Assisi, Franz von 227
Auberjonois, René 260

Bach, Johann Sebastian 264, 285
Bachofen, Johann Jakob 49
Barrett-Browning, Elizabeth 53, 54, 205
Bassermann, Dieter 18, 25, 43, 50, 89, 290 f., 295, 298, 300 f., 303, 308
Battenberg, Fürst und Fürstin von 160
Baudelaire, Charles 133, 172
Baumgartner, Frieda (Haushälterin R's) 124, 139, 160, 232, 247, 252, 257
Benoist-Méchin, Jacques 245
Betz, Maurice 223, 244, 245, 248 f., 275, 305
Bibesco, Prinzessin Marthe 197
Blanckenhagen, Peter H. von 301
Blumer, Madame 65
Bollnow, Otto F. 202 f., 304
Bove, Emanuel 248
Brandes, Georg 173, 205, 302
Buddeberg, Else 300, 301
Büchner, Georg 88
Burckhardt, Carl J. 292

Burckhardt-Schazmann, (Frau) 292
Busoni, Ferruccio 34, 291
Byron, Lord 93

Carossa, Hans 55, 158
Cézanne, Paul 88, 133, 173
Chavannes, Fernand 65
Chevron, Isabelle de 114, 123 f., 253
Christine von Schweden, Königin 221
Claudel, Paul 240
Colette 248
Conrad, Joseph 158
Contat-Mercanton, (Frau) 306
Copeau, Jacques 21, 22
Crés, (Buchhandlung) 30

Dante Alighieri 105, 239
Dobrženský, Mary Gräfin 27, 31, 47, 96
Dostojewski, Fjodor M. 88, 133, 227
Duse, Eleonora 61

Erb, Karl 58
Ermatinger, Emil 294
Escher, Nanny von 75, 78 f., 85, 98
Essayé, Alphonse 297

Fabre-Luce, Alfred (Jacques Sindral) 245
Faesi, Robert 287, 294, 308
Fargue, Léon-Paul 191, 244
Fel, Florent 244
Foerster, Elisabeth 300
Fournier, Alain 22, 248
Fränkel, Jonas 304
France, Anatol 13, 92

312

313

314

Verzeichnis der Bilder

J. R. von Salis im Insel Verlag

Niedergang oder Wandlung der Kultur? 1958
Grenzüberschreitungen. *Ein Lebensbericht* (2. Halbjahr 1975)

st 231 Paul Celan, Mohn und Gedächtnis. Gedichte
280 Seiten
»Hier war ein Reichtum an ungewöhnlichen, kühnen,
visionären Metaphern, die man nach der Ausbeute im
Surrealismus nicht mehr für möglich gehalten hatte. Ein
noch nicht gehörter, suggestiver, von Schmerz durchweh-
ter Klang wucherte wild und betäubend, grandios und
erschreckend, sanft und empörend, feurig und gekältet.
Und daneben fanden sich lapidare und asketische Verse
in einer Sprache, die wie aus Marmor gemeißelt zu sein
schien. In diesem Band war auch die *Todesfuge* enthalten, ein Gedicht, das seinen Schöpfer inzwischen berühmt gemacht hat.« *Horst Bienek*

st 232 Peter Rosei, Landstriche. Erzählungen
122 Seiten
Vier topographisch genaue Beschreibungen eines Land-
striches, wobei die äußere Schilderung Parabel für die
innere Landschaft einer Person, für den Zustand einer
Gesellschaft ist. In »Nach Outschena« entspricht das Aufsteigen von Talstufe zu Talstufe der fortschreitenden
Verelendung der Bevölkerung. »Ja und Nein« und »Unterwegs« erzählen von einem Außenseiter, der der Unbill
der Witterung ebenso ausgesetzt ist wie der Bedrohung
durch die ihm fremd gegenüberstehende Gruppe. Am
komplexesten ist die Erzählung »Fragen der Forschung«:
der Sinn des Gesetzes ist der zivilisierten Gesellschaft
verlorengegangen.

st 234 Han Suyin, Die Morgenflut. Mao Tse-tung, ein
Leben für die Revolution
Aus dem Amerikanischen übertragen von Siglinde
Summerer und Gerda Kurz
672 Seiten

Für diese Geschichte der chinesischen Revolution und der Darstellung des Lebens von Mao hat Han Suyin mehr als zehn Jahre lang Fakten gesammelt, sie sprach mit den Schlüsselfiguren der chinesischen Revolution und folgte der Route des Langen Marsches. Das Buch *Die Morgenflut* ist für die Fortführung der China-Diskussion notwendig.

st 235 Uwe Johnson, Eine Reise nach Klagenfurt
112 Seiten
In Klagenfurt hat Ingeborg Bachmann ihre Kindheit erlebt; ist diese Zeit noch zu finden in der Stadt von heute? Danach zog sie vor, zu leben in Rom und anderswo; was für Einladungen bietet Klagenfurt? Zitate von Ingeborg Bachmann lösen die Recherchen Uwe Johnsons aus, das Zusammenspiel beider Elemente illustriert die Spannung zwischen den beiden Orten. In Rom starb Ingeborg Bachmann am 17. Oktober 1973; in Klagenfurt ist sie begraben.

st 236 Helm Stierlin, Adolf Hitler: Familienperspektiven
192 Seiten
Stierlins Buch dreht sich um die bis heute nicht hinreichend beantwortete Frage: Welches sind die psychischen und motivationalen Grundlagen für Hitlers Aggressivität und Zerstörungsleidenschaft? Indem der Autor das vorhandene biographische und historische Material zu Rate zieht, versucht er, das singuläre Phänomen Hitler als einen Extremfall zerstörter zwischenmenschlicher Beziehungen darzustellen. So kann dieses Buch dazu beitragen, etwas verstehen zu lernen, was sich nach landläufiger Meinung jedem Verständnis entzieht: die psychische Genesis des Zerstörerischen schlechthin, das Hitler wie kein Mensch vor ihm verkörpert hat.

st 237 Über Kurt Weill
Herausgegeben mit einem Vorwort von David Drew
188 Seiten
Zum 75. Geburtstag und 25. Todestag von Kurt Weill 1975 stellt dieser Band eine Sammlung bemerkenswerter, zum größten Teil bisher unzugänglicher Aufsätze und Dokumente von Heinrich Strobel, Iwan Goll, Theodor

W. Adorno, Ernst Bloch, Alfred Polgar, Mary McCarthy u. a. zusammen, die nicht nur die künstlerische Entwicklung und die musikgeschichtliche Leistung von Weill verdeutlichen, sondern auch die unterschiedlichen Bedingungen, unter denen er arbeitete, dokumentieren wollen. In den Aufsätzen, die aus den Jahren 1925–1974 stammen, gewinnt auch der Kreis der Mitarbeiter um Kurt Weill Gestalt, zu dem Bertolt Brecht, Lotte Lenya, Georg Kaiser, Caspar Neher, Erwin Piscator und andere zählten.

st 238 Dietrich Hofmann (Hrsg.), Schwangerschaftsunterbrechung. Aktuelle Überlegungen zur Reform des § 218
352 Seiten
Dem vorliegenden Band geht es darum, der Vielfalt und der Unterschiedlichkeit der Auffassungen Rechnung zu tragen, welche die Position der verschiedensten Berufe, Kräfte und Gruppierungen unseres Landes kennzeichnen. Der Anspruch auf Sachlichkeit basiert auf der Klarstellung naturwissenschaftlicher, medizinischer Erkenntnisse, der Erkenntnisse eines Juristen, eines Moraltheologen, eines Soziologen und eines Psychiaters.

st 239 Bis hierher und nicht weiter
Ist die menschliche Aggression unbefriedbar?
Zwölf Beiträge. Herausgegeben von Alexander Mitscherlich
»Mitscherlich und mit ihm die Autoren dieses Bandes sehen heute die Aufgabe vor sich, jenseits aller ›Kollektivierungsmethoden‹ mit ihrem äußeren Feindbild und jenseits aller Tabuisierung durch herrschende Gruppen den einzelnen über seine Aggressionen aufzuklären, ihn erst einmal so weit zu bringen, daß er die Aggression erkennt, sie zugibt, mit ihr zu leben lernt . . . Das Ergebnis ist ein Buch, in dem wie niemals zuvor die gegenwärtige Diskussion zusammengefaßt ist.« *Karsten Plog*

st 240 Hermann Hesse, Lektüre für Minuten. Gedanken aus seinen Büchern und Briefen. Neue Folge. Hrsg. von Volker Michels
224 Seiten
Die editorische Sichtung des umfangreichen Nachlasses und der in der Zwischenzeit neuaufgefundenen Briefe

Hesses hat so viel neues Material zutage gefördert, daß es möglich und notwendig geworden ist, diesen Fortsetzungsband vorzulegen, um einmal mehr die Brisanz und zeitlose Aktualität der gedanklichen Basis des Hesseschen Œuvres zu dokumentieren und die Frage zu beantworten, was diesen Schriftsteller zum meistgelesenen europäischen Autor in den USA und in Japan gemacht hat.

st 241 Wolfgang Koeppen, Der Tod in Rom. Roman
192 Seiten
Der Tod in Rom ist die Geschichte einer Handvoll Menschen, die nach dem Krieg in Rom zusammentreffen: Opfer, Täter, Vorbereiter und Nachgeborene des Schreckens. Rom, die Stadt Cäsars und Mussolinis, die Heilige Stadt und die Stätte zweideutiger Vergnügungen, bringt die Vergangenheit dieser Männer und Frauen ans Licht. Koeppen beschreibt in diesem Zeitroman die verborgenen Krankheiten der deutschen Seele.

st 242 E. Y. Meyer, Eine entfernte Ähnlichkeit.
Erzählungen
154 Seiten
»Meyer denkt also klar, er denkt ernsthaft und verbindlich, er scheut vor dem Simplen nicht zurück, er ist in einem wohltuenden Sinne menschenfreundlich: und dies alles nicht theoretisierend, sondern so, daß er etwas erzählt, das ich womöglich auch erzählt haben könnte. Ich bin, wie gesagt, befangen, weil ganz und gar eingenommen. Ich wünschte, vielen ginge es so.«
Rolf Vollmann, Stuttgarter Zeitung

st 243 Erich Heller, Thomas Mann.
Der ironische Deutsche
364 Seiten
Diese große kritische Studie handelt von der Dichtung, nicht vom Leben Thomas Manns. Nicht Vollständigkeit ist ihr Ziel, sondern Analyse des Wesentlichen, Entscheidenden. In sechs weitangelegten Kapiteln führt Heller den Leser durch das Werk Thomas Manns. Im Mittelpunkt steht jeweils eines der Hauptwerke, dem Zugehöriges zugeordnet ist. Die Einheit des Werkes von Thomas

Mann wird sichtbar, seine Verknüpfung mit Vorhergehendem und Gleichzeitigem deutlich.

st 244 Dolf Sternberger, Gerechtigkeit für das neunzehnte Jahrhundert. Zehn historische Studien
192 Seiten
Sternberger zählt zu den Pionieren der Wiederentdeckung des neunzehnten Jahrhunderts. Dieses Jahrhundert ist die Epoche eines erneuerten Imperialismus der europäischen Großmächte, aber auch die Epoche der Sklavenbefreiung und aller Emanzipationsbewegungen. Es ist die Epoche der industriellen Verelendung, aber auch der Fabrikgesetze und der Sozialversicherung, des Nationalismus wie des Internationalismus, der bürgerlichen Vorherrschaft wie der Arbeiterbewegung.

st 245 Hartmut von Hentig, Die Sache und die Demokratie. Drei Abhandlungen zum Verhältnis von Einsicht und Herrschaft
138 Seiten
Man spricht von »Tendenzwende« und meint damit: das Ende des Traums von der Reform der Gesellschaft, die große Ernüchterung oder in den Formeln von Hentig: die Wiederherstellung der Sachgesetze gegenüber der Demokratie. Die Hoffnung der verunsicherten Menschen bleibt bei einem *common sense,* der beides vermag: sich der zunehmenden Sachkompetenz zu bedienen und sich von ihr wieder zu trennen, wo sie nur sachlich, unverständlich, unmenschlich wird. Die Weise, in der sich *common sense* organisiert, ist die Demokratie.

st 246 Hermann Broch, Schriften zur Literatur.
st 247 Kommentierte Werkausgabe, herausgegeben von Paul Michael Lützeler
Bd. 1 – Kritik, 432 Seiten
Bd. 2 – Theorie, 336 Seiten
Band 1 enthält Schriftstellerporträts – Thomas Mann, Karl Kraus, Elias Canetti, James Joyce, Robert Musil, Hugo von Hofmannsthal u. a. – sowie Rezensionen und Würdigungen der Werke von Alfred Polgar, Kasimir Edschmid, Charles Baudelaire, Aubrey Beardsley u. a., während Band 2 die thoretischen Schriften zusammenfaßt. Diese Ausgabe vermittelt erstmals ein vollständiges

Bild des Dichters, Literaturtheoretikers, Politologen, Massenpsychologen und Geschichtsphilosophen Broch.

st 248 Samuel Beckett, Glückliche Tage. Dreisprachig
Deutsch von E. und E. Tophoven
112 Seiten
»Beckett verärgert die Leute stets durch seine Ehrlichkeit ... Er zeigt, es gibt keinen Ausweg, und das ist natürlich irritierend, weil es tatsächlich keinen Ausweg gibt ... Unser fortgesetzter Wunsch nach Optimismus ist unsere schlimmste Ausflucht.« *Peter Brook*

st 249 Uwe Johnson, Berliner Sachen. Aufsätze
128 Seiten
Berliner Stadtbahn, aus dem Sommer von ausgerechnet 1961, dieser Aufsatz wird ja manchmal verlangt, dann war er nicht zu haben. Das soll von Anständen beim Schreiben handeln, dabei geht der Verfasser keinen Schritt von der S-Bahn runter. Wie, das könnte man hier nachlesen. Auch die Anstände, die Johnson mit den Westberlinern hatte, als sie die S-Bahn auszuhungern gedachten; damals zitierten die ostdeutschen Verwalter des Verkehrsmittels ihn gern. Skandal machten sie erst, als derselbe Text in einem Buch an die Teilnehmer der letzten Olympiade verschenkt werden sollte. Unerfindlich, außer, man sieht sich das an.

st 250 Erste Lese-Erlebnisse
Herausgegeben von Siegfried Unseld
160 Seiten
»Wie war jene erste Begegnung mit Literatur?«, so wurden Autoren befragt. Das Thema Erste Lese-Erlebnisse ist von Belang. Für den, der schreibt, wie für den, der liest. Für den also, der sich seines Weges durch Literatur bewußt wird. Vor allem jedoch für den jungen Leser, der dringlicher denn je der Orientierung, Anregung und Ermutigung bedarf.

st 251 Bertolt Brecht, Gedichte
Ausgewählt von Autoren
Mit einem Geleitwort von Ernst Bloch
154 Seiten
Deutschsprachige Autoren haben jene drei Gedichte ge-

nannt, die für ihr Denken und Handeln wichtig geworden sind. Aus dieser Zusammenstellung – von Volker Braun, H. M. Enzensberger, Max Frisch, Siegfried Lenz, Friederike Mayröcker, Anna Seghers u. a. – ergibt sich eine erneute Wirkungsebene der Lyrik Brechts und gleichzeitig ein Bild seiner Gegenwärtigkeit.

st 252 Hermann Hesse, Eine Literaturgeschichte in Rezensionen und Aufsätzen
Herausgegeben von Volker Michels
588 Seiten
Es gibt kaum einen »Klassiker der Moderne«, auf den nicht Hesse als einer der allerersten publizistisch hingewiesen hätte.
Besprechungen der frühesten Werke der Weltliteratur bis hin zu den Schriften zeitgenössischer Autoren (Max Frisch, Arno Schmidt, Peter Weiss) ergeben eine Literaturgeschichte in Rezensionen und Aufsätzen.

st 253 James Joyce, Briefe
Ausgewählt aus der dreibändigen, von Richard Ellmann edierten Ausgabe von Rudolf Hartung
Deutsch von Kurt Heinrich Hansen
272 Seiten
Der Herausgeber dieses Bandes war bestrebt, die Auswahl aus der riesigen Korrespondenz so vorzunehmen, daß alle wesentlichen Problemkreise und die wichtigsten menschlichen Beziehungen angemessen repräsentiert wurden.
»Die Briefe bilden eine Art Ergänzung zum Schöpfungskomplex des großen irischen Schriftstellers, ja, man könnte sagen, sie verstünden sich fast als Kommentar dazu.«
Werner Helwig

st 254 Ödön von Horváth, Die stille Revolution.
Kleine Prosa
Mit einem Nachwort von Franz Werfel. Zusammengestellt von Traugott Krischke
106 Seiten
Auch mit diesen kurzen, zum Teil skizzenhaften und fragmentarischen Arbeiten erweist sich Horváth als ein

scharfsinniger Kritiker nicht nur seiner, sondern auch unserer Zeit, der – vorausahnend – das bereits gestaltet hat, was uns heute bewegt.

st 255 Hans Erich Nossack
Um es kurz zu machen. Miniaturen
Zusammengestellt von Christof Schmid
120 Seiten
Nossack ist ein Meister der kurzen Form. Seine Erzählungen und Romane enthalten eine Vielzahl in sich geschlossener Miniaturen. Solche Etüden und Miniaturen, die bisher nicht, an apokryphen Plätzen oder in Sammelbänden veröffentlicht waren, sammelt der vorliegende Band. Diese kurzen Texte, geschrieben in den Jahren zwischen 1946 und 1974, vermitteln in Minutenbildern Quintessenzen einer langen literarischen Biographie.

st 257 Thomas Bernhard, Die Salzburger Stücke
Der Ignorant und der Wahnsinnige.
Die Macht der Gewohnheit
202 Seiten
Thomas Bernhards »Salzburger Stücke« sind über den äußeren Anlaß hinaus – sie wurden in Salzburg uraufgeführt – sowohl inhaltlich als auch formal an die Stadt und ihre Festspiele gebunden. Eine musikalisch-künstlerische Tätigkeit auszuüben, sie perfekt auszuüben, das ist das Thema, das Bernhard in beiden Stücken anschlägt. Die künstlerische Perfektion als Kompensation für die Unvollkommenheit der Welt, als Kontrapunkt der Notwendigkeit zum Tode ist es, die Bernhard in seinen Figuren thematisiert.

st 258 Peter Handke, Falsche Bewegung
Filmbuch
84 Seiten
Handke erzählt in seinem Filmbuch, frei nach Goethes »Wilhelm Meisters Lehrjahre«, eine klassische Entwicklungs- und Bildungsgeschichte.
»So genau sind noch nie die Neurosen der siebziger Jahre beschrieben, die Zweifel an der Veränderbarkeit statischer Verhältnisse durch politische Aktion, die resignativen Skrupel in bezug auf eine ordentliche Beschreibung unordentlicher Verhältnisse.« *Die Zeit*

st 259 Franz Xaver Kroetz, Gesammelte Stücke
504 Seiten
Inhalt: Wildwechsel; Heimarbeit; Hartnäckig; Männersache; Lieber Fritz; Stallerhof; Geisterbahn; Wunschkonzert; Michis Blut; Dolomitenstadt Lienz; Oberösterreich; Maria Magdalena; Münchner Kindl.
»Es ist grandios, wie Kroetz in den unprätentiösen Dialekt-Dialogen immer an den richtigen Stellen das Richtige sagen läßt.« *FAZ*

st 260 Peter Suhrkamp. Zur Biographie eines Verlegers in Daten, Dokumenten und Bildern
vorgelegt von Siegfried Unseld unter Mitwirkung von Helene Ritzerfeld
246 Seiten
Am 1. Juli 1950 gründete Peter Suhrkamp seinen eigenen Verlag. Aus Anlaß des 25jährigen Bestehens wurden Zeugnisse und Dokumente, Daten und Bilder seines Lebens und seiner Arbeit gesammelt. Aus den Mosaiksteinen dieses Bandes ergibt sich der Weg Peter Suhrkamps, der unbeabsichtigt und doch konsequent zu seinem Ziele führte: »mein Beruf – dieser schöne Verlegerberuf«. Seine Biographie ist ein Stück Zeit-, Literatur- und Verlagsgeschichte.

st 262 Herbert Achternbusch, Happy
oder Der Tag wird kommen. Roman
170 Seiten
»Das ist ein Heimat- und Familienroman, ein Reiseroman, eine Geschichte über das Lieben und ein Buch über das Kino ... Ein Heimatroman über eine Heimat, die einem Angst macht – und ein Reiseroman von Reisen dorthin, wo die Geschichten einfacher, klarer, schöner sind. Reisen mit dem Kopf: von Bayern nach Bali oder zum Sambesi oder Reisen in eine noch traumhaftere Traumwelt – ins Kino, in den Western. Und immer wieder Herbert Achternbusch und die Liebe: es sind die schönsten, spukhaftesten, verworrensten Liebesgeschichten, die er bisher geschrieben hat.« *Die Zeit*

st 263 Adolf Muschg, Im Sommer des Hasen. Roman
318 Seiten
»Die Geschichte enthält Momente von ungewöhnlicher

psychologischer Finesse und Töne, die innig und doch
niemals innerlich sind ... Abermals erweist es sich, daß
man eine erotische Geschichte deutlich und genau erzählen kann, ohne deshalb indiskret oder gar brutal zu
wirken.« *Marcel Reich-Ranicki*

st 264 Hermann Kasack, Fälschungen. Erzählung
256 Seiten
Kasack erzählt die Geschichte einer Kunstfälschung, der
ein deutscher Industrieller und Sammler zum Opfer fällt.
Die Konsequenz, die der Sammer für sich aus der Erfahrung zieht, daß niemand mehr ein verläßliches Gefühl für
die alten Kunstwerke besitzt, ist zugleich eine innere Läu-
terung: ihm wird die Lebensfälschung sichtbar, der er
selbst unterlag.

st 265 Fritz Rudolf Fries, Der Weg nach Oobliadooh.
Roman
232 Seiten
Die jungen Leute, die diesen Roman bevölkern, leben im
Leipzig der fünfziger Jahre. Sie hängen ihren eigenen
Sehnsüchten nach und pfeifen auf die strengen Riten der
Gesellschaftsordnung. Sie folgen der Verführung des We-
stens, der sich ihnen in Oobliadooh, einem Schlager von
Dizzy Gillespie entnommen, symbolisiert. Doch kehren
sie bald von ihrem Ausflug zurück.

st 266 Walter Höllerer, Die Elephantenuhr. Roman
Vom Autor gekürzte Ausgabe
ca. 400 Seiten
»Höllerer schreibt einen stellenweise furios zeit- und
gesellschaftskritischen Roman über das Deutschland dieser Jahre, mit bemerkenswerten Kapiteln über das Verhältnis der beiden Staaten in Deutschland oder über die
Identitätsneurose in beiden Teilen Berlins, mit satirisch
funkelnden Skizzen über die Zustände an den Universi-
täten ...« *Rolf Michaelis*

st 267 Ernst Penzoldt, Die Kunst, das Leben zu lieben
und andere Betrachtungen
Ausgewählt von Volker Michels
144 Seiten
Diese Auswahl aus den Bänden *Causerien* und *Die Lie-*

bende versammelt 25 Betrachtungen von zeitloser Aktualität. Zwei Jahrzehnte nach Penzoldts Tod erinnert der Band damit an einen in der Literatur unseres Jahrhunderts nicht eben häufigen Autorentypus, der bei aller Sympathie für das Rebellische, bei allem Spott gegen das Inhumane, Routinierte und Überlebte, bei allem Esprit und übermütigem Witz nie das Naheliegende übersehen oder es einer Tendenz zuliebe unterdrückt hat.

st 268 Materialien zu Alfred Döblin
›Berlin Alexanderplatz‹
Herausgegeben von Matthias Prangel
272 Seiten
Döblin hatte seinen größten Erfolg mit dem 1929 erschienenen *Berlin Alexanderplatz* (Bibliothek Suhrkamp 451). Zu diesem Buch stellt der Materialienband Dokumente der Entstehung und Wirkung zusammen. Neben Vorformen, Passagen früherer Fassungen des Werks und dem vollständigen Hörspieltext stehen Selbstzeugnisse des Autors, zeitgenössische Rezensionen und wissenschaftliche Arbeiten, die den derzeitigen Forschungsstand umreißen sollen.

st 269 Fritz J. Raddatz. Traditionen und Tendenzen.
Materialien zur Literatur der DDR. Erweiterte Ausgabe
ca. 700 Seiten
»Der Raddatz« (*Peter Wapnewski* in der *Zeit*) gilt als verläßlichste, brauchbarste Information über die DDR-Literatur wie zugleich als kritisch-selektive Analyse eines kenntnisreichen Literaturhistorikers. Raddatz hat seine Studie auf den neuesten Stand gebracht, die Bibliographie wurde erweitert und erfaßt die Primär- und Sekundärliteratur bis 1975. Was hier vorliegt, ist Lesebuch und Arbeitsmaterial zugleich.

st 270 Erhart Kästner, Der Hund in der Sonne
und andere Prosa
Aus dem Nachlaß
Herausgegeben von Heinrich Gremmels
160 Seiten
Alle Bücher Kästners sind byzantinischen Mosaiken vergleichbar, und so bot sich an, die literarischen Fragmente ebenfalls mosaikartig zu ordnen. *Im ersten Teil* geht es

um Begriffe wie Wissenschaft, Technik, Verbrauch, also um Kästners leidenschaftlichen Umgang mit dem Wesen der modernen Zivilisation. *Im zweiten Teil* folgen wir ihm auf das Erlebnisfeld zwischen Vergangenheit und Zukunft, geschichtlicher, also erlebter und gemessener, also abstrakter Zeit bis hin zu den Grenzproblemen des Todes. *Im dritten Teil* kommt der Zeitgenosse ins Bild in seinen verschiedenen Aspekten als Habenichts, Wohlständler, Langweiler, als Schweiger, Künstler, Einsiedler. Nicht Modelle des täglichen Lebens sind gemeint, sondern Symbolgestalten des Zeitgeistes.

st 278 Czesław Miłosz, Verführtes Denken
Mit einem Vorwort von Karl Jaspers
256 Seiten
Miłosz, zwar nicht Kommunist, aber zeitweilig als polnischer Diplomat in Paris, beschreibt die ungeheure Faszination des Kommunismus auf Intellektuelle. Er stellt sich als Gegenspieler marxistischer Dialektiker vor, deren Argumente von höchstem Niveau und bezwingender Logik sind. Was der konsequente totalitäre Staat dem Menschen antut, zeigt Miłosz in einer Weise, die den Menschen am äußersten Rand einer preisgegebenen Existenz wiederfindet. Von solcher Vision beschreibt der Autor ohne Haß, wenn auch mit satirischen Zügen, die Entwicklung von vier Dichtern, die aus Enttäuschung, Verzweiflung, Überzeugung oder Anpassung zu Propagandisten werden konnten.

st 279 Harry Martinson, Die Nesseln blühen
Roman
320 Seiten
Dieser Roman des Nobelpreisträgers für Literatur 1974 erzählt die Geschichte einer Kindheit. In fünf Kapiteln stehen sich Menschen in der Unordnung von Zeit und selbstgerechten Gewohnheiten gegenüber. Von der Kinderversteigerung geht der Weg Martin Tomassons durch die Schemenhöfe der Furcht, des Selbstmitleids und der Verlassenheit, bis ein fremder Tod ihn aus dieser Scheinwelt stößt. Zuletzt kommt Martin als Arbeitsjunge ins Siechenheim. In dieser Welt des Alterns, der Schwäche, der Resignation regiert der schmerzvolle Friede der Armut. Martin klammert sich an Fräulein Tyra, die Vor-

steherin. Ihr Tod liefert ihn endgültig dem Erwachen
aus.

st 281 Harry Martinson, Der Weg hinaus
Roman
362 Seiten
Dieser Band setzt die Geschichte des Martin Tomasson
fort. Das ist Martins Problem: die Bauern, bei denen
er als Hütejunge arbeitet, beuten seine Arbeitskraft aus.
Er wird mit Gleichgültigkeit behandelt, die Gleichaltri-
gen verhöhnen ihn mit kindlicher Grausamkeit. Ihm
bleibt nur die Flucht ins »Gedankenspiel«, in eine
Scheinwelt, aufgebaut aus der Lektüre von Märchen und
Abenteuergeschichten. Die Zukunft, von der Martin sich
alles erhofft, beginnt trübe: der Erste Weltkrieg ist ausgebrochen. Der Dreizehnjährige schlägt sich bettelnd
durchs Land, um zur Küste zu kommen. Immer in Gefahr, aufgegriffen zu werden, erreicht er zu guter Letzt
eine der Seestädte.

st 285 Kurt Weill, Ausgewählte Schriften
Herausgegeben mit einem Vorwort von David Drew
240 Seiten
Dieser Band druckt Weills eigene in wichtigen Musik-
zeitschriften veröffentlichte Beiträge wieder ab. Darüber
hinaus bringt er zum ersten Mal eine Auswahl aus etwa
400 Artikeln, die Weill in den Jahren 1925–1929 für die
Berliner Wochenzeitschrift *Der Berliner Rundfunk* schrieb.
Diese Aufsätze zum Thema Rundfunk sind eine wichtige
Ergänzung zu den theoretischen Aufsätzen, in denen Weill
sich zu Funktion und Wirkung des Musiktheaters in einer
modernen Gesellschaft äußert und die Aspekte seiner
Zusammenarbeit mit Georg Kaiser, Bertolt Brecht und
Caspar Neher untersucht.

Alphabetisches Gesamtverzeichnis der suhrkamp taschenbücher